中国外商投资发展报告（2017）

——全球经济治理变革背景下的外商直接投资

邓慧慧　陈　昊　等　著

对外经济贸易大学出版社
中国·北京

图书在版编目（CIP）数据

中国外商投资发展报告. 2017，全球经济治理变革背景下的外商直接投资 / 邓慧慧等著. —北京：对外经济贸易大学出版社，2017.11

ISBN 978-7-5663-1850-3

Ⅰ. ①中… Ⅱ. ①邓… Ⅲ. ①外商投资-经济发展-研究报告-中国-2017 Ⅳ. ①F832.48

中国版本图书馆 CIP 数据核字（2017）第 257522 号

中国外商投资发展报告（2017）

——全球经济治理变革背景下的外商直接投资

邓慧慧 陈 昊 等 著

责任编辑：汪 洋 孟 阳

对 外 经 济 贸 易 大 学 出 版 社
北京市朝阳区惠新东街 10 号 邮政编码：100029
邮购电话：010－64492338 发行部电话：010－64492342
网址：http://www.uibep.com E-mail：uibep@126.com

北京九州迅驰传媒文化有限公司印装 新华书店经销
成品尺寸：185mm×260mm 21.25 印张 452 千字
2017 年 11 月北京第 1 版 2017 年 11 月第 1 次印刷

ISBN 978-7-5663-1850-3
定价：59.00 元

课 题 组

课题组组长：桑百川

课题组成员：	杨立强	胡　玫	王丽丽	汤　碧	余稳策
	张晓静	太　平	庄　芮	邓慧慧	陈　昊
	郭桂霞	姜荣春	李　丽	李玉梅	蔡彤娟
	西村友作	许　萌	王诵夏	杨立卓	林佳欣
	赵冰清	刘慧敏	李俊丽	张　尧	张　策
	王园园	胡可可	邱晓伟	刘嘉琪	程明霞

目　录

总　　论

受全球经济脆弱、总需求持续疲软、相关政策措施抑制、跨国公司利润下滑等因素影响，2016年的全球国际直接投资（Foreign Direct Investment，以下简称FDI）低迷。美国等发达国家谋求制造业回流，各国在争夺FDI中纷纷推出创新措施，而我国传统的引资优势逐步削弱[①]，吸引外资的竞争更激烈、形势更严峻，亟须培育吸收外资的新优势，继续发挥FDI在推动我国经济社会发展中的功能。

2016年，在我国传统引资优势削弱、新的引资优势积聚、国际直接投资环境剧烈变迁过程中，非金融领域吸收外商直接投资规模小幅下降，但我国仍位列世界第三大外资流入地，在全球资本流动放缓的背景下，我国的外资流入占全球和发展中国家比重双双上升。

据商务部统计，2016年1—12月，全国非金融领域新批设立外商投资企业27 900家，同比增长4.99%，实际使用外资金额1 260.01亿美元，同比下降0.21%。新批设立外商直接投资企业个数保持了2013年以来的上升趋势，实际使用外资金额出现微幅下调，但整体规模仍居高位。按非金融领域吸收外资金额计算，2016年中国非金融领域吸收外资金额占发展中国家资本流入总额的19.50%，占全球资本流入总额的7.21%。

据联合国贸发会议发布的《世界投资报告2017》统计，2016年全球资本流入规模达到17 464.23亿美元，同比下降1.55%，其中发展中国家和地区吸收外资金额达到6 460.30亿美元，同比下降14.13%。按照联合国贸发会议估算的中国全口径吸收外资金额（1 337亿美元）计算，2016年中国全口径吸收外资金额占发展中国家资本流入总额的20.70%，占全球资本流入总额的7.66%。2016年中国仍然保持全球第三大外资流入地的地位，仅次于美国（3 911.04亿美元）和英国（2 538.26亿美元）。

外商直接投资方式仍然以外商独资企业和中外合资企业为主。2016年全国非金融领域新批设立外商投资企业27 900家，其中外商独资企业数量达到21 024家，占75.35%，同比增长3.07%；中外合资企业6 662家，占23.88%，同比增长11.24%；其他的外商投资股份制企业和中外合作企业等合计仅占0.76%。从近五年不同外商投资方式实际使用外资金额占比变化来看，外商独资企业占比连续第二年有所下降，外商投资股份制企业和中外合资企业占比均有所上升。

---

① 我国吸引FDI的传统优势主要体现在：持续的较高经济增长、相对低廉的生产要素成本、自主实施的以所得税为核心的优惠政策、急速推进的工业化进程、渐进式改革带来的制度红利以及经济全球化快速发展为对外开放和吸收FDI提供了难得的外部机遇。

外商直接投资仍然主要来自中国香港。2016 年香港对内地直接投资金额再创新高，达到 871.8 亿美元，接近内地吸引外资总额的 70%，同比增长 0.92%。这反映了香港仍然是内地利用外资的首要来源地且地位越加重要。欧盟对华投资金额达到 96.60 亿美元，规模创下 1990 年以来新高，同比增长 48.32%；韩国对华投资金额达到 47.5 亿美元，同比增长 17.75%；台湾地区对大陆投资金额 36.2 亿美元，达到除 2002 年（39.71 亿美元）外历史第二高纪录，同比上升 135.51%；美国对华投资金额 38.3 亿美元，同比上升 83.35%。2016 年日本对华投资金额 31.1 亿美元，同比下降 2.66%，但与 2015 年降幅（26.13%）相比已大为收窄。除日本相对占比小幅下降外，来自美国、欧盟、中国台湾等地的投资相对占比均出现上升，突出反映了中国传统的外资来源地对华投资出现明显复苏迹象。

2016 年中国非金融领域外商直接投资以制造业、房地产业、租赁和商务服务业为主。2016 年中国制造业吸收外资 356.83 亿美元，占当年实际使用外资金额的 28.32%，同比下降 6.1%；其次是房地产业，当年吸引外资金额达到 195.91 亿美元，占比达到 15.55%，同比下降 29.4%；紧随其后的是租赁和商务服务业，实际使用外资金额达到 162.05 亿美元，占比达到 12.86%，同比增长 67.8%。以上三大行业实际使用的外资金额占当年实际使用外资总额的比重达到 56.73%。

2016 年外商投资企业进口和出口金额均出现下降，外商投资企业的出口比重继续下降，由 2005 年的 58.30%下降到 43.71%，降幅接近 15 个百分点；外商投资企业进口比重在 2015 年略有回升后出现下降趋势，由 2015 年的 49.47%下降到 2016 年的 48.52%。进口和出口比重的双双下降，在一定程度上反映了外商投资企业越来越重视国内市场，不过整体上外商投资企业依然是中国对外贸易的中坚力量。

2016 年，中国对外直接投资飙升 44%，达到 1 830 亿美元，创历史新高，使中国首次成为全球第二大投资国。在对外投资热潮中出现了一些盲目投资、借对外投资手段进行资金转移等问题。2016 年底，国家发改委、商务部、中国人民银行、外交部联合出台《关于进一步引导和规范境外投资方向的指导意见》规范对外投资，明确了鼓励、限制、禁止三类境外投资活动，重点推进有利于“一带一路”建设和周边基础设施互联互通的基础设施，境外投资针对部分项目和交易实施了更严格的合规性和真实性审核，外资管控加强之后立竿见影，2017 年以来对外直接投资大幅下降。在规范强化、监管趋严的背景下，未来对外投资将更加审慎。

新发展观与外商直接投资

积极吸收外商直接投资是开放发展的核心内容。吸收外商直接投资与中共十八届五中全会确立的新发展观相协调，是外资工作的基本取向。

首先，吸收外商直接投资推动创新发展。

创新驱动发展已经成为我国重要发展战略，我国整体创新能力日益提高。FDI 的流入能够通过多种不同机制促进东道国的技术进步与创新发展，现阶段继续吸引高技术水平的外资流入，仍然是推动我国创新能力提升的重要途径。

世界知识产权组织发布《全球创新指数 2017》显示，我国 2017 年的创新指数较上一年进一步提升，继 2016 年首次跻身世界创新能力最强的前 25 个国家之后，2017 年排名继续上升，在 127 个国家中位居第 22 位，是唯一位列前 25 的中等收入经济体。我国在创新能力不断提高的同时，创新产出与创新投入的效率比值也处于较高水平，2017 年在世界各经济体中的排名位列第 3，预示出我国较为强劲的创新后发优势。与其他国家相比，我国在普通基础设施、贸易、竞争和市场规模、知识型工人、知识的影响与无形资产等创新发展方面表现突出，它们是我国创新能力提升的重要保障。

无论从宏观的国家层面，还是从中观的地区与产业层面，我国的创新发展进程都与 FDI 的流入紧密相连。负载着先进技术、知识、管理经验、组织制度在内的 FDI 的流入，在促进我国经济快速增长的同时，也推动了我国创新发展水平的提高。创新优势明显的东部沿海地区是大量 FDI 流入的集聚地，而创新能力相对较低的中部、西部以及东北部地区，FDI 的流入量却相对较少，引导外资向我国内陆地区流动，对于促进区域平衡发展，推动我国整体创新能力提升都将大有裨益。与此同时，我国制造业产业的创新发展能力与外商投资企业参与程度之间也存在一种正向的相关关系，外资参与度较高的产业，创新发展指数也相对较高，而外资参与度较低的产业，创新发展指数也往往较低。然而，对于一些个别产业，如国家重点发展的医药制造业、铁路、船舶、航空航天和其他运输设备制造业等高技术产业，尽管外商投资企业参与度不高，但这些产业创新发展动力十足，也彰显出我国这些以内资企业为主体的产业创新发展能力显著增强。

通过构建企业创新发展指标体系，并对我国不同所有制类型企业的创新发展指数进行比较发现，2000—2015 年外商投资企业与港澳台商投资企业的创新发展指数始终呈现温和上涨趋势，企业的创新发展能力稳步提升；私营企业的创新发展能力虽然整体上不及外商与港澳台商投资企业，但近几年也出现了相对较快的增长；国有企业创新发展指数经历了波动性较大的 S 型变化，目前创新发展能力的提升不甚显著。考察外商投资企业创新发展指数的增长构成，可以发现尽管 2000—2015 年外商投资企业的创新环境指数是拉动外商投资企业创新发展的主要动力，但从近几年的发展趋势来看，创新环境的贡献有所减弱，外商投资企业创新发展能力的提高越来越依靠企业的创新投入与绩效创造。

考察各项具体指标对于外商投资企业创新发展水平的影响，发现企业研究与开发（Research and Development，以下简称 R&D）人员每万人年有效发明专利数、企业 R&D 经费投入强度与有 R&D 活动企业占全部企业比重是创新发展优势指标，它们对外商投资企业创新发展指数有正向的拉动作用，并且这种拉动作用在不断增强。企业 R&D 人员全时当量占全国比重、新产品销售收入占主营业务收入比重与单位销售产值利润率是创新发展的机会指标，它们对外商投资企业创新发展指数增长也有正向的拉动作用，只是这种拉动作用有所减弱。企业 R&D 经费支出占全国 R&D 经费支出比重、企业发明专利申请量占全国比重与引进技术消化吸收经费占技术引进经费比重是创新发展的劣势指标，它们在一定程度上阻碍了外商投资企业创新发展指数的进一步增长。

综合各项具体的创新发展指标，并结合“十二五”时期外商投资企业创新发展指数与分指数变化趋势，可以预计，凭借相对较高的创新发展基础以及持续稳步提高的创新发展能力，至少在短期内，相比内资企业而言，外商投资企业的创新发展能力仍将处于优势地位。在全国创新发展战略的实施与推动下，随着创新理念的强化与创新制度的完善，外商投资企业为保持竞争优势并寻求从创新中获益，必将进一步加大创新投入的力度，而创新投入的增加也必然会通过调整创新资源分配、促进创新绩效产出等渠道促使外商投资企业创新能力进一步提高。继续吸引高技术水平外资流入，推动技术进步并激发创新潜能，将有助于我国创新发展整体实力的提升，进而加快我国的创新发展进程。

其次，外商直接投资促进协调发展。

协调发展是新发展观即“五大发展理念”的重要内容。我国东中西部地区经济差距巨大，外商直接投资与地区发展差距拉大存在密切关联。我国吸引的外商投资绝大部分集中在东部沿海地区，2006 年东部实际使用外商直接投资比例高达 80%。近年来，东部地区投资环境发生变化，劳动力价格及土地价格日益增加，中西部地区在要素成本方面的优势日益显现，对外商的吸引力也逐渐增强，外资流向呈现出由东部向中西部地区转移的态势，这对于缩小地区发展差距将发挥积极作用。

外商直接投资之所以影响协调发展，是因为外商直接投资对区域发展具有“门限”特征。FDI 的外溢性本身受到东道国金融发展条件的影响，若城市金融发展程度较高，则会提升对 FDI 的吸收和利用效率。FDI 空间分布差异扩大区域间不平衡，尽管近年来中西部地区吸收 FDI 增长率超过东部地区，但东中西部长期以来在外资金额和企业数量上的存量差异，加剧了区域间经济发展水平不平衡。大量 FDI 的引入加快了相关产业的发展。外商直接投资一方面带来了资金、技术、渠道和管理经验，另一方面，外商直接投资通过对这些生产要素的投入组合，改善了产业内的资源配置情况，有效地提升了资源配置的效率和产业内的发展水平。FDI 的产业分布差异扩大了产业的不平衡。造成我国各地区 FDI 分布不均衡的原因主要是区位资源因素、社会制度因素和产业集聚因素。分层次推进、逐步扩大开放的对外开放政策和产业发展水平、市场规模则是造成 FDI 产业分布不平衡的主要因素。

在利用 FDI 促进区域协调发展方面，应大力推动外资政策创新、提高东部地区 FDI 质量并提高中西部地区对外开放水平，继续给予中西部欠发达地区税收、金融、财政等多方面的 FDI 优惠政策，进一步提高中西部各省市的外资吸引力。在利用 FDI 实现产业平衡发展方面，应合理引导外资流向，积极使外商直接投资流向第一产业，要鼓励外资流向高科技农林牧渔业、绿色生态农业等项目、形成产业化发展和规模经营。引导外商直接投资优化第二产业中的工业内部结构，加强外商在我国第二产业技术密集型和资本密集型产业的投资力度。鼓励外资投向生产性服务业比如金融、物流、信息、研发、工业设计、节能环保等，促进现代服务业的发展。进一步优化投资环境，构建开放型经济新体制。不断改善劳动力素质结构，努力提高人力资本水平，提升外商直接投资企业技术溢出的吸收能力，促进产业结构的升级。

再次，外商直接投资促进绿色发展。

绿色发展是我国新发展观的另一个重要内容，发展绿色经济已成为全球瞩目的焦点。众多国家都制定了一系列旨在促进绿色经济发展，并通过绿色经济促进经济复苏、转变经济增长方式的政策措施，试图在新一轮国际竞争中继续保持领先优势。

我国面临严峻的环境挑战，亟须转变经济增长方式，创造新的经济增长点，政府和民间在环境保护和绿色发展上取得了高度一致。我国在绿色发展的步伐上仍远远落后于西方发达国家，这集中体现在：一是绿色环保技术和工艺水平上还远远落后于发达国家；二是绿色环保理念与西方相比仍有较大差距；三是我国当前生态环境不容乐观，亟须改善。通过吸引绿色 FDI 可以溢出西方先进的环境治理技术和经验，可以引进先进的环保理念，从而推动我国生态环境改善，走上绿色发展之路。积极合理地吸引绿色 FDI 促进我国绿色发展成为重要的选项。

本文根据“污染天堂假说”、“竞争到底假说”、“污染光环效应”和“环境库兹涅茨曲线”等 FDI 与绿色发展的相关理论，从结构效应、技术效应、规模效应和政策效应四个方面，分析我国绿色发展与 FDI 的关系，能够为合理利用 FDI 促进我国绿色发展的政策建议找到依据。

“一带一路”倡议与外商直接投资

落实“一带一路”倡议，能够为相关国家分享我国发展机遇创造条件，有助于相关国家扩大对我国直接投资。虽然目前一带一路沿线国家对我国直接投资规模尚小，但长期具有增长潜力。

2016 年，64 个“一带一路”相关国家对我国直接投资总额 458 亿元，相比于 2015 年减少了 12.5%，占中国吸引外商投资总额的比重仍然较小，仅占中国实际使用外商直接投资总额的 5.6%，比 2015 年下降 1.1 个百分点。“一带一路”沿线国家 2016 年对华直接投资新设立企业 2 905 家，占在中国新设企业总数的 10.4%，虽然占比较小，但增长迅速，“一带一路”沿线国家在华设立企业同比增长 34.1%，增速约为 2015 年的 2 倍。

在推进“一带一路”建设中，通过吸引更多国家加入亚投行、丝路基金等金融机构，克服现有国际金融机构无法满足发展中国家基础设施建设和经济社会发展庞大资金需求的现状，缓解少数发达国家对国际金融市场垄断问题，实现基础设施互联互通，增加公共产品供给，促进国际经贸规则的互联互通，降低国际贸易与国际投资的制度成本，加强人文交流，实现人员交往的互联互通，消除因隔阂而人为产生的国际经济合作阻碍，加强国际产能合作，将中国改革开放近四十年来积累的大量优质产能、先进生产技术输送给广大发展中国家，带动其技术进步，增强其自身“造血功能”，促进落后国家经济开放，将有效提升“一带一路”沿线广大发展中国家对外投资能力，我国吸收“一带一路”相关国家对外直接投资的规模也将逐步扩大。

区域经济一体化与外商直接投资

投资全球化是经济全球化的重要内容，区域经济一体化是经济全球化的重要表现形式，我国吸收国际直接投资受到经济全球化（包括区域经济一体化）的深刻影响。

2016—2017年，由于“逆全球化”及贸易保护主义抬头，国际区域经济一体化遭遇严峻挑战，部分自由贸易协定进程受挫，全球自由贸易协定（Free Trade Agreement，以下简称FTA）进入一个在挫折与调整中寻求发展的特殊阶段。但从总体来看，全球区域贸易协定（Regional Trade Agreement，以下简称RTA）仍在蓬勃发展。各国签署的自由贸易协定普遍涵盖范围广并且趋于高标准，具体议题除了传统FTA所涉及的边界措施如关税、市场准入之外，还特别关注各种边界后措施的磋商，包括企业社会责任、环保、劳工、政府采购、公平竞争等。我国自由贸易区建设体现出深化与扩大并举的特点。一方面为了提高开放水平，我国近年来着手对一些较早签署的自由贸易协定进行升级、深化，以更大幅度扩大市场开放。另一方面，我国与更多国家积极开展自由贸易协定谈判，扩大自由贸易区网络，特别是在“一带一路”沿线，我国自由贸易区建设稳步推进，FTA数量快速增长，标准不断提升。

以跨太平洋伙伴关系协定（Trans Pacific Partnership Agreement，以下简称TPP）和2016年10月30日签署的《欧盟–加拿大综合经济与贸易协定》（Comprehensive Economic and Trade Agreement，以下简称CETA）为代表，国际上自由贸易协定的投资条款多数趋向于使用负面清单开放外资。这种非禁即入的高水平开放模式，为外商直接投资打开了更大的市场，而且节省了行政审批的成本与时耗。关于争端解决机制，国际区域贸易协定目前规定不同。例如TPP采用的是“投资者–东道国争端解决机制”（Investor-State Dispute Settlement，以下简称ISDS）来处理投资过程中发生的问题与争议，并对其进行了详细、全面的规定与阐述。CETA则更加维护政府对公共利益的监管权力，并没有赋予投资者起诉东道国的权利，而是采用投资法庭体系（Investment Court System，以下简称ICS）的方式保护投资者权益。

我国近几年签署的自由贸易协定中，投资条款也在逐渐向世界高标准看齐。如《关于建立更紧密经贸关系的安排》（Closer Economic Partnership Arangement，以下简称CEPA）是内地首次在自由贸易协定中使用负面清单模式开放外资。《中国–澳大利亚自由贸易协定》规定，中澳将在协定生效后3年内审议双方之间的投资法律框架，并在审议后立即开启全面投资章节谈判。谈判会修改投资章节在实施过程中发现的不合适规定，补充最低待遇标准、征收、投资争端解决等相关条款，而且中国将以负面清单方式作出投资承诺减让。因此，中国以负面清单模式对澳大利亚开放投资将势在必行。中澳FTA还纳入了“投资者–东道国争端解决机制”，条款中关于该解决机制的规定较为具体细致，包括更加明确的时间段与申请材料要求等。中韩自由贸易协定虽然是以正面清单形式相互开放投资，但中韩双方在最终条款中列出了第二阶段谈判方针，决定在协定生效2年内启动进一步谈判，以达成更高水平的投资自由化。

在我国已签署自由贸易协定的国家和地区当中，东盟十国（主要是新加坡）、韩国等对华直接投资相对较多，香港特区、澳门特区对内地的直接投资也较多，其他如巴基斯坦、格鲁吉亚等，对我国FDI流入的贡献目前尚不显著。值得注意的是，2016年我国FDI前三位来源地——香港、新加坡、韩国，皆为我国自由贸易区成员。《内地与港澳更紧密经贸关系安排》极大助推了港澳对内地的直接投资。CEPA在非服务业投资领域仅保留了26项不符措施，这将使CEPA框架下的投资自由化水平更上层楼，从而大力促进未来香港对内地的投资。从行业分布来看，香港在内地的直接投资过去主要集中于制造业，随着CEPA的持续升级，内地对香港不断降低投资门槛、扩大市场准入，尤其大幅放开服务业领域的投资限制，近年来香港在内地的FDI更多流向了服务业。与CEPA相比，中韩FTA实施时间较短，但中韩FTA的引资效应正逐步显现，2016年韩国在我国FDI来源地中的位次已经跃居第三。由于韩国的传统优势重点集中在制造业，所以中韩FTA签署至今，韩国对华直接投资仍高度集中于制造业。

全球经济治理、外部经济环境与外商直接投资

全球经济治理体系的变化对我国吸收外商直接投资具有重要影响。2016年，英国选择脱欧，特朗普在美国大选中获胜，英美不约而同地走上以本国本土利益为中心的逆全球化道路，全球经济治理步入了新的十字路口。全球经济治理赤字不利于国际投资发展。2016年，虽然各国政府对FDI的引进和利用依然十分重视，但随着反全球化浪潮和保护主义的兴起，对FDI的管制和限制态度也逐渐升温，其主要体现在新的立法、对外国并购及贸易的限制以及政治施压的直接干预等。根据联合国贸发会议对世界各国外国投资政策变更的统计，2016年外国投资自由化的新推进政策平均出台率比2015年有所下降，限制管制措施比2015年有所上升，扭转了自2010年以来自由化推进政策出台率不断上升、限制管制措施不断下降的趋势［联合国贸易和发展会议（United Nations Conference on Trade and Development，以下简称UNCTAD），2017］①。与此同时，2016年全球各国FDI总流入量下降。我国参与全球经济治理的实践关系到吸收外商直接投资的环境，在全球经济治理中的影响力提升对于改善吸收外商直接投资的国际环境具有越来越重要的作用。近些年来，我国总体上吸收外商直接投资的增速高于全球国际直接投资增速，占全球国际直接投资比重上升，与我国积极参与全球经济治理存在紧密相关性。

特朗普推出的“逆全球化”举措和推动制造业回流战略，影响着全球资本流动格局和我国制造业外商直接投资。我国也加快了供给侧结构性改革，大力发展高端制造业，

① UNCTAD. World Investment Report 2017.

鼓励高端制造业外商投资。2016 年制造业吸引 FDI 实际使用金额达 371.31 亿美元，同比下降 6.1%。高技术制造业实际使用外资 598.1 亿元，同比增长 2.5%。其中，医药制造业、通用设备制造业、交通运输设备制造业、专用设备制造业实际使用外资实现较快增长。

2016 年，尽管全球 FDI 总量有所下降，但在产业结构层面上，服务业对引进 FDI 的重要性仍在进一步加强，服务业已成为全球吸收 FDI 的第一大产业，全球服务业 FDI 流入量从 2015 年的 48.74%上升到 51.48%，除了以俄罗斯联邦为代表的转型经济体之外，各经济体服务业 FDI 流入量占比都有提升。我国在积极推动生产性服务业外商投资中，我国服务业实际利用外商直接投资规模和比重逐年上升。2016 年服务业引进 FDI 占总外资流入比重近三分之二，展示出服务业外商直接投资蓬勃发展的趋势，生产性服务业在整个服务业引进 FDI 中所占比重超过生活性服务业。这主要得益于我国放松了外资银行的管制，提高了金融业的开放水平从而使金融业 FDI 的急剧增长促成了生产性服务业 FDI 的显著增高。租赁和商务服务业、信息传输、计算机服务和软件业构成显著提升生产性服务业外商直接投资占比上升的主要驱动力，这主要归功于生产性服务业涌现出业态创新型发展、“互联网+”型发展、外包定制型发展等新模式，尤其是电子商务和“互联网+”凝结着新产业和新技术革命的丰硕成果。2016 年生活性服务业实际利用 FDI 出现了较大比例的降低，主因是批发和零售业的高增长终不抵占生活性服务业 FDI 半壁江山的房地产业 FDI 的锐减，这体现出房地产业为主要驱动力的中国经济发展模式已难以为继，越发趋紧的房地产限购政策让外商直接投资更加审慎。

国际直接投资与人民币汇率变动

FDI 将国外投资行为与本国实体经济联系在一起，是世界各国经济快速增长的重要动力。它与经济政策、宏观经济条件、生产成本、汇率水平等多种宏观经济变量密切相关。其中，汇率水平通过多种效应影响着 FDI 的流动，人民币汇率的变动与我国吸收 FDI 具有很强的联动性。

在理论上，汇率变动通过财富效应、成本效应、资本化率效应、汇率风险效应和期权效应等多种机制对 FDI 流入产生影响，本书分别论述了这几种效应对 FDI 流入的影响机制。

在实证分析中，采用广义自回归条件异方差模型（Generalized Auto Regressive Conditional Heteroskedasticity，以下简称 GARCH）测算人民币实际汇率的波动率，选取 2001—2016 年的季度数据，建立回归模型检验汇率变动与外商直接投资之间是否存在长期协整关系。结果表明，长期内外商直接投资、人民币实际有效汇率指数、工业增加值、人民币实际有效汇率波动率之间存在协整关系，对我国 FDI 流入产生影响；短期内人民币实际有效汇率指数的增加对 FDI 流入起促进作用，汇率波动率的增加会对当期 FDI 流入起抑制作用，工业增加值对 FDI 流入的短期波动影响方向发生变化。从 Johansen 协整检验发现，人民币汇率变动对市场导向型、成本导向型这两种异质型 FDI 流入具有影响。这两种 FDI 与人民币实际有效汇率指数、工业增加值、人民币实际有效汇率波动率之间存在长期的协整关系，且均与实际有效汇率、工业增加值、汇率政策变动呈正相关关系，而与汇率波动率之间呈现负相关关系，尽管各变量对两种异质性 FDI 影响程度不同。

外商投资企业营商环境变动趋势

外商投资企业的营商环境决定着我国吸收 FDI 的前景。我国的外资企业营商环境仍然被多数跨国公司看好，但也有许多值得改进之处。为了提升我国吸收 FDI 的竞争力，继续释放 FDI 促进改革与发展的功能，需要不断改善外资企业的营商环境。

在评估我国外资企业营商环境时，以联合国贸发会议提出的 FDI 吸引力指数、FDI 潜力指数为基础，并加以改进，可以将吸收 FDI 的竞争力指标拆解为 FDI 吸引力指标、FDI 潜力指标。

FDI 吸引力指数，是一国 FDI 流入量排名与 FDI 流入量占国内生产总值（Gross Domestic Product，以下简称 GDP）比重排名的算术平均，直观表现东道国的引资能力和效果。一国 FDI 吸引力的变化方向由 FDI 流入量变化率、FDI 流入量排名变化率、FDI 流入量占 GDP 比重变化率的算数平均结果予以表征，大于零表示 FDI 吸引力提高，小于零表示 FDI 吸引力下降。

FDI 潜力指数，反映一国引资的潜在优势和后续能力。基于 FDI 动机理论，区分市场寻求型、效率寻求型、资源寻求型、创造资产寻求型和政策寻求型五种类型的 FDI，对不同投资动因的 FDI 潜力指数进行算术平均，得到 FDI 潜力指数。一国 FDI 潜力变化方向由五种投资动因下 FDI 潜力指数变化率的算数平均结果予以表征，大于零表示 FDI 潜力增强，小于零表示 FDI 潜力减弱。

吸收 FDI 综合竞争力指数综合考虑 FDI 吸引力指数和潜力指数，赋予二者同等权重，通过算术平均得到（见表 1）。

表 1　　　　外商直接投资竞争力指标体系

<table>
<tr><td rowspan="2">FDI 吸引力指数</td><td colspan="3">FDI 流入量</td></tr>
<tr><td colspan="3">FDI 流入量占 GDP 比重</td></tr>
<tr><td rowspan="7">FDI 潜力指数</td><td rowspan="4">市场寻求型 FDI</td><td colspan="2">GDP（购买力平价）</td></tr>
<tr><td colspan="2">人均 GDP（购买力平价）</td></tr>
<tr><td colspan="2">GDP 增长率</td></tr>
<tr><td colspan="2">贸易依存度</td></tr>
<tr><td rowspan="3">效率寻求型 FDI</td><td rowspan="3">低成本劳动的可获得性</td><td>制造业就业数量</td></tr>
<tr><td>制造业单位劳动成本</td></tr>
<tr><td>工资与劳动生产率的相关程度</td></tr>
</table>

续表

<table>
<tr><td rowspan="17">FDI 潜力指数</td><td rowspan="6">效率寻求型 FDI</td><td rowspan="6">能源、交通、电信基础设施</td><td>电力消费</td></tr>
<tr><td>铁路密度</td></tr>
<tr><td>班轮航运连接指数</td></tr>
<tr><td>固定电话用户</td></tr>
<tr><td>移动电话用户</td></tr>
<tr><td>固定宽带网络用户</td></tr>
<tr><td rowspan="3">资源寻求型 FDI</td><td colspan="2">燃料出口</td></tr>
<tr><td colspan="2">金属与矿石出口</td></tr>
<tr><td colspan="2">能源消耗</td></tr>
<tr><td rowspan="4">创造资产寻求型 FDI</td><td colspan="2">高等教育毛入学率</td></tr>
<tr><td colspan="2">研发支出强度</td></tr>
<tr><td colspan="2">科学家和工程师的可获得性</td></tr>
<tr><td colspan="2">知识产权保护力度</td></tr>
<tr><td rowspan="4">政策寻求型 FDI</td><td colspan="2">政治稳定性</td></tr>
<tr><td colspan="2">政府效率</td></tr>
<tr><td colspan="2">政策规则对外资的吸引与鼓励程度</td></tr>
<tr><td colspan="2">对投资者的保护程度</td></tr>
</table>

近五年来，我国 FDI 吸引力由降转升，2012—2015 年下降，2016 年出现反弹（见表 2）。

表 2　　2012—2016 年中国 FDI 吸引力竞争力

指标	2012 年	2013 年	2014 年	2015 年	2016 年
FDI 流入量（亿美元）	1 210.80	1 239.11	1 285.00	1 356.10	1 337.00
FDI 流入量排名	2	2	2	4	3
GDP（现价美元、亿美元）	85 605.47	96 072.24	104 823.71	110 646.65	111 991.45
FDI 流入量占 GDP 比重（%）	1.41	1.29	1.23	1.23	1.19
FDI 吸引力变化趋势	−	−	−	−	+

数据来源：FDI 流入量及排名数据来自联合国贸发会议《世界投资报告》（2012—2017）；GDP 数据来自世界银行 WDI 数据库。

近五年来，市场寻求型 FDI 潜力小幅波动（见表 3）。优势主要体现在市场规模和市场增长潜力方面，劣势主要反映在市场开放程度方面。

表 3　　2012—2016 年中国市场寻求型 FDI 潜力变化

指标	2012 年	2013 年	2014 年	2015 年	2016 年
GDP（亿美元）	150 545.12	162 223.86	174 062.42	186 073.08	198 539.98
人均 GDP（美元）	11 145.71	11 951.25	12 758.65	13 569.89	14 400.83
GDP 增长率（年百分比）	7.9	7.8	7.3	6.9	6.7
贸易依存度	45.17	43.29	41.04	35.73	32.91
市场寻求型 FDI 潜力变化趋势	–	+	+	–	+

数据来源：GDP 相关数据来自世界银行 WDI 数据库；贸易相关数据来自中国海关数据库。

虽然低成本劳动力获得性的情况连年恶化，但由于相对良好且持续改善的能源、交通电信基础设施条件，使得我国 2012—2015 年间效率寻求型 FDI 潜力持续提高（见表 4）。

表 4　　2012—2016 年中国效率寻求型 FDI 潜力变化

指标		2012 年	2013 年	2014 年	2015 年	2016 年
低成本劳动的获得性	就业数量（万人）	76 704.00	76 977.00	77 253.00	77 451.00	77 603.00
	单位劳动成本	6.64	6.66	6.76	6.97	7.05
	工资与劳动生产率相关程度	4.99	4.81	4.84	4.97	*
	低成本劳动的获得性变化趋势	–	–	–	–	*
能源、交通、电信基础设施	电力消费（比上年增长，%）	5.90	8.90	4.00	0.50	*
	公路（万公里）	423.75	435.62	446.39	457.73	469.63
	铁路（万公里）	9.76	10.31	11.18	12.10	12.40
	航运（万公里）	12.50	12.59	12.63	12.70	12.71
	电话线路条数（条/每百人）	20.00	19.00	18.00	16.00	*
	手机用户数（人/每百人）	81.00	89.00	92.00	92.00	*
	宽带用户数（人/每百人）	9.42	11.61	13.63	13.63	*
	能源交通电信基础设施变化趋势	+	+	+	+	*
效率寻求型 FDI 潜力变化趋势		+	+	+	+	*

数据来源：就业数量、单位劳动成本计算的原始数据来自中国统计年鉴数据库；工资与劳动生产率相关程度数据来自世界经济论坛的执行意见调查数据库；电力消费等数据来自世界银行 WDI 数据库。电力消费指标为电力消费比上年增长的百分比；航运指标为内河航道里程；电话线路条数、手机用户数、宽带用户数均为每百人中用户数量。“*”表示数据缺失。

我国相对较高的能源消耗强度对资源寻求型 FDI 的潜力有拉升作用，但考虑到我国产业结构升级调整，能耗进一步降低，以及我国能源与金属矿产资源可开采量下降，未来的资源寻求型 FDI 潜力将下降（见表 5）。

表 5　　2012—2016 年中国资源寻求型 FDI 潜力变化

指标	2012 年	2013 年	2014 年	2015 年	2016 年
燃料出口全球占比（%）	1.05	1.05	1.18	1.34	*
金属与矿石出口全球占比（%）	2.16	2.11	2.74	2.82	2.61
能源消耗（千克油当量/每千美元 GOP）	193.40	185.20	175.30	168.50	*
资源寻求型 FDI 潜力变化趋势	–	–	+	+	*

数据来源：联合国贸发会议数据库。

近年来，我国创造资产寻求型 FDI 潜力持续上升，主要得益于入学率提高、研发投入增加和知识产权保护加强。但创造资产寻求型 FDI 潜力上升幅度并不大（见表 6）。

表 6　　2012—2016 年中国创造资产寻求型 FDI 潜力变化

指标	2012 年	2013 年	2014 年	2015 年	2016 年
高教毛入学率（%）	30.00	34.50	37.50	40.40	*
研发支出强度（%）	1.91	1.99	2.02	2.07	*
科学家和工程师可获得性	4.40	4.50	4.40	4.50	4.70
知识产权保护力度	3.94	3.94	3.95	3.97	*
创造资产寻求型 FDI 潜力变化趋势	+	+	+	+	*

数据来源：世界经济论坛的执行意见调查数据库。

一国针对 FDI 流入的引资政策及整体制度环境对政策寻求型 FDI 的流动有重要影响。近年来，我国整体政治环境较为稳定，但相对于 FDI 关注的政治环境吸引力并无优势，政府效率仍有较大提升空间，引资政策并无突出优势，投资者保护力度相对薄弱（见表 7）。

表 7　　2012—2016 年中国政策寻求型 FDI 潜力变化

指标	2012 年	2013 年	2014 年	2015 年	2016 年
政治稳定性	–0.55	–0.55	–0.53	–0.56	*
政府效率	0.03	0.00	0.34	0.42	*
引资政策	0.419 0	0.419 0	0.419 0	0.386 0	0.327 0
投资者保护	46.67	44.00	44.67	26.67	*
政策寻求型 FDI 潜力变化趋势	–	–	+	–	*

数据来源：政治稳定性、政府效率与投资者保护的数据来自世界银行数据库；引资政策的数据来自 OECD 数据库。

综合考虑五种类型 FDI 的潜力情况，2012、2013 年我国 FDI 潜力经历了两年明显下降，2014、2015 年有改善态势，但仍不容乐观（见表 8）。

表 8　　2012—2016 年中国 FDI 潜力变化

指标	2012 年	2013 年	2014 年	2015 年	2016 年
市场寻求型 FDI 潜力变化趋势	−	+	+	−	+
效率寻求型 FDI 潜力变化趋势	+	+	+	+	*
资源寻求型 FDI 潜力变化趋势	−	+	+	+	*
创造资产寻求型 FDI 潜力变化趋势	+	+	+	+	*
政策寻求型 FDI 潜力变化趋势	−	−	+	−	*
FDI 潜力变化趋势	−	−	+	+	*

近五年，我国吸收 FDI 的竞争力仍然居于高位，但也出现高位波动的状况，先是经历了两年下降，而后有所回升，目前尚难断定处于稳定上升期，仍需努力提高 FDI 吸引力，释放引资潜力，全面提升引资竞争力（见表 9）。

表 9　　2012—2016 年中国 FDI 综合竞争力变化趋势

指标	2012 年	2013 年	2014 年	2015 年	2016 年
FDI 吸引力变化趋势	−	−	−	−	+
FDI 潜力变化趋势	−	−	+	+	*
FDI 综合竞争力变化趋势	−	−	+	−	+

根据对我国近五年 FDI 竞争力状况的分析，未来在改善 FDI 营商环境，提升吸收 FDI 国际竞争力时，需要重点加强以下工作：

第一，保持国民经济持续稳定的中高速增长，避免经济增速大幅下滑、波动。这是 FDI 获得稳定、较高收益机会的基础，也是巩固 FDI 吸引力上升势头的关键。

第二，释放市场寻求型 FDI 潜力。在落实国务院《扩大对外开放积极利用外资若干措施》的基础上，根据我国产业结构升级的重点，研究消费结构升级热点，进一步拓宽 FDI 领域，扩大 FDI 市场准入。不仅要扩大高端、时尚、健康类产品生产性经营领域的 FDI 市场准入，也要进一步放宽教育、文化、体育、旅游、家政、养老、健康服务等消费性服务业领域 FDI 市场准入，使 FDI 获得分享我国消费结构升级红利的历史机遇。

第三，巩固效率寻求型 FDI 潜力。低成本劳动力获得性连年恶化状况无法逆转，但充分利用在 30 多年工业化过程中形成的庞大的成熟制造业工人队伍的便利，构建企业和社会重视员工技能培训、职业教育的制度环境，通过提高劳动者技能和素质提升劳动效率，实现从劳动力大国向人力资源大国的演变，可以为效率寻求型 FDI 提供充裕的高效率的技术工人。

第四，发掘创造资产寻求型 FDI 潜力。继续完善知识产权保护制度，强化知识产权保护力度，公平保护知识产权，严格保护外资企业知识产权，消除创造资产寻求型 FDI 顾虑；在财政、税收、金融政策上，继续支持研发投入，持续增强研发支出强度，巩固研发支出占 GDP 比重逐年上升势头，完善分配制度，提高科研人员创造知识产权的热情，不断扩大“创造资产”的供给。

第五，改善 FDI 制度和政策环境。媒体与政府各部门紧密配合，营造积极利用外资的社会氛围，各个政府部门相互协同，形成积极利用外资的合力，保持利用外资政策的连续性和稳定性，落实外资企业公平参与市场竞争的政策措施，提高政府效率，建立落实投资便利化措施路线图，促进外商投资便利化，完善法律体系，强化外商投资保护力度。

（执笔人：桑百川）

第 1 章　2016 年外商直接投资基本情况

摘　要

2016 年中国非金融领域外商直接投资规模微幅下滑，但基本保持上一年水平，我国位列世界第三大外资流入地，在全球资本流入放缓的背景下，中国的外资流入占全球和发展中国家比重双双上升，突出反映了中国吸收外商直接投资优势仍在但同样面临巨大压力。

据商务部统计，2016 年 1—12 月，全国非金融领域新批设立外商投资企业 27 900 家，同比增长 4.99%，实际使用外资金额 1 260.01 亿美元，同比下降 0.21%。新批设立外商直接投资企业个数保持了 2013 年以来的上升趋势，实际使用外资金额出现微幅下降，但整体规模仍居高位。

据联合国贸发会议发布的《世界投资报告 2017》统计，2016 年全球资本流入规模达到 17 464.23 亿美元，同比下降 1.55%，其中发展中国家和地区吸收外资金额达到 6 460.30 亿美元，同比下降 14.13%。按照联合国贸发会议估算的中国全口径吸收外资金额（1 337 亿美元）计算，2016 年中国全口径吸收外资金额占发展中国家资本流入总额的 20.70%，占全球资本流入总额的 7.66%。如果按照商务部统计的非金融领域吸收外资金额计算，2016 年中国非金融领域吸收外资金额占发展中国家资本流入总额的 19.50%，占全球资本流入总额的 7.21%。从 2009 年以来中国非金融领域吸收外资金额占比变化来看，占发展中国家比重和占全球比重均一改几年来的下滑势头，出现较大幅度增长。这突出反映了在全球资本流动放缓的大背景下，中国对外资的吸引力不降反升。2016 年中国仍然保持全球第三大外资流入地的地位，仅次于美国（3 911.04 亿美元）和英国（2 538.26 亿美元）。

外商直接投资方式仍然以外商独资企业和中外合资企业为主。2016 年全国非金融领域新批设立外商投资企业 27 900 家，其中外商独资企业数量达到 21 024 家，占 75.35%，同比增长 3.07%；中外合资企业 6 662 家，占 23.88%，同比增长 11.24%；其他的外商投资股份制企业和中外合作企业等合计仅占 0.76%。从近五年不同外商投资方式实际使用外资金额占比变化来看，外商独资企业占比连续第二年有所下降，外商投资股份制企业和中外合资企业占比均有所上升。

外商直接投资仍然主要来自中国香港地区。2016 年香港对内地直接投资金额再创新高，达到 871.8 亿美元，接近内地吸引外资总额的 70%，同比增长 0.92%。这反映了香港仍然是内地利用外资的首要来源地且地位越加重要。欧盟对华投资金额达到 96.60 亿美元，规模达到 1990 年以来新高，同比增长 48.32%；韩国对华投资金额达到 47.5 亿美元，同比增长 17.75%；台湾地区对大陆投资金额 36.2 亿美元，达到除 2002 年（39.71 亿美元）外历史第二高纪录，同比上升 135.51%；美国对华投资金额 38.3 亿美元，同比上升 83.35%。2016 年日本对华投资金额 31.1 亿美元，同比下降 2.66%，但与 2015 年降幅（26.13%）相比已大为收窄。除日本相对占比小幅下降外，来自美国、欧盟、中国台湾等地的投资相对占比均出现上升，突出反映了中国传统的外资来源地对华投资出现明显复苏迹象。

2016 年中国非金融领域外商直接投资以制造业、房地产业、租赁和商务服务业为主。2016 年中国制造业吸收外资 356.83 亿美元，占当年实际使用外资金额的 28.32%，同比下降 6.1%；其次是房地产业，当年吸引外资金额达到 195.91 亿美元，占比达到 15.55%，同比下降 29.4%；紧随其后的是租赁和商务服务业，实际使用外资金额达到 162.05 亿美元，占比达到 12.86%，同比增长 67.8%。以上三大行业实际使用的外资金额占当年实际使用外资总额的比重达到 56.73%。

2016 年外商投资企业进口和出口金额均出现下降，外商投资企业的出口比重继续下降，由 2005 年的 58.30%下降到 43.71%，降幅接近 15 个百分点；外商投资企业进口比重在 2015 年略有回升后出现下降趋势，由 2015 年的 49.47%下降到 2016 年的 48.52%。进口和出口比重的双双下降，在一定程度上反映了外商投资企业越来越重视国内市场，不过整体上外商投资企业仍然是中国对外贸易的中坚力量。

1.1　外商直接投资概况

2016 年中国非金融领域利用外商直接投资规模基本维持上一年水平。据商务部统计，2016 年 1—12 月，全国非金融领域新批设立外商投资企业 27 900 家，同比增长 4.99%，实际使用外资金额 1 260.01 亿美元，同比下降 0.21%（见图 1–1）。新批设立外商直接投资企业个数保持了 2013 年以来的上升趋势，实际使用外资金额出现微幅下降，但整体规模仍居高位。

2016 年中国外商直接投资年均增长率和平均投资规模双双略有下滑。2016 年中国非金融领域实际使用外资金额年均增长率为–0.21%，尽管幅度较小，但也出现了 2013 年以来首次实际使用外资绝对规模的下滑。2016 年外商直接投资平均投资规模略有下降，从 2015 年的 475.13 万美元下降到 2016 年的 451.62 万美元。尽管平均投资规模略有下滑，但整体上仍高于 2012 年及之前各年的水平。

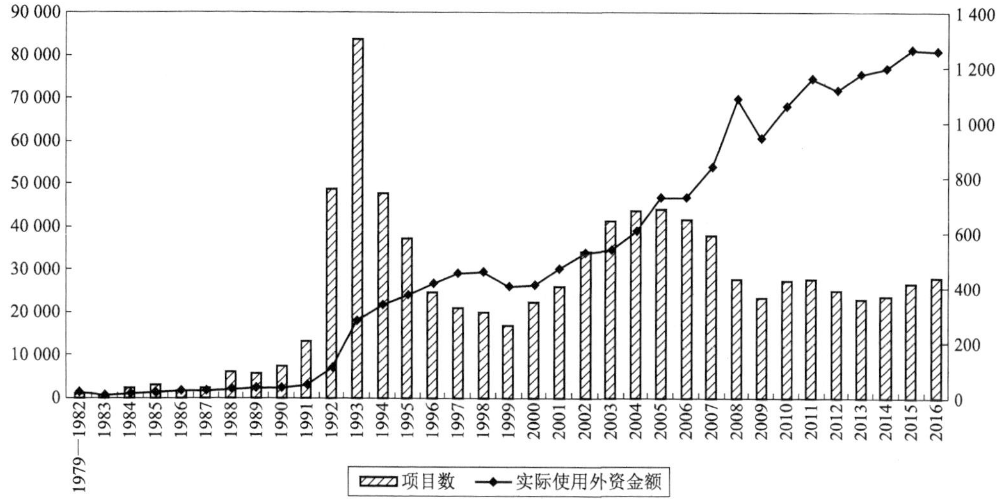

图 1–1　1979—2016 年中国利用外商直接投资项目数和实际使用外资金额（亿美元）

注：未包括银行、保险、证券领域吸收外商投资数据。

资料来源：商务部外资统计。

据联合国贸发会议发布的《世界投资报告 2017》统计，2016 年全球资本流入规模达到 17 464.23 亿美元，同比下降 1.55%，其中发展中国家和地区吸收外资金额达到 6 460.30 亿美元，同比下降 14.13%。按照联合国贸发会议估算的中国全口径吸收外资金额（1 337 亿美元）计算，2016 年中国全口径吸收外资金额占发展中国家资本流入总额的 20.70%，占全球资本流入总额的 7.66%。如果按照商务部统计的非金融领域吸收外资金额计算，2016 年中国非金融领域吸收外资金额占发展中国家资本流入总额的 19.50%，占全球资本流入总额的 7.21%（见表 1–1）。从 2009 年以来中国非金融领域吸收外资金额占比变化来看，占发展中国家比重和占全球比重均一改几年来的下滑势头，出现较大幅度增长。这突出反映了在全球资本流动放缓的大背景下，中国对外资的吸引力不降反升。2016 年中国仍然保持全球第三大外资流入地的地位，仅次于美国（3 911.04 亿美元）和英国（2 538.26 亿美元）。

表 1–1　2000—2016 年中国外商直接投资占全球和发展中国家资本流入比重

单位：亿美元，%

年份	世界	发展中国家	全口径			非金融口径		
			中国	中国占世界比重	中国占发展中国家比重	中国	中国占世界比重	中国占发展中国家比重
2000	13 602.54	2 338.21	407.15	2.99	17.41	407.15	2.99	17.41
2001	7 727.83	2 166.08	468.78	6.07	21.64	468.78	6.07	21.64
2002	5 949.29	1 718.59	527.43	8.87	30.69	527.43	8.87	30.69
2003	5 588.64	2 038.95	535.05	9.57	26.24	535.05	9.57	26.24

续表

年份	世界	发展中国家	全口径			非金融口径		
			中国	中国占世界比重	中国占发展中国家比重	中国	中国占世界比重	中国占发展中国家比重
2004	6 971.70	2 673.05	606.30	8.70	22.68	606.3	8.70	22.68
2005	9 585.16	3 399.92	724.06	7.55	21.30	724.06	7.55	21.30
2006	14 111.71	4 118.96	727.15	5.15	17.65	727.15	5.15	17.65
2007	19 092.34	5 378.94	835.21	4.37	15.53	835.21	4.37	15.53
2008	14 991.33	5 927.13	1 083.12	7.22	18.27	1 083.12	7.22	18.27
2009	11 900.06	4 738.93	950.00	7.98	20.05	940.65	7.90	19.85
2010	13 837.79	6 426.90	1 147.34	8.29	17.85	1 057.35	7.64	16.45
2011	15 911.46	6 875.11	1 239.85	7.79	18.03	1 160.11	7.29	16.87
2012	15 925.98	6 709.98	1 210.80	7.60	18.04	1 117.16	7.01	16.65
2013	14 432.30	6 746.58	1 239.11	8.59	18.37	1 175.86	8.15	17.43
2014	13 238.63	7 037.80	1 285.00	9.71	18.26	1 195.62	9.03	16.99
2015	17 740.01	7 523.29	1 356.10	7.64	18.03	1 262.67	7.12	16.78
2016	17 464.23	6 460.30	1 337.00	7.66	20.70	1 260.01	7.21	19.50

资料来源：中国（全口径）、世界和发展中国家数据均来自《世界投资报告 2017》，中国非金融口径数据来自商务部外资统计。

从资本流入流量同比增长率来看，2016 年中国非金融领域吸收外资金额同比下降 0.21%，降幅低于发展中国家的平均增长率降幅（14.13%），同时也低于全球资本流入增长率降幅（1.55%）。2001 年以来，非金融领域中国吸收外资金额年均增长率达到 7.78%，低于发展中国家年均增长率（8.04%），但高于全球年均增长率（4.78%）（见表 1–2）。

表 1–2　2001—2016 年中国与世界和发展中国家资本流入流量同比增长率比较

单位：%

年份	世界	发展中国家	中国（全口径）	中国（非金融口径）
2001	–43.19	–7.36	15.14	15.14
2002	–23.01	–20.66	12.51	12.51
2003	–6.06	18.64	1.44	1.44
2004	24.75	31.10	13.32	13.32
2005	37.49	27.19	19.42	19.42
2006	47.22	21.15	0.43	0.43
2007	35.29	30.59	14.86	14.86

续表

年份	世界	发展中国家	中国（全口径）	中国（非金融口径）
2008	−21.48	10.19	29.68	29.68
2009	−20.62	−20.05	−12.29	−13.15
2010	16.28	35.62	20.77	12.41
2011	14.99	6.97	8.06	9.72
2012	0.09	−2.40	−2.34	−3.70
2013	−9.38	0.55	2.34	5.25
2014	−8.27	4.32	3.70	1.68
2015	34.00	6.90	5.53	5.61
2016	−1.55	−14.13	−1.41	−0.21
平均	4.78	8.04	8.20	7.78

资料来源：整理自商务部外资统计、《世界投资报告 2017》。

在 2016 年全球资本流动规模下降的大趋势下，中国仍然保持了世界前三大外资流入地的地位。这一方面反映了中国的投资环境和经济发展潜力对外商投资仍然具有巨大的吸引力，仍然是全球资本流动的主要“洼地”；另一方面，无论是全口径还是非金融口径，中国实际使用外资规模均出现下降，这也反映出中国吸引外资面临的巨大压力，亟须通过进一步改革开放来突破。

综上所述，2016 年中国非金融领域外商直接投资规模微幅下滑，但基本保持上一年水平，位列世界第三大外资流入地，在全球资本流入放缓的背景下，中国的外资流入占全球和发展中国家比重双双上升，突出反映了中国吸收外商直接投资优势仍在但同样面临巨大压力。

1.2　外商直接投资方式

外商直接投资方式仍然以外商独资企业和中外合资企业为主。2016 年全国非金融领域新批设立外商投资企业 27 900 家，其中外商独资企业数量达到 21 024 家，占 75.35%，同比增长 3.07%；中外合资企业 6 662 家，占 23.88%，同比增长 11.24%；其他的外商投资股份制企业和中外合作企业等合计仅占 0.76%（见表 1–3）。

2016 年外商独资企业的实际使用外资额达到 861.26 亿美元，占 68.35%，同比下降 9.61%；中外合资企业 302.04 亿美元，占 23.97%，同比增长 16.68%；外商投资股份制企业 88.42 亿美元，占 7.02%，同比增长达到 171.99%；其他几种方式合计仅占 0.66%（见表 1–3）。

表 1-3　　2016 年外商直接投资方式统计　　单位：个，%，亿美元

	新批项目数			实际使用外资金额		
	数量	比重	同比增长率	金额	比重	同比增长率
总计	27 900	100.00	4.99	1 260.01	100.00	-0.21
中外合资企业	6 662	23.88	11.24	302.04	23.97	16.68
中外合作企业	126	0.45	14.55	8.3	0.66	-55.03
外资企业	21 024	75.35	3.07	861.26	68.35	-9.61
外商投资股份制	86	0.31	10.26	88.42	7.02	171.99
合作开发	0	0	0	0	0	0

注：未包括银行、保险、证券领域吸收外商投资数据。

资料来源：商务部外资统计。

从近五年不同外商投资方式实际使用外资金额占比变化来看，外商独资企业占比连续第二年有所下降，外商投资股份制企业和中外合资企业占比均有所上升。具体来看，2016 年外商独资企业实际使用外资金额占比由 2015 年的 75.46%下降到近五年来的最低水平 68.35%；中外合资企业实际使用外资金额占比则由 2015 年 20.50%上升到 23.97%，达到 2010 年以来最高水平；外商投资股份制企业实际使用外资金额占比则由 2015 年的 2.57%上升到 7.02%，达到了近五年来的最高水平；中外合作企业占比由 2015 年的 1.46%下降到 0.66%，达到 2010 年以来最低水平。

截至 2016 年，外商独资企业和中外合资企业项目个数累计分别达到 47.91 万家和 32.35 万家，占比分别达到 55.43%和 37.42%；实际使用外资金额累计分别达到 11 530.56 亿美元和 4 685.32 亿美元，占比分别达到 61.76%和 25.10%，两者占比合计达到 86.86%（见表 1-4）。

表 1-4　　截至 2016 年外商直接投资方式统计　　单位：个，%，亿美元

方式	项目个数		实际使用外资	
	个数	比重	金额	比重
总计	864 495	100	18 669.07	100
中外合资企业	323 465	37.42	4 685.32	25.10
中外合作企业	60 788	7.03	1 108.37	5.94
外资企业	479 149	55.43	11 530.56	61.76
外商投资股份制	677	0.08	274.9	1.47
合作开发	191	0.02	75.07	0.40
其他	223	0.03	994.86	5.33

注：未包括 2016 年银行、保险、证券领域吸收外商投资数据。

资料来源：商务部外资统计。

1.3 外商直接投资来源地

2016 年非金融领域对华投资前 5 位的国家和地区分别是中国香港（871.8 亿美元，占比 69.19%）、新加坡（61.8 亿美元，占比 4.90%）、韩国（47.5 亿美元，占比 3.77%）、美国（38.3 亿美元，占比 3.04%）、中国台湾（36.2 亿美元，占比 2.87%）（见表 1–5）。前 5 位国家和地区对华投资总额达到 1 055.60 亿美元，占 2016 年中国吸引外资总额的 83.78%。前 10 位国家和地区对华投资总额达到 1 184.6 亿美元，占 2016 年中国吸引外资总额的 94.02%。

表 1–5　　2016 年对华投资前 10 位国家/地区情况　　单位：亿美元，%

国家或地区	实际使用外资金额	比重
总计	1 260.01	100.00
中国香港	871.8	69.19
新加坡	61.8	4.90
韩国	47.5	3.77
美国	38.3	3.04
中国台湾	36.2	2.87
中国澳门	34.8	2.76
日本	31.1	2.47
德国	27.1	2.15
英国	22.1	1.75
卢森堡	13.9	1.10

资料来源：整理自商务部外资司《2016 年 1—12 月全国吸收外商直接投资统计数据》。

从外商直接投资主要来源地实际使用外资金额历年变化情况看，2016 年主要来源地对华投资有所增加或降幅收窄。2016 年香港对内地直接投资金额再创新高，达到 871.8 亿美元，接近内地吸引外资总额的 70%，同比增长 0.92%；欧盟对华投资金额达到 96.60 亿美元，规模达到 1990 年以来历史新高，同比增长 48.32%；韩国对华投资金额达到 47.5 亿美元，同比增长 17.75%；台湾地区对大陆投资金额 36.2 亿美元，达到除 2002 年（39.71 亿美元）外历史第二高纪录，同比上升 135.51%；美国对华投资金额 38.3 亿美元，同比上升 83.35%。2016 年日本对华投资金额 31.1 亿美元，同比下降 2.66%，但与 2015 年降幅（26.13%）相比已大为收窄（见图 1–2）。

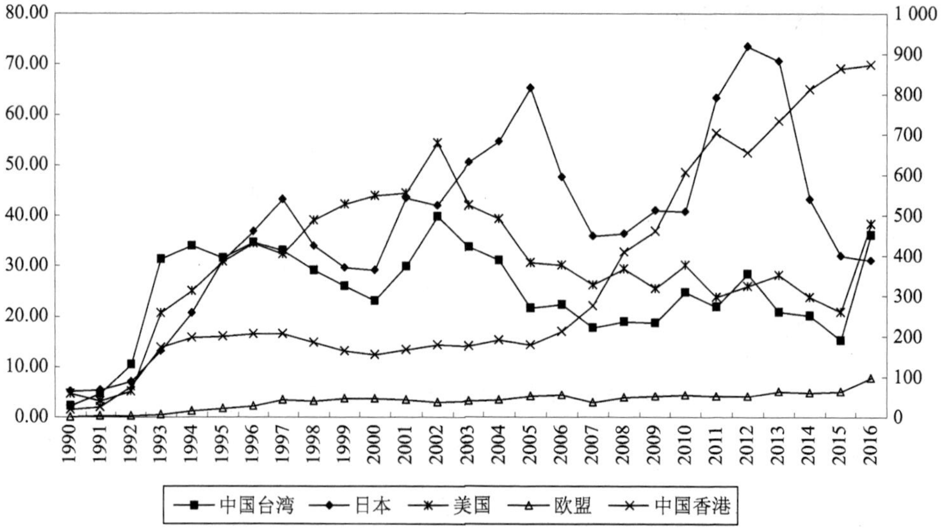

图 1-2 1990—2016 年外商直接投资主要来源地实际使用外资金额历年变化情况（亿美元）

资料来源：商务部外资统计。

从外资主要来源地投资金额相对占比的历年变化情况（见图 1-3）看，2016 年香港对内地投资占比由 2015 年的 68.42%上升到 2016 年的 69.19%。这反映了香港仍然是内地利用外资的首要来源地且地位越加重要。除日本相对占比小幅下降外，来自美国、欧盟、中国台湾等地的投资相对占比均出现上升，突出反映了中国传统的外资来源地对华投资出现明显复苏迹象。

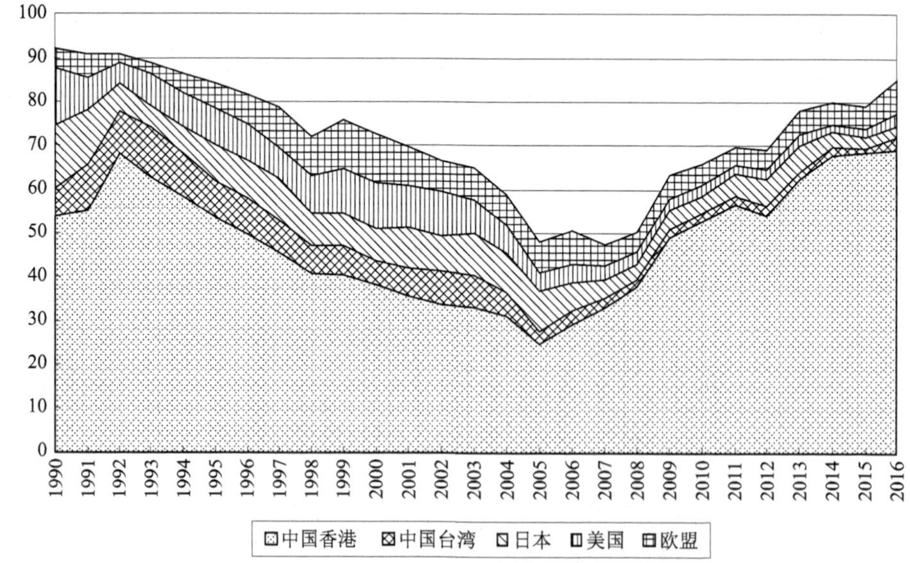

图 1-3 1990—2016 年外商直接投资主要来源地投资金额占比历年变化情况（%）

资料来源：整理自商务部外资统计。

1.4　外商直接投资行业结构

2016 年中国非金融领域外商直接投资以制造业、房地产业、租赁和商务服务业为主。2016 年中国制造业吸收外资 356.83 亿美元，占当年实际使用外资金额的 28.32%，同比下降 6.1%；其次是房地产业，当年吸引外资金额达到 195.91 亿美元，占比达到 15.55%，同比下降 29.4%；紧随其后的是租赁和商务服务业，实际使用外资金额达到 162.05 亿美元，占比达到 12.86%，同比增长 67.8%（见表 1–6）。以上三大行业实际使用的外资金额占当年实际使用外资总额的比重达到 56.73%。

表 1–6　　2016 年外商直接投资部分行业分布　　单位：亿美元，%

行业	企业数	比上年增长	实际利用外资金额	比上年增长
总计	27 900	5.0	1 260.01	4.1
农、林、牧、渔业	558	–8.4	19.09	30.0
制造业	4 013	–11.0	356.83	–6.1
电力、燃气及水的生产和供应业	311	18.0	21.66	0.3
交通运输、仓储和邮政业	425	–5.4	51.01	26.7
信息传输、计算机服务和软件业	1 463	11.6	83.73	128.0
批发和零售业	9 399	2.7	156.66	36.0
房地产业	378	–2.3	195.91	–29.4
租赁和商务服务业	4 631	3.7	162.05	67.8
居民服务和其他服务业	245	13.0	5.11	–25.8
其他	6 477		207.96	

注：未包括银行、保险、证券领域吸收外商投资数据。

资料来源：整理自国家统计局《2016 年国民经济与社会发展统计公报》。实际利用外资金额按照 1 美元＝6.454 1 元人民币的汇率折算。

1.5　外商投资企业进出口情况

2016 年外商直接投资企业进出口总额达到 16 871 亿美元，占全国进出口总额的 45.78%，同比下降 8.04%；出口总额达到 9 168 亿美元，占全国出口总额的 43.71%，同比下降 8.75%；进口总额达到 7 703 亿美元，占全国进口总额的 48.52%，同比下降 7.18%（见表 1–7）。

表 1–7　　2016 年外商直接投资企业进出口概况　　单位：亿美元，%

进出口概况	全国		外商投资企业		
	金额	同比	金额	占全国比重	同比
进出口总额	36 849.25	–6.76	16 871	45.78	–8.04
出口总额	20 974.44	–7.70	9 168	43.71	–8.75
进口总额	15 874.81	–5.50	7 703	48.52	–7.18

数据来源：商务部外资统计。

与前几年相比，2016 年外商投资企业进口和出口金额均出现下降，外商投资企业的出口比重继续下降，由 2005 年的 58.30%下降到 43.71%，降幅接近 15 个百分点；外商投资企业进口比重在 2015 年略有回升后出现下降趋势，由 2015 年的 49.47%下降到 2016 年的 48.52%（参见图 1–4）。进口和出口比重的双双下降，在一定程度上反映了外商投资企业越来越重视国内市场，不过整体上外商投资企业仍然是中国对外贸易的中坚力量。

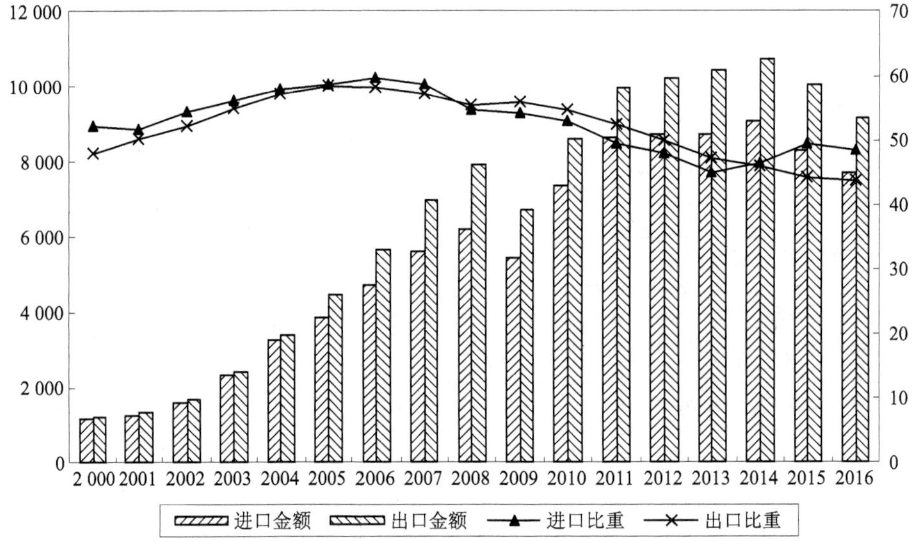

图 1–4　2000—2016 年外商投资企业进口和出口金额与比重变化情况（亿美元，%）

资料来源：整理自商务部外资统计。

（执笔人：杨立强）

第 2 章　全球经济治理体系变革与外商直接投资

摘　要

2016 年，英国选择脱欧，特朗普在美国大选中获胜，英美不约而同地走上以本国本土利益为中心的逆全球化道路，全球经济治理步入了新的十字路口。我国参与全球经济治理的实践关系到吸收外商直接投资的环境，全球经济治理体系的变化对我国吸收外商直接投资具有重要影响。

全球经济治理是全球治理在经济领域的应用和延伸，大国集团对于全球经济治理体系的探索，源于占主导地位的国家对国际秩序和自身利益的维护。国际社会对于全球治理体系的构造一直到雅尔塔会议后联合国的建立，才在真正意义上形成了一个相对稳定的治理模式。但是，相比于经济领域，新成立的联合国更为关注政治和安全议题，难以胜任一个国际性的准政府角色。全球治理体系在塑造战后国际经济秩序上的力不从心，便成了全球经济治理诞生的内生动力。

根据 2011 年联合国秘书长报告中的定义，全球经济治理是指多边机构和进程在影响全球经济政策、规则和法规方面发挥的作用。定义既强调了经济治理在全球经济活动中的功能和绩效，又突出了多边机构和平台在这一过程中的主导地位。有关第二次世界大战后全球经济治理体系不同阶段的划分，按照治理机制是否能反映全球大多数国家利益诉求的角度可以将其分为两个阶段，即由欧美等发达国家主导的水平型国际经济合作时期（1945—2007 年），以及以二十国集团峰会诞生为标志的新兴经济体国际话语权显著增加的南北对话阶段（2008 年起）。第一阶段因具体治理平台的不同，又可细分为布雷顿森林体系和七国集团首脑会议时期。

本章在充分分析全球经济治理体系变革的基础上，阐述中国在全球经济治理中的主张和理念，以及全球经济治理体系变革对我国吸收外商直接投资带来的影响。

2.1 全球经济治理体系的发展

2.1.1 发达国家主导的水平型经济合作

随着经济全球化进程不断发展，各国经济联系更加紧密，在全球经济事务中的共同利益也愈来愈多，但同时全球化也导致了世界经济加速失衡，衍生出了许多新的全球性经济风险。全球经济治理体系正是源于建立战后国际经济秩序和应对世界经济领域新风险的需要而诞生。

1. 战后初期世界经济治理体系的构建

与全球治理广泛的途径不同，全球经济治理更加强调国际组织在治理过程中的作用，利用一定数量的国家所建立起来的国际管理机构来规制各国的经济行为。第二次世界大战后美苏两大阵营的对立，催生出了最初以布雷顿森林体系为架构的全球经济治理体系。1944 年布雷顿森林会议后陆续成立的国际货币基金组织（International Monetary Fund，以下简称 IMF）、世界银行集团（World Bank Group，以下简称 WBG）、关税及贸易总协定（General Agreement on Tariffs and Trade，以下简称 GATT）构成了世界经济治理的三大支柱，也就此确立了战后国际经济秩序。考虑到以邻为壑的货币战争和贸易保护主义是诱发世界大战的重要原因，汇率合作和自由贸易成为这一时期经济治理的主要方向。

在战后众多国际组织雨后春笋般诞生的过程中，分工协作的思想伴随始终，各个多边组织都有其明确的经济治理领域。GATT 是由政府间缔结的有关关税和贸易规则的多边国际协定，在签订之初并不具有国际法人地位。GATT 通过签署多边条约的方式管理国际贸易问题，并将消减关税及其他贸易壁垒、取消歧视性待遇作为主要目标，其核心原则是最惠国待遇和国民待遇原则。IMF 和 WBG 均属于联合国下属的专门机构，同时又具有很强的独立性。在布雷顿森林体系下，IMF 最初任务是维持一个固定但可调整的汇率体系，负责向国际收支不平衡的成员国提供短期资金借贷，目的是保障国际货币体系的稳定，其提供的国际公共产品集中体现在货币体系安排、汇率安排、资本流动管理和增强国际金融体系稳健性等方面。WBG 则更加关注发展领域的议题，通过提供中长期信贷来促进成员国经济复苏，对成员国或经政府担保的私人企业提供贷款和技术援助，资助成员国兴建一些建设周期长、利润率偏低，但又为该国经济和社会发展所必需的建设项目。

世界经济治理的三大支柱对于促进战后经济恢复，维护相对稳定的国际贸易、货币金融体系发挥了十分重要的作用。在关贸总协定时代，GATT 在推动全球大部分地区贸易自由化和贸易发展上贡献突出，贸易增长的速度一直都比生产增长的速度更快。IMF 则一直充当着“货币缓冲”的角色，为最初维护布雷顿森林体系发挥了关键作用。世界银行也逐渐成为发展中国家最大的信贷资金提供者，在发展融资、减少贫困和促进发展中经济体经济增长等方面建树颇丰。

2. 水平型国际经济合作的局限性

从这一时期世界经济治理体系的执行主体来看，战后早期的超主权经济合作主要还是局限于发达经济体之间，并不具有明显的全球特征。这一点也体现在 IMF 和 WBG 约定俗成的任命机制上：欧洲人担任国际货币基金组织主席，而第一副总裁必须为美国人，与此对应的是世界银行的行长则由美国总统提名。这一时期发展中经济体受制于寻求民族独立和经济重建，还游离于全球经济治理的决策体系之外。

随着第二次世界大战后许多新独立的国家在经济领域实现了起飞，以布雷顿森林体系为核心的世界经济治理体系招致了广泛的质疑。GATT 的存在为贸易自由化提供了一个相对开放的多边平台，但在其成立的前 20 年里，发展中成员在最初 7 个发展回合中所起到的作用微不足道。关贸总协定的第 18 条规则允许发展中成员可以获得差别待遇，即有权采用一些限制贸易的措施如提高关税来保护国内幼稚产业。尽管这一特殊安排为发展中成员提供了更大的政策制定空间，但同样也导致了发展中成员在 GATT 谈判中议价能力大大下降。

针对 IMF 的诟病则更为普遍，IMF 常被指责过于维护其贷款者的利益，通过让被援助国迅速恢复外汇储备，以保证贷款方能及时获得偿付。[①]IMF 对接受援助的发展中国家和发达国家采取双重标准，前者往往被迫在经济危机期间实行紧缩政策，而针对后者的贷款条件则宽松许多。1997 年亚洲金融危机期间，东南亚国家币值急剧下跌，在耗尽了大量外汇储备用以支撑本国货币之后，泰国和印尼等国转而求助 IMF，后者在提供援助时列定了一系列的附加条件，包括削减政府开支、增加税收、提高利率以及开放资本市场，本土企业在无法承受高利率的负担之后纷纷倒闭，货币危机最终演变为银行危机，受援助国经济状况不但没有好转还进一步恶化。

相对于贸易和货币机制的核心地位而言，起初 WBG 在布雷顿森林体系中的作用并不十分突出，甚至略显边缘化。世界银行最初设立时更多的是为了推动战后重建，而非关注发展中经济体的建设。但即使是在战后重建领域，WBG 也不可避免地处于马歇尔计划的阴影之下。到了 20 世纪 50 年代，当世界银行终于开始关注欠发达国家的时候，其政策独立性又因私人资本市场的制约而未能实现其应有的影响力。

3. 全球经济治理体系的自我调整和创新

苛刻的附加条件和滞后的危机应对是 IMF 和 WBG 饱受指责的主要原因，两大机构也逐渐意识到了自身存在的问题，并开始了自我调整。直到 20 世纪 70 年代，IMF 提供贷款的先决条件还集中于维持经常账户平衡，受到国际社会对其短视政策的强烈批评，

① 作为世界银行前雇员的斯蒂格利茨在《让全球化造福全球》中用了较多篇幅批评 IMF 的短期融资政策，甚至指出 20 世纪 90 年代末的全球金融危机中每一个遵循 IMF 建议的新兴市场国家均遭受了重创，向其寻求指导的国家都未能实现持续的增长，而导致失败的重要原因是 IMF 所制定的如资本市场自由化等激进政策（参见斯蒂格利茨. 让全球化造福全球［M］. 雷达等，译. 北京：中国人民大学出版社，2013：14–29.）。

IMF 增加了有关中期增长因素的考虑。对于受援助国经济政策调整的主张，也从宏观层面扩展至微观经济因素，包括利用有限的公共基金对其他的金融机构进行资产重组；加强竞争政策、破产法以及私有化等基本法规的建设，强化执行机制；制定低收入群体和失业者的社会保障政策等。[①]在新自由主义逐渐成为全球经济治理的主导理念之后，IMF 也致力于推行以经济政策自由化为核心的华盛顿共识，并进入了发展融资领域，功能设定不局限于稳定经济，也包括促进经济结构改革。与国际货币基金组织类似，世界银行也经历了政策目标与运作模式的重要转变。WBG 的发展融资方式逐渐转向以市场导向为理念，强调放松管制、推行私有化，鼓励出口导向型经济增长模式。贷款的目标也从传统的项目投资，转向支持借款国进行结构改革和政策调整。同时对项目的环保、移民、社会评价等保障政策的要求更为系统化，执行标准也更加严格。

GATT 在促进欠发达国家发展方面一直见效甚微，其中一个重要原因便是其所签订的协定往往是不平等的。由于发展中成员在贸易谈判中所处的弱势地位，歧视性的贸易政策在发展中国家具有相对优势的产品领域设立了诸多的贸易壁垒，[②]世界贸易体系被认为只是满足了发达经济体的利益。20 世纪 80 年代开始，新兴工业化国家的崛起为发达经济体带来了更大的市场和利润空间，前者也逐渐意识到参与世界贸易体系的重要性，开始由进口替代转至出口导向政策，因此乌拉圭回合也首次成为由许多发展中成员参与的多边贸易回合谈判。乌拉圭回合不仅涉及传统的贸易领域，还将谈判议题扩展至服务贸易和知识产权领域，回合的一个重大成果是具有国际法人地位的世界贸易组织（World Trade Organization，以下简称 WTO）的成立，WTO 可以授权那些受到贸易损害的成员通过实施贸易限制措施来制裁违约国，世界范围内第一次拥有了一个有限但有效力的国际贸易执法机制。

在水平型国际经济合作发展到一定阶段后，发达经济体除了对现有全球经济治理体系进行修复和调整，还尝试探索新的治理机制。20 世纪 70 年代国际经济治理体系迎来了自第二次世界大战以来的第二次重大调整期：布雷顿森林体系崩溃，七国集团首脑会议（G7）诞生。G7 的出现使得全球经济治理的内容扩展到了发达国家之间的宏观经济合作。成立于 20 世纪 70 年代中期的 G7 最初是七大发达工业国为了应对能源危机和经济滞胀所设立的经济合作平台。到了 80 年代，以美国财政收支赤字和经常账户收支赤字为内容的经济失衡构成了世界经济稳定的主要风险，纠正这一失衡是这一时期 G7 的首要任务。20 世纪 90 年代后期，以亚洲金融危机的爆发为背景，国际金融体系改革成为吸纳新成员后 G8 的主要议题。

① 值得一提的是，尽管 IMF 对其融资政策进行了许多重大改革，但从 20 世纪 90 年代 IMF 在拉美和亚洲地区的实践来看，受自由主义思潮的影响，对经济自由化的过分追求导致其政策改革的实际效果较为有限。更为具体的 IMF 规制改革措施（参见梯诺尔. 金融危机、流动性与国际货币体制［M］. 陈志俊等，译. 北京：中国人民大学出版社，2015.）。

② 例如发达国家对来自发展中国家的纺织品实行配额制以及采取导致贸易扭曲的农产品保护政策等行为，而这两类产品均是发展中国家传统的贸易优势领域（参见斯蒂格利茨，查尔顿. 国际间的权衡交易：贸易如何促进发展［M］. 沈小寅，译. 北京：中国人民大学出版社，2014：33-34.）。

直到 2008 年金融危机爆发前，全球经济治理框架即是以美国等发达国家为主导，以 IMF、WBG、WTO 为三大经济支柱，以 G8 为主要协调平台。这一阶段，尽管新兴经济体仍然被排除在全球经济治理体系的决策机制外，但随着经济发展水平的大幅提升，开始谋求与其经济实力相匹配的制度性权力，成为推动国际经济秩序变革的重要力量。

2.1.2　多元化经济治理体系

金融危机爆发之前，全球经济治理机制过度强调经济自由化，有意无意地忽视了经济均衡发展这一主题。斯蒂格利茨（2006）曾指出，经济全球化的速度已经远远超过政治全球化的速度，现有的全球经济治理体系缺乏必要的协调性。而多边组织的决策体制也正遭受"民主赤字"的困扰，无法真正代表发展中国家的利益，当前世界需要一个强有力的国际组织来应对全球化所带来的挑战。二十国集团峰会（G20）的诞生也正是国际社会对以均衡发展为导向的新一代全球经济治理体系探索的结果。

2008 年金融危机后，美国提议在已有的 G20 财长和央行行长会议基础上，举办 G20 领导人峰会，共同商讨如何应对金融危机、协调经济复苏政策。尽管维系美欧日同盟关系中最核心的政治、安全及发展议题仍然在减员后的 G7 峰会上继续讨论，但 G20 取代 G7 成为全球经济治理的主要平台已成趋势。2009 年召开的匹兹堡峰会宣布二十国集团首脑会议成为国际经济合作的首要论坛。在全球经济与贸易重心逐渐由发达经济体向新兴和发展中经济体转移的过程中，G20 的诞生为探索全球经济治理体系提供了一条有别于以往的多元化路径。

基于美国学者 Bradford 和 Linn（2007）有关全球治理改革的研究，结合经济治理体系的发展进程，本文认为一个合理的全球性经济治理平台应包含以下三个特点：第一，成员代表性。成员国必须在全球范围内具有相当的代表性，并且保证小国也可以有效表达其利益诉求。第二，决策有效性，包括决策过程的效率和决策结果的效力。决策过程透明、高效，能够反映当前经济发展的趋向，且决策结果被各国有效地执行后能对世界经济产生较大的影响力。第三，机构协同性。平台拥有与其他全球经济治理机制协同配合的能力，共同为全球经济治理服务。其中代表性和有效性在一定程度上存在负相关性，例如成员国数量多但决策效率低的联合国，以及决策效率高但成员国集中于发达国家的 G7 峰会。

以上述三个方面来测度，G20 作为一个全球经济治理机制具有较强的说服力和可持续性。首先，G20 的成员涵盖面广，兼顾了发达国家和发展中国家以及不同地域的利益平衡。成员国总人口占全球 2/3，国土面积占全球 60%，国内生产总值占全球 85%，贸易额占全球 80%。且 G20 采取协商一致的运作原则，新兴市场国家同发达国家可以在相对对等的地位上就国际经济金融事务交换看法。其次，从历届峰会达成的共识来看，G20 在推动全球治理方面取得了一定的成果，特别是金融危机时期对于各国经济刺激政策的协调。G20 也有效地推进了国际金融机构改革，增加了发展中国家在 IMF、WBG 中的投票权，并成立了金融稳定理事会。最后，G20 与世界经济治理三大支柱的政策协调性也较为理想。在 G20 的规范运作中，所涉议题和框架由 G20 明确，但具体规范和安排都是由 IMF 这样的专业性国际机构制定。IMF 和 WBG 的资源和机构改革从峰会机制中获得了新动力。WTO 受益于 G20 领导人会议的政治承诺，得以维系多哈回合谈判，并获得了监督全球保护主义行为的授权。G20 为经济治理这一现实需求提供了相应的国际机构合作平台，增强了国际货币基金组织、世界银行和国际清算银行等相关国际金融机构间的规则协调性。

全球经济治理发展到多元化阶段后，在规范层面上提升了对于公平的诉求，体现在新兴市场国家开始有效地参与到全球议题的谈论，与发达国家共同应对金融危机。但事实上，当前的 G20 可能面临着比诞生之际更为严峻的挑战，即确保各国的增长与全球增长的再平衡相协调。在面对金融危机的时候，各国倾向于实行经济刺激计划，G20 在协调扩张性政策时是在推一扇已经打开的门。但当经济进入复苏阶段，需要各国在政治层面和经济结构上进行改革的时候，由于改革的效益于短期内难以预见，G20 机制在协调全球政治经济政策上面临的挑战才真正显现。例如，尽管 G20 自诞生之际即做出反对贸易保护的集体性承诺，但事实上仅 2008 年以来 WTO 成员已实施了超过 2 800 项的新贸易限制措施，其中仅有 25%的比例被移除。另外，G20 又由于其不具有国际法人地位和非约束性的问责机制，在合法性和决策约束力上仍然遭受着较大的质疑。

2.1.3　由多边体制到区域主义：全球经济治理的碎片化风险

全球经济治理体系进入到 20 世纪 90 年代也出现了其他新的特征和挑战，随着以 WTO 多哈回合谈判为载体的多边贸易进程长期受阻，区域经济合作加速发展，全球经济治理面临着碎片化的风险。截止到 2016 年 7 月 1 日，若将同属于一个协定的货物和服务贸易协议分开计算，且包括各区域贸易安排（RTA）的扩员通报，向 WTO 通报审议的 RTA 数量为 635 个，目前生效的达 423 个。具体而言，在 GATT 时期（1948—1994 年）通报的 RTA 仅有 124 个，而 1995 年 WTO 成立后的 20 余年内就有约 500 个通报。尽管以自贸协定为主要形式的区域经济合作本质上是歧视性和排他的，且对多边贸易体制构成了竞争，但 WTO 对此保持了开放的态度。条件是各国在商谈、签署自由贸易协定时均要向 WTO 通报并接受审议，且协定本身必须是 WTO 加强型（WTO plus），即承诺的自由化程度应超过 WTO 现有水平。

1. 下一代贸易规则的探索和实践

2008 年金融危机后，区域经济合作开始朝着超大型区域（Mega–regionals）自贸协定的方向发展，其中具有代表性的便是旨在塑造下一代贸易与投资规则的跨太平洋伙伴关系协定（TPP）和跨大西洋贸易与投资伙伴关系协议（Transatlantic Trade and Investment Partnership，以下简称 TTIP），两者将对世界贸易投资格局和全球经济治理机制产生极大的战略影响。值得一提的是，随着美国总统特朗普签署退出 TPP 协议的行政命令，英国也逐步启动了退出欧盟的进程，TPP、TTIP 等区域合作在可预见的未来内将不可避免地受到逆全球化的冲击。尽管如此，长期而言超大型自贸协定所确立的经贸规则对于未来国际经济合作的引导，已经成为一个必然的发展趋势。经济全球化的进程从来都不是一帆风顺的，推动经济全球化和阻碍经济全球化的力量始终并存，经济全球化是世界生产力发展的要求，最终总是在冲破各种阻力后曲折前行，区域主义的兴起和超大规模自由贸易协定的出现，正是经济全球化发展的一种表现形式。

随着超大型区域自由贸易协议的兴起，谈判的主要议题也逐渐由削减货物贸易关税壁垒和非关税壁垒减让，发展至服务贸易和知识产权领域，并进一步延伸至约束边境后措施（behind the border measures）。TPP 正是以完全开放和规范边境内行为为基本特征。前者指在负面清单和准入前国民待遇原则的基础上，成员国按照最少保护、同等对待的原则开放市场；而后者涉及一国的经济政策甚至是经济体制，涵盖了政府采购、竞争政策、劳工标准以及国有企业等议题。

2015 年 10 月 5 日，经过 5 年的正式谈判，TPP 各成员国的贸易部长在美国亚特兰大举行的部长会议上宣布就协定文本已基本达成共识。关于全球自由贸易协定规则的制定，美国一直发挥着引领作用。1994 年北美自由贸易协定（North American Free Trade Agreement，以下简称 NAFTA）纳入竞争、工业标准、知识产权和环境等条款，开创了美国第一代高标准 FTA 的模板。其后的十几年中，美国与其他国家或地区的区域贸易协定基本都是在 NAFTA 的基础上扩展。对比以往美国和亚太地区国家签订的 FTA 协议文本，可以发现 TPP 在此基础上进行了较大幅度的扩展和延伸，试图从规则层面着手，绕开 WTO 等多边机制，在区域经济合作层面推行“面向 21 世纪”的高水平贸易协定，打造美国第二代高标准 FTA 模板，并推广成为下一代全球经贸规则和标准。

2. 自贸区议题的主要走向（以 TPP 为例）

根据官方公布的协定文本，相对于美国以往自贸协定，TPP 总共 30 章内容中有五分之一的新增议题，分别涉及合作和能力建设、竞争力和商务便利化、发展、中小企业、监管一致性以及透明度和反腐败，这些新议题也最能够体现美国对于下一代高标准、高质量经贸规则的设定。根据中国社科院世经政所（2016）关于 TPP 文本的研究，协定所涉及的议题可分为以下四类：一，传统议题的深化；二，深度一体化议题；三，横向新议题；四，其他制度性议题。

（1）传统议题的深化

传统议题包括货物、服务和投资三大领域，TPP 对一些传统条款的内容进行了深化，将部分对经济发展影响较大的部门，如纺织服装、金融服务、电信、商务人员临时入境等单独设章。货物贸易中规定 TPP 实施后，大部分成员国零关税产品的比例不低于 80%，首次提出增加出口许可程序要求的透明度；在纺织服装行业，成员国可列定“短缺清单”，允许使用非缔约方供应的特定纱线和纤维织物作为原材料。TPP 投资条款是在美国双边投资协定（Bilateral Investment Treaty，以下简称 BIT）2012 范本的基础上增加某些附加条款，以强化对投资者权利的保护。文本强调建立投资者与政府争端解决机制，通过利用投资方与东道国之间的国际规则约束来有效地保护跨国公司的海外投资。

以促进服务贸易自由化为目标，TPP 在各领域都做出了较大的推进。关于跨境服务贸易，TPP 彻底采用了负面清单，而非服务贸易协定（Trade in Service Agreement，以下简称 TISA）实行的混合清单制。要求成员国不得对跨境服务实施数量限制，或者要求服务提供者以建立办事处或成为居民作为提供服务的前提条件。在电子商务领域，TPP 提出了 21 世纪数字贸易发展的新规则框架，将在线消费者保护和商业信息自由跨境传输条款由非强制性升级为强制性条款。在服务业开放中，也考虑到了不同国家的发展差异，安排了保障措施。

（2）深度一体化议题

这一部分涉及对部分边境后措施的规范，政府采购条款以混合清单的形式列出了各国所承诺的覆盖范围，各缔约方就国民待遇和非歧视性两大核心原则做出保证。劳工标准方面推行了可强制实施的严格条款，大幅增加了劳工的权利，并且不允许成员国为促进贸易及投资而放宽有关劳工标准的法律。在劳工争端解决机制中，败诉一方可能面临暂停关税优惠等强制性贸易制裁措施。

本世纪以来，欧美等发达经济体为了能发挥其创新能力强的优势，基于多边知识产权协议，在区域合作中提出了更高要求的知识产权条款。一些高标准的条款包括延长著作权的保护时间、加强互联网知识产权保护以及规范临时性的侵权行为。对环境问题也建立了可执行的承诺条款，且适用于争端解决机制。

（3）横向新议题及其他制度性条款

新议题尝试将国内规则向区域层面扩散，一方面通过协调与合作来降低国内政策管制所产生的市场分割效应，另一方面则通过让渡部分国内法律或管制政策上的主权来建立区域内协作机制。TPP“国有企业和指定垄断”条款将区域协定与国内制度和改革相联系，要求取消国有企业的超国民待遇，在政府采购、金融支持和财政补贴上强调透明度原则以保证更加公平的市场准入和竞争环境。

TPP 也是美国贸易协定历史中第一次将中小企业议题纳入文本中。在 TTIP 谈判中美欧也一致同意将其纳入协定当中，旨在帮助中小企业从全球贸易中获益，这也是今后贸易规则的必然走向之一。考虑到 TPP 成员国经济发展水平差异较大，发展条款更多的是反映了发展中经济体的发展诉求。TPP 的透明度和反腐败议题规定了详细和具体的反腐败措施，包含了更强的硬性约束，旨在推动实现缔约方的共同目标，即加强良好治理，应对贿赂和腐败对经济体造成的腐蚀性影响。

在最后一个分类中 TPP 首次强调了对于传统知识、文化表达和基因资源的保护，以及关于文化软实力的保护和宣传，体现了对于各国传统文化和风俗习惯的尊重。另外，TPP 的争端解决机制并没有设置全新的规则，是在世界贸易组织（WTO）贸易争端解决机制的基础上，综合其他区域性合作的安排而形成的。

尽管 TPP 对新成员的加入保持一定的开放性，但由于其过高的贸易标准和周期过长的加入程序①，准入条件的限制会使得短期内有相当一部分国家会被排除在 TPP 规则之

① 申请加入的国家需要与每一个现有成员进行双边协商，经各方同意后方能正式加入（参见陈德铭. 经济危机与规则重构［M］. 北京：商务印书馆，2014：180.）。

外。TPP 和 TTIP 对下一代综合型和高标准贸易规则的打造，加之其高规格所带来的排他性，无疑会使多边贸易进程面临碎片化的风险，进而对多元化进程中的全球经济治理造成挑战。

但另一方面，超大型区域自贸协定的实践对全球经济治理也有望起到一定的积极作用。当前全球经济治理随着经济全球化的不断深入而愈发具有挑战性，不仅需要管理边境规则，还需要协调涉及生产和竞争的边境后规则，TPP 等大型自贸协定对于边境后议题的梳理和协调，有利于推进更深层次的全球经济治理。另外，本文认为超大型自贸协定的签署和实施，可以有效缓解区域经济合作中的"意大利面条碗"效应，例如由东盟主导的区域全面经济伙伴关系（Regional Comprehensive Economic Partnership，以下简称 RCEP）谈判对于其 5 个"10+1"合作的整合，有助于防止多边贸易体制进一步碎片化。

2.2　中国在改革全球经济治理体系中的主张

全球经济治理体系发展至今，从战后发达国家主导到南北共治，在危机驱动之下表现出了较强的自我修复和调整能力。当前，"逆全球化"思潮和保护主义倾向抬头，国际经贸规则碎片化风险上升。未来应加强其自身的合法性和约束性建设，继续多元化治理进程的同时，协调好多边经贸体制和区域经济的发展，塑造一个在新兴经济体崛起背景下的、以均衡发展为导向的、"面向 21 世纪"的国际经济新秩序。在全球经济治理体系演进中，中国应该强调自己的角色和责任并积极参与其中。

第一，在全球治理中应强调立足多边、融入区域，即维护多边体制在全球经济治理中的基础地位，在参与区域合作的过程中于规则层面上着手应对碎片化问题。坚定支持 WTO 在管理全球贸易中的权威性，积极推动完成多哈回合谈判，旗帜鲜明地维护 WTO "非歧视性原则"、"公平贸易原则"和"透明度原则"，推动贸易与投资便利化；支持 IMF 和 WBG 在全球经济治理中发挥积极作用，并推动其改革，逐步提高新兴市场和发展中国家的份额；支持 G20 从危机应对转向全球经济发展管理，发挥其在全球经济治理中的主导作用。推进实施自由贸易区战略，落实建立亚太自贸区（Free Trade Area of the Asia-Pacific，以下简称 FTAAP）路线图，推动 FTAAP 谈判，反对以排他性为目的的区域经济合作协定。

第二，巩固 G20 杭州峰会取得的成果，落实 G20 杭州峰会制定的《G20 全球投资指导原则》。明确反对跨境投资保护主义，倡导营建开放、非歧视、透明和可预见的投资环境，强调投资政策应加强对投资和投资者保护，确保政策制定透明度，促进可持续发展以及投资者企业责任履行。支持贸发会议在构建全球投资规则中的主导地位，推动由贸发会议发起梳理各国政府、双边、区域、多边的国际投资规则中与 G20 全球投资指导原则相矛盾和不一致的内容，并加以警示，督促其清理、改进，发布禁止各国新出台与《G20 全球投资指导原则》相悖的政府、双边、区域、多边国际投资规则内容的公告，使《G20 全球投资指导原则》成为被更多国家接收和认可的投资指导原则。建议由贸发会议等国际经济组织牵头，按照《G20全球投资指导原则》起草国际投资协定谈判框架，交由G20德国峰会讨论通过，随后启动由发达国家和广大发展中国家广泛参与的国际投资协定谈判。

第三，以“一带一路”倡议作为区域经济合作和参与全球经济治理的平台，扎实推进“一带一路”建设。针对全球化过程中的经济负外部性问题和公共产品的缺失，“一带一路”倡议坚持以包容、渐进、公正、互惠的理念推动国际经贸规则制定和完善，加强与世界相关国家合作，中国将承担更多国际责任，让世界分享中国改革开放和发展的红利，缓解世界市场失灵问题。把“一带一路”相关国家作为整体市场，而非一个个孤立的、分散的个体市场，完善其市场功能，吸引更多国家加入亚投行、丝路基金等金融机构，缓解现有国际金融机构不能满足广大发展中国家基础设施建设和经济社会发展庞大的资金需求的矛盾，克服少数发达国家对国际金融市场垄断问题；实现基础设施互联互通，增加公共产品供给；促进国际经贸规则的互联互通，降低国际贸易与国际投资的制度成本；加强人文交流，实现人员交往的互联互通，消除因隔阂而人为产生的国际经济合作阻碍；加强国际产能合作，将中国改革开放近四十年来积累的大量优质产能、先进生产技术输送给广大发展中国家，带动其技术进步，增强其自身“造血功能”，促进落后国家经济开放，缩小各国发展差距，增进国际公平，实现世界经济长期稳定增长，最终达到“一带一路”沿线国家的“五通”，即政策沟通、设施联通、贸易畅通、资金融通、民心相通，使“一带一路”成为和平、繁荣、开放、创新、文明之路。

2.3 全球经济治理体系变革对我国吸收外商直接投资的影响

全球经济治理体系变革是长期而漫长的过程，从水平型全球经济治理转向南北共治、多元治理的条件下，发达国家与发展中国家之间、发达国家之间以及发展中国家之间，不可避免地存在多重矛盾和分歧，维护经济全球化与反全球化、维护多边体制与坚持区域主义、国家利益至上与崇尚全球利益、争夺全球经济治理主导权的矛盾冲突日趋显性化。尽管世界上对中国在全球经济治理变革中的主张存在不同看法，但中国的主张正在赢得越来越多国家的赞赏。这也预示着我们所倡导的坚持多边主义，坚定维护多边体制在全球经济治理中的地位，支持更多发展中国家参与全球经济治理，促进贸易投资自由化和便利化，积极推动区域经济合作，落实《G20全球投资指导原则》，谋求建立全球投资协定，务实推进“一带一路”建设，发挥“一带一路”国际合作和全球经济治理的功能，将对我国吸收外商直接投资的国际环境产生越来越深刻的影响。

2.3.1 全球经济治理体系变革中国际投资活动的不确定性增加

在全球经济治理体系变革过程中，全球经济治理的权利格局逐步变迁，一方面，新兴市场和广大发展中国家登上全球经济治理的舞台，在平衡发达国家与发展中国家的全球经济治理权、协调发达国家与发展中国家经济治理的主张中，中国等新兴市场和发展中国家的利益诉求会得到更多关注，有助于改善中国吸收国际直接投资外部环境。另一方面，英国脱欧及其影响持续发酵，美国大选出现“黑天鹅”事件、特朗普赢得大选，不愿意承担更多国际责任，逆经济全球化的政策主张将陆续出台，对国际多边经济体系构成冲击。作为最早积极推动了经济全球化的英国，以及当今经济全球化的领头羊美国，对经济全球化的态度和政策的逆转，给世界经济复苏和发展蒙上了浓浓的阴影。中国等新兴市场和发展中国家与美国等发达国家在全球经济治理领导权的争夺、全球经济治理主张的差异，美国、欧盟、英国、日本等发达经济体对待经济全球化态度的分化、政策主张的分歧，以及中国作为新崛起的发展中大国登上全球经济治理舞台，与其他新兴市场和发展中国家经济利益的不一致性及利益冲突，都不可避免地增加世界经济前景的不确定性，并扰动国际投资活动，加剧国际投资的波动，影响国际投资的持续增长，从而影响中国吸收国际直接投资。

英国脱欧，逆全球化的阴霾笼罩欧盟多国的上空，加剧欧元、英镑的波动，冲击欧元区经济稳定，对欧元区经济复苏产生负面影响，作为经济全球化重要一极的欧盟进入动荡之秋，一方面，大量投资者必然重新评估其在欧盟和英国投资的前景，选择重新布局，或者选择离开欧盟进入英国，或者选择离开英国进驻欧盟，或者离开欧盟、英国进入其他国家和地区投资，以抓住英国脱欧导致的经济政治格局调整带来的机遇，规避经济社会动荡产生的风险；另一方面，经济社会相对稳定的经济体将更多成为吸引欧盟、英国资本的避险地。

特朗普入主白宫，开启逆全球化之旅，谋求制造业回流，降低国内税收，对进口产品加征关税，退出 TPP，重新评估北美自由贸易协定，消极对待世界贸易组织，重启双边经贸谈判，维护美国自身利益，对国际区域经济合作和区域经济一体化、对经济全球化和多边主义产生冲击，加剧全球经济治理碎片化，必然扰动全球资本流动，制约国际直接投资规模扩张，诱发国际直接投资尤其是制造业投资回流美国，对我国吸收国际直接投资产生不利影响。

中国作为新兴市场国家的代表，在谋求改善全球经济治理中维护新兴市场国家的权利和地位，积极推动经济全球化进程，是稳定国际直接投资的重要力量，但是，新兴市场国家在全球经济治理中地位提升的同时，也面临分化，各新兴市场国家发展不平衡，发展中面临的问题不一致，增长与衰退并存，在对待经济全球化的态度和主张上分歧加大，在争夺国际直接投资中的竞争加剧。

总之，在全球经济治理体系变革中，中国吸收国际直接投资的外部长期环境改善，但短期不确定性风险增加，吸收国际直接投资将在波动中发展。

2.3.2 高举多边主义旗帜可以保持国际投资活跃度

当前，世界经济复苏乏力，贸易和投资持续低迷，传统增长引擎对经济的拉动作用减弱，新的经济增长点仍未形成。在全球经济治理变革中，中国坚定地主张维护并推动经济全球化，擎起经济全球化的大旗，积极发展开放型经济，推动构建人类命运共同体，有助于缓解因逆全球化倾向造成的全球国际直接投资波动，保持国际投资的活跃度，为中国吸收外商直接投资创造稳定的外部环境。

中国为推动经济全球化提出的主张被越来越多的国家和国际组织认可接受，中国维护多边主义、不断深化改革开放的努力在世界上产生越来越广泛的影响，各国把中国看作坚定维护经济全球化、推动世界经济复苏和稳定运行的中坚力量，形成各国民众和投资者对中国不断扩大市场准入、促进投资便利化和自由化的预期，外国投资者能够分享中国经济转型升级和不断成长的市场机会，这有助于总体上保持中国对国际直接投资的吸引力。

2.3.3 推进区域经济合作可以打造外商投资新平台

中国致力于建设开放型世界经济，促进区域经济一体化，一方面，扎实推进实施自由贸易区战略，加快构建周边自由贸易区，力争与所有毗邻国家和地区建立自由贸易区，不断深化经贸关系，构建合作共赢的周边大市场，积极推进“一带一路”沿线自由贸易区，结合周边自由贸易区建设和推进国际产能合作，积极同“一带一路”沿线国家商建自由贸易区，逐步形成全球自由贸易区网络，争取同大部分新兴经济体、发展中大国、主要区域经济集团和部分发达国家建立自由贸易区，最终形成立足周边、辐射“一带一路”、面向全球的高水平的自由贸易区网络体系，将自由贸易区作为积极参与国际经贸规则制定、争取全球经济治理制度性权力的重要平台；另一方面，按照 2014 年亚太经济合作组织（Asia-Pacific Economic Cooperation，以下简称 APEC）会议制订的《北京路线图》，推进亚太自由贸易区（FTAAP）建设，加强功能性合作，建立和加强自贸区信息交流机制和能力建设。同时，推进区域全面经济伙伴关系协定（RCEP）谈判，谋求与美国在 FTAAP 方面的交流与合作，反对以排他性为目的的区域经济合作协定，保障区域经济一体化作为推动经济全球化的轮子，打造新的区域经济合作平台，促进贸易、投资便利化和自由化。

在推进区域经济合作中，加快国际经贸规则谈判与规制建设，推动国际经贸规则向公平合理的方向发展，将对促进区域内投资发展和产能合作、价值链整合，吸收国际直接投资创造良好环境。不仅中国吸收来自于已经签署的自由贸易区的相关国家和地区如瑞士、新西兰、智利、韩国、新加坡、冰岛、哥斯达黎加、秘鲁、巴基斯坦、格鲁吉亚的投资有望保持稳定或增长，而且对于吸收中国谋求建立自由贸易区的国家和地区如海合会成员、以色列、挪威、马尔代夫等的投资前景看好。

2.3.4 落实《G20 全球投资指导原则》助力外商投资制度环境建设

二十国集团（G20）杭州峰会制定了《G20 全球投资指导原则》，这是全球首个多边投资规则框架，填补了国际投资领域空白，为加强全球投资政策协调做出了历史性贡献。为避免《G20 全球投资指导原则》沦为一纸空文，使之付诸实施，同时提高中国在全球投资规则制定中的话语权和主导权，需要进一步确定渐进式落实《G20 全球投资指导原则》行为规范的路线图，建立约束性制度，形成多边投资规则。落实《G20 全球投资指导原则》、制定全球投资规则既是“技术战”又是“持久战”。中国在遵守《G20 全球投资指导原则》方面率先垂范，确保新出台的各项投资政策和规则符合该原则精神，树立言出必践、与时俱进的大国形象。

落实《G20 全球投资指导原则》，有助于缓解现行国际投资规则体系中的三大矛盾：一是有助于弥合各国在投资规则制定立场上的分歧。处于不同发展阶段的经济体在制定投资政策时考量不一，在投资自由化程度、投资保护程度、东道国政府管理跨国公司投资经营权限等方面存在分歧，这种分歧不会因《G20 全球投资指导原则》确立而消除，但在落实《G20 全球投资指导原则》的过程中，能够缩小发展中国家与发达国家间、发展中国家间以及发达国家间在制定国际投资政策中立场的差异性。二是缩小东道国政府和跨国公司权责不对等性。现行国际投资规则一般强调跨国公司在投资过程中应享有的权利和东道国政府的责任，较少谈及跨国公司的责任和东道国政府的权利，缺乏针对跨国公司的社会责任要求以及促进东道国经济发展的相关内容。虽然东道国与跨国公司之间权利和利益分歧将制约《G20 全球投资指导原则》落实进程，但在制定并推进《G20 全球投资指导原则》落实过程中，有助于缓解东道国政府与跨国公司之间的权责不对待性。三是缓解现行国际投资规则体系复杂多样性与多边投资规则一致性的矛盾。目前，全球双边、多边投资合作协定超过 3 300 个，每个投资协定的条款内容、投资保护水平、市场开放程度都不尽相同，形成了分散化、多层化、碎片化的国际投资规则体系。落实《G20 全球投资指导原则》有助于推动建立全球一致性的多边投资规则体系。

落实《G20 全球投资指导原则》，有助于营造开放、透明和有益的全球投资政策环境，促进国际国内投资政策协调，促进包容的经济增长和可持续发展。一是使各国认识到全球投资作为经济增长引擎的关键作用，政府应避免与跨境投资有关的保护主义；二是设置开放、非歧视、透明和可预见的投资条件；三是为投资者和投资提供有形、无形的法律确定性和强有力的保护，包括可使用有效的预防机制、争端解决机制和实施程序，争端解决程序趋向公平、开放、透明，有适当的保障措施防止滥用权力；四是投资相关规定的制定保证透明及所有利益相关方有机会参与，并将其纳入以法律为基础的机制性框架；五是投资及对投资产生影响的政策在国际、国内层面保持协调，以促进投资为宗旨，与可持续发展和包容性增长的目标相一致；六是投资促进政策以吸引、维持投资为目标，同时与促进透明的便利化举措相配合，有助于投资者开创、经营并扩大业务，推动投资促进可持续发展以及落实投资者企业责任[①]。这既有利于降低外商投资的制度成本，又有助于外商投资企业与本国经济社会发展高度契合，更好促进国民经济和社会发展。

当然，《G20 全球投资指导原则》是非约束性原则，要得到有效落实并成为各国制定

① 参见二十国集团全球投资指导原则［N］. 人民日报，2016-09-07（21）.

投资政策的行动规范，最终建立起多边投资规则，还需要长期努力。《G20全球投资指导原则》要产生实际效果，还是一个长期的过程。

2.3.5 “一带一路”建设拓展国际投资新空间

2016年在“一带一路”建设中，我国与有关国家和国际组织签署了40多份共建“一带一路”合作协议，同20多个国家开展了机制化的国际产能合作，签署了中哈《“丝绸之路经济带”建设与“光明之路”新经济政策对接合作规划》，发布了《建设中蒙俄经济走廊规划纲要》；中巴经济走廊启动一揽子重大项目建设，雅万高铁、中老铁路、瓜达尔港先期建设、中巴喀喇昆仑公路二期改造、中俄原油管道复线工程、中俄和中亚油气管线、希腊比雷埃夫斯港等建设取得重大进展；《关于加快推进“一带一路”空间信息走廊建设与应用的指导意见》正式发布，这将充分发挥空间信息技术优势，促进信息互联互通；中欧班列统一品牌发布启用，各国签署的“一带一路”对接合作协议和行动计划助推贸易畅通，在带动沿线国家经济增长的同时，也将加速世界经济复苏的进程；钢铁、装备制造、汽车、电子等十多个重点领域国际产能合作有序推进，已在沿线国家设立了56个境外合作区；以亚投行为代表的金融合作不断深入，丝路基金服务“一带一路”建设的力度正不断加大，人民币跨境交易规模也在不断扩大；中国将通过与各国加强创新合作，启动“一带一路”科技创新行动计划，开展科技人文交流、共建联合实验室、科技园区合作、技术转移等行动，构建沿线国家不同文化和文明的融合交流新平台①。

2016年中国对“一带一路”沿线国家非金融类直接投资达145亿美元，占中国对外投资总额的8.5%，中国与沿线国家新签对外承包工程合同额为1 260亿美元，增长36%。同时，中国不断优化外商投资环境，吸引更多沿线国家企业来华投资，“一带一路”沿线国家对华投资新设立企业2 905家，同比增长34.1%，实际投入外资金额71亿美元②。目前，已有100多个国家和国际组织积极支持和参与“一带一路”倡议，联合国也将“一带一路”倡议纳入有关决议，“一带一路”国家合作已经取得重大成效，国家投资合作空间不断拓展。

尽管“一带一路”国家对华直接投资增长速度较快，但由于“一带一路”沿线约占2/3的国家属于发展中国家和相对落后国家，对外投资能力相对弱，近期对华投资规模还很小。随着“一带一路”倡议推进，“一带一路”倡议所追求的价值理念被更广泛认同，“一带一路”建设目标逐步实现，带动“一带一路”国家经济更快发展，其对外投资能力会显著提升，中国吸收“一带一路”国家直接投资规模将显著扩大。

（执笔人：桑百川）

① 2016年“一带一路”取得六方面成果［N］．参考消息，2016-01-12．

② 参见高虎城在2017年2月21日国务院新闻发布会上的谈话。

第3章　新时期外资管理制度改革与外商直接投资

摘　要

联合国贸易和发展会议（UNCTAD）2017年2月1日发布《全球投资趋势监测报告（Global Investment Trends Monitor）》，报告显示了2016年全球外国直接投资（FDI）的流动情况。2016年FDI流量小幅下降2%，至1.75万亿美元。受主要地区经济增长预期上升、贸易增长复苏以及企业利润回升等因素的影响，预计2017年全球外国直接投资将增长5%，达到近1.8万亿美元。外国直接投资流量的适度增长将持续到2018年，届时将达到1.85万亿美元。

在利用外资方面，2016年美国仍然是外国直接投资的最大接收国，吸引了3 910亿美元资金流入，比前一年增长了12%，继2015年之后再次成为"全球最大外商直接投资目的地"。其次是大不列颠及北爱尔兰联合王国，获得了2 540亿美元，从2015年的第十四位飙升至第二位，主要得益于大型跨境并购交易。2016年中国利用外资保持稳定增长，较上年增加2.3%，达1 390亿美元，成为全球第三。在对外投资方面，中国的对外直接投资飙升44%，达到1 830亿美元，创历史新高，使中国首次成为全球第二大投资国。在中国企业跨境并购交易的驱动下，发展中亚洲的外国直接投资流出量增加了7%，达到3 630亿美元。

2016年，在中国的对外投资热潮中出现了一些盲目投资、借对外投资手段进行资金转移等问题。2016年底，国家发改委、商务部、中国人民银行、外交部联合出台《关于进一步引导和规范境外投资方向的指导意见》规范对外投资，明确了鼓励、限制、禁止三类境外投资活动，重点推进有利于"一带一路"建设和周边基础设施互联互通的基础设施投资，境外投资针对部分项目和交易实施了更严格的合规性和真实性审核，外资管控加强之后立竿见影，2017年以来对外直接投资大幅下降。

2016年，中国利用外资和对外投资协同发展是对外开放战略的重要组成部分，是提升中国在全球价值链中地位、促进经济转型升级的重要推动因素。在规范强化、监管趋严的背景下，未来对外投资将更加审慎。中国在外资准入和对外投资管理模式的探索中，在自由化便利化的基础准则上探索如何实施有效监管成为外资管理制度改革的主线。

2016年利用外资是中国对外开放战略的重要组成部分，是促进我国经济转型升级的重要推动因素。中国利用外资的发展经历了一个比较长的过程，在对外资准入和管理模式的探索上，自由化和便利化是国际投资规则中重要的特点之一，同时利用外资和对外直接投资的协同发展机制也成为中国外资管理制度改革的主线。

本章对全球外资准入制度进行了国际比较，分别从制度变迁的角度来分析，中国的外资准入制度大致经历了制度摸索（1978—1994）、制度发展（1995—2001）和制度变革（2002—2013）的三个阶段。真正推动外资准入制度的变革，体现在2013年上海自贸区的建立、第二批自贸区的探索、相关法规的修改和相关部委在政策执行层面的积极探索。这些变化才真正意味着中国在赋予企业投资自主权、提高外商投资便利化水平等领域的改革进入到一个新的阶段。主要发达国家对外资实行较为开放的准入制度；新兴经济体与发展中国家，准入制度呈现渐进式开放格局；对于中国来说，利用外资与对外投资并行是中国对外开放战略的主流。

对于中国外资管理制度改革的主要内容与初步成效，本章做了一些阐述，并以自贸区为例进行了分析。加快外资准入制度改革，要符合国际经贸规则重构和主要国家外资准入制度的发展趋势，轻准入审批，重事中事后监管。在管理内外资保持一致性和可持续性，保证外资企业享有公平待遇。同时，提高外资准入制度和相关政策的透明度和稳定性，适当与产业政策、区域发展与环保等新要求相结合，充分发挥利用外资的技术溢出和综合带动效应。

最后，本章对于推进和深化外商投资管理体制提出了政策建议：推进准入前国民待遇加负面清单的管理模式；创新外商投资管理体制，继续提升投资环境；依据外资准入行业政策，分步骤优化外资准入审批流程；解决投资贸易便利化问题，建立高标准自由贸易区网络；积极探索产业转移新路径，助力“一带一路”实现互联互通；巩固和加强多边贸易体制，拓展国际经济合作新空间；完善外资管理体系和制度建设，推动监管体系的建立；构建国际化人才储备体系，打造开放型的战略智库。

联合国贸易和发展会议（UNCTAD）2017年2月1日发布《全球投资趋势监测报告（Global Investment Trends Monitor）》，报告显示了2016年全球外国直接投资（FDI）的流动情况。2016年FDI流量小幅下降2%，至1.75万亿美元。受主要地区经济增长预期上升、贸易增长复苏以及企业利润回升等因素的影响，预计2017年全球外国直接投资将增长5%，达到近1.8万亿美元。外国直接投资流量的适度增长将持续到2018年，届时将达到1.85万亿美元。

2016年，由于全球经济增长复苏乏力、世界贸易量持续疲软，全球外国直接投资比上一年减少了13%。其中，流入欧洲的外国直接投资大幅下挫了29%，估计为3 850亿美元，这是导致发达国家外国直接投资流入总体下降的主要原因。这一降幅因为流向北美的外国直接投资出现6%的适度增长，以及其他发达经济体（主要是澳大利亚和日本）的外国直接投资大幅增长而得到对冲缓和。与此同时，经济增长放缓以及商品价格下跌对流入发展中经济体的外国直接投资造成了较大的影响。由于流入亚洲发展中经济体以及拉美和加勒比地区的外国直接投资大幅下降，发展中经济体外国直接投资流入量总体下降了20%，约为6 000亿美元。尽管发达经济体在全球外国直接投资流量中所占份额进一步提升，达到57%，但发展中经济体在全球前十大外国直接投资目的地中仍占据一半，其中包括中国、中国香港、新加坡、巴西和印度。

在利用外资方面，2016年美国仍然是外国直接投资的最大接收国，吸引了3 910亿美元资金流入，比前一年增长了12%，继2015年之后再次成为“全球最大外商直接投资目的地”。其次是大不列颠及北爱尔兰联合王国，吸引了2 540亿美元，从2015年的第十四位飙升至第二位，主要得益于大型跨境并购交易。2016年中国利用外资保持稳定增长，同比增长2.3%，达1 390亿美元，成为全球第三。在对外投资方面，中国的对外直接投资飙升44%，达到1 830亿美元，创历史新高，使中国首次成为全球第二大投资国。在中国企业跨境并购交易的驱动下，发展中亚洲的外国直接投资流出量增加了7%，达到3 630亿美元。

2016年，在中国的对外投资热潮中也出现了一些盲目投资、借对外投资手段进行资金转移等问题。2016年底，国家发改委、商务部、中国人民银行、外交部联合出台《关于进一步引导和规范境外投资方向的指导意见》规范对外投资，明确了鼓励、限制、禁止三类境外投资活动，重点推进有利于“一带一路”建设和周边基础设施互联互通的基础设施投资，境外投资针对部分项目和交易实施了更严格的合规性和真实性审核，外资管控加强之后立竿见影，2017年以来对外直接投资大幅下降。

2016年，欧盟28国对华投资新设立企业1 741家，同比下降1.8%，实际投入外资金额96.6亿美元，同比增长35.9%。东盟对华投资新设立企业1 160家，同比增长0.5%，实际投入外资金额67.3亿美元，同比下降14.3%。“一带一路”沿线国家对华投资新设立企业2 905家，同比增长34.1%，实际投入外资金额70.6亿美元，同比下降16.5%。长江经济带区域新设立外商投资企业11 677家，同比下降2.5%，实际使用外资610.6亿美元，同比下降1.5%。2016年，利用外资和对外投资协同发展是中国对外开放战略的重要组成部分，是提升中国在全球价值链中地位，促进经济转型升级的重要推动因素。在规范强化、监管趋严的背景下，未来对外投资将更加审慎。中国在外资准入和对外投资管理模式的探索中，在自由化便利化的基础准则上探索如何实施有效监管成为外资管理制度改革的主线。

3.1　全球外资准入制度的国际比较

从制度变迁的角度来看，中国的外资准入制度大致经历了制度摸索（1978—1994）、制度发展（1995—2001）和制度变革（2002—2013）三个阶段。真正推动外资准入制度的变革，是2013年上海自贸区的建立、相关法规的修改和相关部门在政策执行层面的积极探索。这些变化才真正意味着中国在赋予企业投资自主权、提高外商投资便利化水平等领域的改革进入一个新的阶段。

3.1.1 主要发达国家：对外资实行较为开放的准入制度

总体而言，大部分发达国家依据投资自由化的基本原则设计外资准入制度，当然这种投资自由化只是相对的，每一个国家政府对敏感和关键产业会采取直接或间接手段加以保护。

多数欧美发达国家按照“法无禁止即可行”的原则，实行负面清单和准入前国民待遇的管理制度，对大部分行业及外国资本的具体投资方式采取较为宽松的准入政策，并给予外资与本国资本同等待遇。例如，美国倡导自由开放、一视同仁、具有鼓励倾向的“中立”政策，通过构建一套完整的、内外资待遇相同的投资法律体系，对外国投资相关事宜进行统一规范。在日常管理中，美国对内外资基本坚持非歧视原则。美国对外资也有一些非税收鼓励措施，主要包括营造良好的融资环境和提供便利的交通通信条件等。此外，联邦政府向国内外投资者在非歧视的基础上制定援助方案，如外国投资者可以从联邦政府对地方交通、水资源利用和污水处理、医疗、教育和住房开发的资助中受益。英国没有负面清单或外国投资准入审查，而是遵循“无障碍、亦无特殊优待”的原则，一方面使外国投资者可享有准入前国民待遇，另一方面，在涉及国家安全的敏感领域或有额外监管要求的能源、金融、媒体等领域，外国投资者也需取得相关批准。德国地理位置优越，经济基础雄厚，基础设施先进，法制环境完备，政府廉洁度高，市场环境开放，服务业发达，对投资者具有相当的吸引力。德国有各种经济促进措施，其数量多达600多种，外国资本基本实现国民待遇，在投资限制和投资激励方面同本国人几乎没有区别。在发达国家中，日本对外商直接投资（特别是外资并购）的制度原先是较为严格的，而且其对外资的开放是分阶段、渐进式的。在对外资的逐步开放过程中，日本强调对本国产业“先保护育成、后开放竞争”的方针，对准备向外资开放的部门进行慎重的选择，从多方面规定了选择的标准。其中最重要的标准是该部门是否具备能够同外资企业抗衡的综合竞争力。日本外资制度实行事后报告制度，原则上对外国的直接投资给予自由化。

国际间在双边投资协定中，一是规定现有“不符措施”的保留清单，包括所有在协定生效后东道国希望保留的“不符措施”。二是保有未来可以实行新的限制性措施的权利，为某些领域的未来监管提供更大的灵活性。如美国对广播、电信、能源开采等行业实施直接或间接限制，并在负面清单中明确禁止外国资本进入国内航空运输、核能生产与利用、内河航运等部分行业。许多发达国家也会采取渐进式、分步开放的外资管理模式，如德国近年来将水电供应、基础设施、能源、医药等领域对境外投资者放开，意大利通过改革逐步降低能源、铁路和通信行业的准入限制等。

3.1.2　新兴经济体与发展中国家：准入制度呈现渐进式开放格局

随着市场开放程度的提高，特别是外资流入对经济增长促进作用的显现，新兴市场国家在外资准入上的开放倾向也日趋增强。首先，在政策或法律法规上鼓励外资流入。东南亚、中东欧等地区的部分新兴市场国家已采取“负面清单”模式，不仅投资领域逐步扩大，而且对外国投资的组织形式、股权比例等限制与监管也在逐步放开。其次，在发达国家仍占据国际贸易与投资规则主导权、掌控国际资本流动方向的大背景下，新兴市场国家在外资准入制度的发展上具有一定“跟随倾向”。最后，各国外资准入的开放程度仍有所差异，通过负面清单和其他限制条件体现出的实际限制程度和灵活性偏好也有所不同。例如，韩国市场开放程度相对较高，外资准入制度已与发达国家十分接近，印度市场开放进程则相对较慢，对外国投资的限制较多。

受政局变动、经济形势变化、地方政府利益牵制以及贸易政策变动等因素的制约，新兴市场国家外资准入制度的连续性与稳定性相对有限。这导致外国投资者难以形成相对稳定的准入预期，从而减弱了对外资的长期吸引力，并进一步影响到外资对经济增长、技术进步等方面发挥的溢出效应。例如，印尼近年来不断修改限制和禁止原矿产品出口的贸易政策，且多次更改出口限制尺度，导致 2014 年政府大选前后外国投资者对其投资多持观望态度。

发展中国家和发达国家在世界投资格局中地位的变化，使得国际投资规则的内容由过去强调跨国公司权利和东道国政府的责任向平衡东道国和跨国公司的权利和责任的方向转变。尤其是面对新兴经济体对外投资的迅速崛起，美欧等发达国家在国际投资规则制定中的立场，开始从如何片面促进对外投资自由化转向平衡投资者权利和政府监管空间；更多地关注新兴经济体投资对本国经济发展的影响，努力将新兴经济体对外投资活动纳入到国际投资规则的约束范围内，在规则内容上完善扩大政府的监管权利和政策空间，增加政府对外资准入、经营要求等方面的内容，扩大政府对投资的监管权利和政策空间，以约束和引导新兴经济体跨国公司的投资符合国际投资规则的要求，更好地为本国经济服务。

3.1.3　中国：利用外资与对外投资协同发展

2014 年，中国对外直接投资（Overseas Direct Investment，以下简称 ODI）开始超过吸引外资（FDI）的规模，即实际对外投资超过利用外资的规模，但中国 FDI 和 ODI 规模相差不大。2015 年全年，中国非金融类对外直接投资 1 180.2 亿美元，实际使用外资 1 262.7 亿美元，相差不足 100 亿美元。2016 年中国利用外资保持稳定增长达到 1 390 亿美元，中国的对外直接投资达到 1 830 亿美元。利用外资和对外投资协同发展是对外开放战略的主流，具有提升中国在全球价值链中地位，促进中国经济转型升级的重要推动作用。

在外资管理模式上，中国长期以来坚持采取“准入后国民待遇+混合清单”的模式。“准入后国民待遇”是指给予外国投资国民待遇的阶段仅限定于运营阶段，外资在我国的投资发生和企业设立阶段是不享有国民待遇的；中国针对外资准入实行的《外商投资指导目录（2011 年修订）》中，包括了鼓励目录、限制目录和禁止目录，这实际上是一种将正面清单与负面清单相结合的做法，就是“混合清单”。“准入后国民待遇+混合清单”的模式，是由中国长期以来的经济发展水平与自由化程度决定的，适合中国当时的国情，但随着中国经济的发展与自由化程度的提高，这种模式亟待改革。原因在于投资发生和企业设立不给予国民待遇以及“混合清单”使得外商对于投资的开放领域以及开放程度模糊，这都不利于外商进行投资。在 2013 年 7 月上海自贸区成立后，中国宣布接受“准入前国民待遇+负面清单”的外资管理模式，这是对中国长期以来的“准入后国民待遇+混合清单”的重大突破。这意味着外国投资者及其投资在投资发生和企业设立阶段就可以享有国民待遇，即享有与内资同等的待遇。由于此种国民待遇更全面完整，因此其会有利于吸引外资。同时，这也是贸易自由化的具体表现，准入前国民待遇是投资自由化的进一步承诺。对外商投资实行准入前国民待遇加负面清单管理模式，是中国扩大开放、促进改革的重要举措，也是适应经济全球化新形势和国际投资规则变化的制度创新。有利于推进更高水平的对外开放和更深层次的外资管理体制改革，构建开放透明、有效监管的外资准入体系和国际化、法治化的营商环境，形成可复制可推广的经验，为推动有关投资协定谈判进行试点。

从外商投资管理体制改革历程来看，中国的外资管理体制曾经历过几次重大改革，总体上是伴随着政府机构改革步伐进行的。其中一个重要内容就是不断调整政府管理机构，使其能够与一定阶段的经济体制改革相适应，但改革仅停留在政府机构结构调整的技术层面，着眼于解决部门之间互相掣肘导致效率低下等问题，没有逃脱部门审批的老思路，管资格优先于管行为，他律优先于自律，并没有真正解决涉及政府使命与功能的改革。实践证明，对部分投资项目的审批权限、审批方式的调整是远远不够的，需要对现行外资管理体制进行渐进式的持续的改革。

3.2 外资管理模式的发展方向和中国外资准入制度改革

3.2.1 外资管理模式的发展方向

1. 投资自由化、便利化是国际投资准入和管理制度的发展趋势

现有的国际投资规则虽然涉及促进投资自由化、投资保护和投资争端解决程序等内容，各国也实施了一些促进投资的政策，但投资者仍面临一些投资壁垒、歧视性待遇以及政策法规的不确定性，容易导致国际投资摩擦。此外，双边和区域性投资协议虽然在

一定程度上有利于外国直接投资，但可能导致国家利己主义和以自我为中心解决问题，各种不同规则之间也必然会产生冲突，而世界贸易组织乌拉圭回合多边协议所涉及的投资领域和规则非常有限。因此，在经济合作与发展组织（Organization for Economic Co-operation and Development，以下简称 OECD 推动下，各国一直谋求制定一项完整、系统、全面的多边投资协定。美国更是积极谋求建立高标准的、高度自由化和便利化的投资规则。

准入前国民待遇和负面清单[①]已逐渐成为国际上外国投资准入和管理制度的发展趋势。世界上近 80 多个国家采用此种模式。进入 21 世纪以来，投资自由化议题成为了许多国家在建立区域经济一体化组织中所讨论的基本议题，越来越多的国家开始在投资谈判中采用美国投资协定范式的负面清单的准入前国民待遇条款，即原则上在所有领域的外资享有不低于东道国内资的投资自由，特殊领域可以明确列出例外。这样的规定在 20 世纪许多发达国家也无法接受，这也是 1998 年 OECD 多边投资协定谈判失败的原因之一。截至 2009 年，仅在亚太地区已经至少有 26 个自贸区协定中的投资条款包含了准入前国民待遇，涉及的国家既有美国、加拿大、澳大利亚、新西兰、日本等发达国家，也有韩国、新加坡、泰国、马来西亚、印度尼西亚、菲律宾、文莱、越南、墨西哥、智利、秘鲁等发展中国家[②]。日韩在 2002 年签订的双边投资协定首次包含了以否定清单为基础的准入前国民待遇条款，此后两国在其签订的双边投资协定与区域自由贸易协定中多次使用这类条款。不仅如此，日韩在与中国的投资谈判中也强烈要求中国接受基于负面清单的准入前国民待遇条款。中美投资协定谈判已在准入前国民待遇和负面清单原则上达成共识。印度虽然至今拒绝与美国达成这类协定，但却在与周边国家的区域协定中纳入了这类条款。

准入前国民待遇和负面清单最大支持者是美国。1992 年美加墨三国签署的《北美自由贸易协定》中，有关投资议题就采取了“准入前国民待遇+负面清单”的模式，这一投资规则模式影响深远。美国 2004 年 BIT 范本就将国民待遇的适用范围覆盖至市场准入阶段，2012 年 BIT 范本更是继续推行这一做法。美国已经与 40 多个国家和地区签订了以准入前国民待遇和负面清单为基础的双边投资协定。具有广泛国际影响的“欧式”投资保护协定也开始出现松动。2012 年 4 月，欧盟与美国联合发表关于国际投资的“七条原则”，其中第一条就是要求各国政府给予外国投资者广泛的市场准入和不低于本国及第三国投资者的准入前和准入后待遇。

长期以来，“准入前国民待遇”一直是中国双边投资协定谈判难以突破的一个瓶颈。2013 年 7 月，第 5 轮“中美战略与经济对话”中国首次同意在“准入前国民待遇”和“负

① “准入前国民待遇”原则，即在投资发生和企业建立阶段就开始给予外资国民待遇，是投资自由化的根本内容；“负面清单”是指在清单中列举准入前国民待遇和国民待遇的例外，确定外资不能自由进入的行业。负面清单中没有列举的内容，都是自由投资的领域，外资享受准入前国民待遇。

② 赵玉敏. 加工贸易是否导致中国陷入低端制造业陷阱研究［J］. 国际贸易，2012（10）：18-21.

面清单”模式基础上展开实质性谈判，并且2013年9月在上海自贸试验区开始探索这种模式，这是中国适应国际发展趋势的需要。目前中国共有上海、福建、天津和广东四个自贸区。

2. 环境议题、劳工标准和平衡权利义务成为外资准入的新内容

随着经济全球化的深入发展，国际直接投资活动与贸易活动、金融活动、联系更加紧密，相互影响，这必然要求一国对于外资的管理具有多层面性，其内容不仅包括投资问题，而且越来越多地涉及贸易、服务、知识产权、竞争政策、产业政策、就业政策、环境保护以及劳工权益等。其中，环境问题和劳动标准问题日益受到关注，随着全球双边投资规则重新磋商和制定，越来越多的国家在利用外资和对外投资当中开始关注这些议题。而且随着发展中国家经济实力的提高，越来越多的发展中国家在外资的准入和管理模式制度建设中开始接受国际通行的环境与劳工标准规则。

外资管理中，为了使跨国公司更好地服务于本国经济发展的目标，许多国家开始在其签订的投资协定中加入企业责任条款，要求跨国公司在环境保护、促进人权发展、遵守劳工标准及反腐败等方面发挥作用。比如在加拿大与哥伦比亚（2008）、秘鲁（2009）与巴拿马（2010）签订的自贸区协定中，前言和实质性条款部分都包含了企业社会责任的要求；《里斯本条约》授予欧盟国际直接投资专属管辖权后，欧盟议会明确要求在以后签订的国际投资规则中包括公司社会责任条款。

在东道国监管措施方面，一些例外条款扩大了东道国的管辖职能，对于跨国公司的权利义务也有明确的规范。例如引入根本安全利益例外条款、一般性例外措施、金融审慎措施例外等社会维度议题，或将对本国较为敏感的领域从协定适用范围中排除，如国债、金融、税收、证券投资等。这些例外条款的出现得以扩大东道国政府的政策监管范围，扩大东道国监管权利。其中值得关注的是国家安全考虑已经成为当前许多国家进行投资并购审查的重要措施，美国、德国、日本等国家强化了国家安全措施，并且由于“国家安全”概念并没有进行明确的定义，为政府扩大审查范围、加强对外资并购的审查保留了空间。

3. 促进“引进来与走出去协同发展”以及“一带一路”倡议的实现

2013年，中国政府提出“一带一路”倡议，十八届三中全会提出“适应经济全球化新形势，必须推动对内对外开放相互促进、引进来和走出去更好结合”。新形势下，通过修订和签署涵盖投资保护和市场准入等内容的双边投资协定，将为促进中国企业走出去提供有力保障。为此，加快外资准入制度改革，将在给予外资更多投资便利和统一的市场准入待遇的同时，更好地促进中国企业“走出去”，进而有力推动对外经贸合作及“一带一路”倡议早见成效，实现互利共赢、协同发展的基本目标，是未来很长一段时间内的发展目标。

“一带一路”倡议是真正实现将“引进来”和“走出去”有机融合的战略，契合了沿线国家与中国各自的发展要求，为优势互补、开放发展开启了国际合作的新平台。在

“一带一路”倡议框架下，各国的生产要素与市场将深度对接融合，从而凝成牢固的利益共同体与发展共同体，是多重融合与制度创新的新篇章。

实施“一带一路”倡议，以政策沟通、设施联通、贸易畅通、资金融通、民心相通为主要内容，全方位推进与沿线国家合作，构建利益共同体、命运共同体和责任共同体，深化与沿线国家多层次经贸合作，带动我国沿边、内陆地区发展。推进引进外资与对外投资有机结合、相互配合，推动与各国各地区互利共赢的产业投资合作。鼓励企业开展科技创新、项目对接、信息交流、人力资源开发等多方面国际合作，支持地方和企业做好引资、引智、引技等工作，并积极开拓国际市场。通过各类投资合作机制，分享我国引进来的成功经验，推动有关国家营造良好投资环境。

4. 进一步引导和监管是外资管理制度的方向

2016 年中国的对外投资热潮中出现了一些盲目投资、借对外投资手段进行资金转移等问题，国家发改委、商务部、中国人民银行、外交部联合出台《关于进一步引导和规范境外投资方向的指导意见》规范对外投资，明确了鼓励、限制、禁止三类境外投资活动，重点推进有利于“一带一路”建设和周边基础设施互联互通的基础设施投资，境外投资针对部分项目和交易实施了更严格的合规性和真实性审核，外资管控加强之后效果明显，2017 年对外直接投资大幅下降。在今后很长的一段时间里，中国利用外资和对外投资协同发展是对外开放战略的重要组成部分。在规范强化、监管趋严的背景下，未来对外投资将更加审慎。中国在外资准入和对外投资管理模式的探索中，在自由化便利化的基础准则上探索如何实施有效监管成为外资管理制度改革的主线。

3.2.2　新时期外资制度建设改革的主要内容

1. 明确负面清单定位及其与自贸区清单和《目录》的关系

首先，中美、中欧等双边 BIT 谈判中的负面清单与国内自由贸易试验区的负面清单有所不同；其次，上海自贸试验区具有特殊试点性质，其他地方未履行必要的法律程序前不能复制和仿效；最后，新版《外商投资产业指导目录（2015）》应是我国现阶段对外商投资市场准入的指导性文件，应作为我国与不同经济体签订投资协定及制定负面清单时的重要法律依据。

2. 完善安全审查制度和风险防范体系

一是无须明确界定“国家安全”的定义范围。参照主要国家对安全审查（以下简称“安审”）定义模糊处理的国际经验，中国在外资安审立法时也不宜对“国家安全”做明确界定，以保留解释权并在较为宽泛的范围保障外资安审制度的灵活性。二是明确并公开安审的主要评估因素。为提高政策体制的透明度，可清晰列明我国在评估国家安全风险时的主要考虑因素。三是提高安审制度的法律位阶。国际上主要国家外资安审制度一般都是由最高立法机关制定，目前我国有关外资并购的安审制度，是以国务院行政命令（《通知》）和外资主管部门商务部文件（《规定》）方式发布，法律位阶较低。一旦与高位阶法律发生冲突，将导致低位阶法律裁决无效，因此需提高安审制度的法律位阶。四是外资安审与其他监管制度的区别与协调。作为维护国家安全的非常规措施，需明确将外资安审与外资准入负面清单、反垄断审查、环保生态要求、技术法规标准、金融监管等有所区别，但要与其他外资监管制度相协调。五是安审机构设置要体现综合性和专业性。发达国家的安全审查机制大多为联席会议制。例如，美国外资安全审查的主体机构是由财政部部长、商务部部长、国土安全部部长等多部门组建的外国投资委员会（The Committee on Foreign Investment in the United States，以下简称 CFIUS），在具体案件安全审查过程中，则以个案涉及领域的主管部门作为牵头部门，由其代表 CFIUS 进行谈判与监督。为此，建议以目前中国外资并购安全审查的联席会议制为基础，构建主管外资安全审查的外国投资委员会，窗口单位仍由商务部负责，牵头部门视具体议题决定，但在安审职责、功能定位和审议程序上，需根据并购安审向全面安审转变的需要进行调整和明确。六是安审裁决权应提升至国务院。为保证外资安审制度适用上的审慎性，建议在联席会议各成员对审查结论有重大分歧特别是在做出“禁止交易”等重要决策时，由联席会议提出建议、国务院实施最终决定权。七是保持安审裁决的权威性和有效性。可参考美国、加拿大和澳大利亚等国做法，通过立法明确禁止外国投资者对外资安审决定提起司法审议，以提升中国“国家安全审查”的独立性和权威性。

3. 加强法律保障和管理部门协调

加快完善涉外管理的法律法规体系，梳理已有外资相关政策法规，彻底修改以外资企业为对象的外资三法，加快起草颁布符合外资管理的新要求、以外国投资行为作目标的《外资投资法》。另外，加强涉外管理部门之间的协调，加快建立信息共享平台和综合监管机制，创造符合国际标准和发展趋势的投资和营商环境。

3.2.3 自贸区是中国外资管理制度的最新实践和创新

1. 外资管理制度的实践与探索

现有区域经济一体化从低级到高级大致可分为五种形态：自由贸易区、关税同盟、共同市场、经济一体化、政治经济一体化。在它们的演变过程中会不断从低级向高级转变，但在某一发展阶段，通常都是单一的合作机制，要么是自由贸易区，要么是关税同盟、共同市场等等。而在“一带一路”倡议下，合作机制则是多元并存的。这些合作机制包括自由贸易区、次区域合作、经济走廊、产业园区等。比如，在中国与东南亚国家的合作中，既有中国–东盟自由贸易区（升级版），又有中国–中南半岛经济走廊、澜沧江–湄公河合作机制、双边自贸园区等；而在中国与南亚的合作中，双方没有自由贸易区协定，只有中国与个别国家的自由贸易区协定（中国–自由贸易区协定已经生效，中国与尼泊尔、斯里兰卡的自由贸易区协定尚在商谈中），因此孟中印缅经济走廊、中巴经济走廊就成了主要合作机制。多元化合作机制适应了“一带一路”相关国家政治、经济、文化、宗教的多样性特征。正是因为这种多样性，长期以来这些国家才难以真正建立起统一的区域经济一体化机制。"一带一路"倡议以发展为导向，不拘泥于合作机制的统一，体现了共商、共建的原则，是"摸着石头过河"模式的国际版。当然，"一带一路"建设最终会演变为什么样的治理模式并无确定的答案。一些学者认为统一的自由贸易区是其最终目标，而另一些则认为是"关系治理"与"规则治理"的结合。

目前，上海自贸试验区建设正稳步有序推进。2016 年确定的 7 个方面、33 项改革任务已全面推开，大部分已完成或取得阶段性成果，制度创新激发市场创新活力和经济发展动力的成效日趋显著。下一步，上海自贸试验区将抓紧推进和深化重点领域的改革创新，制度创新是上海自贸试验区建设的核心任务，三年来形成很多可复制、可推广的制度创新成果，打造出下一步改革创新举措和工作方案，全力营造法治化、国际化、便利化的投资环境，同时加快建立了同国际投资贸易通行规则相衔接的制度体系。

2. 自贸区的稳步发展

2015 年 4 月，国务院公布广东、天津、福建三地的第二批自贸区的总体方案，广东、天津、深圳三地的自贸区统一正式挂牌成立，到目前中国共有四个自贸区，分别是中国（上海）自由贸易试验区扩展区域、中国（福建）自由贸易试验区、中国（广东）自由贸易试验区和中国（天津）自由贸易试验区。截至 2017 年 5 月，广东自贸试验区新设立外商投资企业 6 576 家，实际利用外资 83.97 亿美元，占全省的 20%。广东自贸试验区累计新设企业 16 万余家，位居前 2 批 4 个自贸试验区中的第 1 位，超过广东自贸试验区设立之前历年注册企业的总和。在金融市场化配置能力方面，2017 年 1 月，上海自贸区累计开立自由贸易账户超过 6.8 万个，办理跨境结算近 11 万亿元，业务涉及 118 个国家和地区。中国自贸区的实践进入了快速发展期。

3.3　推进和深化外商投资管理体制改革的政策建议

3.3.1　依据外资准入行业政策，分步骤优化外资准入审批流程

1. 在简化审批层级方面

第一，对于鼓励类项目，鉴于这些项目继续由商务部门、行业主管（如涉及）进行审批没有实际意义，可以直接允许到工商登记机关办理注册登记。当然，工商部门在审核的过程中也要严格遵守外资准入行业政策。第二，对于允许类项目，商务部门的审批可考虑由事前审批变为事后备案，企业可在取得工商执照并设立后向商务部门备案。第三，对国家限制性投资项目，如金融、保险、批发和零售贸易业、交通运输以及涉及公共事业、公共秩序和公共卫生等领域，仍实行目前的商务部、行业主管（如涉及）、工商多元审批的模式，以维护经济安全。第四，关于发改委的项目核准制度，全面的项目核准无疑已经没有必要。正如我们在实践中所看到的，这种核准以及之前的立项、可行性研究报告审批，都没有起到真正的引导外资投向、优化外资结构的作

用。并且，在目前的实际操作中，很多省市的绝大多数外商投资项目已经取消或归并了立项核准。因此，在发改委立项审批环节，外资可与内资企业享受相同待遇，即如果是生产型企业，则需要发改委立项核准；如果是非生产型企业，则无须发改委审批。

2. 在限定审批的具体内容方面

例如，商务部门对限制类项目的审核，传统上包括对合资合同和章程的审批。其实合同和章程在企业层面讲，都是私法自治的领域和空间，政府的审批没有多大意义。目前，政府习惯于从社会管治的角度审查市场主体的内部法律文件，而事实上，公司的合资合同、章程主要体现投资人的意志，公司如何管理应由投资者自己决策，政府无须过度干涉。

3. 在立法技术上

在这方面可以根据改革进度，对三资企业法及其实施条例、《关于外国投资者并购境内企业的规定》等程序性规范中关于准入审批的内容进行修订，同时协调各部法律中如审批时限等不协调之处。分步骤简化审批层级，合理界定审批内容，可以有效节约行政资源，促进我国外资管理从运行管理转向准入管理。然而在简化审批程序的同时，需要同时考虑如何设置合理的防火墙，以防范外资对我国尚显稚嫩的国民经济体系造成过度冲击。换言之，外资准入审批程序的改革绝非“简化”二字所能概括，而需要一系列制度的协调与配合方能完成。

4. 统一内外资法律法规

修订中外合资经营企业法、中外合作经营企业法和外资企业法，制定新的外资基础性法律，将规范和引导境外投资者及其投资行为的内容纳入外资基础性法律。对于外资企业组织形式、经营活动等一般内容，可由统一适用于各类市场主体的法律法规加以规范的，按照内外资一致的原则，适用统一的法律法规。保持外资政策稳定、透明、可预期，营造规范的制度环境和稳定的市场环境。

5. 坚持便利化与防风险并重

形成适应开放需要的跨境金融监管制度，健全宏观审慎管理框架下的外债和资本流动管理体系，完善系统性风险监测预警、评估处置以及市场稳定机制，加强对短期投机性资本流动和跨境金融衍生品交易的监测，防范和化解金融风险。

3.3.2 创新外商投资管理体制，继续提升投资环境

创新外资管理体制，重点是统筹推进外资三法修订、双边投资协定谈判和外商投资管理体制改革工作，抓紧建立“备案加审批”的新管理模式。推动放开育幼养老、建筑设计、商贸物流、电子商务等领域外资准入限制。将外商投资企业联合联检制度改进为信息申报及共享公示制度。抓紧修订《境外投资管理办法》，对境外投资开办企业实行以备案制为主的管理方式，并且进一步简化核准手续。进一步深化外贸管理体制改革。要创新加工贸易管理模式，深化加工贸易行政审批制度改革。推动完善大宗商品进出口管理，推动通关便利化改革，鼓励有条件的地方建设“单一窗口”。推进自由贸易园（港）

区的建设，及时总结上海自由贸易试验区的试点经验和第二批自由贸易区的落地经验，形成可复制、可推广的成果。

同时，进一步改善投资环境，扩大服务业市场准入，进一步开放制造业，稳定外商投资规模和速度，提高引进外资质量。改革外商投资审批和产业指导的管理方式，向准入前国民待遇加负面清单的管理模式转变，促进开发区体制机制创新和转型升级发展。

3.3.3 推进准入前国民待遇加负面清单的管理模式

完善外商投资市场准入制度，探索对外商投资实行准入前国民待遇加负面清单的管理模式。在做好风险评估的基础上，分层次、有重点放开服务业领域外资准入限制，推进金融、教育、文化、医疗等服务业领域有序开放，放开育幼养老、建筑设计、会计审计、商贸物流、电子商务等服务业领域外资准入限制，进一步放开一般制造业。在维护国家安全的前提下，对于交通、电信等基础设施以及矿业等相关领域逐步减少对外资的限制。推动开发区转型升级和创新发展。加强国家级经济技术开发区、高新技术产业开发区、海关特殊监管区域以及省级开发区等各类开发区规划指导、创新发展。发挥开发区的引领和带动作用，大力发展先进制造业、生产性服务业和科技服务业，推动区内产业升级，建设协同创新平台，实现产业结构、产品附加值、质量、品牌、技术水平、创新能力的全面提升。推动开发区绿色、低碳、循环发展，继续深化节能环保国际合作。不断改善投资环境，进一步规范行政管理制度，完善决策、执行、监督和考核评价体系，避免同质竞争，努力把开发区建设成为带动地区经济发展和实施区域发展战略的重要载体、构建开放型经济新体制和培育吸引外资新优势的排头兵、科技创新驱动和绿色集约发展的示范区①。

3.3.4 解决投资贸易便利化问题，建立高标准自由贸易区网络

着力研究解决投资贸易便利化问题，消除投资和贸易壁垒；加强信息互换、监管互认、执法互助的海关合作；加强双边投资保护协定、避免双重征税协定磋商，保护投资者的合法权益。拓展相互投资领域，推动新兴产业合作，优化产业链分工布局。优化市场布局和贸易结构。稳定传统优势产品出口，进一步推进以质取胜战略，提升出口产品质量、档次和创新要素比重，扩大大型成套设备和技术出口。加强外贸诚信体系建设，规范进出口秩序。鼓励企业开展科技创新和商业模式创新，加快培育以技术、品牌、质量、服务为核心的外贸竞争新优势。鼓励发展跨境电子商务、市场采购贸易等新型贸易方式。积极解决电子商务在境内外发展的技术、政策问题，在标准、支付、物流、通关、检验检疫、税收等方面加强国际协调，参与相关规则制定，创新跨境电子商务合作方式，融入国外零售体系，化解相关贸易摩擦。优化进口商品结构，鼓励先进技术、关键设备和零部件进口，稳定资源性产品进口，合理增加一般消费品进口。培育国际大宗商品交

① 中共中央 国务院. 关于构建开放型经济新体制的若干意见［EB］.（2015-05-05）.

易平台。提高一般贸易和服务贸易比重，推动加工贸易转型升级，提升产业层次，提高加工贸易的质量和附加值，延长加工贸易产业链，提高加工贸易增值率。

建立高标准自由贸易区网络。加快实施自由贸易区战略，坚持分类施策、精耕细作，逐步构筑起立足周边、辐射“一带一路”、面向全球的高标准自由贸易区网络，积极扩大服务业开放，加快推进环境保护、投资保护、政府采购、电子商务等新议题谈判，积极推进国际创新合作。积极落实中韩、中澳自由贸易区谈判成果，打造中国–东盟自由贸易区升级版，推进中国与有关国家自由贸易协定谈判和建设进程，稳步推进中欧自由贸易区和亚太自由贸易区建设，适时启动与其他经贸伙伴的自由贸易协定谈判。金砖机制已成为新兴市场和发展中国家加强团结合作维护共同利益的重要平台，可以考虑先期形成互惠性的贸易投资安排，在 WTO 承诺基础上，降低相互关税等壁垒，实现一批实实在在的早期收获成果，进一步考虑建立金砖国家自贸区的可行性。

建设自由贸易园区，立足东中西协调、陆海统筹，推动形成全方位的区域开放新格局，以区域开放的提质增效带动经济的协调发展。深化上海自由贸易试验区改革开放，扩大服务业和先进制造业对外开放，形成促进投资和创新的政策支持体系，及时总结改革试点经验，在全国复制推广。依托现有新区、园区，在广东、天津、福建自由贸易试验区总体方案全面实施的基础上，以上海自由贸易试验区试点内容为主体，结合地方特点，充实新的试点内容，未来结合国家发展战略需要逐步向其他地方扩展，推动实施新一轮高水平对外开放。

3.3.5 积极探索产业转移新路径，助力“一带一路”建设实现互联互通

中国在东西部之间既没有形成国内统一的产业布局体系，更没有把国内市场与欧亚大陆的国际市场统一起来。“一带一路”建设扩大中西部地区对外开放的基本面，减少中间交易成本，促进中部地区有效承接劳动力密集型产业和产能的国际转移。因此，“一带一路”建设的一个重要目的就是要在欧亚大陆上形成一个互联互通的大市场，最终构建出由资本支持、技术支撑、人才跨境、国际技术、物流贸易互联互通的新型的产业发展体系。“一带一路”建设创造了陆路开放的新机遇，进行了全球产业重组，以内陆中心城市和城市群为依托，以开发区和产业聚集区为平台，积极探索承接产业转移新路径，创新加工贸易模式，以加工贸易梯度转移重点承接地为依托，稳妥推进有条件的企业将整机生产、零部件、原材料配套和研发、结算等向内陆地区转移，形成产业集群，支持在内陆中心城市建立先进制造业中心。鼓励区域合作共建产业园区，促进内陆贸易、投资、技术创新协调发展。支持内陆城市增开国际客货运航线，发展江海联运，以及铁水、陆航等多式联运，形成横贯东中西、联结南北方的对外经济走廊。

在具体措施上，例如建设好深圳前海现代服务业示范区、珠海横琴新区、广州南沙新区，发挥港澳地区的开放平台与示范作用，深化内地与港澳更紧密经贸关系安排，率先实现与港澳服务贸易自由化。鼓励内地企业与港澳企业联合走出去，支持内地企业赴港融资，将境外产业投资与香港金融资本有机结合。鼓励内地企业与港澳企业联合成立

投资基金，通过多种方式开展投资合作。促进海峡两岸经济关系正常化、制度化、自由化，逐步健全两岸经济合作机制。加强两岸产业合作、双向贸易投资及便利化方面的合作。充分发挥海峡西岸经济区、平潭综合实验区、昆山深化两岸产业合作试验区等的先行先试作用。深化和拓展与港澳台地区高校、科研院所、企业间科技研发和创新创业方面的合作。推进基础设施互联互通，加快形成国际大通道，构建联通内外、安全通畅的综合交通运输网络，完善交通合作平台与机制。巩固和扩大电力输送、光缆通信等合作。深化能源资源开发与通道建设合作。深化与沿线国家经贸合作。相互扩大市场开放，深化海关、检验检疫、标准、认证、过境运输等全方位合作，培育壮大特色优势产业，推动我国大型成套设备、技术、标准与沿线国家合作。实施质量效益导向型的外贸政策和健全贸易摩擦应对机制。支持技术含量高、附加值大、资源和能源消耗低、环境污染小、产业关联度强的对外贸易活动，实现外贸绿色低碳可持续发展。进一步完善出口退税制度，优化出口退税流程。健全出口信用保险体系。加强贸易风险、汇率风险监测分析，适时公布有关风险提示，引导企业有效规避出口风险。加大非资源类产品进口力度，促进贸易平衡。推动企业在沿线国家设立仓储物流基地和分拨中心，完善区域营销网络。加强与沿线国家的产业投资合作，共建一批经贸合作园区，带动沿线国家增加就业、改善民生。鼓励发展面向沿线国家的电子商务，倡导电子商务多边合作。加强开放型经济法治建设。

3.3.6 巩固和加强多边贸易体制，拓展国际经济合作新空间

完善区域合作机制，发挥亚太经合组织、亚欧会议、上海合作组织作用，强化中非、中阿、中拉等合作机制。推进大湄公河、中亚、图们江、泛北部湾等次区域合作。多双边合作机制要加强统筹、提高效率、讲求实效。充实中美新型大国关系的经贸内涵，深化中欧多领域合作，协同推进中美、中欧投资协定谈判，统筹国内改革与对外开放进程，促进中俄经贸关系跨越式发展，深化同发展中国家合作。加强与“一带一路”沿线国家的宏观政策沟通与协调。

优化市场竞争环境。建立统一开放、竞争有序的市场体系和监管规则。加快转变政府职能，完善经济管理体制和运行机制，逐步建立权力清单制度，加强知识产权保护和反垄断制度建设，健全社会诚信体系，清理妨碍全国统一市场和公平竞争的各种规定和做法，保证各类所有制企业依法平等使用生产要素、公开公平公正参与市场竞争、同等受到法律保护。

在全球化进程中，一国能够真正控制全球资源流向和全球经济产出的流向，并能够参与产品标准的制定和掌握前沿的商业游戏规则，以此为核心控制并整合配置全球资源，才是在全球治理体系中真正地具有话语权。“一带一路”是一个共建合作机制，也是一个多元的合作框架，从一定意义上来讲是中国参与全球经济治理的一种必然选择，中国如何运用自己经济规模的硬实力，转化为参与全球经济治理的软实力，特别是转化为参与

全球经济规则制定的能力，是全球治理体系中中国的核心问题。推进全球经济治理体系的改革，支持联合国、G20等多国集团发挥全球经济治理主要平台作用，推动金砖国家合作机制发挥作用，共同提高新兴市场和发展中国家在全球经济治理领域的发言权和代表性。全面参与国际经济体系变革和规则制定，在全球性议题上，主动提出新主张、新倡议和新行动方案，增强中国在国际经贸规则和标准制定中的话语权。

3.3.7 完善外资管理体系和制度建设，推动监管体系的建立

“准入前国民待遇”与简单的市场开放有着很大区别，降低外资进入门槛，只是打造优质投资环境的第一步，投资目的国只有不断深化制度改革，增强政策科学性，提升外资管理水平，才能为投资自由化的实现创造良好的外部环境。目前，针对自贸区外资管理模式的创新形式要做好三点。首先，要结合外资管理创新模式及实施情况，对外资三法进行全面调整，而不能只是进行简单合并。不仅要形成全新的外国投资法，还要提高外资和内资法律的衔接程度。外资三法的修订应注重法条的清晰性和明确性，旨在为其他监管内外资企业的法律法规的适用提供透明并且有效的关联机制。其次，负面清单在国际谈判中往往作为附件出现，而自贸区的负面清单却具有正式法律文件的性质，这在一定程度上出现了偏差。 因此，在法律修订过程中，还需要将负面清单调整为外资三法的附件加以说明，以更正负面清单的法律地位。最后，对于中国当前的投资开放阶段来说，《外商投资产业指导目录》仍然具有存在的必要性，其产业导向功能弥补了负面清单带来的冲击和风险。但随着国内产业的成长和发展，逐步取消产业指导目录将是国际投资领域的必然趋势。

完善外商投资监管体系和完善外商投资国家安全审查机制。按照扩大开放与加强监管同步的要求，加强事中事后监管，建立外商投资信息报告制度和外商投资信息公示平台，充分发挥企业信用信息公示系统的平台作用，形成各政府部门信息共享、协同监管、社会公众参与监督的外商投资全程监管体系，提升外商投资监管的科学性、规范性和透明度，防止一放就乱。完善外商投资国家安全审查的法律制度，制定外商投资国家安全审查条例。建立与负面清单管理模式相适应的外商投资国家安全审查制度。完善国家安全审查范围，加强事中事后监管，充分发挥社会监督作用，确保安全审查措施落到实处。构建经贸安全保障制度，加快出口管制立法，加快构建和实施设计科学、运转有序、执行有力的出口管制体系，完善出口管制许可和调查执法体制机制，积极参与出口管制多边规则制定。进一步加强和完善产业安全预警机制。健全金融风险防控体系。

加快外资准入制度改革，要符合国际经贸规则重构和主要国家外资准入制度的发展趋势，轻准入审批，重事中事后监管。在管理内外资时保持一致性和可持续性，保证外资企业享有公平待遇。同时，提高外资准入制度和相关政策的透明度和稳定性，适当与产业政策、区域发展与环保等新要求相结合，充分发挥利用外资的技术溢出和综合带动效应。

3.3.8　构建国际化人才储备体系，打造开放型的战略智库

加强人才培养，构建科学有效的选人用人机制，充分集聚国际化的人才资源。健全引进人才制度，完善外国人永久居留制度，营造吸引海外高层次人才的良好工作、生活环境。积极探索职业资格国际、地区间互认，鼓励并支持从事国际合作的社会化专业队伍加快发展，更好地利用社会资源开展国际合作。综合运用国际国内两种资源，培养造就更多优秀国际化人才。鼓励企业以多种方式培养本土技术人才，增信释疑，推动民心相通，凝聚共识和力量，营造于我有利的国际舆论和外部发展环境。

加强中国特色新型智库建设，发挥智库作用，增进国际间智库研究交流，打造拥有国际视野和战略意识的智库力量，提高对外开放战略谋划水平和国际经贸合作服务能力。加强对有关国家、区域、重点合作领域的前瞻性研究，为中国政府和企业提供政策建议和智力支持。国内不少智库过去长期的工作重点是研究国内热点问题，而对国际问题的关注缺乏积累，人才储备也不充分，中国智库还没有成为决策者不可或缺的助手服务于经济建设和“走出去”战略。国内智库迫切需要加快国际化步伐，培养出熟悉国际规则、具有战略思维和国际视野的人才梯队，在相关跨国合作研究工作中加强国际交流，打通国内智库与国际智库合作通道，并在政府间建立国际高效沟通机制，提升中国智库的话语权和国际影响力。

以高校智库平台建设为例，大学智库相较于政府智库，有其独特性和无法替代性。高校的智库，通常为研究院，其定位是“人才培养社会服务和科学研究”，如果大学与政府智库在人才和人员的流动上实现常规化，深入微观领域进行科学研究和调研分析，与民间智库在一带一路大背景下实现产学研良好互动，结合双方的优势进行战略研究和提出政策建议，既结合当前现实形势又发挥大学智库的多重优势，让更多的高校智库能够更多聚焦在社会服务和促进社会发展上，在战略层面发挥自己更大的价值。在宏观层面，国家应依托智库进行战略框架、实施路径、贸易促进政策论证，深入研究外资的制度改革方向和管理模式等问题。

同时注重科研成果转化，争取推进综合性国家科学中心建设，以全球视野、开放姿态、国际先进标准，吸引、集聚和建设世界一流的科学设施集群，构建重大战略项目、基础前沿工程和研发与转化功能型平台，努力在基础科技领域做出重大的创新、在关键核心技术领域取得重大的突破。

（执笔人：胡　玫）

第 4 章　创新发展与我国外商直接投资

摘　要

在知识与技术的全球化时代，国家的财富累积与可持续发展越来越依赖创新能力的提升，创新已成为世界各国经济增长的引擎。当前，新一轮科技革命和产业变革蓄势待发，信息化与网络化正加速产业创新在信息科技、生物科技、新材料技术、新能源技术等领域的广泛渗透。与此同时，我国经济发展也步入新阶段，人口老龄化加剧，劳动力成本上升，固定资产投资回报减少，资源消耗与环境污染加重，使我国过去长期依靠物质要素投入推动的经济发展方式难以为继。在此背景下，以科技创新为核心的创新发展理念的提出，以及《国家创新驱动发展战略纲要》的正式发布，指明了现阶段我国以创新引领发展的发展方向与要求。

FDI 作为一揽子生产要素的综合体，能够通过技术转移、技术溢出、制度推动等多种不同机制促进东道国技术进步与创新发展。鉴于目前我国的创新能力与发达国家仍存在一定差距，因而以自主创新为根本，继续吸引高技术水平 FDI 流入，在有效竞争的基础上，加强对先进技术、知识与经验的消化吸收与再创新，仍将是现阶段我国实现技术升级，以科技推动创新的现实可行路径之一。

在创新驱动发展已经成为我国重要发展战略的背景下，我国的整体创新能力日益提高。最新发布的《全球创新指数 2017》显示，我国 2017 年的创新指数较上一年进一步提升，继 2016 年首次跻身世界创新能力最强的前 25 个国家之后，2017 年排名继续上升，在 127 个国家中位居第 22 位，是唯一位列前 25 的中等收入经济体。我国在创新能力不断提高的同时，创新产出与创新投入的效率比值也处于较高水平，2017 年在世界各经济体中的排名位列第 3，预示出我国较为强劲的创新后发优势。与其他国家相比，我国在普通基础设施、贸易、竞争和市场规模、知识型工人、知识的影响与无形资产等创新发展方面表现突出，它们是我国创新能力提升的重要保障。

就不同地区的创新发展水平而言，无论是创新投入还是创新产出，东部地区的创新发展水平均最为突出，中部略高于西部，而东北部地区的创新发展能力最为薄弱。此外，以鼓励创新研发为目的的加计扣除减免税等政策在东北部地区的实施效果最为明显，在西部地区的实施效果最差，西部地区在创新优惠政策的挖掘上，仍有较大的发展空间。就制造业产业的创新发展能力而言，仪器仪表制造业、医药制造业、计算机、通信和其他电子设备制造业以及铁路、船舶、航空航天和其他运输设备制造业等高技术产业是创新发展能力最强的产业，而创新发展能力相对薄弱的产业则主要是皮革、毛皮、羽毛及其制品和制鞋业、木材加工和木、竹、藤、棕、草制品业、纺织服装、服饰业与家具制造业等。

无论从宏观的国家层面，还是从中观的地区与产业层面，我国的创新发展进程与FDI的流入紧密相连。代表了先进技术、知识、管理经验、组织制度等在内的FDI的流入，在促进我国经济快速增长的同时，也推动了我国创新发展水平的提高。创新优势明显的东部沿海地区是大量FDI流入的集聚地，而创新能力相对较弱的中部、西部以及东北部地区，FDI的流入量却相对较少，引导外资向我国内陆地区流动，对于促进区域平衡发展，推动我国整体创新能力提升都将大有裨益。与此同时，我国制造业产业的创新发展能力与外商投资企业参与程度之间也存在一种正向的相关关系，外资参与度较高的产业，创新发展指数也相对较高，而外资参与度较低的产业，创新发展指数也往往较低。然而，对于一些个别产业，如国家重点发展的医药制造业、铁路、船舶、航空航天和其他运输设备制造业等高技术产业，尽管外商投资企业参与度不高，但这些产业创新发展动力十足，也彰显出我国这些以内资企业为主体的产业创新发展能力显著增强。

通过构建企业创新发展指标体系，并对我国不同所有制类型企业的创新发展指数进行比较发现，2000—2015年外商投资企业与港澳台商投资企业的创新发展指数始终呈现温和上涨趋势，企业的创新发展能力稳步提升；私营企业的创新发展能力虽然整体上不及外商与港澳台商投资企业，但近几年也经历了相对较快的增长；国有企业创新发展指数经历了波动性较大的S型变化，目前创新发展能力的提升不甚显著。考察外商投资企业创新发展指数的增长构成，可以发现尽管2000—2015年外商投资企业的创新环境指数是拉动外商投资企业创新发展的最主要动力，但从近几年的发展趋势来看，创新环境的贡献有所减弱，外商投资企业创新发展能力的提高越来越依靠企业的创新投入与绩效创造。

考察各项具体指标对于外商投资企业创新发展水平的影响，发现企业R&D人员每万人年有效发明专利数、企业R&D经费投入强度与有R&D活动企业占全部企业比重是创新发展优势指标，它们对外商投资企业创新发展指数有正向的拉动作用，并且这种拉动作用在不断增强。企业R&D人员全时当量占全国比重、新产品销售收入占主营业务收入比重与单位销售产值利润率是创新发展的机会指标，它们对外商投资企业创新发展指数增长也有正向的拉动作用，只是这种拉动作用有所减弱。企业R&D经费支出占全国R&D经费支出比重、企业发明专利申请量占全国比重与引进技术消化吸收经费占技术引进经费比重是创新发展的劣势指标，它们在一定程度上阻碍了外商投资企业创新发展指数的进一步增长。

综合各项具体的创新发展指标，并结合“十二五”时期外商投资企业创新发展指数与分指数变化趋势，可以预计，凭借相对较高的创新发展基础以及持续稳步提高的创新发展能力，至少在短期内，相对内资企业而言，外商投资企业的创新发展能力仍然较高。在全国创新发展战略的实施与推动下，随着创新理念的强化与创新制度的完善，外商投资企业为保持竞争优势并寻求从创新中获益，必将进一步加大创新投入的力度，而创新投入的增加也将必然会通过调整创新资源分配、促进创新绩效产出等渠道促使外商投资企业创新能力的进一步提高。继续吸引高技术水平外资流入，推动技术进步并激发创新潜能，将有助于我国创新发展整体实力的提升，进而加快我国的创新发展进程。

4.1　相关概念与机制

4.1.1　创新发展理念

习近平同志在党的十八届五中全会上提出创新、协调、绿色、开放、共享的发展理念，并把创新提到首要位置，指明了现阶段我国的发展方向和要求。大会同时提出“坚持创新发展，必须把创新摆在国家发展全局的核心位置，不断推进理论创新、制度创新、科技创新、文化创新等各方面创新，让创新贯穿党和国家一切工作，让创新在全社会蔚然成风”。

创新发展，是包括理论创新、制度创新、科技创新与文化创新在内的全面的创新。理论创新是各类创新活动的思想灵魂和方法来源，是其余创新活动的基础；制度创新为创新发展提供制度保障，其核心是国家治理创新；科技创新是创新驱动经济发展的原动力，新技术、新产品向现实生产力的转化都离不开科技创新能力的提高；文化创新是创新的软实力，是各类创新活动的精神源泉。

随着人口的快速老龄化，劳动力成本的不断上升，固定资产投资回报的减少，资源消耗与环境污染问题的凸显，我国原有的依赖于要素投入的粗放型的经济增长方式已经难以持续。未来的经济发展过程中，无论是经济增长方式的转变、经济结构的调整，还是国际市场的竞争，增长动力从要素驱动向创新驱动的转换将是关键所在。所谓创新驱动，就是利用知识、技术、企业组织制度和商业模式等创新要素对现有的资本、劳动力、物质资源等有形要素进行重新组合，以创新的知识和技术改造物质资本、提高劳动者素质和科学管理。各种物质要素经过新知识和新发明的介入和组合提高了创新能力，进而形成内生性增长，显然，创新驱动可以在减少物质资源投入的基础上实现经济增长。①

习近平同志指出：“实施创新驱动发展战略决定着中华民族的前途命运。全党全社会都要充分认识科技创新的巨大作用，敏锐把握世界科技创新发展趋势。”2016 年上半年我国发布了《国家创新驱动发展战略纲要》，明确指出要将科技创新摆在国家发展全局的核心地位，并设立“2020 年进入创新型国家行列、2030 年跻身创新型国家前列和 2050

① 洪银兴．创新发展［M］．南京：江苏人民出版社，2016.

年建成世界科技创新强国”的“三步走”战略。可见，在未来一段时期以科技创新为核心的创新驱动发展必将会带来一场深刻变革。

4.1.2 外商直接投资促进创新发展机制

作为一揽子生产要素的综合体，FDI 对东道国经济发展的影响涉及方方面面，它能通过多种不同机制对东道国的技术进步产生影响，从而推动东道国技术水平的提高与创新能力的增强。FDI 对东道国创新发展的影响最为直接的方式是技术转移，外商投资企业既可以通过内部化的方式凭借其所拥有的资金、技术、规模化生产与分销渠道等优势，使技术投资当地化、资本化，也可以通过合作经营、技术援助、分包等方式外部化转移技术。外商投资企业转移至东道国的技术往往代表了更为先进的生产方向，可以成为东道国技术创新的有益力量。然而相比技术转移，FDI 对东道国创新发展的影响更多是通过技术外溢的机制得以体现。后向与前向关联效应使外商投资企业在与东道国上游供应商企业（为外商投资企业提供原材料、中间品、能源支持与相关服务等）以及东道国下游企业（装配、销售、维修商等）进行联系时，不可避免地发生技术的外溢。人员流动效应以人才的流动为基础，使外商投资企业吸收的东道国员工在流向东道国其他企业时，培训与工作中积累的知识与技能也随之发生外溢。示范与模仿效应的存在，使得东道国本土企业可以通过对外商投资企业的产品与工艺进行学习、模仿与改进，进而在“干中学”中不断掌握先进技术，推动技术创新。竞争效应则可以从两个渠道来促进技术外溢的发挥，一方面外商投资企业进入所带来的竞争会刺激并激励东道国企业加大研发投入力度，提高技术水平，而另一反面随着外商投资企业与东道国企业之间技术差距的缩小，外商投资企业为保持竞争优势会引进更高水平的技术或开发新技术，从而带来新一轮的技术外溢。除了技术转移与技术外溢，FDI 的流入同时也会带来先进的组织制度与管理模式，与此同时，为吸引外资流入，致力于提升外商投资环境竞争力，东道国会促进包括知识产权保护在内的各项相关法律与政策的进一步完善，而这些同样也是推动创新发展的重要因素。

尽管 FDI 通过溢出效应促进东道国创新发展的同时，也会不可避免地通过技术的控制与锁定、研发的替代与挤出等渠道对东道国产生一定程度的技术抑制。但目前理论界大多认为相比抑制效应，FDI 的溢出效应对东道国创新发展的影响要更为显著，很多实证研究的结果也表明 FDI 流入确实能促进东道国创新能力的提升。以我国为例，Cheung 和 Lin（2004）、冼国明和严兵（2005）、李晓钟和张小蒂（2008）基于我国省级数据的研究发现，FDI 流入对以专利申请量与授权量所表征的地区创新能力有显著的溢出效应；王红领等（2006）、张海洋（2008）基于我国行业数据的研究发现，FDI 对内资企业的专利申请量以及新产品销售额的正向拉动作用明显；Hu 和 Jefferson（2001）以我国 511 个大中型制造业企业为研究样本，发现 FDI 有利于促进新产品开发，从而进一步从企业层面证明了 FDI 对于创新发展的正向影响。

由此可见，通过 FDI 引进国际先进技术、知识与经验，消化吸收并进行再创新，目前仍是我国实现技术升级、推动创新发展的重要途径之一。当前我国正处在调结构促发展的全面深化改革阶段，既要加大力度培育本土企业的自主创新能力，以创新引领发展，又要团结有助于推动技术进步并激发创新潜能的外商投资企业，通过吸引高技术水平的外资流入加快我国创新发展的步伐。

4.2 我国国家创新发展能力与外商直接投资

当今世界，国家的竞争实力越来越依靠国家创新能力的培育和积累。在当前创新驱动发展已经成为我国重要发展战略的背景下，我国的整体创新能力日益提高。《全球创新指数 2017》显示①，我国 2017 年的创新指数较 2016 年进一步提升，在 127 个国家中位居第 22 位，较上一年提升 3 位，是唯一一个排名位列前 25 的中等收入经济体。分别就创新投入与创新产出而言，我国在世界各经济体中的排名分别为第 31 位与第 11 位，创新产出与创新投入的效率比值为 0.9，排名从 2016 年的第 7 位提升至第 3 位。这说明我

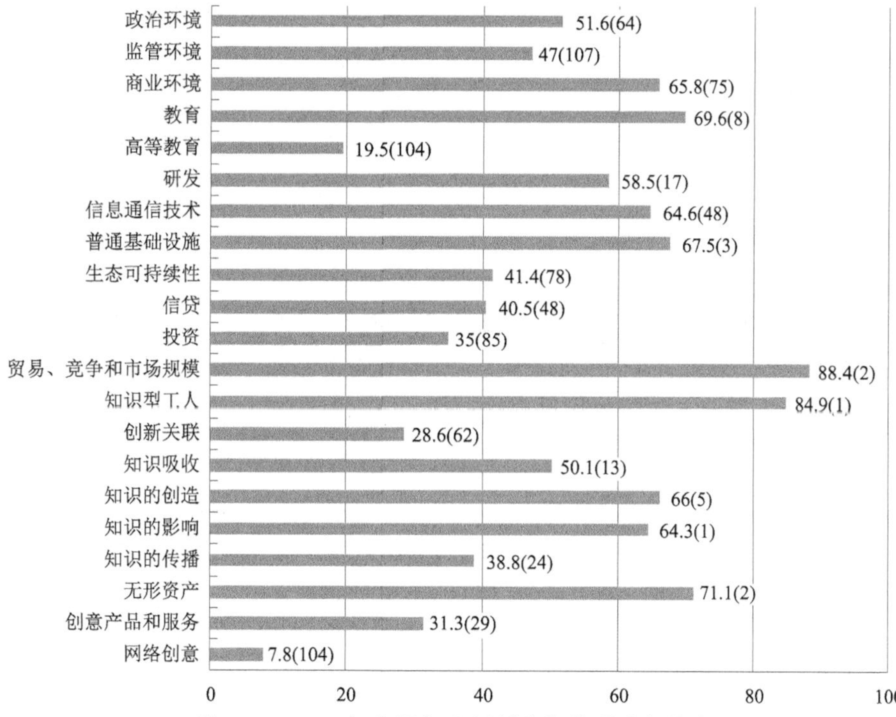

图 4–1 2017 年我国各项创新分指数得分与排名

资料来源：创新分指数得分与排名相关数据来自《全球创新指数 2017》。

① 全球创新指数（Global Innovation Index，以下简称 GII）由世界知识产权组织联合美国康奈尔大学与英士国际商学院，从 2007 年开始每年发布一次，旨在通过对涉及创新投入与创新产出的数十项具体指标的度量，从多维度全面阐释各经济体的创新发展能力，目前被公认为是最权威的衡量世界各经济体创新发展状况的指标。

国在创新水平不断提高的同时，创新能力得以增强，未来随着创新投入的持续增加，我国创新发展的后发优势将愈发明显。

考察各项创新分指数的得分与排名，可以发现我国在普通基础设施、贸易、竞争和市场规模、知识型工人、知识的影响与无形资产等方面的表现较为突出，在世界各经济体中的排名均跻身前三。从所涉及的具体创新指标来看，我国资本形成总额在 GDP 中的占比（43.7%）、国内市场规模（212 690 亿美元）、提供正规培训的公司占比（79.2%）、国内 R&D 总支出中企业供资占比（74.7%）、单位工人 GDP 增长率（6.6%）、高技术出口减去再出口在贸易总额中的占比（29.4%）、每十亿美元 GDP 本国人专利申请量（49.2 件）、每十亿美元 GDP 本国人实用新型专利申请量（56.9 件）、每十亿美元 GDP 本国人工业品外观设计申请量（28 件）与创意产品出口在贸易总额中的占比（12.8%）均排在世界各经济体中的前列，是我国创新发展的重要推动力。

我国创新发展能力的快速提升，是众多因素综合作用的结果。然而不可否认的是，代表了先进技术、知识、管理经验、组织制度等在内的 FDI 的流入，在促进我国经济快速增长的过程中，也推动了我国创新发展水平的进一步提高。自上世纪 90 年代初以来，我国 FDI 流入量持续增加，2000 年我国实际使用外资金额 407.15 亿美元，2008 年突破 1 000 亿美元大关，达 1 083.12 亿美元，2009 年受全球金融危机影响，我国实际使用外资金额出现小幅下降，此后在全球经济复苏的背景下，尽管我国吸引外资的增速放缓，但实际使用外资金额仍从 2010 年的 1 147.34 亿美元稳步增至 2015 年的 1 355.77 亿美元。2000—2014 年我国在吸引外资发展经济的同时，国家的创新发展指数也逐年提高。为了便于观察，将 2000 年设定为基期，可以看出 2005 年我国创新指数增至 194，2010 年增至 340，2014 年继续增长至 441。将 2000 年至今的时间段按我国的五年规划时期进行分解，发现“十五”时期我国的创新发展指数增长了 94%，“十一五”时期增长了 75%，而“十二五”时期至 2014 年共实现了 30%的增长。这说明随着创新能力的提升，我国创新型国家建设已逐步进入攻坚阶段。

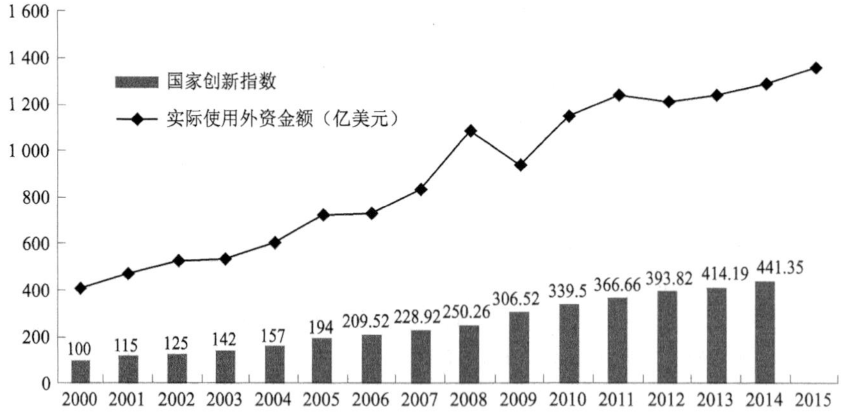

图 4–2　2000—2015 年我国创新指数与实际使用外资金额

资料来源：国家创新指数数据根据《国家创新指数报告 2015》相关数据计算所得。
实际使用外资金额数据来自《中国外资统计 2016》。

4.3　我国地区创新发展能力与外商直接投资

4.3.1　我国地区创新发展能力

首先从地区层面来考察我国不同地区的创新发展状况，并对外商投资企业在我国不同地区的分布以及外资流入与不同地区的创新发展水平之间的关系进行分析。在数据可得的基础上，为了较为全面地表征我国不同地区的创新发展水平，我们以企业创新活动为载体，选取了有代表性的 20 个指标，分别从创新投入、创新产出、创新政策等角度来对不同地区的创新发展状况加以描述，具体分析时，为了便于不同地区间的对比分析，我们区分了东部、中部、西部以及东北部地区。

我国幅员辽阔，地区差异明显，不同地区之间的经济发展与资源分配并不均衡，这也使得我国不同地区的创新发展能力存在显著差异。总体而言，东部地区的创新发展水平最为突出，中部略高于西部，而东北部地区的创新发展能力则最为薄弱。从创新投入类指标来看，东部地区有创新活动企业占全部企业比重达到了 44%，有 R&D 活动工业企业占工业企业比重为 20.8%，有研发机构工业企业占工业企业比重为 16.4%，工业企业 R&D 人员占就业人员比重为 4.2%，工业企业 R&D 经费内部支出占主营业务收入比重为 1%，东部地区相对注重合作创新的模式，创新合作企业占全部企业比重达到了 22%。从创新产出类指标来看，东部有 42.3%的企业不仅有创新活动而且实现了创新，工业企业就业人员每万人拥有有效发明专利数为 58 件，显著高于中部、西部以及东北部地区，东部地区有国际市场新产品工业企业占产品创新工业企业比重、工业企业新产品销售收入占主营业务收入比重与工业企业主营业务收入利润率分别是 25%、15.8%和 6.6%。但就创新政策的实施而言，中部与东北部地区的表现要好于东部地区，以鼓励创新研发为目的的加计扣除减免税政策在东北部地区的实施效果最为明显，其次是中部地区，西部地区的政策实施效果最差，这也意味着在创新优惠政策的挖掘上，西部地区仍有相对较大的潜力空间。

表 4–1　　2014 年各地区企业创新发展指标　　单位：%

	东部	中部	西部	东北部
有创新活动企业占全部企业比重	44	39.8	37.9	26.3
实现创新企业占全部企业比重	42.3	38.3	36.7	25.1
实现产品创新企业占全部企业比重	20.7	17.8	15.1	9.5
实现工艺创新企业占全部企业比重	21.2	20	18.9	10
实现组织创新企业占全部企业比重	28.8	27.9	28.6	17.2
实现营销创新企业占全部企业比重	26.6	26.5	25.3	17

续表

	东部	中部	西部	东北部
创新合作企业占全部企业比重	22	19	18.5	9.5
有 R&D 活动工业企业占工业企业比重	20.8	12.9	10.7	7.1
有研发机构工业企业占工业企业比重	16.4	8.5	6.9	3.6
工业企业 R&D 人员占就业人员比重	4.2	3.1	2.7	2.8
工业企业 R&D 经费内部支出占主营业务收入比重	1	0.7	0.6	0.6
工业企业就业人员每万人拥有有效发明专利数（件/万人）	58	29.1	29.4	21.1
有国际市场新产品工业企业占产品创新工业企业比重	25	15	12.6	21.1
工业企业新产品销售收入占主营业务收入比重	15.8	10.8	7.4	7.3
工业企业主营业务收入利润率	6.6	5.3	6.3	6
认为创新对企业生存与发展起了重要作用企业占全部企业比重	26.3	25.3	28.9	18
有创新战略目标企业占全部企业比重	55.8	55	55.2	39.1
企业研发费用加计扣除减免税占企业 R&D 经费支出比重	3.7	3.9	3.3	8.2
认为减免税政策有效果企业占开展创新活动企业比重	51.3	52.5	41.8	55.5
认为高新技术企业减免税政策有效果企业占开展创新活动企业比重	48.8	50.2	39	53.3

资料来源：《中国企业创新能力评价报告 2016》。

4.3.2 我国地区创新发展能力与外商直接投资

在从整体上分析我国东部、中部、西部以及东北部地区创新发展水平差异的基础上，为了更为直观地考察外资流入与我国不同地区创新发展水平之间的关系，我们进一步以省（市、自治区）为单位，对各省（市、自治区）的创新发展指标进行了综合化处理。我们将各省（市、自治区）上述 20 个指标与全国平均水平进行对比，用高于全国平均水平的指标个数来反映各省（市、自治区）的相对创新水平。为与创新指标的相对水平保持一致，在衡量外资流入上，我们选取了各省（市、自治区）外商投资企业投资总额相对全国的比重以及外商投资企业单位数相对全国的比重来加以表示。

由表 4–2 可以看出，各省（市、自治区）创新水平差异明显，东部地区各省（市、自治区）各项指标高于全国平均水平的个数相对较多，江苏、天津的创新优势指标达到 18 个，这意味着这两个省份在几乎所有指标的表现上都具有相对的优势，广东、浙江、北京、上海与福建超过全国平均值的指标也均高于 10 个。相比东部地区，中部、西部以及东北部地区中，除安徽、湖北与陕西高于全国平均水平的指标分别达到了 15 个、12

个与11个，其他各省（市、自治区）的创新优势指标普遍偏少，广西、山西与内蒙古分别仅有1个指标达到了全国平均水平。观察各省（市、自治区）的外资流入情况，可以发现用外商投资企业投资总额所占全国比重与外商投资企业单位数所占全国比重来表征外资的相对流入水平，所得结果基本一致，整体上，外商投资企业投资总额比重相对较高的省（市、自治区），外商投资企业的单位数比重也相对较高。江苏、上海与广东是全国外资流入程度最高的3个省（市），这3个省（市）的外商投资企业投资总额加总，所占全国的比重达到了46%，外商投资企业单位数加总，所占全国的比重也达到了49.8%，3个省（市）共吸引了全国将近半数的外商投资企业。此外，外资流入相对较多的省（市）还有北京、浙江、山东、辽宁、福建与天津，这6个省（市）的外商投资企业投资总额也均超过了全国的平均水平。外资流入相对较少的省（市、自治区）多集中在中、西部地区，其中西藏、青海、甘肃、新疆、宁夏与贵州所吸引的外商投资企业投资总额以及企业单位数均处于全国的较低水平。

表4–2　　2014年各省（市、自治区）创新发展综合比较与外资流入

单位：个，%

省（市、自治区）	高于全国平均指标	外商投资企业投资总额比重	外商投资企业单位数比重	省（市、自治区）	高于全国平均指标	外商投资企业投资总额比重	外商投资企业单位数比重
北京	14	8.39	6.11	湖北	12	1.97	1.80
天津	18	3.99	2.55	湖南	9	1.15	1.22
河北	3	1.62	1.43	广东	15	14.19	23.10
山西	1	0.91	0.75	广西	1	0.94	0.88
内蒙古	1	0.77	0.62	海南	7	0.69	0.65
辽宁	3	4.55	3.69	重庆	4	1.74	1.04
吉林	3	0.78	0.92	四川	8	1.95	2.20
黑龙江	2	0.49	0.86	贵州	4	0.40	0.35
上海	12	14.57	15.56	云南	4	0.72	0.81
江苏	18	17.23	11.13	西藏	7	0.04	0.05
浙江	15	6.43	6.81	陕西	11	1.14	1.25
安徽	15	2.35	1.05	甘肃	3	0.17	0.44
福建	10	4.33	5.38	青海	3	0.16	0.08
江西	3	1.60	1.47	宁夏	4	0.20	0.12
山东	2	4.83	5.66	新疆	5	0.19	0.29
河南	4	1.51	1.73				

数据来源：高于全国平均指标个数数据来源同上；外商投资企业投资总额比重与外商投资企业单位数比重根据《中经网统计数据库》相关数据计算所得。

对比各省（市、自治区）的相对创新发展水平与外资流入之间的关系，发现整体上外商投资企业相对聚集的地区，创新发展水平也相对较高，而外资流入相对较少的地区，创新发展水平则相对滞后。图 4–3 向右上方倾斜的趋势线揭示了两者之间正相关关系的存在。如图所示，江苏、上海、广东、北京与浙江是用外商投资企业投资总额所占比重所表示的外资相对流入最高的 5 个省（市），同时这 5 个省（市）的创新发展水平也均处于各省（市、自治区）的前列，它们高于全国平均值的创新指标个数均在 12 个以上。此外，广西、山西、吉林、内蒙古、云南、海南、黑龙江、贵州、宁夏、新疆、甘肃、青海与西藏这 13 个省（市、自治区）的外商投资企业投资总额所占全国比重均小于 1%，而这 13 个省（市、自治区）高于全国平均值的创新指标个数平均不到 4 个。代表了先进技术方向与管理模式的外商投资企业向创新优势明显的东部沿海地区集聚，在推动这些地区创新发展水平提高的同时，也进一步拉大了东部与中部、西部以及东北部地区创新发展水平之间的差距。尽管图中大部分散点都围绕在趋势线两旁，但也有个别的点离趋势线相对较远，如天津、安徽、山东与辽宁。山东与辽宁吸引外资流入量高于天津与安徽，但拥有高于全国平均值的优势创新指标的个数却分别仅为 2 个与 3 个，远小于天津与安徽的 18 个与 15 个。这在说明山东与辽宁创新发展水平薄弱的同时，也说明了外商投资企业向山东与辽宁的倾斜看重的并非是这两个省的技术基础与创新能力，外资流入的技术外溢效应对这两个省创新水平的提升可能要经历相对缓慢的过程。对这两个省而言，加大研发投入力度，提高技术的消化与吸收能力，进一步培养创新基础，可能比在与外资的良性互动中促进企业的创新发展更为有效。

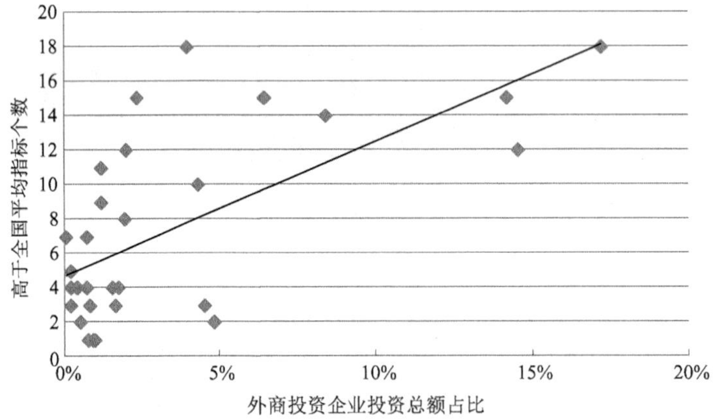

图 4–3　地区创新发展与外资流入散点图

4.4　我国制造业产业创新发展能力与外商直接投资

4.4.1　我国制造业产业创新发展能力

接下来从产业层面来考察我国不同制造业产业的创新发展状况，并在此基础上分析各产业的港澳台与外商投资参与度与不同产业创新发展能力之间的关系。为了能相对直观地反映我国制造业各产业的创新发展能力，我们选取了相对重要的用以衡量产业创新发展能力的 4 个指标，分别是有 R&D 活动的企业占比（%）、R&D 经费支出占主营业务收入比重（%）、新产品销售收入占总销售收入比重（%）与从业人员人均有效发明专利数（件/万人），在考察不同产业这 4 个指标具体表现的同时，我们也对 27 个制造业产业之间创新发展水平的差异进行了比较分析。

有 R&D 活动的企业占产业内全部企业比重，是衡量产业研发投入的重要指标。由表 4–3 可见，2015 年仪器仪表制造业、医药制造业与计算机、通信和其他电子设备制造业有 R&D 活动的企业占比显著高于其他产业，3 个产业这一比重分别高达 47.77%、42.93%和 37.90%，也就是说这 3 个产业中至少有超过三分之一的企业都在进行 R&D 活动。此外，电气机械和器材制造业、专用设备制造业与通用设备制造业中有 R&D 活动的企业也相对较多，有 R&D 活动的企业占比介于 30%～33%。相比之下，木材加工和木、竹、藤、棕、草制品业、家具制造业、纺织服装、服饰业与皮革、毛皮、羽毛及其制品和制鞋业这 4 个产业的 R&D 活动密度较小，有 R&D 活动的企业占比均不足 10%。

R&D 经费支出占主营业务收入比重，也即研发投入强度，是产业创新投入的重要表征。由表 4–3 可见，我国制造业各产业的 R&D 经费投入强度普遍偏低，2015 年共有 9 个产业 R&D 经费支出占主营业务收入比重超过 1%，分别是铁路、船舶、航空航天和其他运输设备制造业、仪器仪表制造业、计算机、通信和其他电子设备制造业、医药制造业、专用设备制造业、电气机械和器材制造业、通用设备制造业、汽车制造业与化学纤维制造业，其中铁路、船舶、航空航天和其他运输设备制造业与仪器仪表制造业是所有产业中 R&D 经费支出强度最高的产业，R&D 经费支出占主营业务收入比重分别为 2.30% 和 2.08%。除这 9 个产业之外，其余 18 个产业的 R&D 经费投入强度均小于 1%，石油加工、炼焦和核燃料加工业、木材加工和木、竹、藤、棕、草制品业、农副食品加工业与皮革、毛皮、羽毛及其制品和制鞋业这 4 个产业的 R&D 经费投入强度最低，R&D 经费支出占主营业务收入的比重尚不足 0.4%。

新产品销售收入占总销售收入比重，是从产品创新角度来衡量产业创新发展绩效的重要指标。2015 年新产品销售收入占总销售收入比重最高的产业是铁路、船舶、航空航天和其他运输设备制造业与计算机、通信和其他电子设备制造业，新产品销售收入占比分别达到了 34.20%和 33.50%。汽车制造业、电气机械和器材制造业、化学纤维制造业与仪器仪表制造业紧随其后，它们创新产品以及将新产品转化为利润的能力也相对较强，新产品销售收入占总销售收入比重也均高于 20%。医药制造业、通用设备制造业与专用设备制造业虽然在产品的创新绩效上表现不如上述产业，但新产品销售收入所占总销售收入的比重仍然达到了 18.43%、17.12%和 16.80%，高于其他产业。木材加工和木、竹、藤、棕、草制品业、农副食品加工业与非金属矿物制品业的新产品销售收入占比均低于 5%，为所有产业最低。

表 4–3　　　　2015 年各产业创新发展指标　　　　单位：%，件/万人

产　　业	有 R&D 活动的企业占比	R&D 经费支出占主营业务收入比重	新产品销售收入占总销售收入比重	从业人员人均有效发明专利数
农副食品加工业	10.36	0.33	4.36	14.5
食品制造业	16.01	0.62	6.08	30.33
酒、饮料和精制茶制造业	13.69	0.52	5.78	15.56
纺织业	12.82	0.52	11.86	10.28
纺织服装、服饰业	9.49	0.41	8.22	4.59
皮革、毛皮、羽毛及其制品和制鞋业	9.56	0.35	6.19	2.97
木材加工和木、竹、藤、棕、草制品业	8.96	0.31	3.84	9.02
家具制造业	9.21	0.42	7.64	14.69
造纸和纸制品业	11.86	0.77	11.97	18.96
印刷和记录媒介复制业	12.02	0.5	7.64	20.84
文教、工美、体育和娱乐用品制造业	15.5	0.46	7.11	20.68
石油加工、炼焦和核燃料加工业	16.84	0.29	7.25	29.75
化学原料和化学制品制造业	25.81	0.95	12.81	76.52
医药制造业	42.93	1.72	18.43	135.63
化学纤维制造业	27.44	1.09	23.78	34
橡胶和塑料制品业	16.33	0.78	9.65	30.91
非金属矿物制品业	10.59	0.47	4.93	22.34
黑色金属冶炼和压延加工业	14.08	0.89	10.52	33.77
有色金属冶炼和压延加工业	22.64	0.72	11.32	51.63
金属制品业	17.01	0.75	9.44	41.14
通用设备制造业	29.54	1.35	17.12	85.75
专用设备制造业	32.62	1.58	16.80	140.44
汽车制造业	27	1.27	26.89	49.12
铁路、船舶、航空航天和其他运输设备制造业	28.37	2.3	34.20	94.35
电气机械和器材制造业	33.2	1.46	23.86	101.35
计算机、通信和其他电子设备制造业	37.9	1.76	33.50	187.39
仪器仪表制造业	47.77	2.08	21.50	158.92

数据来源：根据《中国科技统计年鉴 2016》相关数据计算所得。

从业人员人均有效发明专利数，是基于有效发明专利密度角度来衡量产业创新绩效的又一重要指标。由表 4–3 可见，各产业之间从业人员人均有效发明专利数存在较大差异，从业人员人均有效发明专利数高于 100 件/万人的产业共有 5 个，低于 20 件/万人的产业共有 8 个，而另有 14 个产业的有效发明专利数密度分散于 20～100 件/万人。计算机、通信和其他电子设备制造业，平均每万名从业人员拥有的有效发明专利数高达 187.39 件，高居产业之首，仪器仪表制造业、专用设备制造业、医药制造业与电气机械和器材制造业以人均有效发明专利数所表征的产业创新成果存量也相对较高，每万名从业人员分别拥有 158.92 件、140.44 件、135.63 件和 101.35 件。与上述产业反差巨大的是，皮革、毛皮、羽毛及其制品和制鞋业、纺织服装、服饰业与木材加工和木、竹、藤、棕、草制品业人均有效发明专利拥有量显著较低，分别仅为 2.97 件/万人、4.59 件/万人和 9.02 件/万人。

综合各项指标，并由各产业创新发展指标对比图（见图 4–4），可以发现无论是以研发活动密度与 R&D 经费支出强度来衡量的创新投入，还是以新产品销售收入比重与人均有效发明专利拥有量来衡量的创新绩效产出，它们在表征各产业的创新发展能力上表

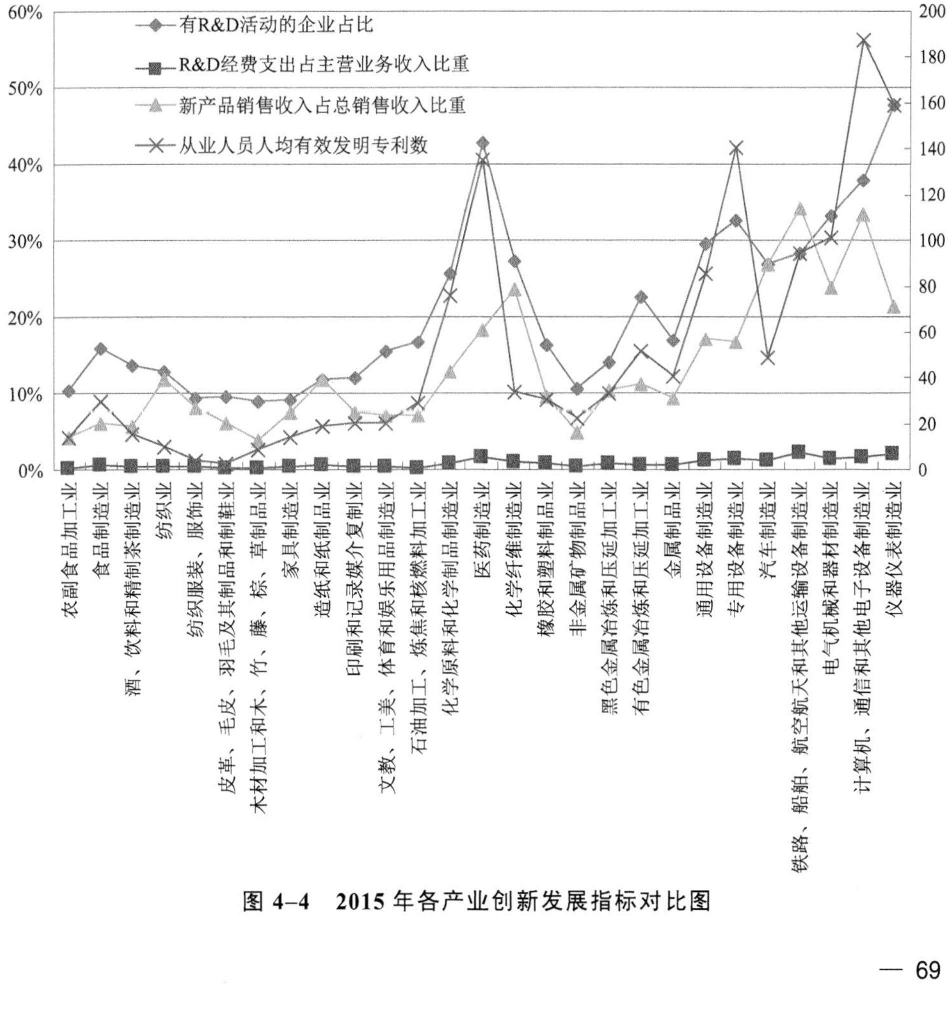

图 4–4　2015 年各产业创新发展指标对比图

现出一定的相似性。计算机、通信和其他电子设备制造业、仪器仪表制造业与医药制造业，它们在这些指标上的表现均显著高于其他产业，代表了相对较高的创新发展能力，而皮革、毛皮、羽毛及其制品和制鞋业、木材加工和木、竹、藤、棕、草制品业与纺织服装、服饰业等产业无论用哪一个指标来衡量，它们的创新发展能力都相对较低。这一方面说明了我们选取的用以衡量产业创新发展各个不同方面的指标之间存在一定的内在联系，它们的核心都在反映产业的创新，另一方面也说明了指标的选取是相对科学合理的，在此基础上将各项指标进行综合化处理，来考量产业的整体创新发展水平，也将是直观可行的。

4.4.2 我国制造业产业创新发展能力与外商直接投资

以上着重从 4 个核心指标衡量了各产业的创新发展状况，接下来为更全面也更充分地表征我国制造业各产业的综合创新发展水平，以进一步分析 FDI 与各产业创新发展能力之间的关系，这里参考《中国创新发展报告 2016》对于产业创新发展能力的测度，在现有 4 个核心指标的基础上，继续选取其他一些能够反映产业创新发展状况的指标，进而综合表征我国制造业各产业的创新发展能力①。各产业创新发展指数如表 4–4 所示。对于各产业的外商投资参与情况，我们选取了外商及港澳台商投资企业的工业销售产值以及工业企业单位数分别所占各产业工业销售产值与工业企业单位数的比重来加以衡量。

表 4–4　　2015 年各产业创新发展指数与外资参与度　　单位：%

产　业	产业创新发展指数	工业销售产值比重	工业企业单位数比重
仪器仪表制造业	1.76	27.47	21.80
医药制造业	1.75	19.61	11.84
计算机、通信和其他电子设备制造业	1.72	62.47	34.94
铁路、船舶、航空航天和其他运输设备制造业	1.71	16.95	13.43
汽车制造业	1.23	46.00	20.87
电气机械和器材制造业	1.03	24.06	16.49
专用设备制造业	0.98	17.32	14.54
通用设备制造业	0.77	23.07	14.74

① 我国制造业各产业创新发展指数的构建过程中，共涉及包括有 R&D 活动的企业占比、有研发机构的企业占比、企业 R&D 经费中来自政府的资金、R&D 经费支出占主营业务收入比重、外部 R&D 经费支出占主营业务收入比重、R&D 人员占从业人员比重、引进技术经费支出、购买国内技术经费支出、消化吸收经费支出、技术改造经费支出、每万人 R&D 项目数、每万人新产品开发项目数、外部 R&D 经费与内部 R&D 经费支出之比、每万从业人员有效发明专利数、每万从业人员发明专利申请数、新产品销售收入占总销售收入比重在内的 16 项指标。

续表

产　　业	产业创新发展指数	工业销售产值比重	工业企业单位数比重
化学原料和化学制品制造业	0.55	21.97	13.37
化学纤维制造业	0.16	28.16	14.09
有色金属冶炼和压延加工业	0.05	11.42	9.20
黑色金属冶炼和压延加工业	−0.18	9.98	6.88
金属制品业	−0.38	16.67	13.21
橡胶和塑料制品业	−0.44	20.85	17.21
石油加工、炼焦和核燃料加工业	−0.53	11.14	8.34
食品制造业	−0.54	24.63	13.66
造纸和纸制品业	−0.73	25.44	13.43
纺织业	−0.73	14.31	12.71
酒、饮料和精制茶制造业	−0.76	23.31	12.09
文教、工美、体育和娱乐用品制造业	−0.78	29.53	23.70
印刷和记录媒介复制业	−0.82	16.92	11.47
农副食品加工业	−0.83	14.80	7.00
非金属矿物制品业	−0.83	8.86	6.04
家具制造业	−0.94	22.95	15.80
纺织服装、服饰业	−1.03	27.88	22.96
木材加工和木、竹、藤、棕、草制品业	−1.06	7.44	4.74
皮革、毛皮、羽毛及其制品和制鞋业	−1.11	33.64	22.08

数据来源：产业创新发展指数数据来源于《中国创新发展报告 2016》，各产业外商及港澳台商投资企业工业销售产值比重与企业单位数比重根据《中国统计年鉴 2016》相关数据计算所得。

各产业的创新发展指数高度抽象并概括了各产业的综合创新发展能力，制造业各产业中，创新发展能力最强的产业是仪器仪表制造业、医药制造业、计算机、通信和其他电子设备制造业以及铁路、船舶、航空航天和其他运输设备制造业，而创新发展能力相对薄弱的产业则主要是皮革、毛皮、羽毛及其制品和制鞋业、木材加工和木、竹、藤、棕、草制品业、纺织服装、服饰业与家具制造业等，这与前文的分析结果基本保持一致。考察这些产业中外商及港澳台商投资企业的参与程度，发现无论是以工业销售产值所占比重还是以工业企业单位数所占比重来加以衡量，外资在计算机、通信和其他电子设备制造业、汽车制造业、仪器仪表制造业与电气机械和器材制造业等创新发展能力较强的产业参与程度也相对较高，以工业销售产值所占产业工业销售总产值的比重来看，外商及港澳台商投资企业在计算机、通信和其他电子设备制造业以及汽车制造业的参与度分别高达 62.47%和 46.00%。相对而言，创新发展水平较为薄弱的产业，木材加工和木、竹、藤、棕、草制品业、非金属矿物制品业、农副食品加工业、纺织业与印刷和记录媒介复制业等，它们的外商及港澳台商投资企业的参与程度却普遍偏低，其中木材加工和木、竹、藤、棕、草制品业与非金属矿物制品业的外资参与程度最低，工业销售产值比重分别仅为 7.44%和 8.86%，工业企业单位数比重也仅为 4.74%和 6.04%。

外资参与度与产业创新发展能力之间整体上存在一种正向的相关关系，如图 4–5 所示，外资参与度较高的产业创新发展指数也相对较高，而外资参与度较低的产业创新发展指数则多半在低位徘徊。这一方面说明了拥有先进技术水平、管理经验与制度文化的外资企业，在谋求自身发展的同时，也能够通过技术外溢等渠道有效带动整个产业的创新发展，而与此同时，也并不排除外资企业有向技术水平较高、创新基础较好的产业集聚的可能，两方面综合作用使得产业的创新发展能力在与外商投资企业的相互促进中得以提高。尽管就整体趋势而言，外资参与度与产业创新发展水平之间的正相关关系明显，但仍然有个别产业创新发展水平较高，而外资参与程度相对较低，如医药制造业与铁路、船舶、航空航天和其他运输设备制造业，创新发展能力分别位居 27 个制造业产业的第 2 与第 4 位，但这两个产业的外资参与程度却处于中等偏下水平。也有个别产业虽然吸引了相对较多的外资，但创新发展仍然水平不高，如皮革、毛皮、羽毛及其制品和制鞋业、纺织服装、服饰业与文教、工美、体育和娱乐用品制造业。这种现象的出现有其合理性与必然性，一些以市场与资源为寻求导向的外商投资企业，其发展的动力并不在于努力提高技术水平，推动创新发展，尤其是对于一些中低技术产业而言，产业本身的低技术属性就决定了创新突破的艰难，此外，对于国家重点发展的一些高技术产业，外商投资企业尽管参与度不高，但创新发展动力十足，这也显示出我国的内资企业已经具备一定的创新实力，以内资企业为主体的产业创新发展能力显著增强。

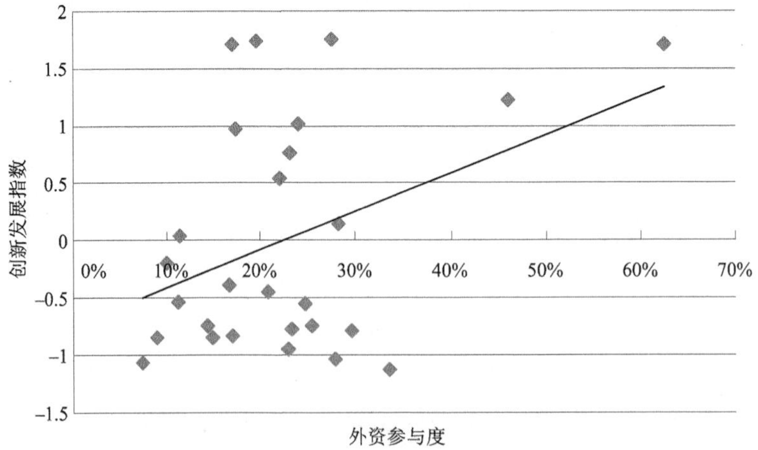

图 4–5　产业创新发展指数与外资参与度散点图

注：图中外资参与度指标为外商及港澳台商投资企业工业销售产值所占产业工业销售总产值比重。

4.5　外商投资企业的创新发展

以上分别从国家层面、地区层面以及产业层面考察了我国的创新发展与 FDI 流入，接下来我们将基于企业层面，来研究作为我国创新发展主体的企业的创新发展状况，并着重对外商投资企业的创新发展趋势与特征进行深入分析。

4.5.1　企业创新发展指数的构建

以往关于企业创新发展的研究，无论是案例分析、调查统计还是宏观考量，尽管能在一定程度上反映企业创新发展的基本态势，但多侧重于效益或某种影响因素分析，对企业创新活动的衡量多局限于某些个别环节。鉴于企业创新活动是一个受多种因素综合影响的复杂过程，为能从整体上较为全面、客观地刻画企业的创新发展能力，需要构建较为科学的多指标企业创新评价体系。

参考《国家创新指数报告》《中国创新发展报告》等关于企业创新指标的衡量，在遵循全面性、科学性、可操作性与可比性等原则的基础上，我们构建了如下的企业创新发展指标体系。

表 4–5　企业创新发展指标体系

	二级指标	三级指标
企业创新发展指数	企业创新环境指数	E1–企业 R&D 经费支出占全国 R&D 经费支出比重（%）
		E2–企业 R&D 人员全时当量占全国 R&D 人员全时当量比重（%）
		E3–企业发明专利申请量占全国发明专利申请量比重（%）
	企业创新投入指数	I1–企业 R&D 经费支出占主营业务收入比重（%）
		I2–有 R&D 活动企业占全部企业比重（%）
		I3–企业引进技术消化吸收费用与技术引进经费的比值
	企业创新绩效指数	O1–企业 R&D 人员每万人年有效发明专利数（件/万人年）
		O2–企业新产品销售收入占主营业务收入比重（%）
		O3–企业单位销售产值利润率（%）

企业创新发展指数这一指标由三个二级指标构成，分别是企业创新环境指数，用以衡量企业在国家创新环境中的结构地位；企业创新投入指数，用以衡量企业以学习创造为投入核心的内部运作；企业创新绩效指数，用以衡量企业的创新产出与价值再造能力。三个指数相辅相成，相互影响，它们共同缔造了企业创新发展的综合能力。

三级指标共涉及 9 个经计算可得的指标数据，原始数据均来自 2001—2016 年《中国科技统计年鉴》和 2006—2016 年《工业企业科技活动统计年鉴》。为使不同计量单位的指标数据可以进行加总，这里采用如下的无量纲标准化处理方法①。其中 $E(x_i)$ 为均值，σ 为标准差。标准化处理之后的指标采用等权重加权算数平均法得到上一级指标。

$$y_i = 60 + 10 \times \frac{x_i - E(x_i)}{\sigma}$$

企业创新发展指数基于企业创新活动的多方面表现得到可量化的企业创新发展综合能力。在考察企业创新发展能力的过程中，我们对企业的所有制类型进行了区分，在着重考察港澳台与外商投资企业创新发展能力的同时，也实现了与国有企业、私营企业创新发展水平的横向对比。

4.5.2 外商投资企业创新发展能力

考察不同所有制类型企业创新发展指数的动态变化可以发现，外商投资企业与港澳台商投资企业的创新发展指数在所考察的大多数时间里始终呈现温和上涨趋势，企业的创新发展能力稳步提高。2000 年，外商投资企业与港澳台商投资企业的创新发展指数分别为 50.36 和 55.27，到了 2015 年，指数分别增长至 67.62 和 75.23。尽管私营企业的创新发展能力整体上不及外商与港澳台商投资企业，但近几年也经历了相对较快的增长，企业创新发展指数由 2000 年的 55.83 增长至 2015 年 68.25。近 5 年的企业创新发展平均指数为 65.01，略低于外商投资企业的 66.27 与港澳台商投资企业的 68.30。与上述企业的动态演进趋势不尽相同，国有企业的创新发展指数的变化呈现出先下降后小幅回升，而后再次下降的波动性较大的 S 型轨迹，2000 年，国有企业的创新发展指数为 66.89，2004 年降至 54.79，随后创新发展指数有所回升，2010 年达到最高，升至 65.73，接下来在经历了波动中下降之后，2013 年降至 56.15，尽管 2014 年与 2015 年创新发展指数有所增加，但近 5 年的平均指数仅为 59.77，显著低于外商、港澳台商投资企业与私营企业。

接下来着重对外商投资企业创新发展指数的动态增长进行分析。由于外商投资企业创新发展指数具体由创新环境指数、创新投入指数与创新绩效指数构成，为方便对比观察，从而解构外商投资企业的创新发展能力，这里我们将这三个分指标分别进行了归一化处理。由图 4-7 可见，在整个样本考察的 2000—2015 年期间，外商投资企业的创新环境指数始终高于创新投入指数和创新绩效指数，成为拉动企业创新发展的最主要动力，2015 年创新环境指数较 2000 年上升了 53%。创新投入指数与创新绩效指数对于企业创新发展的贡献分别位列第 2、3 位，15 年间分别增长了 41%和 16%。随着时间的推移，三个分指数的变化形态各异，创新环境指数经历了先上升而后下降的倒 U 型发展路径，创新投入指数在波动起伏中呈现上升趋势，而创新绩效指数则是在经历了小幅下降之后缓慢提升。三个分指数对于外商投资企业创新发展指数贡献的差异近几年呈现收敛趋势，

① 这里采用的标准化处理方法参考了《中国创新发展报告》的做法。

从 2011 年之后的近 5 年数据来看，代表着创新资源与结构分配的创新环境指数下降了 12%，创新投入指数与创新绩效指数分别增长 24%和 7%，外商投资企业创新发展能力的提高越来越依靠企业的创新投入与绩效创造。

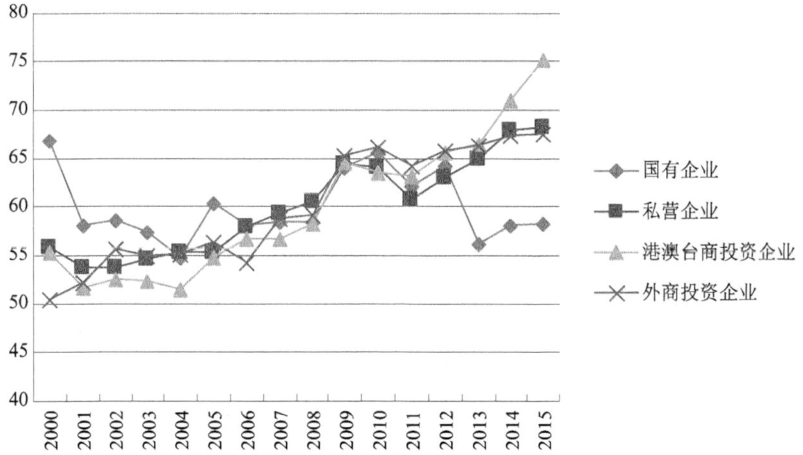

图 4-6　2000—2015 年不同所有制类型企业创新发展指数动态变化

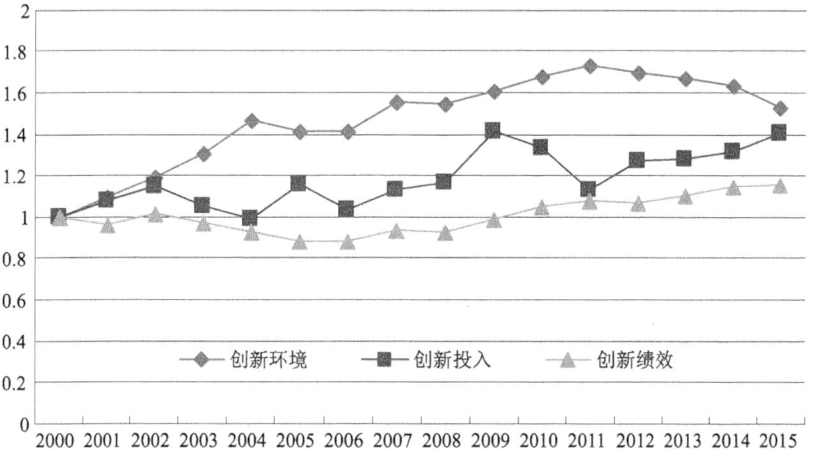

图 4-7　2000—2015 年外商投资企业创新发展分指数动态变化

在通过三个分指数解构外商投资企业创新发展指数增长的基础上，为进一步确定各个具体的三级指标对于企业创新发展指数的积极或消极作用，进而采取措施促进外商投资企业创新发展水平的提高，接下来我们基于 P–N 分类的 SWOT 分析方法对各指标进行分析。

考虑到外商投资企业创新发展指数以及三个分指数的动态变化特征，我们将样本的考察时间进一步限定在距我们最近的 2011—2015 年以及 2006—2010 年这两个时间段(同时它们分别也是“十二五”与“十一五”规划时期)。计算各个指数化后的具体指标对于外商投资企业创新发展指数的贡献率以及两个时间段内的贡献率增长率，并按照指标贡献率和贡献率增长率两个维度将所有指标分别划归到 P–N 分类框架中的四个不同象限。

第一象限内的指标贡献率和贡献率增长率均为正，意味着这类指标对企业创新发展指数的增长有正向的拉动作用，并且这种拉动作用在不断增强，此类指标为创新优势指标。由图 4–8 可见，处于第一象限内的优势指标共有三个，分别是企业 R&D 人员每万人年有效发明专利数、企业 R&D 经费投入强度与有 R&D 活动企业占全部企业比重。企业 R&D 人员每万人年有效发明专利数是衡量企业创新绩效的重要指标，2006—2015 年外商投资企业 R&D 人员每万人年有效发明专利数增长幅度显著，由 5.39 件增加到 18.21 件，增幅达 238%。2011—2015 年“十二五”时期 R&D 人员每万人年有效发明专利数 74%的增幅，相比 2006—2010 年“十一五”时期 37%的增幅，更是进一步提高了 37%。企业 R&D 经费投入强度与有 R&D 活动企业占全部企业比重是企业创新投入的两个重要指标，2006—2015 年外商投资企业 R&D 经费投入强度由 0.60%增长至 0.91%，有 R&D 活动企业占全部企业比重由 19.32%增长至 24.31%，这说明相比外商投资企业自身企业个数以及企业规模的扩张，外商投资企业无论是开展 R&D 活动还是 R&D 经费支出的增长幅度都要更加显著。对比 2011—2015 年“十二五”时期与 2006—2010 年“十一五”时期，可以发现外商投资企业 R&D 经费投入强度与有 R&D 活动企业占比最近五年的增幅均高于上一个五年规划时期。

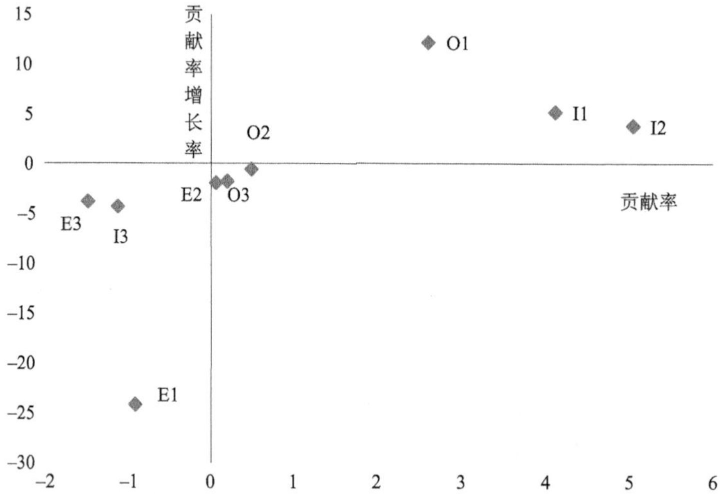

图 4–8　外商投资企业创新发展指标按 P–N 分类的分布

表 4–6　　2006—2015 年外商投资企业创新发展优势指标变动

单位：件/万人年，%

年份	企业 R&D 人员每万人年有效发明专利数	企业 R&D 经费支出占主营业务收入比重	有 R&D 活动企业占全部企业比重
2006	5.39	0.60	19.32
2007	6.14	0.67	21.63
2008	6.00	0.71	22.09

续表

年份	企业 R&D 人员每万人年有效发明专利数	企业 R&D 经费支出占主营业务收入比重	有 R&D 活动企业占全部企业比重
2009	7.01	0.76	28.02
2010	7.38	0.73	25.65
2011	10.47	0.67	15.25
2012	11.82	0.77	18.75
2013	12.27	0.81	19.90
2014	15.55	0.82	22.04
2015	18.21	0.91	24.31

第二象限内的指标贡献率为负但贡献率增长率为正，意味着这类指标对企业创新发展指数的增长有负向的阻碍作用，但是阻碍程度在下降，是挑战指标。由图可见，并没有指标位于第二象限，这说明影响外商投资企业创新发展指数增长的因素中，并不存在随着时间推移负向冲击作用逐渐减弱的消极指标。

第三象限内的指标贡献率和贡献率增长率均为负，意味着这类指标对企业创新发展指数增长的负向阻碍作用不断增强，是劣势指标。由图 4–8 可见，处于第三象限内的指标共有三个，分别是企业 R&D 经费支出占全国 R&D 经费支出比重、企业发明专利申请量占全国比重与引进技术消化吸收经费占技术引进经费比重。企业 R&D 经费支出全国占比与企业发明专利申请量全国占比是企业所处创新环境的重要体现，近年来随着国家创新战略的不断推进，我国企业作为创新发展的主体越来越发挥着重要的作用，企业创新投入不断增加，创新资源在不同企业之间的分配也正经历着结构性的变动。外商投资企业尽管 R&D 经费内部支出强度不断加大，发明专利申请量逐年增多，但相比国内其他企业而言，增长速度有所减慢。外商投资企业 R&D 经费支出全国占比 2006 年为 9.95%，随后两年这一比重在经历了小幅上升之后又有所下降，2010 年外商投资企业 R&D 经费支出所占全国的份额下降至 9.78%，2015 年进一步下降至 9.55%，“十二五”时期相比“十一五”时期 R&D 经费支出全国占比不但没有增加，反而下降了将近 10%。外商投资企业发明专利申请量 2006 年为 3 260 件，2010 年增加至 15 369 件，2015 年继续增至 25 919 件，这使得“十一五”时期外商投资企业发明专利申请量所占全国的比重实现了由 1.55% 到 3.93%的增长，但最近五年全国发明专利申请数量的快速增长使得外商投资企业发明专利申请量的全国占比却由 2011 年的 4.26%下降至 2015 年的 2.35%。企业引进技术消化吸收费用与技术引进经费的比值代表了企业对引进技术的消化吸收程度，代表了企业对于“学习–消化–吸收–再创造”的创新发展模式的投入，2006—2011 年外商投资企业消化吸收费用所占技术引进经费的比值从 10.81%持续上升至 26.91%，但 2012 年以后这一比值开始出现下滑，2015 年下降至 18.26%，对比“十一五”时期，“十二五”时期外商投资企业对于引进技术的消化与吸收费用的缩减，影响了外商投资企业创新发展水平的提高。

表 4-7　　2006—2015 年外商投资企业创新发展劣势指标变动　　单位：%

年份	企业 R&D 经费支出占全国 R&D 经费支出比重	企业发明专利申请量占全国发明专利申请量比重	企业引进技术消化吸收费用与技术引进经费的比值
2006	9.95	1.55	10.81
2007	11.64	2.05	10.67
2008	10.95	2.05	11.55
2009	9.55	3.61	21.88
2010	9.78	3.93	20.03
2011	10.78	4.26	26.91
2012	10.60	3.57	26.71
2013	10.49	3.40	22.69
2014	9.98	3.33	19.50
2015	9.55	2.35	18.26

第四象限内的指标贡献率为正，但贡献率增长率为负，意味着这类指标对企业创新发展指数增长有正向的拉动作用，只是这种正向的拉动作用在减弱，是可以积极争取的机会指标。由图 4-8 可见，处于第四象限内的指标共有三个，分别是企业 R&D 人员全时当量占全国比重、新产品销售收入占主营业务收入比重与单位销售产值利润率。在这三个指标中，企业 R&D 人员全时当量全国占比衡量的是企业所处的创新环境，另外两个指标则是企业创新绩效的重要体现。外商投资企业注重科研人才的培养，在 R&D 人员全时当量这一创新投入上，相比国内其他企业而言投入力度更大，R&D 人员全时当量在全国所占比重整体上呈现不断上涨趋势，2006 年这一比重为 6.16%，2010 年增至 9.78%，2012 年更是上升至 10.36%，2013 年以后随着国内其他企业研发投入的不断增加，外商投资企业 R&D 人员全时当量全国占比出现小幅下降。就 2006—2015 年的整体增长趋势而言，外商投资企业 R&D 人员全时当量所占全国比重这一指标对于外商投资企业创新发展指数的增长仍起到了正向的拉动作用，只是相比“十一五”时期，“十二五”时期外商投资企业这一指标的贡献率有所下降。在以新产品销售收入占主营业务收入比重与单位销售产值利润率来衡量的企业创新绩效方面，外商投资企业表现相对突出，2006 年新产品销售收入占主营业务收入比重为 19.66%，单位销售产值利润率为 4.12%，2010 年两个指标分别增至 22.00%和 6.11%，“十一五”时期两个指标的增长幅度分别达到了 12%和 48%，进入“十二五”时期，两个指标在微小的波动中保持相对稳定，相比“十一五”时期，外商投资企业新产品销售收入占主营业务收入比重与单位销售产值利润率对于外商投资企业创新发展指数增长的正向拉动作用趋于下降。

表 4-8　　2006—2015 年外商投资企业创新发展机会指标变动　　单位：%

年份	企业 R&D 人员全时当量占全国 R&D 人员全时当量比重	企业新产品销售收入占主营业务收入比重	企业单位销售产值利润率
2006	6.16	19.66	4.12
2007	7.41	20.68	4.60
2008	8.21	21.62	4.04
2009	8.41	21.51	5.07
2010	9.78	22.00	6.11
2011	9.67	18.74	7.13
2012	10.36	18.98	6.45
2013	10.03	19.90	6.77
2014	9.57	20.16	6.83
2015	8.74	19.11	6.71

通过以上分析，并结合图 4-8，可以发现外商投资企业几乎所有创新投入与创新绩效指标对创新发展指数的贡献率均为正，尽管新产品销售收入占主营业务收入比重与单位销售产值利润率这两个创新绩效指标的贡献率增长率趋于下降，但降幅较小，随着企业研发活动以及研发经费支出等创新投入的进一步增多，它们仍有机会转化为创新优势指标。外商投资企业所有创新环境指标对创新发展指数的贡献率增长率均为负，而且除 R&D 人员全时当量占全国的比重这一指标的贡献率为正之外，其他两个指标的贡献率也为负，这说明外商投资企业相比国内其他企业而言，更为注重研发人力资本的投入，这一指标在未来有可能转化为推动外商投资企业创新发展的优势指标，而外商投资企业在 R&D 经费支出与发明专利申请量上增长速度的放缓，则是外商投资企业创新发展能力提高的一大阻碍。不过纵观“十二五”时期外商投资企业创新发展指数与分指数动态变化，相比国有企业与私营企业而言，由于外商投资企业相对更高的创新发展水平，持续稳步提高的创新发展能力，以及外商投资企业创新投入与创新产出能力的持续增强，可以预计至少在短期内，外商投资企业的创新发展能力仍然处在较高水平。在全国创新发展战略的实施与推动下，随着创新理念的强化与创新制度的完善，创新投入的增加也必然会通过调整创新资源配置、促进创新绩效产出等渠道进一步增进外商投资企业的创新发展能力。这也就决定了，继续吸引外资流入、通过外商投资企业的外溢效应带动我国企业创新发展能力的提高，仍将是现阶段我国推进创新发展的一个重要途径。

（执笔人：王丽丽）

第 5 章　协调发展与我国外商直接投资

摘　要

党的十八届五中全会强调，实现“十三五”时期发展目标，破解发展难题，厚植发展优势，必须牢固树立并切实贯彻创新、协调、绿色、开放、共享的发展理念。这是关系我国发展全局的一场深刻变革，也是我们党对发展认识的深化。我国已处于改革开放的深水区，不能仅仅把增长作为追求的目标，发展不平衡的问题需要引起我们足够的重视。如果短板依然存在，那么长板再长也不能储蓄更多的水，而协调发展的目的，就是要弥补之前的差距，补齐短板促平衡。本章从区域协调发展和产业协调发展两个角度出发，论述了协调发展与我国 FDI 之间的作用关系。本章指出我国东中西部地区经济差距逐年加大，在 2016 年，东部和中部地区生产总值差额为 236 386.18 亿元，东部和西部地区生产总值差额为 280 010.44 亿元，中部和西部生产总值差额为 43 624.26 亿元。中国吸引的外商投资绝大部分集中在东部沿海地区，2006 年东部利用 FDI 比例高达 80%。近年来，东部地区投资环境发生变化，劳动力价格及土地价格日益增加，中西部地区在要素成本方面的优势日益显现，对外商的吸引力也逐渐增强，外资流向呈现出由东部向中西部地区转移的态势。此外，第一产业和第二产业增加值占比逐年下降，服务业得到了较快的发展，在国民经济中的重要程度得到了增强。同样的趋势在产业间吸引外资的能力上也得到了体现。

本章对于 FDI 和区域协调发展、产业协调发展的影响以及背后的作用机制进行了深入的分析，分析发现 FDI 对区域发展具有“门限”特征，FDI 的外溢性本身受到东道国金融发展条件的影响，若城市金融发展程度较高，则会提升对 FDI 的吸收和利用效率。FDI 空间分布差异扩大了区域间不平衡，尽管近年来中西部地区吸收 FDI 增长率超过东部地区，但东中西部长期以来在外资金额和企业数量上的存量差异，这是造成区域间经济发展水平不平衡的主要原因。大量 FDI 的引入加快了相关产业的发展。外商直接投资一方面带来了资金、技术、渠道和管理经验，另一方面，外商直接投资通过对这些生产要素的投入组合，改善了产业内的资源配置情况，有效地提升了资源配置的效率和产业内的发展水平。FDI 的产业分布差异扩大了产业的不平衡。本文发现造成我国各地区 FDI 分布不均衡的原因主要是区位资源因素、社会制度因素和产业集聚因素。中国分层次推进、逐步扩大对外开放政策和产业发展水平、市场规模则是造成 FDI 产业分布不平衡的主要因素。此外，文章对于近年利用 FDI 与我国协调发展的相关政策进行了简要的回顾。

最后，针对如何利用 FDI 促进我国协调发展提出了相关建议，在利用 FDI 促进区域协调发展方面，我国应大力推动外资政策创新、提高东部地区 FDI 质量并提高中西部地区对外开放水平，继续给予中西部欠发达地区税收、金融、财政等多方面的 FDI 优惠政策，进一步提高中西部各省市的外资吸引力。立足“一带一路”战略，推动国内国际对接。在利用 FDI 实现产业平衡发展方面，应合理引导外资流向，积极使外商直接投资流向第一产业，要鼓励外资流向高科技农林牧渔业、绿色生态农业等项目，形成产业化发展和规模经营。引导外商直接投资优化第二产业中的工业内部结构，加强外商在我国技术密集型和资本密集型产业的投资力度。鼓励外资投向生产性服务业比如金融、物流、信息、研发、工业设计、节能环保等行业，促进现代服务业的发展。进一步优化投资环境，构建开放型经济新体制。不断改善劳动力素质结构，努力提高人力资本水平，提升外商直接投资企业技术溢出的吸收能力，促进产业结构的升级。

5.1 外商直接投资与我国协调发展状况

5.1.1 我国东中西部经济状况及利用外商直接投资水平

近年来，我国区域发展更加注重统筹协调。“十三五”规划建议指出：“以区域发展总体战略为基础，以“一带一路”建设、京津冀协同发展、长江经济带建设为引领，形成沿海沿江沿线经济带为主的纵向横向经济轴带。”以三大国家战略为引领，将促进我国东中西部各地区协调发展、协同发展、共同发展。我国外商投资与国家区域战略表现出一致性。在国家区域协调发展政策的推动下，加之中西部在劳动力成本、产业结构等方面的优势日益凸显，外商投资逐渐由东部沿海地区向中西部地区转移。

1. 东中西部经济差距逐年扩大

随着西部开发、东北振兴、中部崛起等一系列区域发展总体战略的实施，中西部地区经济飞速发展。2016 年中部地区生产总值为 189 385.55 亿元，西部地区生产总值为 145 761.29 亿元，分别比 2006 年增长了 251%和 261%。但中西部与东部之间仍存在较大的经济差距，且该差距在逐年扩大。2016 年东部地区生产总值超出中部地区 236 386.18 亿元，超出西部地区 280 010.44 亿元。人均生产总值（地区生产总值/地区总人数）方面，东中西部的经济差距同样呈逐年扩大趋势。2006 年东部地区人均生产总值与中部地区相差 17 233 元，与西部地区相差 18 879 元，2016 年该差距扩大为 35 975 元和 42 514 元。但去除掉通货膨胀等因素，中部地区与西部地区间的经济差距变化不大。

表 5-1　　2006—2016 年东中西部地区生产总值　　单位：亿元

年份	东部	中部	西部	东部-中部	东部-西部	中部-西部
2006	138 502.11	53 967.49	40 345.73	84 534.62	98 156.38	13 621.76
2007	165 194.03	65 359.77	49 182.48	99 834.26	116 011.55	16 177.29
2008	194 085.16	78 781.03	60 447.77	115 304.13	133 637.39	18 333.26
2009	211 886.9	86 443.31	66 973.48	125 443.59	144 913.42	19 469.83
2010	250 487.94	105 145.56	81 408.49	145 342.38	169 079.45	23 737.07
2011	293 581.45	127 624.7	100 234.96	165 956.75	193 346.49	27 389.74
2012	320 738.47	141 908.57	113 904.8	178 829.9	206 833.67	28 003.77
2013	349 336.54	154 670.02	126 002.78	194 666.52	223 333.76	28 667.24
2014	378 727.46	167 522.17	138 099.79	211 205.29	240 627.67	29 422.38
2015	401 508.6	170 204.65	145 521.36	231 303.95	255 987.24	24 683.29
2016	425 771.73	189 385.55	145 761.29	236 386.18	280 010.44	43 624.26

资料来源：国家统计局，http://www.stats.gov.cn。

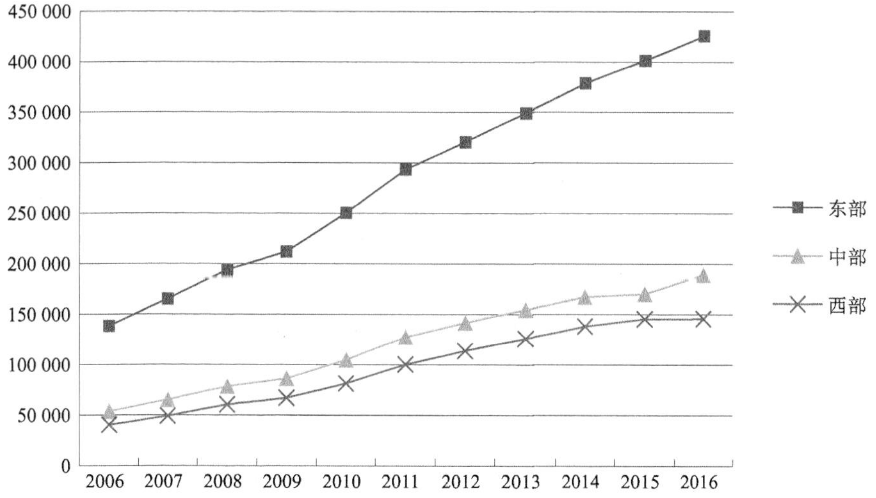

图 5-1　2006—2016 年东中西部地区生产总值（亿元）

资料来源：国家统计局，http://www.stats.gov.cn。

表 5-2　　2006—2016 年东中西部地区人均生产总值　　单位：元

年份	东部	中部	西部	东部-中部	东部-西部	中部-西部
2006	30 383	13 150	11 504	17 233	18 879	1 646
2007	35 369	15 774	13 827	19 595	21 542	1 947

续表

年份	东部	中部	西部	东部–中部	东部–西部	中部–西部
2008	40 386	19 288	17 642	21 098	22 744	1 646
2009	43 139	21 001	19 353	22 138	23 786	1 648
2010	49 836	25 521	23 482	24 315	26 354	2 039
2011	57 283	30 898	28 783	26 385	28 500	2 115
2012	61998	34 237	32 426	27 761	29 572	1 811
2013	66 765	37 065	35 626	29 700	31 139	1 439
2014	66 960	39 097	37 487	27 863	29 473	1 610
2015	70 881	39 623	39 373	31 258	31 508	250
2016	79 367	43 392	36 853	35 975	42 514	6 539

资料来源：国家统计局，http://www.stats.gov.cn。

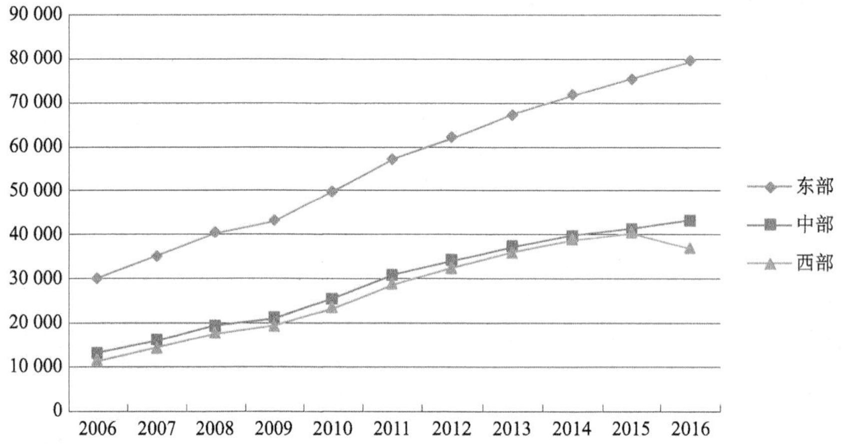

图 5-2　2006—2016 年东中西部地区人均生产总值（元）

资料来源：国家统计局，http://www.stats.gov.cn。

2. 中西部地区 FDI 逐步增长，占全国总量的比重仍有待进一步提高

中国吸引的外商投资绝大部分集中在东部沿海地区，2006 年东部利用 FDI 比例高达 80%。近年来，东部地区投资环境发生变化，劳动力价格及土地价格日益增加，中西部地区在要素成本方面的优势日益显现，对外商的吸引力也逐渐增强，外资流向呈现出由东部向中西部地区转移的态势。2016 年中国实际使用外资 1 260 亿美元，同比增长 5.7%。其中，中部地区利用 FDI 总额占全国 22%，比 2006 年增加 8%；西部地区占比为 10%，较 2006 年增加 4%。相反，2016 年东部地区实际使用外资比例缩减为 68%。

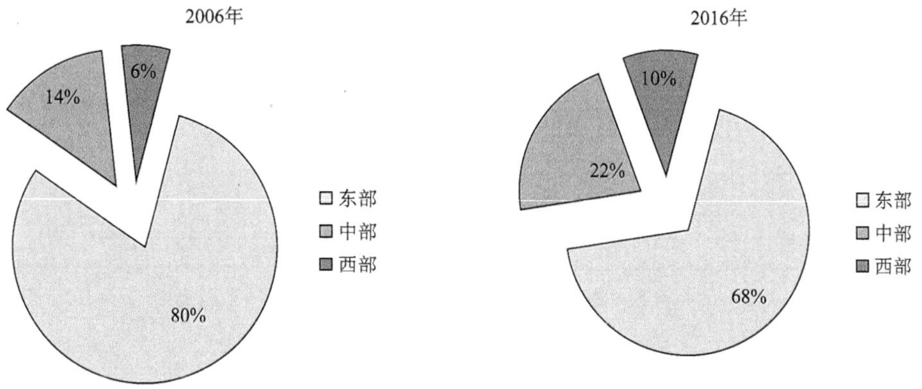

图 5–3　2006 年与 2016 年利用 FDI 总额比例

资料来源：中国商务部，http://www.mofcom.gov.cn。

表 5–3　　2006—2015 年东中西部地区外商投资总额　　单位：亿美元

地区	2006	2007	2008	2009	2010	2011	2012	2013	2014	2015
东部	14 354	17 369	19 014	20036	21 440	23 677	25 689	27 796	30 798	36 693
中部	1 697	1 976	2005	2 229	2 521	2 872	3 149	3 427	3 943	4 877
西部	1 024	1 280	1 596	1 764	1 989	2 245	2 567	2 795	3 235	3 819

资料来源：中国商务部，http://www.mofcom.gov.cn。

3. 东部地区 FDI 增长率稳中回升，中西部地区 FDI 增长速度加快，各地区 FDI 增长率差距不断缩小

中国吸收外资连续 21 年保持发展中国家首位，外商投资增长率也多年保持在较高水平。由下表可以看出，东部地区外商投资增长率在金融危机之后有所回升，到 2015 年恢复到危机前的水平，达到 19%。总体来说，中西部地区 FDI 增长率均高于东部地区。其中，中部地区吸收外资形势较好，2015 年 FDI 增长率高达 24%，位于三个区域的首位，区域引资趋向平衡。受到西部大开发战略的影响，西部地区 FDI 增长率基本保持上升趋势，2006—2015 年间平均增长率超过 15%，2015 年的增长率达到 18%，仍有较大的发展潜力。

表 5–4　　2006—2015 年东中西部地区外商投资增长率　　单位：%

地区	2006	2007	2008	2009	2010	2011	2012	2013	2014	2015
东部	16%	21%	9%	5%	7%	10%	8%	8%	11%	19%
中部	25%	16%	1%	11%	13%	14%	10%	9%	15%	24%
西部	18%	25%	25%	11%	13%	13%	14%	9%	16%	18%

资料来源：根据国家统计局相关数据计算。

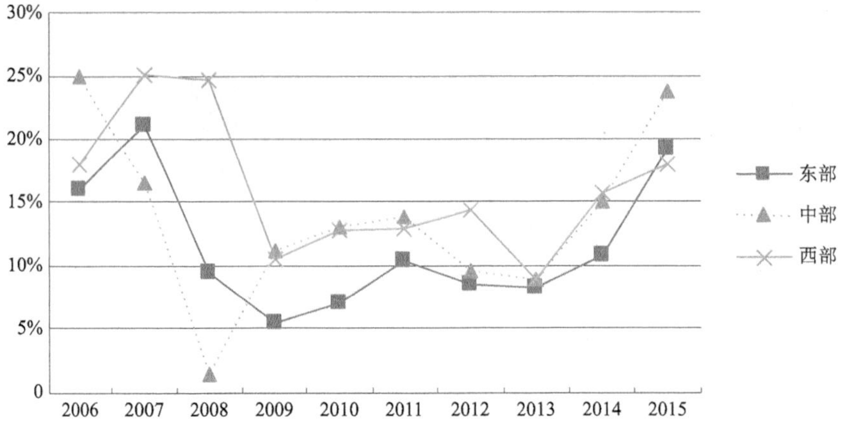

图 5-4　2006—2015 年东中西部地区的 FDI 增长率

资料来源：根据国家统计局相关数据计算。

4. 全国各省、市、自治区吸收 FDI 能力不同，中西部地区各省、市、自治区 FDI 总额占比普遍较低

我国东中西部地区各省、市、自治区之间的 FDI 吸收水平参差不齐。2006 年东部地区吸收 FDI 总额占全国的 84%，其中江苏、广东和上海位列前三，分别吸收外资 3 243 亿美元、3 143 亿美元、2 255 亿美元，占比分别为 19%、18%、13%。到 2015 年外商投资仍主要集中在这三个省市，其吸收 FDI 总额共占 46%，其中上海超过广东居于第二。中部地区各省份吸收 FDI 总额分布较为均衡，2015 年数据较 2006 年变化不大，其中安徽省吸收外资 1 064.86 亿美元，居于中部地区首位。相比较而言，西部 FDI 主要分布在四川、重庆、陕西、广西、内蒙古、云南 6 个地区，其余省份吸收 FDI 占比不足 1%，如西藏 2006 年和 2015 年分别吸收外资 4 亿美元和 19.97 亿美元，几乎可以忽略不计。

表 5-5　　2006 年和 2015 年各省市区吸收 FDI 总额及占比　　单位：亿美元

	年份	2006 年		2015 年	
	地区	FDI 总额	占比	FDI 总额	占比
东部	北京	697.00	4%	3 809.63	8%
	天津	686.00	4%	1 813.28	4%
	河北	247.00	1%	736.24	2%
	辽宁	945.00	6%	2 066.39	5%
	上海	2 255.00	13%	6 612.73	15%
	江苏	3 243.00	19%	7 821.54	17%
	浙江	1 257.00	7%	2 918.13	6%
	福建	878.00	5%	1 967.13	4%
	山东	885.00	5%	2 193.34	5%
	广东	3 143.00	18%	6 443.10	14%
	海南	118.00	1%	311.74	1%
	加总	14 354.00	84%	36 693.25	81%

续表

	年份	2006年		2015年	
	地区	FDI总额	占比	FDI总额	占比
中部	山西	111.00	1%	411.07	1%
	吉林	308.00	2%	352.30	1%
	黑龙江	137.00	1%	223.02	0%
	安徽	183.00	1%	1 064.86	2%
	江西	232.00	1%	725.78	2%
	河南	233.00	1%	687.10	2%
	湖北	280.00	2%	892.31	2%
	湖南	213.00	1%	521.47	1%
	加总	1 697.00	10%	4 877.91	11%
西部	内蒙古	148.00	1%	351.42	1%
	广西	180.00	1%	425.29	1%
	重庆	93.00	1%	788.45	2%
	四川	199.00	1%	884.09	2%
	贵州	26.00	0%	181.47	0%
	云南	107.00	1%	327.20	1%
	西藏	4.00	0%	19.97	0%
	陕西	149.00	1%	515.71	1%
	甘肃	28.00	0%	76.57	0%
	青海	20.00	0%	73.96	0%
	宁夏	44.00	0%	89.72	0%
	新疆	26.00	0%	85.18	0%
	加总	1 024.00	6%	3 819.03	8%
	全国	17 075.60	100%	45 390.20	100%

资料来源：国家统计局，http://www.stats.gov.cn。

5.1.2 外商直接投资与我国行业发展概况

1. 行业发展概况

2010年以来，各行业增加值稳步上升，都有不同程度的提升。其中，金融业增加值增长迅速，从2010年25 680.4亿元增加到2015年的57 872.6亿元，增加了2.25倍。此外，建筑业、批发和零售业、房地产业增长较为迅速，在2015年增加值分别为46 626.7

亿元、66 186.7 亿元、41 701 亿元，相比于 2010 年，都有了明显的增长，相比而言，第一产业增加值增长速度较为缓慢，绝对值也不大，在 2015 年，增加值仅为 62 911.8 亿元。

表 5–6　　2010—2015 年行业增加值　　单位：亿元

指标	2010 年	2011 年	2012 年	2013 年	2014 年	2015 年	2015/2010
国内生产总值	413 030.3	489 300.6	540 367.4	595 244.4	643 974	689 052.1	1.67
农林牧渔业增加值	40 530	47 483	52 368.7	56 973.6	60 165.7	62 911.8	1.55
工业增加值	165 126.4	195 142.8	208 905.6	222 337.6	233 856.4	236 506.3	1.43
建筑业增加值	27 259.3	32 926.5	36 896.1	40 896.8	44 880.5	46 626.7	1.71
批发和零售业增加值	35 904.4	43 730.5	49 831	56 284.1	62 423.5	66 186.7	1.84
交通运输、仓储和邮政业增加值	18 783.6	21 842	23 763.2	26 042.7	28 500.9	30 487.8	1.62
住宿和餐饮业增加值	7 712	8 565.4	9 536.9	10 228.3	11 158.5	12 153.7	1.58
金融业增加值	25 680.4	30 678.9	35 188.4	41 191	46 665.2	57 872.6	2.25
房地产业增加值	23 569.9	28 167.6	31 248.3	35 987.6	38 000.8	41 701	1.77
其他行业增加值	68 464.3	80 763.9	92 629.2	105 302.8	118 322.7	134 605.5	1.97

注：行业分类采用《国民经济行业分类（GB/T 4754-2011）》。

数据来源：国家统计局，http://www.stats.gov.cn/。

从占比来讲，整个第一产业增加值占比呈现出逐年下降的趋势，从 2010 年的 9.8% 下降为 2015 年的 9.1%，表明我国第一产业的发展速度相比于其他产业是比较缓慢的。同样的趋势在工业上也有发生，在 2010 年，工业增加值占比达到了 40%，5 年时间内就下降至不足 35%，下降幅度达到了 5.7%。可以推知，近年来，我国服务业得到了较快的发展，在国民经济中的重要程度得到了增强。

表 5–7　　2010—2015 年行业增加值构成　　单位：%

指标	2010 年	2011 年	2012 年	2013 年	2014 年	2015 年
分行业增加值构成–国内生产总值	100	100	100	100	100	100
分行业增加值构成–农林牧渔业增加值	9.8	9.7	9.7	9.6	9.3	9.1

续表

指标	2010 年	2011 年	2012 年	2013 年	2014 年	2015 年
分行业增加值构成–工业增加值	40	39.9	38.7	37.4	36.3	34.3
分行业增加值构成–建筑业增加值	6.6	6.7	6.8	6.9	7	6.8
分行业增加值构成–批发和零售业增加值	8.7	8.9	9.2	9.5	9.7	9.6
分行业增加值构成–交通运输、仓储和邮政业增加值	4.5	4.5	4.4	4.4	4.4	4.4
分行业增加值构成–住宿和餐饮业增加值	1.9	1.8	1.8	1.7	1.7	1.8
分行业增加值构成–金融业增加值	6.2	6.3	6.5	6.9	7.2	8.4
分行业增加值构成–房地产业增加值	5.7	5.8	5.8	6	5.9	6.1
分行业增加值构成–其他行业增加值	16.6	16.5	17.1	17.7	18.4	19.5

数据来源：国家统计局，http://www.stats.gov.cn/。

2. FDI 行业分布

外商直接投资在我国不同的行业间有着巨大的差距，长期以来，制造业一直是吸收外资的主要行业，而其他行业吸引外资的能力则不是很强。不过，近年来的外商直接投资的方向逐渐发生了变化。由下图可以发现制造业吸引的外商投资呈现出逐年下降的趋势，但是每年吸收的外商投资绝对值仍然占了很大的比重，在 2015 年其占比仍高达 31.39%。与此同时，金融业和房地产业吸收外商直接投资的能力则在近些年有了明显的提升，尤其是金融行业，在 2015 年吸收外商直接投资多达 1 496 889 万美元，仅次于制造业和房地产行业。除此之外，也有大量的外商直接投资流向了批发和零售业以及租赁和商务服务业。

从各行业吸收的外资存量来看，不同的行业有着相当大的差距。表 5-8 显示了我国各行业的外资存量情况。其中，农、林、牧、渔业实际利用的外资存量仅占总额的 1.53%，相比于第二产业和第三产业所占的份额，几乎可以忽略不计。在第二产业之中，制造业吸收了绝大多数的外资，实际使用的外资金额几乎占到了全部外资一半，而且新设立企业数量为 510 904 家，占全部新设立企业数量的 61.08%。房地产业所利用的外商直接投

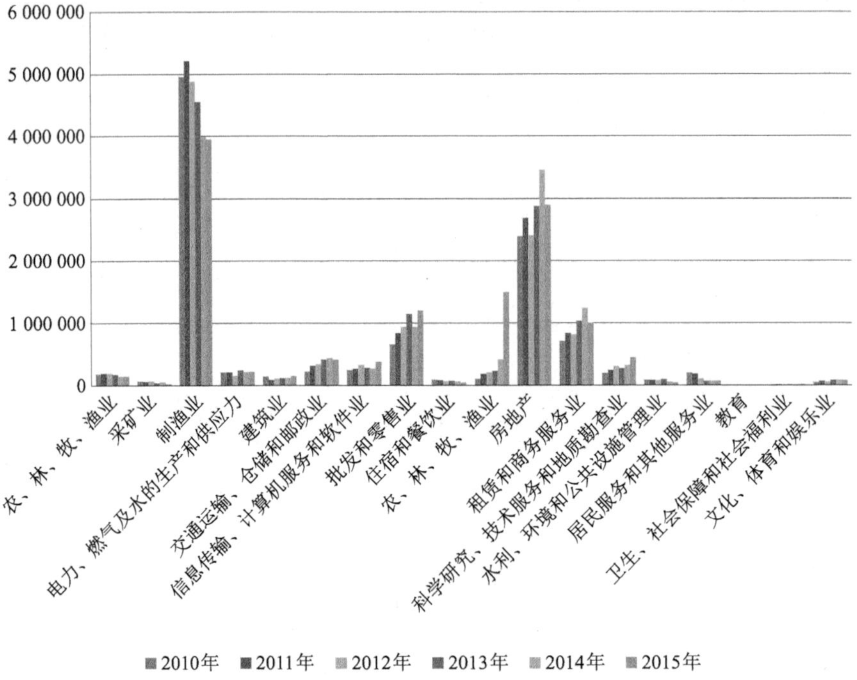

图 5–5　2010—2015 年各行业实际利用外商直接投资金额（万美元）

注：数据由商务部提供。从 2001 年起，外商投资合同金额和实际使用外资额均不包括对外借款。从 2007 年起商务部不再对外公布外资合同金额数据。

数据来源：国家统计局，http://www.stats.gov.cn/。

资仅次于制造业，截至 2015 年共利用外资 2 555.34 亿美元，占实际利用外资金额的 19.75%。此外值得关注的是教育行业实际利用的外资只有 4.14 亿美元，仅占到全部实际利用外资金额的 0.03%，新设立企业数也只有 1 796 家。电力、燃气及水的生产和供应业，信息传输、计算机服务和软件业以及金融服务业吸收的外资则相差不大，总额比较相近。

表 5–8　　截至 2015 年中国吸收外资情况（按投资领域划分）

单位：亿美元，%

行业名称	新设立企业数		实际使用外资金额	
	个数	比重	金额	比重
总计	836 404	100	12 939.74	100
农、林、牧、渔业	24 094	2.88	197.42	1.53
采矿业	2 093	0.25	78.86	0.61

续表

行业名称	新设立企业数		实际使用外资金额	
	个数	比重	金额	比重
制造业	510 904	61.08	6 466.04	49.97
电力、燃气及水的生产和供应业	4 067	0.49	264.04	2.04
建筑业	13 336	1.59	138.73	1.07
交通运输、仓储和邮政业	11 280	1.35	369.12	2.85
信息传输、计算机服务和软件业	14 305	1.71	275.23	2.13
批发和零售业	95 380	11.4	767.64	5.93
住宿和餐饮业	8 725	1.04	93.89	0.73
金融服务业	4 316	0.52	290.6	2.25
房地产业	52 681	6.3	2 555.34	19.75
租赁和商务服务业	55 458	6.63	866.79	6.7
科学研究、技术服务和地质勘查业	19 504	2.33	239.01	1.85
水利、环境和公共设施管理业	1 616	0.19	63.98	0.49
居民服务和其他服务业	13 016	1.56	196.98	1.52
教育	1 796	0.21	4.14	0.03
卫生、社会保障和社会福利业	1 446	0.17	11.06	0.09
文化、体育和娱乐业	2 368	0.28	60.62	0.47
公共管理和社会组织	18	0	0.23	0

资料来源：商务部外资统计。

虽然制造业整体吸引外资的能力减弱，但是在2015年，高技术制造业整体发展良好，除医疗仪器设备及仪器仪表制造业下降、电子及通信设备制造业小幅增长外，计算机及办公设备制造业增长接近一倍，信息化学品制造业增幅超过65%，医药制造业以及航空、航天器及设备制造业增幅都在三成以上。

表5-9　2015年高技术制造业实际吸收外资情况　单位：万美元，%

高技术制造业	实际使用外资金额	同比
总计	940 973	8.45
一、医药制造业	138 746	45.21
二、航空、航天器及设备制造业	14 388	38.59
三、电子及通信设备制造业	702 397	1.58
四、计算机及办公设备制造业	45 430	95

续表

高技术制造业	实际使用外资金额	同比
五、医疗仪器设备及仪器仪表制造业	37 873	–17.09
六、信息化学品制造业	2 139	66.33

数据来源：商务部外资统计。

此外，2015 年，高技术服务业增长迅猛，同比增长超过 50%。除技术检测和专业技术服务业的高技术服务领域小幅下降外，环境监测及治理服务增长接近一倍，科技成果转化服务、信息服务涨幅超过 70%，研发与设计服务增长超过四分之一，知识产权及相关法律服务同比增长 7.81%。

表 5–10　　2015 年高技术服务业实际吸收外资情况　　单位：万美元，%

高技术服务业	实际使用外资金额	同比
总计	830 295	51.71
一、信息服务	359 984	71.64
二、技术检测	1 066	–18.13
三、专业技术服务业的高技术服务	12 207	–19.62
四、研发与设计服务	280 028	27.58
五、科技成果转化服务	153 766	73.37
六、知识产权及相关法律服务	6 033	7.81
七、环境监测及治理服务	17 211	135.44

数据来源：商务部外资统计。

5.2　外商直接投资影响协调发展的机制分析

5.2.1　研究现状

1. FDI 对区域协调发展的影响

随着经济全球化趋势日益显著，FDI 对东道国的影响受到各国学者的关注。魏子哲、丁文广（2015）运用面板模型和区位经济熵研究 FDI 对我国西部区域 12 个省市经济发展差异的影响因素，发现外商直接投资主要通过市场、区位和劳动力因素对西部区域的经济发展起良好的带动作用；金宏平等（2016）采用省际面板数据研究合资型 FDI 与独资型 FDI 两种不同进入模式对我国经济增长的影响，得出合资型 FDI 的影响大于独资型 FDI 的结论。

另外，许多学者都注意到FDI对东道国企业产生了外溢效应，进而从多方面影响了当地经济的发展。韩文龙等（2015）对FDI外溢效应的区域差异性进行实证研究，发现在2000—2012年期间，FDI外溢效应对东部各地区经济增长产生促进作用，但这种作用逐渐减弱。而对于我国中部地区，FDI外溢效应虽然很大程度上促进了工业经济的增长，但对该地区各个经济体的经济增长存在一定的抑制作用。西部地区受区位劣势、基础设施不完善等因素的影响，FDI外溢效应不明显；王永军、邱兆林（2016）运用2005—2013年我国高技术产业16个行业的面板数据进行实证研究，发现尽管FDI对内资企业的创新成果转化的溢出效应不显著，但对其技术研发能力，即专利产出具有显著的溢出效应；杨红丽、陈钊（2015）利用我国企业微观数据研究发现FDI水平溢出效应中存在一种借助于行业间垂直联系的间接溢出机制，更高的外资本地配套水平使行业内FDI更好地提升了本土企业的全要素生产率；田毕飞、陈紫若（2016）收集了我国2002—2012年全国31个省市FDI数据，通过构建包含FDI空间外溢效应的创业模型，研究外商投资在省份内与省份间两层面对我国创业的影响，结果表明FDI与创业之间具有显著的倒U型关系，且这种关系取决于各省市的外资进入程度、技术水平、工资水平和科学技术支出；罗军（2016）利用制造业面板数据构建FDI前向关联影响东道国技术创新的理论模型，以探究研发投入在FDI前向关联促进技术创新中的作用，结果显示在FDI进入技术程度高的制造业，随着研发经费和人员的增加，FDI前向关联对我国下游制造业技术创新的促进作用越来越明显，而在FDI进入技术程度低的制造业，这种促进作用并不显著；李德刚、苑德宇（2017）通过我国2007—2012年645个县区级城市层面的资料构建了静态及动态面板数据模型研究FDI对城市基础设施建设的影响，发现FDI会通过技术溢出效应显著地提升城市基础设施绩效水平，这种效应表现为内陆地区城市高于沿海地区城市、西部地区城市高于东部地区城市、县级市高于市辖区。

2. FDI对产业协调发展的影响

20世纪60年代，钱纳里基于结构主义原理提出了著名的“双缺口模型”，指出东道国经济发展会受国内资源不足的制约，FDI的引进和利用有助于弥补储蓄和外汇缺口，进而推动东道国经济增长和结构转换，促进东道国经济的发展和产业结构的升级。汤文仙和韩福荣（2000）根据我国的实际情况提出了“三缺口模型”，该模型认为我国除了存在传统的两缺口外，还存在“技术缺口”，FDI的引入能弥补该缺口，从而促进我国产业结构的升级，产业结构的高效化需要先进的技术支持，外资不仅能弥补东道国资金、资源缺口，还带来了国外发达国家先进的技术和研发能力，这都促使我国某些产业结构的高效化。宋京（2005）通过数据分析表明外资企业在促进我国工业制成品出口增长的同时，推动了我国贸易比较优势从资源密集型产品向劳动密集型产品的转化，并且其对资本技术密集型行业的积极参与使我国在这些产品上的比较劣势逐步弱化。FDI通过出口示范效应，带动我国资金跟进并出口获利，使我国出口产业由劳动密集型向资本技术密集型产业转变，从而推动了我国产业结构优化升级。

宋弘、柴瑜（1998）的实证研究表明，外商投资企业的进入降低了中国工业结构的总体效应，加剧了中国产业结构的偏离程度，使工业结构效益大幅下降。郭克莎（2000）通过分析我国 FDI 在三次产业的构成以及在产业内部的构成，方燕等（2010）利用因果关系检验、协整关系检验、建立向量误差修正模型（VEC 模型）等计量经济学的方法进行实证研究，均认为 FDI 的结构性倾斜加大了我国三次产业的结构性偏差。

5.2.2 外商直接投资对区域协调发展的影响

我国 FDI 始终呈现出“东高西低”的局面，无论是在外资数量方面还是利用外资效率方面，东中西部地区都存在着较大的差异。

1. 外商直接投资对区域发展具有“门限”特征

FDI 的外溢性本身受到东道国金融发展条件的影响，若城市金融发展程度较高，则会提升对 FDI 的吸收和利用效率。当城市缺乏有效的金融环境时，企业融资难度加大，从而导致内外资企业的金融成本落差增加，外商投资反而为负向溢出，不利于区域发展（关春玉等，2017）。我国东部地区金融市场繁荣活跃，而中西部地区的金融市场尚处于发展阶段，各省市金融发展水平存在差距，且该差距正在不断加大。西部地区面临金融发展滞后和 FDI 缺乏的双重制约，企业融资成本高，在吸收 FDI 外溢时处于不利位置。

2. 外商直接投资空间分布差异扩大区域间不平衡

改革开放以来我国的开放路径从东部沿海城市向西部内陆地区逐次扩大，最早实行优惠政策的东部沿海城市，如珠三角、长三角等地区，凭借政策红利和较为便捷的交通运输，在初期吸引了大量外资，该地区工业基础、配套措施、人力资源培育也逐渐得以完善。我国从 90 年代末期开始对中西部加大开放力度，但 FDI 的“羊群效应”使中西部地区的外资比例未有明显的提高。东部地区以其极具竞争力的人力资源成本承接东亚的产业转移，大量跨国企业将其生产中心迁移至我国东部地区，通过发展劳动密集型的加工制造业，我国逐渐发展成为“世界工厂”。尽管近年来中西部地区吸收 FDI 增长率超过东部地区，但东中西部长期以来在外资金额和企业数量上的存量差异，造成了区域间经济发展水平不平衡。截至 2015 年年底，东部地区外资总额高出中部地区 31 816 亿美元，高出西部地区 32 874 亿美元。

5.2.3 外商直接投资对产业协调发展的影响

由于不同行业间吸引外资的能力存在差异，而且我国对于外资的引进多年来一直实行分层次推进、逐渐扩大开放的对外开放政策，中国外商投资一直存在着产业不均衡的问题，尤其是第一产业，长期以来，吸引的外商直接投资占比一直在 2%以下，产业间外商直接投资的存量差异进一步扩大了产业间的不平衡水平。

大量 FDI 的引入加快了相关产业的发展。外商直接投资一方面带来了资金、技术、渠道和管理经验，另一方面，外商直接投资通过对这些生产要素的投入组合，改善了产业内的资源配置情况，有效地提升了资源配置的效率，提升了产业内的发展水平。在某些行业之中，外商投资企业的进入给行业带来了新的挑战和冲击，增强了行业内的竞争水平，良好的行业竞争对于一个行业的健康发展有着至关重要的作用。杨安（2013）研究表明，短期内第一产业和第三产业利用外商直接投资会推动第一产业增长，长期内 FDI 增长可以促进第二产业经济增长。

外商投资带动了以“三来一补”为特征的加工贸易的迅速发展。发展和扩大加工贸易复出口是我国 20 世纪 80 年代以来利用外资的最初形式。外资集中进入中国的制造业，如汽车、机器制造、计算机电信设备制造和电器等产业，在投资最初阶段需要大量进口供组装的零部件和机器设备，经过组装后对外出口，形成“两头在外，中间在内”的加工贸易模式。随着中国制造实力的增强，跨国公司逐步扩展在中国的上下游产业链布局，完成产业梯度转移，将更多的研发、销售等部门迁移至中国，促进了中国从以劳动密集型产业为主到以资本、技术密集型产业为主的产业结构变迁，也提升了中国的外向型经济水平。邵玲（2011）研究表明在我国产业结构的不断升级过程中，FDI 起到了重要作用。FDI 在第一、二产业的发展空间仍较大，且可以带动第三产业更好地发展。

FDI 的产业分布差异扩大了产业的不平衡。一直以来，外商直接投资在我国产业间的分布都有着很大的差异，尤其是第一产业，所吸引的外商直接投资占我国利用 FDI 的比重一直较低。如表 5–11 所示，在 2015 年第一产业吸引的实际利用外资金额只有 15.34 亿美元，占我国利用 FDI 的比重仅为 1.21%。相比于第二产业和第三产业吸引外资的能力，我国农业吸引外资的能力令人担忧，这在相当大的程度上阻碍了第一产业的发展，影响了第一产业从业人员收入水平的提升。这才有了习近平主席所提到的：“发展不能是城市像欧洲、农村像非洲，或者这一部分像欧洲、那一部分像非洲，而是要城乡协调、地区协调。”近年来，我国服务业对外开放程度不断增强，所吸引的外商直接投资不断增多，2015 年，服务业实际利用外资金额占比达到了 64.26%，和第一产业实际利用外资形成了鲜明的对比，进一步增加了产业的结构性偏差。

表 5–11　　2015 年中国吸收外资情况（按产业划分）　　单位：亿美元，%

产业	新设立企业数量	比重	实际使用外资金额	比重
总计	26 575	100.00	1 262.67	100.00
第一产业	609	2.29	15.34	1.21
第二产业	4 981	18.74	435.95	34.53
第三产业	20 985	78.97	811.38	64.26

资料来源：商务部外资统计。

5.3 造成外商直接投资分布不平衡的原因分析

5.3.1 造成我国各地区外商直接投资分布不均衡的原因

1. 区位资源因素

首先，东部沿海地区有较完善的基础设施和便利的交通通讯网络，工业基础雄厚，天然良港众多，上海港、宁波港、青岛港、深圳港等港口吞吐量均排名世界前列。跨国公司在东部地区投资建厂的运输成本较低，便于产品和服务的出口和内销。其次，东部沿海地区经济发展水平高于中西部地区，人口数量多，居民收入水平高，市场容量大，有适宜的外商投资环境。最后，东部地区教育水平发达，集聚了一系列高校和科研机构，充足的人才储备可以促进技术转移和生产扩张，进而提高全要素生产效率，从而备受外商青睐。

2. 经济政策因素

改革开放以来我国采取了率先开放东部地区，先富带动后富的经济改革方案，进一步拉大了东部地区与中西部地区的经济发展差异。同时，沿海地区还享受国家财政税收方面的优惠政策，对吸引外资、提高对外开放水平起到了积极的推动及示范作用，但是也进一步弱化了我国中西部欠发达省市对外部资金和人才的吸引力，加剧了这些地区市场化发展和对外开放的滞后性。另外，我国的经济政治领域改革具有“渐进性”的特点，在我国社会主义市场经济的建设过程中，经济改革和市场放开政策一般都在东部地区先行先试，在得到可复制经验后才推广到其他各省市。

3. 产业集聚因素

成本是企业进行对外投资的重要考虑因素。较早开放的东部沿海地区拥有人才、配套设施及政府服务水平等方面的优势，可以降低外资企业的运营成本，在外资进一步跟进投资时，这些地区将成为首选地；其次，前期东部地区吸引较多的 FDI，形成较大的市场规模，引发同质企业的集聚，产业集聚提高了产业配套能力，降低了交易成本，从而对外资形成较强的吸引力，进而形成了一种“羊群效应”。前期累积的 FDI 差异，进一步加大了东部与中西部地区的 FDI 分布差异，导致我国区域发展不协调。

5.3.2 外商直接投资产业分布不平衡的原因分析

1. 中国分层次推进、逐步扩大对外开放的对外开放政策

针对我国的实际情况，我国政府采取的是逐步扩大对外开放范围的政策方针，三次产业中，不同行业间的开放程度在不同的时间节点上有着很大的差异。1995 年我国第一次颁布实施《外商投资产业指导目录》，其中对很多行业都进行了不同程度的限制，比如中药材种植、养殖行业、近海及内陆水域水产捕捞业、出入境汽车运输、内外贸、旅游、

房地产及服务业等行业中不允许外商独资，粮食、棉花、油料种子开发生产、航空运输、通用航空、汽车（含各类轿车、载货车、客车、改装车）及摩托车整车等行业中必须中方控股或占主导地位。后来，我国为加入 WTO，主动开放了国内市场，对服务贸易作出了不同程度市场准入承诺，开放的服务贸易领域包括商务服务、通讯服务、建筑和相关工程服务、分销服务、教育服务、环境服务、金融服务、旅游和与旅游相关的服务、运输服务等 9 个部门及其 70 多个分部门和子部门。但是相对于第二产业和第三产业，我国第一产业开放的步伐相对较慢，主要是为避免国外资本对我国农业产业的冲击与控制，政府对农业的外商流入一直持谨慎态度。今天，中国不仅全部兑现入世服务业开放承诺，而且主动增加了开放的服务贸易部门。金融、保险、商业零售、旅游、民用航空、交通运输、广告服务、邮电通讯、建筑设计、法律服务、会计服务、咨询服务等部门均已不同程度地对外开放，开放程度进一步加深。

2. 产业发展水平和市场规模

影响产业利用 FDI 的原因有很多，其中很重要的一点就是产业的发展水平和相应的市场规模。如图 5–6 所示，我国第一产业增加值自 1996 年开始在我国经济中的整体占比一直处于下降趋势，相比于第二和第三产业，市场规模有着较为明显的差距，与之相对比，我国第三产业在国民经济中的地位逐年上升，意味着其对于外资的吸引力也不断增强，事实上，2001 年第三产业吸引的 FDI 总和只有 139.8 亿美元，但是在 2015 年所吸引的 FDI 就到达了 811.4 亿美元，增长速度令人惊叹。

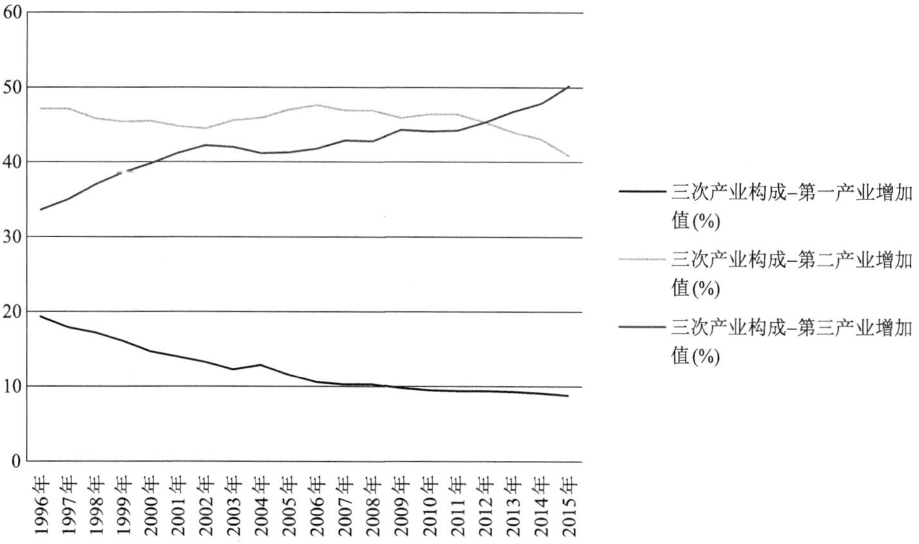

图 5–6　1996—2015 年中国三次产业构成

资料来源：商务部外资统计。

5.4 利用外商直接投资与我国协调发展的政策回顾

5.4.1 利用外商直接投资与区域协调发展的政策回顾

我国经济发展进入“新常态”时期，“十三五”规划纲要根据“新常态”下国民经济发展的新要求，丰富了区域协调发展战略的内涵，增强了区域协调发展政策措施的可操作性。全面落实“十三五”时期区域协调发展的战略部署、建立健全保障区域协调发展的体制机制、推进区域协调发展对于我国全面建设小康社会、增进社会公平、提高国民经济运行效率、促进我国经济又好又快发展具有重大意义。

表 5–12 “十三五”以来我国针对 FDI 区域协调的重要政策文件

发布时间	政策文件名称	主要内容
2016–01–07	《国务院关于支持沿边重点地区开发开放若干政策措施的意见》	国家在沿边重点地区鼓励发展的内外资投资项目，进口国内不能生产的自用设备及配套件、备件，继续在规定范围内免征关税；支持符合条件的外资金融机构到沿边重点地区设立分支机构；有序放开育幼养老、建筑设计、会计审计、商贸物流、电子商务等服务业领域外资准入限制，引导服务贸易加快发展
2016–01–18	《国务院关于促进加工贸易创新发展的若干意见》	按照国家重点产业布局，支持沿海地区转型升级和内陆沿边地区承接转移，推动区域协调发展；引导企业有序开展国际产能合作，推动国际合作与国内产业转型升级良性互动
2016–03–15	《国务院关于深化泛珠三角区域合作的指导意见》	构建以粤港澳大湾区为龙头，以珠江—西江经济带为腹地，带动中南、西南地区发展，辐射东南亚、南亚的重要经济支撑带；促进城市群之间和城市群内部分工协作，着力构建沿江、沿海、沿重要交通干线的经济发展带；积极支持东部沿海地区产业及国内外知名企业生产基地向中西部地区有序转移，促进产业组团式承接和集群式发展；积极支持内地九省区着力打破行政分割，加快建设统一市场，为其他区域开展合作积累经验
2016–05–09	《国务院关于促进外贸回稳向好的若干意见》	提高国家级经济技术开发区和各类园区的发展水平，加大招商引资力度，稳定外商投资规模和速度，提高引进外资质量；积极引导外资投向新兴产业、高新技术、节能环保等领域；进一步改善投资环境，大力引进国际人才，推动中关村国家自主创新示范区有关人才政策尽快在全国复制推广；促进引资和引智相结合，培育新的外贸经营主体；大力推进“一带一路”建设和国际产能合作，带动我国产品、技术、标准、服务出口；加大磋商协调力度，推动解决企业“走出去”面临的签证申办难点和普遍性问题

续表

发布时间	政策文件名称	主要内容
2016-06-15	《国务院办公厅关于加快中西部教育发展的指导意见》	将中西部教育置于全国教育总体格局中谋划设计，统筹中西部教育与经济社会协调发展；推动中西部高校合理定位、突出特色，提升办学能力和办学水平，更好地服务中西部经济社会发展；国家继续实施中西部高等教育振兴计划，为促进中西部地区经济社会发展、缩小中西部地区与东部地区差距提供人才支撑
2016-08-16	《关于贯彻落实区域发展战略促进区域协调发展的指导意见》	进一步加强对东、中、西部和东北地区发展的统筹协调，积极推动沿大江大河、沿边沿海和沿重要交通干线的经济增长带建设，促进生产要素在更广区域内有序自由流动，构建东中西、南北方协调联动发展的新格局
2016-11-16	《国务院关于深入推进实施新一轮东北振兴战略加快推动东北地区经济企稳向好若干重要举措的意见》	支持东北地区对接京津冀协同发展战略，推进与环渤海地区合作发展；进一步加强东北三省一区合作；创新招商方式，着力通过优化营商环境等措施加大引资工作力度
2017-01-12	《国务院关于扩大对外开放积极利用外资若干措施的通知》	放宽服务业、制造业、采矿业等领域外资准入限制；支持外资参与创新驱动发展战略实施、制造业转型升级和海外人才在华创业发展；鼓励外商投资高端制造、智能制造、绿色制造；支持外资依法依规以特许经营方式参与基础设施建设；支持内外资企业、科研机构开展研发合作
2017-02-06	《国务院办公厅关于促进开发区改革和创新发展的若干意见》	推进东部地区现有开发区转型升级，增强开发区发展的内生动力，培育有全球影响力的制造研发基地，提高我国产业在全球价值链中的地位；支持中西部地区、东北地区进一步完善开发区软硬件环境，加强开发区承接产业转移的能力建设，增强产业发展动力；鼓励东部地区开发区输出品牌、人才、技术、资金和管理经验，按照优势互补、产业联动、市场导向、利益共享的原则，与中西部地区、东北地区合作共建开发区；围绕“一带一路”建设、京津冀协同发展、长江经济带发展，推动沿海沿江沿线开发区良性互动发展，建设一批具有辐射带动效应的转型升级示范开发区，引导产业优化布局和分工协作
2017-02-17	《中西部地区外商投资优势产业目录（2017年修订）》	新版《中西部目录》共639条，比2013年版《中西部目录》增加139条；贯彻落实创新、协调、绿色、开放、共享的新发展理念，坚持扩大开放与区域协调发展相结合，积极发挥《中西部目录》作用，扩大中西部地区鼓励外商投资产业范围，加大对中西部地区吸引外资的政策支持力度

续表

发布时间	政策文件名称	主要内容
2017-04-18	《国务院批转国家发展改革委关于 2017 年深化经济体制改革重点工作意见的通知》	修订外商投资产业指导目录，进一步放宽服务业、制造业、采矿业外资准入；对外资全面实施准入前国民待遇加负面清单管理模式；高标准高水平建设自由贸易试验区，持续拓展自由贸易试验区改革开放试点深度和广度，在更大范围复制推广成熟经验。促进开发区改革和创新发展
2017-6-16	《国务院办公厅关于印发自由贸易试验区 外商投资准入特别管理措施（负面清单）（2017 年版）的通知》	外商独资银行股东、中外合资银行外方股东应为金融机构，且外方唯一或者控股/主要股东应为商业银行；投资中资商业银行、信托公司的应为金融机构；投资农村商业银行、农村合作银行、农村信用（合作）联社、村镇银行的应为境外银行；投资金融租赁公司的应为金融机构或融资租赁公司

资料来源：中华人民共和国中央人民政府，www.gov.cn。

5.4.2 利用外商直接投资的产业平衡政策回顾

2001 年我国第一、二、三产业吸引外资规模分别为 17.6 亿美元、534.5 亿美元、139.8 亿美元，而 2011 年我国第三产业吸引外资规模达到了 582.5 亿美元，超过了第二产业的 557.5 亿美元，即使加上第一产业的 20.1 亿美元，第一、二产业吸引的外资也比不上第三产业吸引外资的规模，到 2015 年，第三产业吸引的外资规模更是达到了 811.4 亿美元，远远过了第二产业 435.9 亿美元的规模。之所以发生了这样的变化，除了中国服务业市场具有吸引力，存有潜在的市场商机之外，更不能忽视的是中国积极推进服务领域的对外开放，不断推出相关政策，扩大服务业开放领域。

表 5-13　　近年扩大服务业利用 FDI 相关政策

发布时间	政策文件名称	主要内容
2002 年 6 月 21 日	《外商投资民用航空业规定》	鼓励外商投资建设民用机场。本规定所称“民用机场”不包括军民合用机场。外商投资民用机场分二类项目：1. 民用机场飞行区，包括跑道、滑行道、联络道、停机坪、助航灯光；2. 航站楼。 鼓励外商投资现有的公共航空运输企业。鼓励外商投资从事农、林、渔业作业的通用航空企业。允许外商投资从事公务飞行、空中游览或为工业服务的通用航空企业，但不得从事涉及国家机密的作业项目。“航空运输相关项目”包括航空油料、飞机维修、货运仓储、地面服务、航空食品、停车场和其他经批准的项目

续表

发布时间	政策文件名称	主要内容
2006年11月10日	《利用外资“十一五”规划》	进一步推动利用外资从“量”到“质”的根本转变，使利用外资的重点从弥补资金、外汇不足切实转到引进先进技术、管理经验和高素质人才上来，更加注重生态建设、环境保护、资源能源节约与综合利用，切实把利用外资同提升国内产业结构、技术水平结合起来。通过引进国外先进技术和管理，发挥外资企业对国内企业的引导、辐射作用，促进我国集成创新能力和引进消化吸收再创新能力的提高；努力实现外商投资从简单的加工、装配和低水平生产制造层次进一步向研究开发、高端设计、现代流通等新领域拓展，推动我国成为世界高附加值产品的制造基地之一；较大程度提高服务业对外开放水平；显著提高中西部地区和东北地区等老工业基地利用外资的规模、质量和水平，进一步增强东部地区经济国际化程度和国际竞争力；积极、合理、高效地借用国外优惠贷款，更加注重贷款使用的质量与效益；加强对外债结构和使用方向的调控，严格防范外债风险；利用外资总规模要在“十五”基础上保持平稳增长；利用外资的管理体制更加合理有效，利用外资与国内经济社会发展更加协调
2007年3月19日	《国务院关于加快发展服务业的若干意见》	着力提高利用外资的质量和水平，完善服务业吸收外资法律法规。大力发展服务贸易，积极承接国际服务外包。具备条件的沿海地区和城市要根据自身优势，制订相应的政策措施，加快培育一批具备国际资质的服务外包企业，形成一批外包产业基地。建立支持国内企业走出去的服务平台，扶持出口导向型服务企业发展，积极参与国际竞争，扩大互利合作和共同发展
2010年8月29日	《中外合资经营旅行社试点经营出境旅游业务监管暂行办法》	进一步加快旅游业的对外开放，加强国际旅游合作，引进国际先进的旅行社经营模式，促进我国旅行社业的转型升级，提高国际竞争能力
2010年10月6日	《国务院关于进一步做好利用外资工作的若干意见》	根据我国经济发展需要，结合国家产业调整和振兴规划要求，修订《外商投资产业指导目录》，扩大开放领域，鼓励外资投向高端制造业、高新技术产业、现代服务业、新能源和节能环保产业。严格限制“两高一资”和低水平、过剩产能扩张类项目。 落实和完善支持政策，鼓励外商投资服务外包产业，引入先进技术和管理经验，提高我国服务外包国际竞争力
2011年12月24日	《外商投资产业指导目录（2011年修订）》	积极引导外商投资服务业，推动产业结构调整。鼓励外商投资现代服务业，支持面向民生的服务业扩大利用外资，推进服务业开放进程。此次修订，服务业增加了9项鼓励类条目，包括机动车充电站、创业投资企业、知识产权服务、海上石油污染清理技术服务、职业技能培训等，服务业条目在鼓励类中的比重进一步增加；将外商投资医疗机构、金融租赁公司等从限制类调整为允许类

续表

发布时间	政策文件名称	主要内容
2012 年 7 月 24 日	《“十二五”利用外资和境外投资规划》	有效利用国外贷款，稳定贷款规模，优化投向；统筹境外借款、融资租赁、债券发行等境外融资方式，进一步提高资金使用效益；提升外商投资水平，规模平稳发展，使外资在推动我国产业升级、结构优化、科技创新、区域协调发展等方面发挥更加积极的作用
2015 年 3 月 10 日	《外商投资产业指导目录（2015 年修订）》	在服务业领域，主要是取消或放宽电子商务、连锁经营、支线铁路、地铁、轻轨、海上运输、演出场所等股比要求，直销、邮购、进出口商品检验认证、铁路货物运输、保险经纪公司、财务公司、信托公司、货币经纪公司等不再列入限制类，并将建筑设计、养老机构列入鼓励类

资料来源：中华人民共和国国家发展和改革委员会，http://www.ndrc.gov.cn/。

5.5 利用外商直接投资促进我国协调发展的路径选择

5.5.1 利用外商直接投资促进区域协调发展的政策建议

1. 推动外资政策创新

严格禁止引进高污染且无有效治理措施的设备、工艺和项目，鼓励外商向清洁能源、清洁生产技术、新材料等领域投资，并因地制宜地引导 FDI 以独资或合资的形式进入。我国应对外资放弃普遍优惠的政策，实行差别化的有限优惠政策，引导外资进入重点领域，而一般性的外资企业仅可享受国民待遇。

2. 提高东部地区 FDI 质量

推动东部地区外资结构向高级化发展，重点引进高水平高质量的国外资本和管理经验，鼓励具有先进技术的外资流入，并逐渐从招商引资过渡到招商选资，全面提高利用外资的质量。发挥自由贸易试验区的先行作用，将上海自贸区准入前国民待遇、负面清单管理等做法推广到其他自由贸易试验区，进一步促进贸易投资自由化、便利化，促进跨国公司与本土企业的良性竞争。

3. 提高中西部地区对外开放水平

继续给予中西部欠发达地区税收、金融、财政等多方面的 FDI 优惠政策，进一步提升中西部各省、市、自治区的外资吸引力。优先完善各地基础设施建设及公共服务体系，建立包括高铁、高速公路在内的现代交通网络体系，保障对外开放的“硬环境”，减少外商投资成本。另一方面，要建立更加完善的市场体制，加大人才引进力度，鼓励研发创新，为国外投资创造良好的“软环境”，营造自由的投资氛围，吸引跨国公司大项目落户中西部，带动当地经济发展。

4. 立足“一带一路”建设，推动国内国际对接

加快推进“一带一路”建设、京津冀协同发展和长江经济带发展战略对于我国吸引更高水平的FDI及区域协调发展具有重要的意义。西部地区成为连南接北、承东启西的开放枢纽，可以极大地加快该地区的经济转型。同时，推动东部沿海地区对接“海上丝绸之路”，形成沿海、沿江、沿边全方位的对外开放新格局，促进沿线国家的贸易增长，拓展FDI市场，带动沿线国家的投资与建设，促进我国国内经济与国际经济发展的互联互通。

5.5.2 利用外商直接投资实现产业平衡发展的路径选择

合理引导外资流向，积极使外商直接投资流向第一产业。大多数外资都流向了农业，畜牧业、渔业以及林业所吸引的外资严重不足。应积极采取措施，鼓励外资流向高科技农林牧渔业、绿色生态农业等项目、形成产业化发展和规模经营。引导外商直接投资优化第二产业中的工业内部结构，加强外商在我国技术密集型和资本密集型产业的投资力度，优先引入资本效率、技术含量以及附加值高的生产项目并给予一定的优惠政策；稳步增加外资对重化工业的投资；鼓励外资在医药制造业，航空、航天器及设备制造业，电子及通信设备制造业，计算机及办公设备制造业，医疗仪器设备及仪器仪表制造业和信息化学品制造业等高新技术产业的投资。在引入外资时，充分利用外商直接投资的技术溢出效应，提高产业技术水平，优化产业结构和提升产业层次。

鼓励外商增加对现代服务业和战略性新兴产业的投资。外商对我国服务业投资主要还是集中在批发和零售业、租赁和商务服务业等传统服务业上面，对现代服务业投资比重偏低，在一定程度上已制约我国第一、二产业的发展。因此，应鼓励外资投向生产性服务业比如金融、物流、信息、研发、工业设计、节能环保等行业，促进现代服务业的发展。引导外资流向新一代信息技术和高端装备制造产业等战略性新兴产业，加快物联网的研发和应用，促进我国的产业结构优化升级。

进一步优化投资环境，构建开放型经济新体制。自贸试验区成立以来，形成了一大批可推广、可复制的改革经验，对于营造良好的投资环境有着极为重要的意义，各地区应针对自身特点，积极引入相关举措，增强本地区的吸引外资水平。比如重庆自贸试验区从金融制度的跨境金融结算服务、跨境人民币业务、跨境投融资便利化、跨境金融服务功能、金融风险防控体系5个方面进行改革创新，惠及各类实体企业及金融机构。此外，要进一步推进市场化改革，减少政府对于市场的干预，打破地方保护，努力打造公平公正的市场环境，不断创新利用外资管理体制，改革对外投资管理体制。

不断改善劳动力素质结构。无论是发展现代化农业和高新技术产业，抑或是加快发展生产性服务业，人力资本都在其中扮演着不可替代的角色。因此必须努力提高人力资本水平，提升外商直接投资企业技术溢出的吸收能力，促进产业结构的升级。高等教育要大力培养技术型的专业人才，提高研发水平；对于农村劳动力，要着力于基础教育与

职业培训，一些紧缺和必需岗位由政府免费培训或给予补贴，以提高企业职工的人力资本水平。这有利于提高内资企业的技术水平、研发能力及对外资企业的技术吸收和创新能力，对促进产业结构升级有着非常深远的意义。

（执笔人：汤　碧　许　萌　王诵夏）

第6章　绿色发展与我国外商直接投资

摘　要

当前，发展绿色经济成为全球焦点，取得重要共识。国际组织和各国家都制定了一系列旨在促进绿色经济发展，并通过绿色经济促进经济复苏、转变经济增长方式的政策措施，试图在新一轮国际竞争中继续保持领先优势。

国际上，2008年联合国环境规划署倡议各国通过绿色新政和绿色经济来应对金融危机；2009年，欧盟为保持在低碳产业的领先位置，宣布在2013年前投资1 050亿欧元于绿色经济；2010年，欧盟发布《欧盟2020》战略，提出发展资源效率和低碳经济的欧洲路线图；2011年联合国环境规划署发布了《迈向绿色经济——实现可持续发展和消除贫困的各种路径》，该报告指出从2011年到2050年，每年将全球生产总值的2%投资于十大主要经济部门可以加快向低碳、资源有效的绿色经济转型。2012年，日本提出“绿色发展战略”的总体规划；2015年联合国通过的《2015年后联合国发展议程》把绿色经济作为恢复经济增长和消除贫困的重要出路；2015年12月12日在巴黎气候变化大会上《巴黎协定》得以通过（2017年6月1日美国宣布退出该协定，但汉堡G20峰会上，其他19个国家一致决定继续遵守该协定），这是继《京都议定书》后第二份有法律约束力的气候协议，为2020年后全球应对气候变化行动作出了安排。

与此同时，我国也面临一系列环境挑战和经济增长压力，急需转变经济增长方式，创造新的经济增长点，政府和民间在环境保护和绿色发展上取得了高度一致。党的十七大提出了生态文明理念，十八大以后，生态文明理念上升为生态文明战略，并纳入“五位一体”总布局。“十三五”规划建议中，绿色发展被纳入五大发展理念，提出“绿色是永续发展的必要条件和人民对美好生活追求的重要体现。必须坚持节约资源和保护环境的基本国策，坚持可持续发展，坚定走生产发展、生活富裕、生态良好的文明发展道路，加快建设资源节约型、环境友好型社会，形成人与自然和谐发展现代化建设新格局，推进美丽中国建设，为全球生态安全作出新贡献”。2016年9月，习近平主席在二十国集团工商峰会开幕式上作主旨演讲时指出：“在新的起点上，我们将坚定不移推动绿色发展，谋求更佳质量效益。”峰会上，中国倡议二十国集团发表了首份气候变化问题主席声明，率先签署了《巴黎协定》，首次将绿色金融议题引入G20议程，推动建立了绿色金融研究小组，以鼓励各方根据各国国情，深入研究如何通过绿色金融调动更多资源用于绿色投资。

作为发展中国家，中国在绿色发展的步伐上仍远远落后于西方发达国家，这集中体现在三点：一是绿色环保技术和工艺水平上还远远落后于发达国家；二是绿色环保理念与西方相比仍有较大差距；三是我国当前生态环境不容乐观，急需改善。而通过吸引绿色 FDI 可以溢出西方先进的环境治理技术和经验，可以引进先进的环保理念，从而推动我国生态环境改善，走上绿色发展之路。因此，积极合理地吸引绿色 FDI 促进我国绿色发展成为亟需认真研究的课题。

基于此，本章从绿色发展与 FDI 的视角出发，根据“污染天堂假说”“竞争到底假说”“污染光环效应”和“环境库兹涅茨曲线”等相关 FDI 与绿色发展的理论，从结构效应、技术效应、规模效应和政策效应四个方面以及正面和负面两个角度，在国际当前绿色发展环境、全球绿色治理变迁和我国改革红利持续释放的背景下分析了我国绿色发展与 FDI 的关系，并提出合理利用 FDI 促进我国绿色发展的政策建议。

6.1 外商直接投资与我国绿色产业结构变迁关系——结构效应

FDI 的结构效应与绿色产业关系体现在：当 FDI 产业结构和行业结构聚集于高污染高能耗的产业和行业时，FDI 将增加东道国的污染排放、恶化当地生态环境。相反，当 FDI 产业结构和行业结构聚集于低污染、低能耗的清洁产业和行业时，东道国的产业结构和行业结构将得到改善，FDI 有利于东道国的绿色发展。具体来说，一般认为第二产业属于最易导致环境污染的产业，第一产业次之，第三产业常常被认为是低污染、低排放的清洁产业。

为研究 FDI 结构效应对我国绿色发展的影响，本章首先研究 FDI 产业结构效应和制造业 FDI 行业效应与我国产业及行业结构的变迁关系及其带来的环境质量变化；其次，研究我国 FDI 区域结构对我国绿色发展的影响，分别探讨我国中、西部吸引 FDI 的结构效应变化；最后，从 FDI 来源地角度，研究不同来源地投资对我国绿色发展的影响。

6.1.1 外商直接投资产业结构和行业结构对我国绿色发展的影响①

从我国一、二、三产业吸引 FDI 规模来看，第一产业引资规模较小且趋势平稳，从 2001 年的 17.6 亿美元到 2016 年的 123.2 亿元人民币（约合 19.08 亿美元）；第二产业引资规模相对较大且呈现波动趋势，从 2001 年的 534.5 亿美元上升到 2011 年最高点 557.5 亿美元，而后又逐步下降到 2016 年的 2 293.2 亿元人民币（约合 355.3 亿美元）；第三产业的引资规模则稳步提升，高技术服务业增长尤其迅速，第三产业引资规模从 2001 年的

① 本节数据来源：根据历年《中国统计年鉴》整理。

139.8亿美元扩大到了2016年的5 715.8亿元人民币（约合855.6亿美元），同比增长8.3%，占外资总量的70.3%，其中，高技术服务业实际使用外资955.6亿元人民币，同比增长86.1%，高技术制造业实际使用外资598.1亿元人民币，同比增长2.5%。在高技术服务业中，信息、咨询服务业，计算机应用服务业，综合技术服务业，分销服务，零售业实际使用外资同比分别增长59.8%、112.8%、66.4%、42.9%和83.1%。随着各产业吸引FDI规模的变化，各产业所占引资比重及GDP比重也同步发生了变化。在高技术制造业中，医药制造业、医疗仪器设备及仪器仪表制造业实际使用外资同比分别增长5.8%和95%，这反映了FDI向高端产业集聚的态势。

2001年我国一、二、三产业吸引FDI所占比重分别为3%、77%和20%，第二产业吸引了绝大多数FDI；而到2011年，这一结构出现了较大变化，三个产业吸引FDI比例分别为0.02:0.48:0.50，第二产业降到不足50%，FDI投资结构由原来的“二、三、一”变为更为清洁的“三、二、一”结构。到2016年这一“环保”结构更为明显，三个产业比例分别为0.01:0.35:0.64，第三产业吸引FDI占到了绝对优势。与此同时，我国的产业结构也发生了逆转，2011年我国一、二、三产业占GDP比重分别为14%、45%和41%，到2012年第三产业所在GDP比重超过第二产业，达到了45.3%。而到2016年，这一结构更加优化，三个产业所占GDP比例达到了0.086:0.398:0.516，第三产业占绝对优势。FDI产业结构与我国产业所占GDP呈同步变化，反映了FDI产业结构效应对我国环境产生了积极影响。说明合理优化我国吸引FDI的产业结构，积极引导FDI流向第三产业，对释放FDI产业结构正向效应，实现绿色可持续发展具有重大意义。

为进一步检验FDI的产业结构效应及行业结构效应，本文引入FDI的行业偏向性指数（FDI Deviation Index，以下简称FDIDI）。FDI的行业偏向性指数研究了各行业吸引FDI集聚效应，该指数反映出FDI在该行业的相对集中度。同理，也可利用该指数的计算方法来计算FDI的产业偏向性指数。

FDI的行业（或产业）偏向性指数计算公式：$FDIDI=\dfrac{I_{ij}/I_j}{I_{iO}/I_O}$

上式中，$FDIDI$ 指FDI的行业（或产业）偏向性指数，I_{ij} 指某行业（或产业）i 的FDI规模，I_j 指一国所有行业（或产业）的FDI规模；I_{iO} 指行业（或产业）i 的投资规模；I_O 指一国所有行业（或产业）的投资规模。当 $FDIDI$ 指数值大于1时，说明FDI在该行业（或产业）相对集中，对该国该行业（或产业）有投资偏好；当 $FDIDI$ 指数值小于1时，说明FDI对该国该行业（或产业）没有投资偏好，投资较少。

我国吸引FDI的产业偏向性指数计算结果如图6–1所示。第一产业和第二产业的FDI产业偏向性指数逐步下降，分别由2001年的2.32和2.42下降到2016年的0.39和0.72，第二产业的FDIDI在2010年出现拐点，下降到0.98，在2012年有小幅波动，但整体仍呈下降趋势。第三产业的FDI的产业偏向性指数逐步提升，由2001年的0.30上升到2016年的1.23。第三产业的FDIDI在2011年出现了拐点，FDIDI上升到1.04，反映了FDI

对第三产业有投资偏好，产生了聚集效应。我国吸引 FDI 的产业偏向性指数的变化趋势进一步证实了上述结论：FDI 有利于我国产业结构改善，FDI 产业结构效应对我国节能减排和绿色可持续发展产生了积极影响。

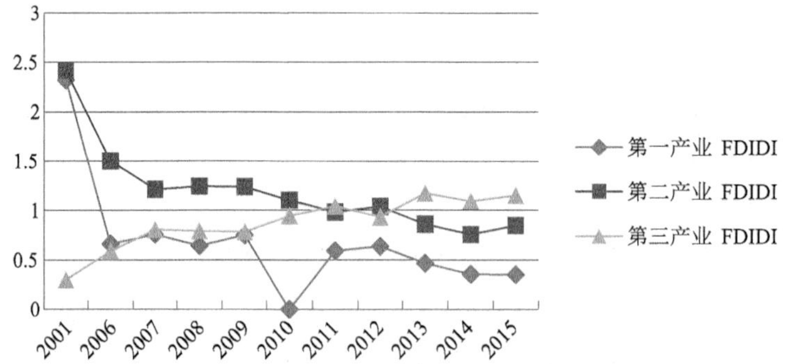

图 6-1　2001—2015 年 FDI 产业集聚效应

数据来源：根据历年《中国统计年鉴》和《2015 年国民经济和社会发展统计公报》整理。

第二产业是造成我国环境质量下降的主要产业，由于受我国引资政策限制等原因，第二产业 FDI 主要集中于制造业。例如 2015 年，采矿业、电力、燃气及水的生产和供应业和建筑业吸引 FDI 占第二产业比重分别为 0.5%、5.1%和 3.5%，而制造业占比到达了 90.7%，所以有必要进一步研究制造业各行业 FDI 聚集效应对绿色发展的影响。为方便后文的分析，在计算我国制造业 FDI 行业偏向性指数前，先介绍制造业各行业的污染密集度。李玲、陶锋（2011）测度了中国工业部门中 19 个污染密集型产业，将这些产业划分为重度污染产业、中度污染产业和轻度污染产业，具体结果如表 6-1 所示。

表 6-1　　污染密集型产业识别结果

分类	产　业
重度污染产业	黑金采选、有金采选、非金制造、燃气煤气、化学工业、化学纤维、石油加工、电力热力、造纸制品、煤炭开采
中度污染产业	农副产品加工、食品制造、饮料制造业、有金加工、黑色加工、纺织业、石油开采、医药工业
轻度污染产业	皮革毛羽、塑料制品、橡胶制品、文教体育、金属制品、纺织服装、烟草加工、电气机械、通信设备、水的生产、通用设备、家具制造、交通设备、专用设备、仪器仪表、印刷媒介

资料来源：李玲，陶锋. 污染密集型产业的绿色全要素生产率及影响因素——基于 SBM 方向性距离函数的实证分析 [J]. 经济学家，2011（8）.

根据李玲、陶锋（2011）的分类，计算制造业部分行业的 FDI 聚集效应，结果如表 6-2 所示。FDI 在制造业各行业的偏好各不相同，且变化较大。具体来看，属重度污染产业的化学原料及化学制品制造业 FDIDI 都小于 1，说明投资偏好性不强，FDI 不能加强其行业聚集。中度污染行业中，FDIDI 指数都基本小于 1。纺织业相对 FDIDI 最高，但这些年也基本小于 1 且不断减小。2012 年与 2003 年相比，FDIDI 指数减小的产业有：饮料制造业、农副食品加工业，增长的有食品制造业、医药制造业。轻度污染产业中，通用设备制造业、专用设备制造业、交通运输设备制造业的 FDIDI 指数都小于 1，除通用设备制造业外都呈上升趋势；通信设备、计算机及其他电子设备制造业，电器机械及器材制造业的 FDIDI 指数都大于 1，但呈下降趋势。制造业各行业 FDIDI 指数变化趋势表明：首先，整体而言，FDI 在轻度污染制造业产业的投资偏好要大于中度污染产业和重度污染产业，说明 FDI 有利于我国制造业向低污染、低能耗的绿色结构发展；其次，作为发展中国家，我们仍需积极利用 FDI，发展我国制造业，尤其是应积极引导外资从低附加值、高污染行业向高附加值、低污染行业转移。防止中度污染产业 FDIDI 指数攀升，积极提高轻度污染产业 FDIDI 指数。最后，现阶段应制定更严格的环境制度和规则，约束发达国家高污染企业向我国转移，避免成为“污染避难所”。同时，鼓励国内企业积极学习外资先进的环境治理标准及绿色环保技术，尤其鼓励低污染、低能耗的技术密集型 FDI，如积极鼓励跨国公司向我国通用设备制造业、通信设备制造业、专用设备制造业。电器机械制造业等进行投资。加强 FDI 对我国的“污染光环效应”，扩大 FDI 对我国环境的正面影响。

表 6–2　　中国制造业各行业 FDIDI 指数变化趋势

分类	行业	2003年	2004年	2005年	2006年	2007年	2008年	2009年	2010年	2011年	2012年
重度污染	化学原料及化学制品制造业	0.72	0.94	0.49	0.52	0.63	0.64	0.71	0.82	0.69	0.66
中度污染	食品制造业	0.68	0.63	0.76	0.67	0.64	0.68	0.67	0.77	0.76	0.79
	饮料制造业	0.50	1.56	0.59	0.48	0.51	0.64	0.47	0.56	0.72	0.44
	农副食品加工业	0.80	0.85	0.88	0.67	0.39	0.37	0.38	0.36	0.45	0.39
	纺织业	0.86	1.88	0.94	0.88	0.96	1.03	0.95	0.80	0.69	0.68
	医药制造业	0.35	0.94	0.42	0.40	0.46	0.58	0.46	0.73	0.76	0.72
轻度污染	通用设备制造业	0.80	0.75	0.88	0.71	0.61	0.61	0.76	0.72	0.78	0.67
	专用设备制造业	0.72	0.30	1.04	1.01	0.88	1.00	0.90	0.91	1.00	0.86
	交通运输设备制造业	0.61	1.11	1.11	1.29	0.90	0.90	0.89	0.80	0.78	
	通信设备、计算机及其他电子设备制造业	2.42	10.08	2.20	2.24	3.04	2.96	3.25	2.65	2.82	2.29
	电器机械及器材制造业	1.60	0.39	1.40	1.56	1.54	1.42	1.48	1.59	1.36	1.23

注：由于数据可得性，本章只计算了制造业部分行业 2003—2012 年的 FDIDI 指数。

数据来源：根据历年《中国统计年鉴》和《2013 年外商投资公报》计算而来。

6.1.2 我国外商直接投资的区域结构对我国绿色发展的影响

近年来，国家积极实施西部大开发战略和中部崛起战略，出台各种措施支持 FDI 投向我国中西部地区，有效地促进了我国中西部地区的经济发展和吸引 FDI 规模。同时，我国中西部地区基础设施日益完善，也使得有更多外资愿意对其进行投资。而且近年来，我国东部沿海地区劳动力成本和环境污染成本等各项成本因素高涨，也有效地促进了 FDI 从东部沿海向内陆转移。据商务部数据，2016 年 1—12 月，我国中西部吸引外资规模继续增长，西部地区实际利用外资金额 629.9 亿元人民币，同比增长 1.6%。其中，农、林、牧、渔业，制造业，电力、燃气及水的生产和供应业，信息传输、计算机服务和软件业，租赁和商业服务业实际使用外资同比分别增长 457.7%、11.3%、30.6%、115.6% 和 24.9%。农、林、牧、渔业，制造业和服务业的外资比重为 7.6%、34.3%和 58%。FDI 在促进我国中西部地区经济发展同时，也带来了环境的污染。如何在促进外资发展中西部地区的同时，避免环境污染，值得深入研究。

我国中部地区包括安徽、湖北、湖南、河南、江西、山西六个相邻省份。西部地区包括 12 个省市及自治区，即西南五省区市（四川、云南、贵州、西藏、重庆）、西北五省区（陕西、甘肃、青海、新疆、宁夏）和内蒙古、广西[①]。

如表 6–3 所示，中部六省吸引 FDI 规模不断扩大，其中最大的河南，2015 年达到了 149.27 亿美元。如表 6–4 所示，西部地区吸引 FDI 规模也在不断扩大，其中最大的四川，2015 年达到了 107.03 亿美元。西部地区整体引资规模要小于中部地区，且中部地区与全国吸引 FDI 的产业结构不同。中部所有省份第二产业吸引的 FDI 都要大于第三产业，在有数据的西部省、区中，仅陕西省第二产业吸引的 FDI 大于第三产业。一方面说明中部省份和陕西省吸引 FDI 占全国比例仍较小，全国数据中第三产业比第二产业高主要受东部地区引资结构影响。另一方面也与发展程度有关，中部地区经济发展相对落后，劳动力成本和环境污染成本相对东部较低，吸引 FDI 主要集中于污染严重的第二产业。为了促进中部地区经济发展，缩小与东部地区差距，基于中部地区的发展阶段和目前所具备的劳动力资源及环境污染比较优势，中部地区仍需积极引进 FDI，尤其是第二产业部门中加工制造业的 FDI，故可预计在短期内 FDI 的产业结构效应对中部地区仍处于负面影响。但“要金山银山，更要绿水青山”，中部地区在吸引外资时，要避免重污染跨国企业和高污染的东部沿海企业投资，防止成为“污染天堂”，同时，要防止中西部各省为获得吸引 FDI 的竞争优势，主动降低环境标准和管制程度，陷入“竞争到底假说”。

---

① 由于云南、西藏、甘肃、新疆、宁夏和内蒙古六个省（自治区）的分产业 FDI 数据没有公布，所以本章的西部地区指除这六个省（自治区）外的其他省（自治区）。需要说明的是：这六个省（自治区）吸引 FDI 较少，对整体结果的判断影响并不大。云南、西藏、甘肃、新疆、宁夏和内蒙古六个省（自治区）2015 年吸引 FDI 的金额分别为：29.9 亿美元、0.7 亿美元、1.1 亿美元、8.57 亿美元、1.86 亿美元和 33.7 亿美元。

表 6–3 　　　　　　　　**中部六省利用 FDI 规模** 　　　　　　　　单位：亿美元

湖南	2005	2009	2014	湖北	2005	2009	2014
第一产业	0.69	2.30	6.30	第一产业	0.61	0.76	2.11
第二产业	14.19	35.18	71.40	第二产业	14.12	24.67	46.41
第三产业	5.84	8.50	37.90	第三产业	7.11	11.14	31.26
合计	20.72	45.98	115.60	合计	21.85	36.58	79.78
江西	2005	2009	2014	安徽	2005	2009	2014
第一产业	1.58	4.16	5.76	第一产业	0.34	0.53	3.05
第二产业	6.51	28.22	61.36	第二产业	4.58	29.04	63.57
第三产业	16.13	7.86	17.39	第三产业	1.97	9.28	56.77
合计	24.23	40.24	84.51	合计	6.88	38.84	123.40
河南	2005	2009	2014	山西	2005	2009	2014
第一产业	0.06	1.69	4.94	第一产业	0.00	0.50	0.28
第二产业	13.66	32.74	115.91	第二产业	1.77	5.03	7.01
第三产业	4.73	13.56	28.41	第三产业	0.98	1.48	2.32
合计	18.45	47.99	149.27	合计	2.75	7.01	9.62

数据来源：中部各省历年《统计年鉴》。

表 6–4 　　　　　　**西部部分省、自治区利用 FDI 规模** 　　　　　　单位：亿美元

四川	2005	2009	2014	贵州	2005	2009	2014
第一产业	0.30	0.00	0.03	第一产业	0.01	0.43	0.08
第二产业	6.70	22.00	48.00	第二产业	0.65	1.18	2.01
第三产业	4.12	18.00	59.00	第三产业	0.60	0.11	2.20
合计	11.12	40.00	107.03	合计	1.26	1.72	4.29
重庆	2005	2009	2014	陕西	2005	2009	2014
第一产业	0.02	0.10	0.02	第一产业	0.00	0.04	0.26
第二产业	1.57	14.72	7.60	第二产业	4.13	6.27	24.71
第三产业	3.57	25.34	34.72	第三产业	1.82	8.80	16.78
合计	5.16	40.16	42.33	合计	5.96	15.11	41.76
青海	2005	2009	2014	广西	2005	2009	2014
第一产业	0.00	0.11	0.13	第一产业	0.26	1.01	0.03
第二产业	0.14	0.14	0.21	第二产业	3.46	4.70	4.46
第三产业	2.52	2.83	0.73	第三产业	0.75	3.41	5.53
合计	2.66	3.08	1.06	合计	4.47	9.12	10.01

数据来源：西部各省区历年《统计年鉴》。

如图 6–2 所示，中部地区第一产业吸引 FDI 较少，第一产业产值占 GDP 比重也最少。第二产业吸引 FDI 最多且先上升后下降（57.8%→71.5%→65.0%），第二产业产值占 GDP 比重也呈现出同样的变化趋势（46.8%→50.4%→48.1%）。第三产业吸引 FDI 先下降后上升（38.8%→23.9%→31.0%），产值规模占 GDP 比重与吸引 FDI 占比趋势保持一致（36.4%→35.8%→41.0%）。说明，中部地区产业仍处于“二、三、一”结构，FDI 的产业结构效应对中部地区的绿色发展产生负面影响，但随着第三产业的迅速壮大，中部地区产业结构正在向更为绿色的“三、二、一”结构发展。

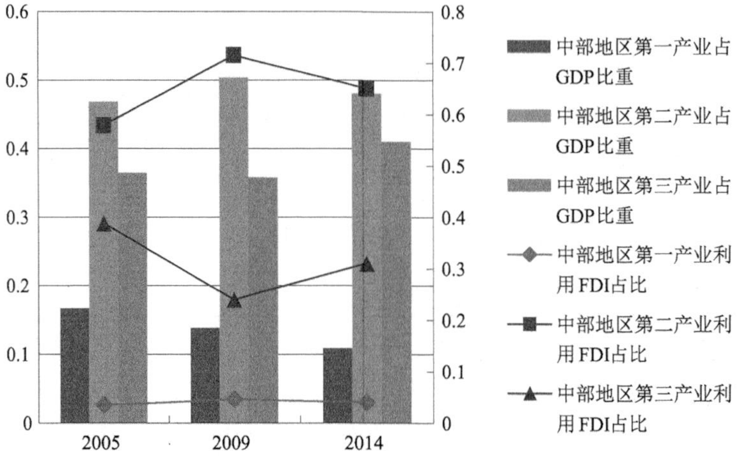

图 6–2　FDI 与我国中部地区产业结构发展趋势（%）

数据来源：根据各省历年《统计年鉴》及《国民经济和社会发展统计公报》整理。

如图 6–3 所示，西部地区第一产业吸引 FDI 也较少，第一产业产值占 GDP 比重也最少。第二产业吸引 FDI 最多且呈下降趋势（54.6%→44.9%→42.1%），第二产业产值占 GDP 比重则呈上升趋势（43.1%→47.1%→49.1%）。第三产业吸引 FDI 持续上升（43.5%→53.6%→57.6%），产值规模占 GDP 比重变化不大（39.3%→39.1%→39.3%）。西部地区也处于“二、三、一”产业结构，且这种结构短期内不断加强。可能的原因在于：第一，整体而言西部地区相对中部地区更为落后，处于工业化进程中，工业化水平也较中部地区尤其是东部地区落后，所以其产业结构变化趋势与我国整体及中东部地区相反，仍处于不断强化“二、三、一”结构中；第二，西部地区吸引 FDI 规模较小（例如贵州省 2014 年吸引 FDI 仅 4.29 亿美元、而青海仅 1.06 亿美元），FDI 对其产业结构变化作用有限，所以西部地区吸引 FDI 的产业结构与自身产业结构变化方向不一致。但随着第三产业吸引 FDI 比重不断上升，FDI 将有利于西部地区发展相对低耗、低排的第三产业。

进一步对中部地区产业 FDIDI 指数进行分析，结果如表 6–5 所示①。对中部地区各产业的 FDIDI 指数变化趋势与上文分析的各产业 FDI 规模变化及占 GDP 比重变化趋势一致。但 FDI 在中部地区第一产业和第二产业的 FDIDI 指数都大于 1，第三产业

① 附表 9–1 和附表 9–2 分别详细给出了中西部各省、自治区分产业 FDIDI 指数。

的 FDIDI 指数小于 1。说明 FDI 对中部地区的一、二产业有投资偏好，会产生集聚效应，不利于中部地区产业结构的调整，FDI 的产业结构效应对中部地区环境产生负面影响。

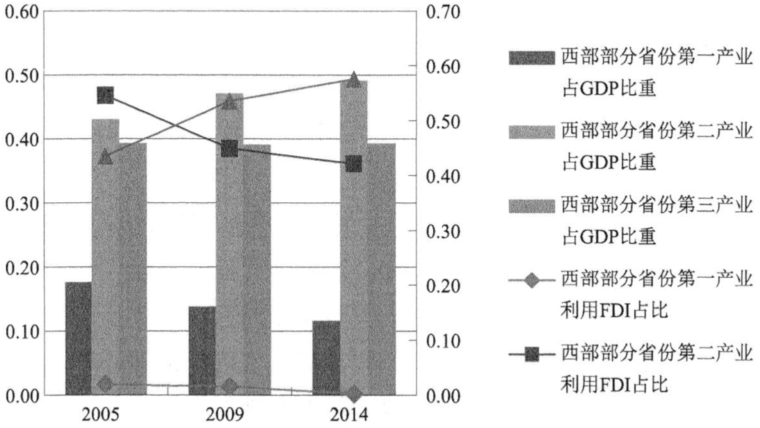

图 6-3　FDI 与我国西部地区产业结构发展趋势（%）

数据来源：根据各省历年《统计年鉴》及《国民经济和社会发展统计公报》整理。

表 6-5　　中部地区产业 FDIDI 指数变化趋势

年　份	2005	2009	2014
中部地区第一产业 FDIDI	1.22	1.62	1.07
中部地区第二产业 FDIDI	1.28	1.44	1.39
中部地区第三产业 FDIDI	0.74	0.50	0.63

数据来源：根据各省历年《统计年鉴》及《国民经济和社会发展统计公报》整理。

如表 6-6 所示，FDI 对西部地区各产业的 FDIDI 指数变化趋势与上文分析的各产业占 GDP 比重变化趋势一致。西部地区第一产业逐步减小；第二产业的 FDIDI 也逐步减小但仍大于 1，说明 FDI 对西部地区的第二产业存在集聚效应；第三产业的 FDIDI 逐步上升，到 2014 年已大于 1，说明对第三产业有投资偏好。按照目前发展趋势，FDI 结构效应将对环境保护和可持续发展起到正向作用。

表 6-6　　西部地区分行业 FDIDI 指数变化趋势

年　份	2005	2009	2014
西部部分地区第一产业 FDIDI	0.58	0.30	0.05
西部部分地区第二产业 FDIDI	1.45	1.19	1.11
西部部分地区第三产业 FDIDI	0.74	0.94	1.02

数据来源：根据各省区历年《统计年鉴》及《国民经济和社会发展统计公报》整理。

6.1.3 外商直接投资的来源地结构对我国绿色发展的影响

不同国家和地区 FDI 来源地，对我国投资规模以及产业、行业的投资偏好各不相同，来源地的技术水平也不一致，因而不同来源地 FDI 规模效应、结构效应和技术溢出效应也对我国绿色发展起到不同作用。2016 年，我国主要 FDI 来源地分布多元化，美欧对华投资继续保持较快增长势头。美国、欧盟 28 国对华实际投资同比分别增长 52.6%和 41.3%。欧盟 28 国中，英、德、卢森堡、瑞典对华实际投资同比分别增长 113.9%、80.9%、125%和 43.8%。亚洲投资来源地中，澳门特区、韩国实际投入金额同比分别增长 290.3%和 23.8%；日本全年实际投资同比增长 1.7%，逆转了连续两年大幅下跌态势。2016 年我国共利用外资 1 260 亿美元，来源地如表 6–7 所示。其中来自港澳台地区的资金占到 74.82%，尤其是香港特别行政区一地占到 69.19%，且近年来占比不断上升。香港对大陆的投资主要集中于污染严重的第二产业，例如染坊、印刷和皮革制品等，而且香港对大陆投资企业以小企业为主，技术上与西方发达国家有较大差距，所以香港 FDI 结构效应对我国环境有负面影响，FDI 技术效应的正向作用也不如欧、美、日等发达国家。澳门特别行政区对大陆投资规模相对较小，也以中小企业为主，但澳门 FDI 主要集中于高新技术产业、服务业等第三产业，能发挥积极的结构效应和技术效应，有助于我国环境保护和可持续发展。近年来，国家在珠海和澳门特别行政区分别建立园区，并签署了有利于社会和共用事业等合作的《CEPA 补充协议四》，这将增强两地进一步投资和合作。台湾省近年对大陆投资整体呈上升趋势，投资产业结构上看，制造业占比较大。前些年投资重点侧重在基本金属、电子产品、化学制品印刷、皮革、染料制作和火力发电等高污染、高排放行业。近年来，随着大陆经济发展、劳动力比较优势丧失和经济结构调整，台商也正致力于转型升级，并逐步向高新技术产业转型，这一趋势也将使台商为大陆绿色产业发展贡献正能量。日本、新加坡和韩国属于对我国 FDI 最多的国家，我国加入 WTO 后，也主要依靠日、新这几个国家及我国香港、台湾地区的边际产业转移实现经济高速发展，但他们主要是将高污染、高能耗和劳动密集型产业转移到我国，使得我国环境迅速恶化。就日本而言，其向我国转移的边际产业主要是钢铁、化工、纺织和电器等制造业，显然日本 FDI 结构效应对我国环境保护不利；自 90 年代我国放宽外方出资比例限制后，日本企业越来越倾向于在我国建立独资企业，减少了 FDI 的技术溢出效应。就韩国而言，其投资主体以大型企业集团为主，投资行业较广但以加工制造业为主。该国企业非常重视对企业的控制权，所以也以独资企业方式进行投资。故韩国 FDI 结构效应对我国绿色发展不利，技术效应不显著。美国是我国最大外资来源地之一，其 FDI 在我国主要行业都有分布，如冶金、通信、纺织、电子、食品、医药、金融、环保、机械等。美国是全球技术最先进的国家之一，美国跨国公司注重本地化和长远发展战略，故在转移生产基地的同时，敢于在我国建立技术研发中心并向我国转移较为先进的技术。同时，美国企业非常重视开拓我国服务业市场，所以美国 FDI 结构效应和技术溢出效应对我国节能减排、产业升级换代做出了积极贡献。欧洲国家尤其是欧盟国家在我国的跨国公司具有技术含量高、规模大的特点，且欧盟国家投资领域正从传统制造业向第三产业转移。同时，欧盟国家自身技术水平较高，相对美日等国，欧盟国家更愿意对我国进行高技术产业输出。所以欧盟 FDI 的结构效应和技术效应对我国绿色发展的正向作用更为显著。通过分析，发现不同 FDI 来源地，对我国绿色发展的效应表现不一，针对不同地区合理制定引资政策和策略将能更有效通过吸引 FDI 来促进我国生态环境改善、促使可持续发展。

表 6–7 2016 年我国利用外资来源地 单位：亿美元

国别（地区）	实际使用外资金额	占比
总计	1 260	100%
中国香港	871.8	69.19%
中国澳门	61.8	4.90%
中国台湾	36.2	2.87%
日本	31.1	2.47%
新加坡	61.8	4.90%
韩国	47.5	3.77%
美国	38.3	3.04%

6.2 外商直接投资与我国绿色产业技术变迁关系——技术效应

FDI 的技术效应与我国绿色发展的内在联系是：外资的技术水平、管理经验和环境业绩都要优于本土企业，FDI 将有利于我国节能减排，发展清洁型产业，促进我国从粗放型发展方式转向集约型发展。具体来看，有直接和间接两个推动渠道：一是 FDI 本身先进的环保技术水平对我国绿色发展起到了直接的推动作用；二是 FDI 带来技术外溢，同时对本土企业起到示范作用，带动本土企业提高环境业绩，间接推动了我国绿色产业发展。本章从利用外资方式、内外资企业的技术实力对比和能源利用效率三个角度研究 FDI 的技术溢出效应对我国生态环境的影响。

6.2.1 利用外资方式

就利用外资方式而言，合资、合作经营企业将更有利于技术外溢，中国企业的技术学习效率也更高。如表 6–8 所示，2015 年中国利用外资方式中，中外合资企业占比为 20.5%，中外合作企业为 1.46%，两种方式占比较小，有待进一步提高。

表 6-8　　2015 年中国利用外资方式　　单位：万美元，%

利用外资方式	本年实际使用外资	占比
总　计	1 262.67	1.000 0
中外合资企业	258.85	0.205 0
中外合作企业	18.45	0.014 6
外资企业	952.85	0.754 6
外商投资股份制	32.51	0.025 7
合作开发	0	0.000 0
其他	0	0.000 0

6.2.2 内外资企业技术实力对比

本章用从业人员人均增值税来衡量内外资企业的技术实力。由于中国国有企业在诸如采矿、电力、水供应等许多行业具有非市场垄断优势，从业人员人均增值税并不能反映其真实技术水平。所以本章将国有企业剔除，从私营工业企业和外商及港澳台商投资工业企业的从业人员人均增值税角度，研究技术差距，结果见表 6-9。以从业人员人均增值税表示的技术水平上来看，中国私营工业企业在采矿、煤炭开采和洗选业、石油和天然气开采业、有色金属矿采选业、开采辅助活动、农副食品加工业、食品制造业，酒、饮料和精制茶制造业、家具制造业、造纸和纸制品业、石油加工、炼焦和核燃料加工业、化学原料和化学制品制造业、医药制造业、汽车制造业、铁路、船舶、航空航天和其他运输设备制造业等行业上，与外商投资和港澳台商投资工业企业技术差距明显，这些行业大多属于高污染、高能耗行业，部分行业属于高新技术行业。这就要求我们一方面积极利用 FDI 技术溢出效应，学习先进技术，提高高污染、高排放行业的技术水平和工艺水平，实现节能减排、改善环境；另一方面，加大对低污染、低排放的高新技术产业引进，通过结构效应和技术效应促进转型升级和绿色发展。

表 6-9　　2014 年私营和 FDI 工业企业技术水平

行业	私营工业企业	外商投资和港澳台商投资工业企业	行业	私营工业企业	外商投资和港澳台商投资工业企业
采矿业	5.01	18.98	化学原料和化学制品制造业	4.24	7.37
煤炭开采和洗选业	4.00	28.75	医药制造业	4.38	6.39
石油和天然气开采业	3.44	65.11	化学纤维制造业	3.79	3.41
黑色金属矿采选业	8.79	4.62	橡胶和塑料制品业	2.66	1.50

续表

行业	私营工业企业	外商投资和港澳台商投资工业企业	行业	私营工业企业	外商投资和港澳台商投资工业企业
有色金属矿采选业	3.98	6.61	非金属矿物制品业	3.30	2.98
非金属矿采选业	4.13	3.44	黑色金属冶炼和压延加工业	4.04	3.94
开采辅助活动	1.63	8.69	有色金属冶炼和压延加工业	5.73	5.65
农副食品加工业	3.11	4.06	金属制品业	2.73	1.94
食品制造业	2.40	4.83	通用设备制造业	2.94	2.68
酒、饮料和精制茶制造业	3.04	4.41	专用设备制造业	3.01	2.36
纺织业	2.11	1.63	汽车制造业	2.48	7.52
纺织服装、服饰业	1.38	1.06	铁路、船舶、航空航天和其他运输设备制造业	2.66	3.02
皮革、毛皮、羽毛及其制品和制鞋业	1.58	0.93	电气机械和器材制造业	2.94	2.00
木材加工和木、竹、藤、棕、草制品业	2.70	2.06	计算机、通信和其他电子设备制造业	1.74	1.71
家具制造业	1.89	1.22	仪器仪表制造业	3.23	1.72
造纸和纸制品业	2.44	3.22	其他制造业	2.22	1.16
印刷和记录媒介复制业	2.10	1.91	废弃资源综合利用业	6.77	6.57
石油加工、炼焦和核燃料加工业	4.66	26.09	金属制品、机械和设备修理业	1.96	1.20
电力、热力、燃气及水生产和供应业	3.06	10.15			

数据来源：《2014 年中国工业经济统计年鉴》。

6.2.3　能源利用效率

能源利用效率越高、单位产出所需能源投入越少将越有利于我国节能减排、发展环境友好型社会。技术水平将决定能源利用效率的高低，以及单位产出所需的能源投入多少。如表 6–10 所示，我国万元国民生产总值的能源消耗量与实际利用 FDI 成反比，说明我国利用 FDI 越多，FDI 将能更多地发挥正向技术效应，提高我国能源使用效率，实现节能减排。

表 6-10　　　　　　　　万元国民生产总值的能源消耗量

	年份	能源消费量（吨/万元GDP）	煤炭消费量（吨/万元GDP）	焦炭消费量（吨/万元GDP）	石油消费量（吨/万元GDP）	原油消费量（吨/万元GDP）	燃料油消费量（吨/万元GDP）	电力消费量（万千瓦/小时）	实际利用FDI（亿美元）
GDP按1980年可比价格计算	1980	13.20	13.36	0.94	1.92	2.02	0.67	0.66	0.57
	1985	10.10	10.74	0.62	1.21	1.25	0.37	0.54	19.56
	1990	8.90	9.51	0.62	1.04	1.06	0.30	0.56	34.87
GDP按1990年可比价格计算	1990	5.32	5.69	0.37	0.62	0.63	0.18	0.34	34.87
	1995	3.97	4.16	0.32	0.49	0.45	0.11	0.30	375.2
	2000	2.89	2.80	0.22	0.45	0.42	0.08	0.27	407.15
GDP按2000年可比价格计算	2000	1.47	1.42	0.11	0.23	0.21	0.04	0.14	407.15
	2005	1.49	1.47	0.16	0.21	0.19	0.03	0.16	724.06
GDP按2005年可比价格计算	2005	1.28	1.25	0.14	0.18	0.16	0.02	0.13	724.06
	2010	1.03	0.99	0.11	0.14	0.14	0.01	0.13	1 147.34
GDP按2010年可比价格计算	2010	0.81	0.78	0.08	0.11	0.11	0.01	0.10	1 147.34
	2011	0.79	0.78	0.09	0.10	0.10	0.01	0.11	1 239.85

数据来源：《中国工业经济统计年鉴》和《中国统计年鉴》。

6.3　我国到了环境库兹涅茨曲线的拐点吗？——规模效应

FDI所引起的规模效应与绿色发展的内在联系是：吸引FDI不断增长会带来经济规模的不断扩大，经济增长离不开能源消耗的不断扩大，从而导致环境污染不断增多，给节能减排和环境治理造成压力。这时，FDI所引起的规模效应与绿色发展呈负相关关系。但随着FDI进一步扩大，会促进经济发展和人民生活水平发展，当到达一定程度后，政府可以利用更多的资源和更先进的技术去改善环境，同时，国民的需求结构也将随之发生变化，对低碳环保产品和美好的生态环境需求将释放出来。因而从更长期来看，FDI的规模效应将促进一国的绿色发展。规模效应实际反映出FDI与污染"复杂关系论"——环境库兹涅茨曲线。

本章为考察中国是否存在"环境库兹涅茨曲线"，且现阶段是否达到拐点。选取人均国民收入、吸引FDI规模和"三废"排放指标进行研究，其中废气排放量指标选用二氧化硫排放量，结果如图6-4所示。随着经济发展，我国人均收入水平和吸引FDI规模逐步提高，其中二氧化硫排放量明显呈倒"U"型结构，显示出规模效应，这一结论与其他学者研究结论一致。实际上二氧化硫排放量在2006年就到了拐点（2 588.8万吨），之后一直下降。废水排放量一直呈上升趋势，从2003年排放459 264万吨，增长到2014

年的 716 175 万吨，尚未出现拐点。一般工业固体废物产生量有呈倒“U”型结构的趋势，其排放量从 2003 年的 100.43 亿吨上涨到 2016 年的 32.71 亿吨。

总体来说，废气呈明显倒“U”型结构、废水尚未呈现倒“U”型结构、固体废弃物有迈过拐点、呈倒“U”型结构的趋势。出现这样结果的可能原因是：首先，选取指标问题，已有研究指出选取不同指标会呈现不同结果，如将二氧化硫排放量换成其他废气可能结论就不一样了；其次，与经济结构和发展阶段有关，当经济处于不同发展阶段时，承接跨国公司转移的产业也会不同，而不同的产业所排放污染物有所区别，反映了不同排放物发展趋势不一致，有的污染物出现了拐点，有的尚未出现；最后，一般认为人均国民收入达到 8 000 美元后会出现拐点，但我国人均国民收入在 2014 年还尚未达到 8 000 美元［2014 年人均国民总收入（Gross National Income，以下简称 GNI）为 7 400 美元］，所以有的污染指标仍处于倒“U”型结构拐点左边的上升阶段。需进一步指出的是，污染排放与经济发展不一定呈倒“U”型结构，已有研究表明有的污染物会呈“N”型结构或其他结构，所以一方面需要继续发挥 FDI 的正向结构效应和技术效应，促使环境污染指标尽快达到拐点；另一方面不可掉以轻心，防止环境污染反弹，出现“N”型结构。

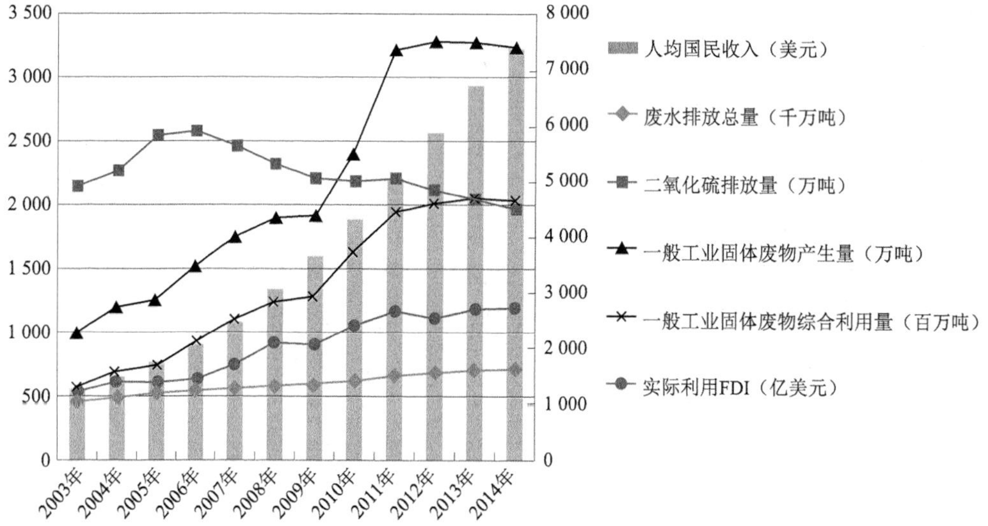

图 6-4　FDI 与污染“复杂关系论

数据来源：根据世界银行网站上《世界发展指标》和历年《中国统计年鉴》整理得到。

6.4　外商直接投资与我国绿色产业发展政策——政策效应

FDI 的政策效应与绿色发展的内在联系是：在开放经济中，发展中国家本身环境保护的法律法规不完善；同时，为吸引外资发展经济，主动降低本国的环境标准，从而导致了“环境避难所”现象。哈佛大学一些学者提出“波特假说”（Porter Hypothesis），从另一个角度阐明了环境管制对环境质量将产生积极影响。他们认为，从政策上积极加大环境保护力度，将使得企业的污染成本提高，而企业为实现利益最大化，一方面将努力降低产品制造各个环节的污染，另一方面将积极进行技术创新升级，以降低成本。所以政策效应也有其两面性，通过政策引导 FDI 对我国环境的影响取决于自身的政策取向以及发展阶段。发展水平较低时，为促进经济发展将采取宽松的引资政策，但随之带来环境的恶化。当经济发展水平较高时，对 FDI 采取有选择性和强管制型政策将有利于我国绿色发展。这一思想实际与环境库兹涅茨曲线的规模效应不谋而合。基于此，本节将考察我国 FDI 政策变化，以及引资政策是否可在保持我国经济发展的同时，促进我国绿色产业发展。

FDI 政策和管制变化会从结构效应、技术效应和规模效应几个方面对环境带来影响。我国最为重要的引资政策是《外商投资产业指导目录》。1995 年，我国首次发布《外商投资产业指导目录》，而后在 1997 年、2002 年、2004 年、2007 年、2011 年、2015 年、2017 年做了七次修订。通过《目录》的修订引导 FDI 实现我国经济发展、产业机构优化、弥补技术缺口、高端产业进步和绿色环保目的。从规模效应上看，《目录》鼓励类条目总数从 2015 年的 342 条扩展到 2017 年 348 条，新增 6 条、修改 35 条；而限制类则从 2015 年的 93 条减少到 2017 年的 63 条。同时，新《目录》进一步缩小了外商投资企业设立及变更审批的范围，适时修订出台《外商投资企业设立及变更备案管理办法》，这项改革将大幅简化外资并购企业手续，切实降低制度性交易成本，进一步提高营商环境的法治化、国际化、便利化水平，进一步提升了我国对外开放水平，有效地促进了 FDI 引资规模；从结构效应上看，《目录》中第二、三产业鼓励类都有大幅提升，促进了我国制造业和服务业发展，调整了我国产业结构。从技术效应上看，一方面，《目录》积极鼓励外资投向绿色产业、高新技术产业及我国存在技术短板的产业，例如 2017 年《目录》即在鼓励类中新增了虚拟现实设备研发与制造、3D 打印设备关键零部件研发与制造等项目；另一方面《目录》降低了对部分行业外资持股比例和合作方式的要求，也有利于 FDI 技术溢出。总体来说，《目录》修订集中体现了如下三个思想：一是以加快经济发展方式转变、实现可持续发展为中心点进行修订，着重鼓励绿色产业、高端制造业、战略性新兴产业等 FDI；二是加大服务业开放力度，现代服务业成为鼓励 FDI 的重点；三是着力推进节能减排、严格限制或禁止“两高一资”类 FDI。通过修订《外商投资产业指导目录》，并加强我国环境保护的法律法规建设，配合严厉环境管制，建立环境污染的惩罚力度和惩罚门槛，将积极促使 FDI 改善我国环境。

6.5 我国利用外商直接投资发展绿色经济的全球绿色治理变迁及改革红利

当前国际经济格局发生剧烈变化，全球治理机制处于变革期，中国作为崛起中的大国，在国际社会上将承担更多的责任和义务；同时，我国正处于突破“中等收入陷阱”

的关键时期，国内也出台了一系列战略部署和改革措施来促进我国经济社会的可持续发展。如何利用国际舞台和自身变革促进我国经济绿色发展值得深入思考。

6.5.1 全球治理结构变迁与绿色发展

当今G20成为全球经济治理的首要机制，2016年在中国杭州成功举办主题为“构建创新、活力、联动、包容的世界经济（Innovative，Invigorated，Interconnected，Inclusive，4I)”的G20峰会。作为峰会的主席国，利用此契机，中国首次将绿色金融纳为G20峰会重点议题进行探讨，分享生态文明理念和“十三五”创新、协调、绿色、开放、共享五大发展理念以及中国在绿色发展领域业已取得的积极成果，为G20贡献来自中国的创新模式和经验，这彰显中国推动全球经济可持续发展的大国责任。历史上，发达国家对气候变化影响较大，需承担较大的责任，中国应联合广大发展中国家推动发达国家向发展中国家提供技术支持和资金支持来帮助落后国家来应对气候变化，推动全球经济的可持续发展。同时，在G20框架内，我国应协调各国宏观经济政策，促使各国经济增长方式转变，加大对绿色低碳环保产业的引资力度和资金技术扶持，切实促进各国走向绿色发展道路。

6.5.2 美国退出《巴黎气候协定》对我国绿色发展的影响

2015年12月12日巴黎气候变化大会通过了《巴黎协定》（Paris Climate Change Accord)，并于2016年4月22日在纽约签署。2016年9月3日，中国全国人大常委会批准中国加入《巴黎气候变化协定》，成为第23个完成了协定批准的缔约方。2017年6月1日，美国总统唐纳德·特朗普在华盛顿宣布，美国将退出应对全球气候变化的《巴黎协定》。美国退出该协定对全球应对气候变暖无疑是一个打击，但对中国却可能是一个机遇。首先，美国的退出给了我国一个领导全球气候治理机制的机遇；其次，有利于美国环保相关领域企业向中国投资。相比美国态度，中国更加积极地应对气候变化以及环境保护。一方面中国将出台更多措施去鼓励和支持环保产业，促使美资在政策红利影响下来华投资；另一方面中国的积极应对也代表着中国比美国有更大的应对气候变化和环保等相关产品的市场，市场的诱惑也将吸引相关企业来华投资；最后，欧洲和其他国家有可能在特朗普关注的部分领域终止与美国合作，在极端的情况下，某些国家可能决定对美国征收碳关税，这将也有利于我国与欧盟等国贸易，有利于这些国家来华投资，与我国企业进行技术合作等。

6.5.3 “一带一路”建设与绿色发展

在推进“一带一路”建设中，牢固树立绿色发展理念，大力践行绿色发展既是深入贯彻“五大理念”的重大举措，也是直面“一带一路”生态环境的突出问题的根本选择。2015年3月，我国政府制定的《推动共建丝绸之路经济带和21世纪海上丝绸之路的愿景与行动》指出："在投资贸易中突出生态文明理念，加强生态环境、生物多样性和应对气候变化合作，共建绿色丝绸之路。"尤其是陆上丝绸之路沿线地区，生态环境相对脆弱，气候异常干燥，降雨量极其稀少，水资源严重不足，地貌形态以沙漠和草原为主，其中沙漠面积占总面积的 1/4 以上。因此，在推进"一带一路"的建设中，特别要注重生态环境的建设，要把生态环境合作作为"一带一路"建设的切入点，用绿色发展理念引领"一带一路"建设，将"一带一路"打造成绿色之路、生态之路与和谐之路。

6.5.4 制度改革红利持促进我国吸引外商直接投资

2013 年上海自由贸易试验区成立，而后国务院又批准了天津、福建、广东、四川、辽宁、浙江、河南、湖北、重庆、陕西 10 个自贸试验区，标志着中国对外开放进入新阶段和新境界。这些自贸区的成立和运行使我国吸引外资上升到新的高度。从引资规模上看，2016 年 1—12 月，仅占十万分之五国土面积的上海、广东、天津、福建四个自贸试验区实际使用外资达 879.6 亿元人民币，同比增长 81.3%，占全国实际使用外资的 10.8%。从制度改革红利上看，外商投资企业审批改为备案制后，95.3%的外商投资企业设立与变更事项通过备案完成，外商投资便利度大幅提升。从绿色发展上看，上海自贸区结合"金融+"的产业特色，通过创新绿色信贷管理，引导金融机构完善动态评级监测制度，实行严格的环保评级和资质审核，减少高污染、高能耗的信贷投入，助力科技创新企业的发展壮大。

6.6 利用外商直接投资发展绿色经济的政策建议

6.6.1 优化吸引外商直接投资结构，释放对环境的正向效应

优化吸引 FDI 结构、释放 FDI 结构正效应，对我国实现绿色可持续发展具有重大意义。一是积极引导 FDI 向第三产业和高新技术产业集聚，释放 FDI 产业结构正向效应。二是优化制造业吸引 FDI 行业结构，作为发展中国家，我们仍需积极利用 FDI，发展我国制造业，尤其是应积极引导外资从低附加值、高污染行业向高附加值、低污染行业转移。防止中度污染产业 FDIDI 指数攀升，积极提高轻度污染和清洁产业 FDIDI 指数。制定更严格的环境制度和规则，约束发达国家高污染企业向我国转移，避免成为"污染避难所"。三是优化 FDI 来源地结构，提高技术先进、技术溢出效果又好的欧盟、美国等国家和地区对我国的投资比重，发挥 FDI 来源地结构对环境的积极影响。

6.6.2 处理好中西部地区崛起与绿色发展的关系

中西部地区吸引 FDI 政策的制定和调整，需要注意几个方面的关系：一是发展阶段与 FDI 的关系，正视中西部地区相对落后，仍需吸引 FDI 大力发展制造业，探索适合不

同于东部地区的差异化绿色发展模式；二是发展阶段与比较优势的关系，中西部地区现阶段的主要比较优势在于劳动力成本、环境污染成本和政策优势，为加快经济发展，还需释放这些优势；三是经济发展与环境的关系，在着力发展经济的同时，需将环境污染控制在可控范围内；四是 FDI 结构效应与环境关系，积极引导 FDI 在第三产业的集聚，扩大 FDI 结构效应对中西部地区环境的正面影响。

6.6.3　鼓励先进技术投资，加强外商直接投资的“污染光环效应”

外资的技术水平、管理经验和环境业绩在许多行业要优于本土企业，所以在高于我国技术水平的行业，FDI 技术效应将有利于我国节能减排，发展清洁型产业，促进我国从粗放型发展方式转向集约型发展。基于此，积极促进技术先进国家对我国技术相对落后产业、绿色环保产业和高新技术产业进行投资，有助于提高我国企业技术水平和环保水平，实现产业转型升级。同时，还需鼓励国内企业积极学习外资先进的绿色环保技术，提高高污染、高排放行业的技术水平和工艺水平，实现节能减排，改善环境，加强 FDI 对我国的“污染光环效应”，扩大 FDI 对我国环境的正面影响。

6.6.4　加快迈过倒“U”型结构拐点，防止出现“N”型结构

迈过环境库涅兹曲线的倒“U”型结构拐点后，污染排放物将随经济发展水平和 FDI 水平的提高而下降。为此需继续发挥 FDI 的正向结构效应和技术效应，提高能源使用效率，实现节能减排，促使环境污染指标加快迈过倒“U”型结构拐点。另一方面对已迈过拐点的排放物也不可掉以轻心，防止环境污染反弹，出现“N”型结构。

6.6.5　进一步改进政绩考评模式，防止“竞争到底模式”

FDI 对地方经济的发展有较大的促进作用，主要以经济指标作为考察官员政绩的考评模式，将有可能导致各级地方政府官员为加速当地经济发展，获得更多政治资本，在竞争中脱颖而出，不惜主动降低环保标准，放松环境管制。特别是存在较强晋升竞争关系的地方官员的博弈中，各自为获得更多经济发展政绩，着力开展吸引 FDI 的竞争，对中央政府的环保法规、政策“非完全执行”，且竞争者行为相互“传染”，最终陷入“竞争到底假说”，付出自身环境污染的代价（朱平芳，2009；陈刚，2009）。基于此，一是需继续改进官员经济发展绩效评价体制，将单一的经济增长评价转变为绿色 GDP 评价体制；二是建立事后评价体制，许多 FDI 项目对环境破坏在短时间内可能并不显著，污染效应需要一定时间才能显现出来；而污染效应显现出来后，官员可能已调动或升迁，所以需要根据不同产业的污染排放特点，建立事后追责机制。三是做到“有法可依”“执法必严”，防止地方政府“非完全执行”现象。

6.6.6 发挥外商直接投资政策效应对环境的积极影响

发挥 FDI 政策效应对环境的积极影响需要从三个方面下功夫：一是缩短《外商投资产业指导目录》调整间隔。当今世界科技技术日新月异，我国自身的技术变化和社会发展也越来越快，这就要求我们缩短《外商投资产业指导目录》调整间隔，使 FDI 产业政策适应我国技术和社会发展速度。二是合理改善 FDI 方式，在绿色产业和高新技术产业鼓励以合资、合作经营的方式对我国进行投资，提高技术溢出效率和我国企业学习先进技术的效率。三是积极利用竞争模式，促使欧美日等发达国家在对我国投资中相互竞争，使我国在引资中占据主动，有机会获得更为先进的技术。四是适应时代发展，加快适应负面清单管理模式，提高负面清单管理水平。五是完善环境法律及环境标准体系，加强环境管制。借鉴发达国家经验，并结合我国和各个地区的状况制定相应的环境法律、法规。

6.6.7 提升中国在环境和可持续发展领域的影响力和话语权，推动国际环境治理体系变革

通过 G20 框架和其他多边、双边环保国际合作机制，全面参与全球经济与环境治理体系，构建绿色合作网络。创新绿色国际合作模式，建立政府、企业、智库、社会组织和公众共同参与的多边合作平台，强化中国–东盟、上合组织、澜沧江–湄公河、亚信、欧亚、中非合作论坛、中国–阿拉伯等合作机制的作用，推动"一带一路"沿线国家的环保合作平台建设，积极参与制定国际标准和合格评定规则，推动我国绿色产品标准、认证、标识制度走出去，扩大中国在环境与发展领域的话语权，推动国际环境治理体系变革。其次，利用美国退出《巴黎气候协定》的契机，扛起我国在全球气候变化治理中的大旗，积极加强与欧盟等国的技术合作及政策协调，采取优惠政策吸引美国和欧盟环保相关企业来华投资，扩大中国在环境与发展领域的话语权。最后，构建绿色金融体系，督促发达国家向发展中国家提供技术和资金帮助落后国家实现可持续发展，落实联合国 2030 年可持续发展议程。

6.6.8 结合国内发展战略，释放改革红利，促使我国走上可持续发展道路

一是推进"一带一路"建设绿色发展，首先，通过在产业输出、投资建设、技援合作等工作中关注行为的绿色化，强化生态环保合作，规避生态环境风险；其次，建立生态环境风险预警机制和环评机制，精准识别和规避与"一带一路"沿线国家合作的生态环境风险；再次，创新"一带一路"绿色金融机理机制，加强"一带一路"绿色发展战略实施的保障能力建设，做好绿色发展战略的实施支撑；最后，认真贯彻落实环保部 2017 年 4 月发布的《关于推进绿色"一带一路"建设的指导意见》。二是在自贸试验区内，积

极促进绿色 FDI 集群化，发展资源节约和环境友好的两型产业，不断拓展和延伸绿色产业链，加大绿色产品和技术的创新及研发，鼓励资源节约再利用，发展资源再生产和再制造产业。三是在自贸区内先行探索制定环境准入负面清单，对应国际绿色贸易规则，引入国际碳足迹认证标准，推进产品生产周期碳排放数字化等。四是制定详细的绿色经济发展战略规划，将利用外资发展绿色经济融入到规划中，建立绿色 FDI 管理体系和绿色税收制度，完善内外资生态补偿和考核奖惩并举的转移支付制度。

（执笔人：余稳策　杨立卓）

第 7 章 “一带一路”沿线国家与我国外商直接投资

摘 要

2015 年 3 月 28 日，商务部、发改委、外交部联合发布了《推动共建丝绸之路经济带和 21 世纪海上丝绸之路的愿景与行动》，“一带一路”建设进入全面实施阶段。2017 年 5 月 14 日第一届“一带一路”国际合作高峰论坛在北京举行，“一带一路”倡议进入全面推进的关键节点时期。中国积极推进“一带一路”建设，在鼓励中国对沿线国家投资的同时，也为中国特别是沿线省（市、自治区）吸收外资创造了新的机遇。

2016 年“一带一路”国家对中国的直接投资总额 458 亿元，相比 2015 年减少了 12.5%，占中国吸引外商投资总额的比重仍然较小，仅占中国实际利用外商投资总额的 5.6%，且比重呈现下降的趋势，比 2015 年下降 1.1 个百分点。“一带一路”沿线国家 2016 年对华直接投资新设立企业 2 905 家，占在中国新设企业总数的 10.4%，虽然占比较小，但增长迅速，“一带一路”沿线国家在华设立企业数同比增长 34.1%，增速约为 2015 年的 2 倍。虽然 2016 年中国吸引“一带一路”沿线国家直接投资总额下滑，增速下降，但“一带一路”国家对华新设企业数却增长迅速，说明沿线国家在中国的直接投资呈现良性的生产性增长。

“新丝绸之路经济带”，以古丝绸之路为基础，贯通了当前经济发展最具活力的亚太地区，资源丰富的中西亚及非洲地区和经济发展成熟、技术和管理经验领先的欧洲地区。加强与沿线国家的联系，发掘出我国国内节点城市及辐射区域的发展潜力，可以有效改善东中西部吸引外资的区域差距，促进产业结构升级，优化外资来源。虽然“新丝绸之路经济带”沿线国家对华投资规模小、波动明显，但随着“一带一路”政策的落实，沿线国家对华投资环境将逐步得到改善，对华投资质量也将逐步提升，进而释放出更大的投资潜力。

中国“新丝绸之路经济带”沿线主要省（市、自治区）中包括新疆、青海、甘肃、宁夏、陕西的西北五省份，省份虽多但吸收 FDI 规模不大，仅占中国“新丝绸之路经济带”沿线主要省（市、自治区）吸收 FDI 总额的 6%。囊括辽宁、吉林、黑龙江的东北三省吸收 FDI 不稳定，波动明显。从外资来源来看，“新丝绸之路经济带”主要国家俄罗斯是其主要来源，但俄罗斯近几年经济发展缓慢，对外投资乏力，对中国的投资仍未恢复到金融危机前的水平。北京和内蒙古两地，引资规模可观且增速迅猛。十年间，两地吸收 FDI 的规模除 2014 年略有下降外，其他年份一直保持增长，增长了近 3 倍。北京市是“新丝绸之路经济带”沿线省市吸收外资的主力，2016 年，北京实现连续 15 年增长，实际使用外资金额 130.3 亿美元，占沿线十省市吸收外资总额的 38.59%。

中国“新丝绸之路经济带”沿线主要省（市、自治区）在吸收沿线国家 FDI 方面各自具有优势，如区位优势、资源优势、文化优势、产业优势、政策优势、平台优势等。而影响中国“新丝绸之路经济带”沿线主要省（市、自治区）吸收沿线国家 FDI 的主要障碍有：西部省（市、自治区）基础设施建设不足；与投资国的信息不对称；开放政策体系尚需完善；区域内大国博弈，政治形势复杂；复合型人才缺乏等。

在“一带一路”倡议中，“一路”是指“21 世纪海上丝绸之路”，它秉承“以点带线、以线带面”的理念，将合作范围不仅仅局限在东盟十国，而是扩大到南亚、西亚、北非等地。“21 世纪海上丝绸之路”沿线国家对中国的投资与“新丝绸之路经济带”相比规模较大，占 FDI 总额的比重也略高，但投资严重不均，以新加坡、萨摩亚、马来西亚为主。投资规模有扩大趋势，比重仍较低。投资行业偏重服务业。投资区域集中在东部，却也出现向中西部延伸趋势。

中国“21 世纪海上丝绸之路”主要省（市、自治区）上海、福建、广东、浙江、海南、广西、云南在吸收沿线国家 FDI 方面各有特点，表现差异较大。上海市海陆交通、经济基础、营商环境优势突出，福建省地理位置具有“连通性”，与东盟关系紧密还有战略合作优势，广东省具有区位优势、自贸区平台优势、信息与人文优势，浙江省有区位优势、基础设施优势和外贸与平台优势，海南省有海上地缘优势、产业特色突出和博鳌亚洲论坛的带动作用，广西壮族自治区有海陆地缘优势、重叠政策优势、园区经济优势，云南省也有陆上地缘优势、“三通”优势、历史与人文优势。影响中国“21 世纪海上丝绸之路”沿线主要省（市、自治区）吸收沿线国家 FDI 的困难因素包括：已投资区域集中度高，来源单一，占总投资额比重低；国内政策机制不协调；沿线主要国家经济发展水平落后；政治与人文障碍；国际协调与沟通问题等。

“一带一路”倡议，收益是全局性的。不仅会对沿线国家的经济产生助推作用，更能促进我国各省（市、自治区）的发展，不同地区的地缘潜力、经济优势也会得到不同程度的提升。下一阶段中国加大吸收“一带一路”沿线国家 FDI 的力度应从以下几个方面入手：一是继续改善国内投资环境，提高营商便利化程度；二是加快自贸区建设，深化自由贸易试验区外资领域先试先行；三是依托当地特色，发挥国内不同省市的引资能力；四是优化吸收外资区域及产业结构，提高引入外资质量；五是加强基础设施建设，打通中国各地与“一带一路”国家的交通节点。

2015 年 3 月 28 日，商务部、发改委、外交部联合发布了《推动共建丝绸之路经济带和 21 世纪海上丝绸之路的愿景与行动》，“一带一路”进入全面实施阶段。2017 年 5 月 14 日第一届“一带一路”国际合作高峰论坛在北京举行，“一带一路”倡议进入全面推进的关键节点时期。中国积极推进“一带一路”建设，重视与“一带一路”沿线国家间的投资活动，在鼓励中国对其进行投资的同时，也为中国特别是沿线省市吸收外资创造了新的机遇。

7.1 中国吸收“一带一路”沿线国家外商直接投资概况

2016 年全国吸收外资规模总体保持稳定，实际利用外资金额 8 132.2 亿元人民币（折 1 260 亿美元），相比 2015 年微幅增长 4.1%。2017 年前 5 个月实际利用外资达 3 410.8 亿元，按每月平均水平计算，2017 年实际利用外资额有望超过 2016 年水平。其中，2016 年“一带一路”国家对中国的直接投资总额 458 亿元，相比于 2015 年减少了 12.5%，占中国吸引外商投资总额的比重仍然较小，仅占中国实际利用外商投资总额的 5.6%，且比重呈现下降的趋势，比 2015 年下降 1.1 个百分点。[①]2016 年上半年，一带一路”相关国家对华投资同比就下降了 7.7%，下半年吸引“一带一路”沿线国家的投资并没有挽回颓势，整体来讲，2016 年中国吸引“一带一路”沿线国家的外商直接投资是下降的，所占吸引外资总额的比重也在下滑。相比之下，2016 年中国对“一带一路”沿线国家直接投资额 145 亿美元，占中国对外直接投资总额 1 701 亿美元的 8.5%，略高于利用外资比重。中国在“一带一路”沿线国家承包工程完成营业额 760 亿美元，占中国对外承包工程业务完成营业额的比重高达 47.7%。

造成这种现象的原因主要包括：一是受企业竞争力因素影响，中国企业国际竞争力提升，迅速对外投资扩张，来中国投资的外国企业，面临中国企业强有力的竞争；二是

图 7–1 中国实际利用外资金额（亿元）

数据来源：中华人民共和国商务部。

① 数据来源：国家统计局公布 2016 年“一带一路”投资贸易数据，http://news.10jqka.com.cn/20170228/c596643395.shtml.

受市场因素影响，“一带一路”国家到中国投资，受到汇率、金融等各种因素影响，中国企业“走出去”也是寻找市场商机，“一带一路”倡议的提出使中国企业看到商机，纷纷与丝路沿线国家展开合作，所以中国目前对“一带一路”国家投资要更多；三是政策因素，目前中国采取各种优惠政策鼓励有能力的企业在“一带一路”沿线大展宏图，全世界很多国家和地区也都在积极鼓励外资进入，中国利用外资的政策已进入国民待遇阶段，2016 年虽稳步增长，但因为更重结构和质量的调整，速度相对慢。①

新建投资（Greenfield FDI）会直接导致东道国生产能力、产出和就业的增长，由图 7–2 可以看出，2016 年中国新设立外商投资企业 27 900 家，同比增长 5%，新设企业的增长速度超过实际利用外资额的增长速度，说明中国外商直接投资呈生产性增长，能够促进产能扩张，为经济增长创造动力。“一带一路”沿线国家 2016 年对华直接投资新设立企业 2 905 家，占在中国新设企业总数的 10.4%，虽然占比较小，但增长迅速，“一带一路”沿线国家在华设立企业同比增长 34.1%，增速约为 2015 年的 2 倍。②虽然 2016 年中国吸引“一带一路”沿线国家直接投资总额下滑，增速下降，但“一带一路”沿线国家对华新设企业数却迅速增长，说明“一带一路”沿线国家在中国的直接投资呈现良性的生产性增长，沿线国家由于自身条件的限制，对中国的投资不会有较快的增长，但随着其自身企业实力不断增强以及中国市场的不断开放，未来可能会逐步增加对中国的投资。

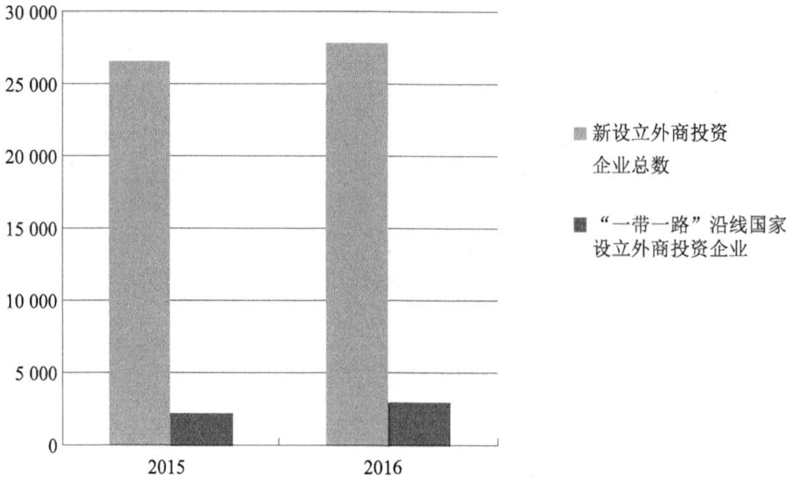

图 7–2　中国新设外资企业概况（家）

数据来源：中华人民共和国商务部网站。

从吸收外资来源看，主要国家或地区对华投资总体保持稳定。2016 年，对中国投资前十位国家或地区（以实际投入外资金额计）实际投入外资总额 1 184.6 亿美元，同比增长 0.4%，增长幅度较小，其占全国实际利用外资金额的 94%，与 2015 年所占比例持

① 商务部回应“一带一路”相关国家对华投资下降，http://finance.ifeng.com/a/20160719/14615208_0.shtml.

② 数据来源：国家统计局公布 2016 年“一带一路”投资贸易数据，http://news.10jqka.com.cn/20170228/c596643395.shtml.

平。对华投资前十位国家或地区依次为：中国香港（871.8亿美元）、新加坡（61.8亿美元）、韩国（47.5亿美元）、美国（38.3亿美元）、中国台湾（36.2亿美元）、中国澳门（34.8亿美元）、日本（31.1亿美元）、德国（27.1亿美元）、英国（22.1亿美元）和卢森堡（13.9亿美元），与2015年相比，主要外资来源国并无太大变动，香港依然是投资来源的最主要地区，法国退出，卢森堡进入在华投资前十位的行列。“一带一路”国家中，仅新加坡以对华投资第二位的成绩跻身前十，中国吸引“一带一路”沿线国家投资尚存较大空间。

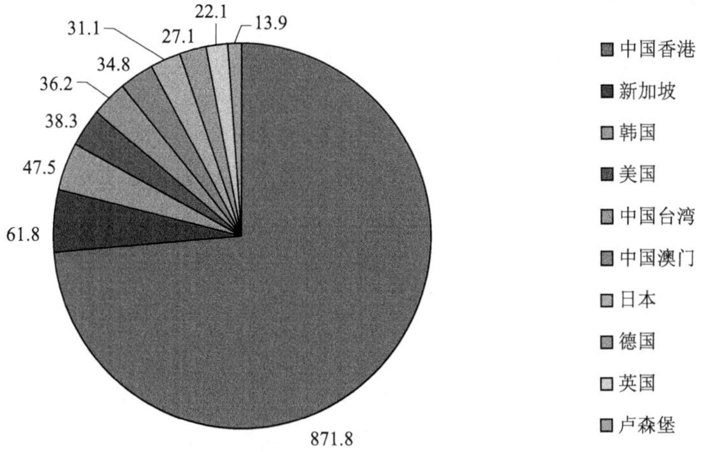

图7-3 2016年对华投资前十的国家/地区（亿美元）

数据来源：根据商务部外资司数据统计。

7.2 中国“新丝绸之路经济带”沿线主要省、市、自治区吸收沿线国家外商直接投资的优势与障碍

“新丝绸之路经济带”上的国家主要包括中亚5国、独联体6国及中国、蒙古国、俄罗斯，中东欧16国，如表7-1所示。

表7-1 “新丝绸之路经济带”沿线国家

板块	主要国家
中亚5国	哈萨克斯坦、乌兹别克斯坦、土库曼斯坦、吉尔吉斯斯坦、塔吉克斯坦
独联体6国及中国、蒙古国、俄罗斯	乌克兰、白俄罗斯、格鲁吉亚、阿塞拜疆、亚美尼亚、摩尔多瓦、中国、蒙古国、俄罗斯
中东欧16国	捷克、匈牙利、阿尔巴尼亚、爱沙尼亚、保加利亚、波斯尼亚、波黑、波兰、黑山、克罗地亚、拉脱维亚、立陶宛、罗马尼亚、马其顿、塞尔维亚、斯洛伐克、斯洛文尼亚、乌克兰

资料来源：李敬，雷俐，邓靖.“一带一路”相关国家贸易投资关系研究中东欧16国［M］. 北京：经济日报出版社，2016：3-4.

“新丝绸之路经济带”，以古丝绸之路为基础，贯通了当前经济发展最具活力的亚太地区、资源丰富的中西亚及非洲地区和经济发展成熟、技术管理经验领先的欧洲地区。加强与沿线国家的联系，发掘我国国内节点城市及辐射区域的发展潜力，可以有效改善东中西部吸引外资的区域差距，促进产业结构升级，优化外资来源。虽然“新丝绸之路经济带”沿线国家对华投资规模小、波动明显，但随着我国供给侧结构性改革的推进、“一带一路”政策的落实，沿线国家对华投资环境将逐步得到改善，对华投资质量也将逐步提升，进而释放出更大的投资潜力。

7.2.1　“新丝绸之路经济带”沿线国家对中国直接投资特点

1. 从投资来源的角度，仅有部分国家连续对中国投资

从区域层面看，中亚五国中，哈萨克斯坦是经济发展水平最高且唯一一个加入 WTO 的国家，所以哈萨克斯坦也是中亚五国中唯一实现对中国多年连续投资的国家。其他 4 个国家对中国投资不连续且金额较小、从而导致其相关的数据资料缺乏。中东欧地区中，捷克是中国吸引沿线 FDI 的主要来源国。捷克是中等发达国家，2015 年，全国人均 GDP 为 17 231 美元，属于高水平的国家，发达的经济有利于促进对外投资。更重要的是，捷克是中国在中东欧地区的第二大贸易伙伴，双方经贸合作水平的提升，有利于双方相互投资的拓展。俄罗斯在中国吸收沿线国家 FDI 中占有举足轻重的位置，近些年俄罗斯对华投资不稳定，2014 年增长 85%，但 2015 年跌幅达 68%，中国实际利用俄罗斯外商直接投资金额降至 2005 年以来的最低水平。随着中俄进一步深化全面战略协作伙伴关系以及中蒙俄经济走廊的建设，未来中俄投资合作潜力还有待释放。

表 7-2　中国实际吸收“新丝绸之路经济带”沿线各国外商直接投资金额

单位：万美元

国家	2006	2007	2008	2009	2010	2011	2012	2013	2014	2015
波兰	825	920	1 109	1 084	1 243	701	357	155	219	8 277
捷克	1 897	1 490	3 579	161	748	732	2 071	1 099	3 371	1 627
俄罗斯	6 720	5 207	5 997	3 177	3 497	3 102	2 992	2 208	4 088	1 312
斯洛伐克	90	109	16	11	32	486	429	845	360	1 071
哈萨克斯坦	333	159	663	2 240	155	1 127	555	363	3 655	953
匈牙利	3 152	2 109	1 748	2 026	2 369	1 309	615	311	45	317
乌克兰	467	1 855	409	462	790	622	280	552	38	50
立陶宛	180	14	21	24	39	30	—	8	—	22
保加利亚	311	258	30	380	1 837	1 441	747	165	219	14

续表

国家	2006	2007	2008	2009	2010	2011	2012	2013	2014	2015
克罗地亚	131	20	9	—	50	15	289	21	2	10
爱沙尼亚	—	42	63	83	22	4	9	—	8	7
斯洛文尼亚	104	285	86	161	69	410	269	86	6	3
亚美尼亚	—	—	—	—	—	24	—	1 012	5	2
蒙古国	322	94	141	231	325	—	25	207	16	0
塔吉克斯坦	—	—	—	2	7	—	11	—	—	0
乌兹别克斯坦	—	—	—	—	—	457	155	5	37	0
白俄罗斯	53	35	—	—	10	664	—	19	4	0
拉脱维亚	—	—	79	15	—	200	—	—	2	0
罗马尼亚	1 779	3 044	3 205	385	404	517	456	135	21	0

注：“—”表示数据缺失。

资料来源：中华人民共和国商务部网站。

2. 从投资规模的角度，规模有限

“新丝绸之路经济带”上的部分国家对中国投资不连续且金额少，从而导致相关的资料和数据缺乏。根据我们对公开数据的统计（见表 7–2），可以发现中国吸收“新丝绸之路经济带”沿线国家投资的规模小，在中国实际吸收外商直接投资额中的比重更小，且近几年变化不大，基本维持在 0.1 左右。据中国商务部统计，2016 年，对华投资前十位国家和地区不仅没有“新丝绸之路经济带”沿线国家，就连计算单位的差距都是一万倍。“新丝绸之路经济带”沿线国家的对华投资规模还有待提高。

表 7–3　　中国实际吸收“新丝绸之路经济带”沿线国家外商投资额占实际吸收 FDI 总额比重　　单位：万美元，%

	2011	2012	2013	2014	2015
中国吸收“新丝绸之路经济带”沿线国家的外商直接投资	11 841	9 260	7 191	12 096	13 665
中国实际吸收外商直接投资额	11 601 100	11 171 600	11 758 600	11 956 200	12 626 700
占比	0.1	0.08	0.06	0.1	0.11

数据来源：中华人民共和国国家统计局。

3. 从地区结构的角度，投资区域侧重点不同

以“新丝绸之路经济带”沿线国家俄罗斯和哈萨克斯坦为例，可以发现其对中国

的投资区域有所侧重。俄罗斯对中国直接投资主要集中在东部沿海地区（浙江省、江苏省和上海市）、北部沿海地区（山东省、河北省、北京市和天津市）和东北地区（黑龙江、辽宁和吉林三省）。东部沿海地区由于具有经济发达、与俄罗斯经济互补性强等条件而占据了绝对优势。而西南地区和大西北地区因地理位置偏远和市场狭小等因素，俄罗斯对其投资主要集中在少数地区，如四川省、云南省、甘肃省和新疆维吾尔自治区等。中亚地区中的哈萨克斯坦对中国的投资主要集中在与其领土接壤的新疆地区，其投资主要涉及皮革加工、建材生产、食品加工、汽车维修等领域，投资区域狭窄。

4. 从稳定性的角度，投资波动明显

俄罗斯虽是我国新丝绸之路上的重要外资来源国，但伴随着世界经济增速放缓，亚太地区地缘政治环境不稳定，国内经济决策失误等因素，俄罗斯对中国的直接投资大幅减少。2004—2013 年，俄罗斯对中国直接投资金额不断下降，从 2004 年的 1.26 亿美元下降到 2013 年的 0.22 亿美元（下降了 82.5%左右），虽在 2014 年增长 85%，但 2015 年跌幅达 68%。从下图可以明显看出，俄罗斯对华投资具有不稳定性，且近几年有下降趋势，波动较为明显。哈萨克斯坦近十年对华投资情况，如图 7–5 所示，哈萨克斯坦对华投资波动情况更为剧烈，对华投资最多的年份是 2014 年，为 3 655 万美元，2015 年又骤降到 953 万美元，最少的年份为 2010 年，只有 155 万美元，是高位的近二十四分之一，可见波动之强烈。捷克近十年对华投资情况如图 7–6 所示，波动也是非常明显的。2009 年欧债危机爆发，欧盟经济遭受重创，至今复苏依旧乏力，捷克 2009 年对华投资降幅高达 94%，金额低至 161 万美元，之后虽有复苏，但到 2015 年也仅有 1 627 万美元，不足 2008 年的一半。近年来，欧元区经济增长缓慢，中东欧国家普遍对“一带一路”倡议充满期待，与中国加强经济合作有助于其经济的发展，中国与中东欧国家的投资合作未来大有可为。

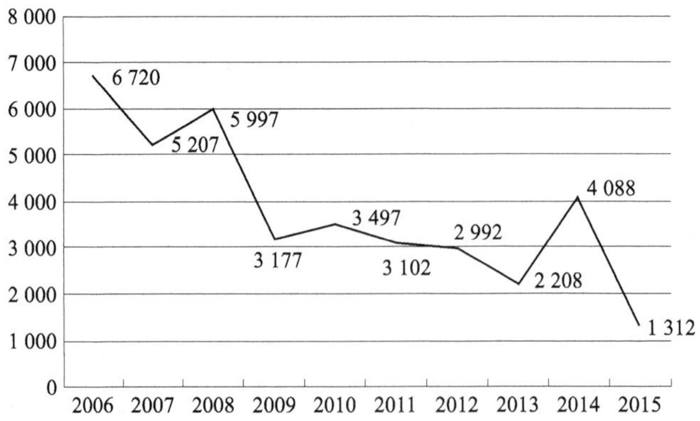

图 7–4　2006—2015 年中国实际吸收俄罗斯 FDI 金额折线图（万美元）

资料来源：中华人民共和国国家统计局。

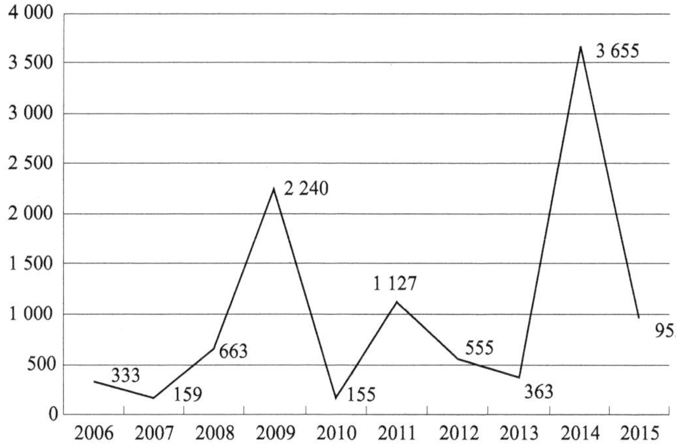

图 7–5　2006—2015 年中国实际吸收哈萨克斯坦 FDI 金额折线图（万美元）

资料来源：中华人民共和国国家统计局。

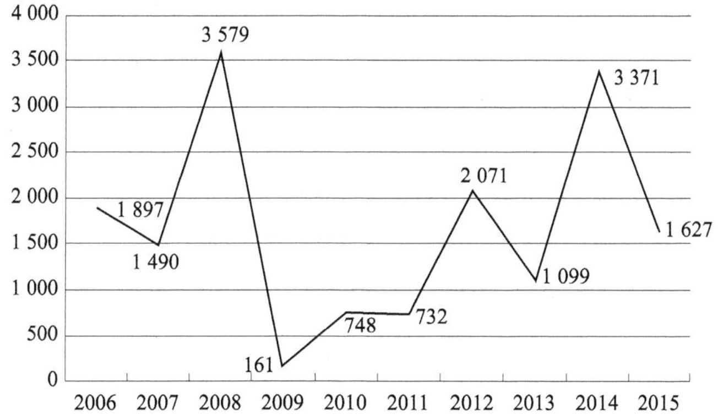

图 7–6　2006—2015 年中国实际吸收捷克 FDI 金额折线图（万美元）

资料来源：中华人民共和国国家统计局。

5. 从未来投资合作空间角度，投资合作潜力有待进一步释放

我们利用 FDI 关注指数和 FDI 合作指数分析沿线国家对华投资潜力。FDI 关注指数表示投资国对东道国的关注程度，该指数大于 1 说明相对于其 GDP 水平，东道国受到该投资国更多的关注；小于 1 则相反。FDI 合作指数表明投资国与东道国间关于 FDI 合作的发展程度，合作指数大于 1 则表明投资国与东道国间的 FDI 发展状况好过一般水平；小于 1 则相反。沿线主要国家对华 FDI 关注指数和 FDI 合作指数如表 7–4 所示，我们根据表 7–2，从中选取从 2006—2014 对中国有连续投资的新丝绸之路经济带沿线国家。

表 7–4　　2005—2014 年中国与“新丝绸之路经济带”沿线主要国家 FDI 关注指数和 FDI 合作指数

国别	指数	2005	2006	2007	2008	2009	2010	2011	2012	2013	2014
俄罗斯	FDI 关注	0.09	0.06	0.04	0.02	0.02	0.01	0.01	0.01	0.008	0.007

续表

国别	指数	2005	2006	2007	2008	2009	2010	2011	2012	2013	2014
俄罗斯	FDI合作	0.006 3	0.003 18	0.001 56	0.000 58	0.000 66	0.000 26	0.000 2	0.000 18	0.000 128	0.000 126
蒙古国	FDI关注	12.02	1.47	1.3	1.27	0.84	0.72	0.43	0.35	0.33	0.24
	FDI合作	4.207	0.690 9	0.429	0.292 1	0.235 2	0.172 8	0.064 5	0.038 5	0.036 3	0.024
哈萨克斯坦	FDI关注	–0.33	–0.19	0.047	0.052	0.062	0.028	0.024	0.023	0.02	0.026
	FDI合作	–0.008 9	–0.004 8	0.000 8	0.001	0.002 7	0.000 9	0.000 7	0.000 6	0.000 4	0.000 9
罗马尼亚	FDI关注	–37.9	3.5	2.59	2.02	1.95	1.87	1.8	1.95	2.99	3.4
	FDI合作	–14.023	0.735	0.388 5	0.242 4	0.234	0.187	0.158 4	0.163 8	0.200 33	0.197 2
波兰	FDI关注	0.054	0.027	0.029	0.029	0.026	0.024	0.021	0.022	0.024	0.019
	FDI合作	0.000 864	0.000 432	0.000 435	0.000 377	0.000 39	0.000 36	0.000 294	0.000 286	0.000 264	0.000 19
保加利亚	FDI关注	0.015	0.13	0.13	0.056	0.082	0.18	0.2	0.19	0.17	0.14
	FDI合作	0.000 075	0.004 55	0.004 42	0.001 232	0.002 296	0.012 6	0.016 6	0.016 91	0.013 43	0.010 08
斯洛伐克	FDI关注	0.1	0.04	0.03	0.02	0.01	0.01	0.02	0.02	0.04	0.05
	FDI合作	0.001 3	0.000 48	0.000 291	0.000 122	0.000 051	0.000 048	0.000 186	0.000 26	0.000 72	0.000 9
乌克兰	FDI关注	0.09	0.76	0.49	0.22	0.2	0.17	0.17	0.11	0.1	0.09
	FDI合作	0.000 828	0.014 44	0.020 09	0.006 16	0.007 6	0.005 95	0.005 1	0.002 86	0.002 4	0.002 79
匈牙利	FDI关注	0.43	0.22	0.15	0.12	0.1	0.11	0.08	0.05	0.04	0.04
	FDI合作	0.111 8	0.052 8	0.027	0.016 8	0.015	0.016 5	0.010 4	0.006 5	0.004 4	0.004

资料来源：张晓静．中国与一带一路 FDI［M］．北京：对外经济贸易大学出版社，2015.

从沿线国家 FDI 对中国的关注度上来看，除去罗马尼亚和蒙古国，其他国家对中国的 FDI 关注指数均小于 1，说明中国没有受到沿线大部分国家更多的投资关注，沿线引资潜力没有得到充分的释放。中国未来想要吸引沿线国家来华投资，应该通过加强合作交流、扩大对外开放、积极招商引资等方式来引起沿线国家的投资关注。罗马尼亚对中国的关注期为 2006—2014 年，且在沿线国家中一直保持对中国 FDI 关注指数第一的位置，在 2008 年金融危机过后，该指数呈现迅速回升态势，从 2009 年的 1.95 增加至 2014 年的 3.4。蒙古国对中国 FDI 的关注指数，在 2008 年金融危机后，该指数降到 1 以下的水平且继续在下降，2014 年降到 0.24，较 2005 年的 12.02，下降了 98%。

从沿线国家与中国 FDI 的合作度上来看，沿线国家对中国的 FDI 合作指数除蒙古国在 2005 年大于 1 外，其他年份均没有大于 1 的情况出现。说明沿线国家与中国的外商直接投资状况低于一般水平，未来与中国的投资合作需要中国与沿线各国共同做出努力，投资合作潜力有待进一步释放。

7.2.2 中国“新丝绸之路经济带”沿线主要省、市、自治区吸收沿线国家外商直接投资的现状与优势

1. 引资现状

根据地理位置，我们将中国“新丝绸之路经济带”沿线主要省、市、自治区划分为三个区域，分别是西北五省区、东北三省和北部两市、区。其中西北五省区，包括新疆、青海、甘肃、宁夏、陕西；东北三省，包括黑龙江、吉林、辽宁；北部两市、区，包括北京、内蒙古。中国“新丝绸之路经济带”沿线主要省、市、自治区近 10 年实际吸收外商直接投资金额，如表 7–5 所示。

表 7–5　2007—2016 年中国“新丝绸之路经济带”沿线主要省、市、自治区实际吸收 FDI 金额　单位：万美元

地区	2007	2008	2009	2010	2011	2012	2013	2014	2015	2016
西北五省区总计	179 834	196 996	214 536	264 332	327 126	395 906	452 785	488 603	545 989	559 528
新疆	12 500	19 000	21 600	23 700	33 500	40 800	48 100	41 700	45 250	40 100
青海	31 000	22 000	21 500	21 930	16 893	20 578	9 372	5 010	5 500	1 500
宁夏	5 016	6 200	7 000	23 175	34 226	34 809	20 384	14 304	22 085	25 363
甘肃	11 802	12 842	13 383	13 521	7 024	6 110	7 129	10 032	11 036	11 500
陕西	119 516	136 954	151 053	182006	235 483	293 609	367 800	417 557	462 118	481 065
东北三省总计	1 206 676	3 875 998	1 894 567	2 469 203	2 899 668	3 234 176	3 547 276	3 451 069	1 285 772	1 117 300

续表

地区	2007	2008	2009	2010	2011	2012	2013	2014	2015	2016
黑龙江	208 508	2 574 742	236 200	266 151	324 804	389 996	461 331	508 791	554 509	590 000
辽宁	909 673	1 201 925	1 544 390	2 075 010	2 426 739	2 679 315	2 903 996	2 742 335	518 516	299 900
吉林	88 495	99 331	113 977	128 042	148 125	164 865	181 949	199943	212 747	227 400
中部两市、区总计	721 461	873 246	910 479	974 814	1 089 274	1 198 479	1 316 874	1 301 833	1 636 264	1 700 000
北京	506 572	608 172	612 094	636 358	705 447	804 160	852 418	904 085	1 299 635	1 303 000
内蒙古	214 889	265 074	298 385	338 456	383 827	394 319	464 456	397 748	336 629	397 000
总计	2 107 971	4 946 240	3 019 582	3 708 349	4 316 068	4 828 56 1	5 316 935	5 241 505	3 468 025	3 376 828

资料来源：各省、市、自治区历年统计年鉴、各省、市、自治区国民经济和社会发展统计公报。

西北五省区包含省区虽多，但吸收 FDI 规模不大。2007—2016 年，西北五省区吸收 FDI 金额每一年都是中国“新丝绸之路经济带”沿线主要省、市、自治区三个区域中总量最少的。2016 年，西北五省区实际吸收 FDI 55.952 8 亿美元，仅占中国“新丝绸之路经济带”沿线主要省、市、自治区吸收 FDI 总额的 6%。西北五省区虽地处“新丝绸之路经济带”沿线主要区域，但来自沿线国家的投资并不多。以新疆为例，2015 年新疆实际使用外资 4.525 0 亿美元，仅有两个沿线国家对其投资，哈萨克斯坦 1 184 万美元，俄罗斯 24 万美元。

东北三省吸收 FDI 不稳定，波动明显。受金融危机的影响，2009 年大幅下降，降幅为 51.1%。2009—2013 年，东北三省引资规模不断回升，但是 2014—2016 年，东北三省引资规模又不断回落，从 2013 年的 354.727 6 亿美元降到 2016 年的 111.730 0 亿美元，下降了三分之二。从外资来源来看，东北三省外资主要来自中国香港地区及欧美、日韩和俄罗斯。“新丝绸之路经济带”主要国家俄罗斯对中国的投资主要集中在有地缘优势的东北三省和经济发展水平较高的沿海地区。但俄罗斯近几年经济发展缓慢，对外投资乏力，对中国的投资仍未恢复到金融危机前的水平，2014 年对中国直接投资上升到 4 088 万美元，2015 年又骤降到 1 312 万美元。

北部两市、区引资规模可观且增速迅猛。2016 年北京、内蒙古引资 170 亿美元，占中国“新丝绸之路经济带”沿线主要省市区吸收 FDI 总额的 50%。十年间，北部两市、区吸收 FDI 的规模除 2014 年略有下降外，其他年份一直保持增长，增长了近 3 倍。北京市是“新丝绸之路经济带”沿线地区吸收外资的主力，2016 年，北京实现连续 15 年增长，实际使用外资金额130.3亿美元，占沿线十省市区吸收外资总额的38.59%。北京外资来源集中度较高，2016年实际利用外资排名前十位国家和地区投资127.3亿美元，占全市实际利用外资的97.7%，东盟10国在北京投资增长2.3倍，“一带一路”沿线国家和地区在北京投资也增长2.3倍。

2. 引资优势

（1）新疆

① 区位优势。新疆位于中国西北边陲，素有“亚欧大陆腹地”之称，亚欧第二大陆桥横穿全区，是中亚国家通往中国的大门。新疆与“新丝绸之路经济带”上的8个国家接壤，这8个国家分别是蒙古国、俄罗斯、哈萨克斯坦、吉尔吉斯斯坦、阿富汗、塔吉克斯坦、巴基斯坦和印度，新疆与这些周边国家在经济、文化等方面有着互联互补关系，民族、宗教上相互认同，地缘文化的趋同性和地缘经济的互补性将促进双边和多边投资合作。随着“新丝绸之路经济带”的建设，新疆作为中国向西开放的重要窗口，“新丝绸之路经济带”上重要的交通枢纽和核心区，将吸引沿线国家的进一步投资。

② 政策优势。一方面，2015年3月，国家发改委等部门联合发布了《推动共建丝绸之路经济带和21世纪海上丝绸之路的愿景与行动》，明确指出要发挥新疆作为向西开放重要窗口的区位优势，深化与丝绸之路经济带沿线国家的交流合作，拓展相互投资，开展农林牧渔业、农机及农产品生产加工等领域合作。在此前后，新疆出台了《推进新疆丝绸之路经济带核心区建设的实施意见》和《推进新疆丝绸之路经济带核心区建设行动计划（2014—2020年）》，并制定了《新疆关于贯彻落实国家〈一带一路战略规划〉》，加快推进新疆丝绸之路经济带核心区建设的实施方案》和《新疆丝绸之路经济带核心区建设工作要点》，为新疆对外合作提供了良好的政策环境，为新疆吸引沿线国家FDI创造了新的机遇。另一方面，新疆维吾尔族人民政府制定了《新疆维吾尔自治区人民政府关于发布政府核准的投资项目目录（2015年本）的通知》：将《外商投资项目产业指导目录》中有中方控股（含相对控股）要求的总投资（含增资）小于10亿美元的鼓励类项目，下放由地州市人民政府投资主管部门或国家级开发区核准①。

③ 多元文化优势。新疆具有多民族聚居和多元文化融合的特点，经过历史的沉淀，新疆与沿线周边国家具有广泛的文化认同，文化和社会发展情况具有相似性。这种多元文化优势使得新疆更容易与沿线国家建立广泛而深入的联系，有助于新疆与沿线周边国家形成文化共同体、利益共同体，进而有助于民心相通和政策互通。广泛的文化交流将为新疆吸引沿线国家投资创造机遇。

④ 平台优势。第一，新疆正在加大力度开展经济开发区、自贸区、综合保税区、产业园区等平台的建设，提高投资便利化程度，增加沿线国家投资的吸引力。2015年，

① 徐绍史. 2016年中国双向投资发展报告［M］. 北京：机械工业出版社，2017：240.

喀什、霍尔果斯两个经济开发区招商引资99亿元[①]。第二，开放交流平台优势。新疆具有中国亚欧博览会、中亚文化交流合作中心、中国新疆国际民族舞蹈节、中国新疆文化创意产业博览会、亚欧电影展、丝绸之路文化产业园工程等众多平台优势，扩大了与沿线国家的投资合作机会。

（2）青海

① 区位优势。青海西面与新疆接壤，东邻甘肃，是西北地区的中心，是我国深化向西开放的重要区域，位于丝绸之路经济带中国–中亚–西亚经济走廊的主线上，是连接“新丝绸之路经济带”和“21 世纪海上丝绸之路”的节点省份，具有连南接北、承东启西的区位优势。

② 人文优势。青海与中亚、阿拉伯国家在文化、习俗、宗教等方面具有很强的相似性，特别是青海撒拉族先民与土库曼人有很深的历史渊源，亲情认同感很高，具有其他省区无法替代的人文优势。不仅如此，青海省以丝绸之路为依托，整合了青海各项旅游产品，精心打造了11条国际旅游线路[②]，涵盖了青海省历史文化、民俗风情、自然风光等众多文化旅游资源。青海特色的人文资源优势向沿线各族人民展示了绿色而美丽的青海，促进了与沿线国家特别是阿拉伯国家的交流与合作，有利于吸引沿线国家投资青海的文化产业。

③ 特色产业优势。青海省经过多年精心的培育和发展，形成了煤化工、新能源、新材料、特色钢铁、特色纺织品、盐湖化工、有色金属及加工、油气化工、装备制造和生物等十大特色产业。青海省在经济发展水平以及产业结构方面与沿线国家具有很强的互补性，不仅如此，青海省拥有丰富的矿产及能源优势，这为沿线国家外资进入特色优势产业提供了资源保障，同时产业链上的差异化优势也在一定程度上提高了青海特色优势产业的吸引力。比如，在特色纺织品产业领域，青海省积极吸引巴基斯坦及周边国家纺织类相关企业入驻南川工业园区，利用青海省南川工业园区藏毯基地的集聚效应，建成以藏毯生产为龙头的特色毛纺织产业集群，进一步吸引沿线国家投资。[③]

（3）陕西

陕西省是“新丝绸之路经济带”的重要支撑点，处于“新丝绸之路经济带”的中心位置，是连接我国东中部和西部的节点，在资源禀赋、科教资源、历史文化方面具有独特优势。

① 资源禀赋的互补性。从中亚五国的资源禀赋和经济发展的角度，陕西与中亚五国在经济上具有很强的互补性。新丝绸之路上的中亚国家基本上都是资源丰富的国家，

① 徐绍史. 2016年中国双向投资发展报告［M］. 北京：机械工业出版社，2017：246.

② 天山网，丝绸之路经济带带动青海旅游，http://news.ts.cn/content/2015-07/24/content_11690702.htm.

③ 蓝庆新，韩萌. 青海特色优势产业融入丝绸之路经济带建设的促进机制和政策建议［J］. 西北民族大学学报，2017（1）.

而我们是一个资源相对短缺的国家，具有不同资源禀赋和比较优势的经济体之间，通过贸易和投资合作可以促进各自经济得以更快地发展。例如，中亚五国油气资源丰富，而陕西省对这些资源有大量的需求。巨大的市场需求，可以刺激中亚五国的跨国公司对陕西进行直接投资。

② 科教资源丰富。与其他西部省份相比，陕西省具有较丰富的科教资源，具体表现在科技、教育、医疗等领域。在科技领域，有中俄丝路创新园和中国西部科技创新港。在教育领域，西安交通大学设立了“丝绸之路大学联盟”。在医疗领域，与俄罗斯在中医医疗、护理培训等项目上开展合作，并与俄罗斯医学科学院签订了科技合作协议。科技、教育、医疗以及相关产业的跨国直接投资合作正在成为陕西省对外开放的新特点。

③ 历史文化优势。陕西省是古代丝绸之路的起点，深厚的历史文化底蕴使得陕西省具有其他省份不具有的历史文化优势，而且陕西省与沿线国家友好交往源远流长，通过互动交流而产生的文化影响力也是其他省份所无法比拟的。2016 年，陕西省举办世博会第 20 届西洽会、丝绸之路国际艺术节和电影节、丝路万里行等活动，进一步加强了陕西省的文化传播，增强了与沿线国家文化认同感，便于下一步引资工作的展开。

（4）甘肃

① 互联互通优势。甘肃地处大西北的中间地带，是西北地区唯一的一个区内交通、通信枢纽，具有承东启西、南拓北展的区位优势，在“新丝绸之路经济带”互联互通建设中，具有“纽带”和“节点”优势。“纽带”是指甘肃省联接着新疆和陕西省，“节点”是因为甘肃是将中亚等国能源由新疆输送至内陆地区的节点。甘肃互联互通的“纽带”和“节点”优势有利于吸引中亚五国、俄罗斯、东欧和阿拉伯地区来甘肃进行投资。

② 矿产资源丰富。甘肃发现各类矿产 145 种，约占全国已发现矿种的 79%；探明储量的矿种达 84 种，占全国探明储量矿种的 50%以上；有 46 个矿种的保有储量居全国前十位，其中镍等 11 个矿种居全国之首，有“有色金属之乡”之称[①]。丰富的矿产资源为沿线国家中对矿产资源有需求且具有技术优势的跨国公司提供了有利条件，开发资源不仅能降低成本也有利于开拓市场，这对于资源类跨国公司而言是非常具有吸引力的。

（5）宁夏

① 民族人文优势。宁夏是全国最大的回族自治区，与阿拉伯国家有深厚的文化基础，回族群众与广大穆斯林生活习俗也比较相近，交流合作有先天优势，便于吸引阿拉伯的跨国公司来宁夏投资。

① 崔欣欣. 甘肃省外商直接投资的区位分析［D］. 兰州：甘肃农业大学，2008.

② 政策优势。宁夏与吸收外商直接投资有关的政策优势主要有以下四点：第一，在《宁夏回族自治区招商引资优惠政策（修订）》中，对区域内鼓励类企业、鼓励类行业都实施15%所得税，着力打造低税费外商投资环境。第二，累计取消和调整自治区级行政审批事项422项，降幅达39.2%，优化审批流程，提高审批效率[①]。第三，制订出台了自治区企业投资项目管理体制改革方案，调整了企业投资项目核准目录、淘汰和限制类产业和产品目录。第四，在《关于融入"一带一路"加快开放宁夏建设的意见》中，提出了推动投资服务便利化的政策，加快了"三个清单（权力清单、责任清单和负面清单）"制度的建立。

③ 三条通道优势。宁夏具有空中、网上、陆上三条丝绸之路通道优势。在空中丝绸之路通道方面，宁夏具有银川河东机场，是西部的航空枢纽，有望对阿拉伯国家开放航权。在网上丝绸之路通道方面，已经建成西部云基地、国家战略数据安全储备地，通过各种网络渠道与沿线国家建立更广泛的联系，促进沿线国家对宁夏的特色产品进行投资。在陆上丝绸之路通道方面，不断完善包兰铁路、太中银和宝中铁路。三条通道的建设，基础设施的互联互通，是促进沿线国家去宁夏投资的重要条件。

（6）内蒙古

① 区位优势。内蒙古自治区位于中国北部边疆，横跨东北、华北、西北三大区。东南西与八省区毗邻，北与蒙古国、俄罗斯接壤，国境线长达4 200公里。内蒙古是构建中俄蒙经济合作走廊核心区域，是中国向北开放的主要门户。

② 资源优势。内蒙古自治区矿产资源、风能资源极其丰富，特别是矿产资源，截至2015年年底，保有资源储量居全国之首的有17种、居全国前3位的有43种、居全国前10位的有85种。稀土查明资源储量居世界首位；全区煤炭保有资源储量为4 110.65亿吨，占全国总量的26.24%，居全国第一位。内蒙古风能储量2.7亿千瓦小时，占全国总储量的1/5，居全国首位。能源行业一直是内蒙古吸收外资的主要行业，也是"一带一路"国家对其投资的重点。

（7）北京

① 首都优势。北京是"一带一路"建设向北开放的重要窗口、中俄蒙经济走廊的重要节点城市，具有政治中心、文化中心、国际交往中心和科技创新中心等首都核心优势，同时，北京还具有筹办冬奥会等重大历史机遇。

② 服务业扩大开放优势。2015年5月北京成为全国首个也是唯一一个服务业扩大开放试点城市。北京市放宽了科技服务业、租赁和商业服务业、金融业、批发零售

① 人民网—中国共产党新闻网."一带一路"战略格局下宁夏的担当与作为［EB/OL］. http://dangjian.people.com.cn/n/2015/1123/c117092-27844846.html.

业、信息传输、计算机服务和软件业等六大领域的外资准入限制并进行了一系列外商投资管理便利化改革。2017 年 7 月北京服务业开放进一步升级，《深化改革推进北京市服务业扩大开放综合试点工作方案》已获国务院批复印发。北京再次放宽了外商投资的比例限制，降低了外资准入标准，航空运输、文化艺术、法律服务等九个行业领域开放水平进一步提高。北京服务业的特殊开放政策使其具有吸引“新丝绸之路经济带”沿线国家服务业投资的绝对优势。2016 年，北京服务业实际利用外资 123.2 亿美元，比 2014 年增长了 55.4%，占全市实际利用外资的 94.6%，占全国服务业引进外资的 13.9%。

③ 经济优势。北京经济发达，大企业集聚，在金融业、信息服务业、商务服务业、科技服务业、现代物流业和文化创意产业等生产性服务业中具有强大优势，吸引了大批国内外企业总部入驻，形成特有的北京经济。发达的经济吸引了大量的优秀人才入住北京，也使得北京具有人才优势。“一带一路”沿线国家许多是发展中国家和新兴经济体，普遍处于经济发展上升期，沿线国家的跨国公司谋求发展，为获取先进的技术、人才和管理经验，在京投资意向强烈。同时，北京人口密集、消费需求大，可进一步吸引沿线国家来京投资。

（8）辽宁

①“一核、两翼、三轴、多节点”的发展框架。辽宁省将“一带一路”建设作为一个有机整体，融入该省实施国家区域发展战略内容，构建“一核、两翼、三轴、多节点”的发展框架。“一核”是建设辽中南对外开放核心区，突出中蒙俄经济走廊引领示范作用；“两翼”是基于辽宁地缘优势，以沿海经济带为起点，建设面向俄罗斯、蒙古国、东欧等亚欧大陆桥发展翼。以全省沿海港口群为起点，建设面向东北亚、东南亚、南亚和俄罗斯远东地区等海上航运发展翼；“三轴”是面向俄罗斯、蒙古国、欧洲建设全省中部、西部、东部发展轴；“多节点”是建设多层次、多领域、多功能的对外开放平台，作为辽宁乃至东北地区对外开放的重要支撑点和增长极。

② 软环境不断改善的新优势。辽宁省注重外商投资软环境的改善，采取一系列有效措施加强依法行政，规范政府部门的管理行为，精简审批环节和程序；积极主动服务企业，建立涉外部门服务体系，建立与外商对话制度，加大协调外商投诉的力度。[①]2015 年以来，辽宁打出一系列组合拳，打造公平有序的市场环境、宽松便利的营商环境。辽宁还为良好的营商环境提供法治保障。2016 年底，通过《辽宁省优化营商环境条例》。制约经济发展的短板“软环境”，正在成为辽宁的“新优势”。

（9）黑龙江

①“龙江丝路带”的发展机遇。2014 年 4 月，黑龙江提出构建“黑龙江陆海丝绸之

① 宫静．关于辽宁省外商投资软环境的调查报告［J］．中国外资，2014（1）．

路经济带”的总体设想。2015 年 4 月，《推动共建丝绸之路经济带和 21 世纪海上丝绸之路的愿景与行动》发布，“龙江丝路带”正式纳入国家“一带一路中蒙俄经济走廊”。随着“龙江丝路带”的建设，一方面会使得黑龙江省具有其他省份不具有的互联互通的优势。“龙江丝路带”建设的中期目标是在 2016—2020 年，成为国内连接亚欧最便捷、最通畅的国际货物运输大通道[①]。2015 年 6 月，哈欧国际货运班列正式开通；2016 年 2 月 27 日，首班哈俄国际货运班列发车，对俄国际物流得以贯通。2016 年 4 月，“哈绥符釜”陆海联运常态化运营正式开通，龙江借港打通的出海口实现全天候运行[②]。借助哈欧、哈俄货运班列和“哈俄日韩”陆海联运三大通道，可吸引沿线国家产业向通道周围聚集，有利于产业集群效应的形成，进而吸引沿线国家投资。2021—2025 年，“龙江丝路带”全面建成面向俄罗斯、连接亚欧的综合跨境运输网络，将进一步促进黑龙江与沿线国家特别是俄罗斯的投资合作。另一方面，借助“龙江丝路带”，黑龙江省成为全国对俄办学项目最多、招生规模较大的省份。高校与俄罗斯大学的教育合作，有助于复合型人才的培养，进而有助于黑龙江引资、引智、引技。

② 有多个对俄合作平台。黑龙江凭借与俄罗斯接壤的区位优势，有多类对俄合作平台，包括“中俄博览会”和“哈洽会”等中俄经济贸易合作平台、哈尔滨新区（全国唯一以对俄合作为主题的国家级新区）、绥芬河–东宁重点开发开放试验区、哈尔滨国际铁路集装箱中心站、哈尔滨空港、华南城“黑龙江省对俄经贸物流园区”等。

（10）吉林

① 政策叠加优势。在享受国家振兴东北老工业基地政策的同时，国家赋予吉林长吉图开放开发先导区在沿边开放方面的先行先试权，除此之外，延边朝鲜族自治州还享受西部大开发政策，珲春市作为长吉图的窗口，也是全国唯一享受边境积极合作区、出口加工区和互市贸易区“三区合一”的城市。[③]

② 科技文化优势。吉林省是丝绸之路经济带东北方向科教文化合作的重要区域。朝鲜族民族文化、高句丽历史文化、蒙古族草原文化等多元文化使吉林省在文化交流方面具有了较强的西向交流和南向交流的基础。中俄科技园以及域内多个国际科技合作基地、长春中俄大学生交流基地等合作平台，使吉林省具有通过科教合作、人文合作加强与“新丝绸之路经济带”沿线国家投资合作的可能性。

---

① 东北网. 黑龙江省全力推进“龙江丝路带”建设 布局八大通道水陆空连通全世界［EB/OL］. http://news.hexun.com/2015-04-15/174969430.html.

② 人民网. “龙江丝路带”乘风破浪 黑龙江奋力走出全方位对外开放新路子［EB/OL］. http://media.china.com.cn/cmyw/2016-05-25/739358.html.

③ 马宏泽. 吉林省利用外资现状分析与对策研究［D］. 长春：吉林大学，2016（5）.

7.2.3 影响中国“新丝绸之路经济带”沿线主要省、市、自治区吸收沿线国家外商直接投资的问题与障碍

1. 西部省份基础设施建设不足

虽然国家正在通过一系列的举措，加强与“新丝绸之路经济带”沿线国家的基础设施互联互通，但基础设施的建设不是一朝一夕、一蹴而就的事情，各个项目的完成需要一定的时间。目前处于我国“新丝绸之路经济带”上西北地区（陕西、甘肃、青海、宁夏、新疆）的基础交通设施仍存在交通运输系统密度低、通达水平低、道路质量差、等级不高等问题，邮电通讯、供水供电与东部沿海地区也有较大差距。丝绸之路途经的西部省市多山、多沙漠，地理环境较为复杂。地理条件决定丝绸之路的很多路段只能绕行，无法直接通过。已经通车的亚欧大陆桥是我国西北地区目前唯一的出境铁路，这条线路可能无法承载建设“新丝绸之路经济带”的全部需求。正在规划论证中的中巴铁路、中尼铁路以及中吉乌铁路，均需要穿越山地，施工难度较大。

2. 与投资国的信息不对称

“新丝绸之路经济带”众多发展中国家经济、社会习俗各不相同，语言多样，文化、宗教、法律千差万别，由于历史原因和沿线国家经济发展水平的限制，“新丝绸之路经济带”上的部分国家缺乏相互了解，交通不畅、语言不通、情况不明是经贸交流的主要瓶颈，也影响了中国沿线主要省市吸收沿线国家的 FDI。沿线国家企业投资者缺乏对中国相关省市的省情、投资环境的了解和把握，进而影响了双方的投资合作。

3. 开放政策体系尚需完善

中国以往的开放多侧重于向东开放，努力吸收东亚、欧美外资，在思想和体制上已经形成了惯性。如何建立向西开放、向内陆开放的政策体系还存在诸多难点。2013 年以来，我国相继提出“中巴经济走廊”“中孟印缅经济走廊”“新丝绸之路经济带”倡议，向西开放的战略布局已经基本形成。但配套的开放政策特别是外资政策仍有不足，开放力度较大的自贸试验区还主要集中在东部地区，中西部省市开放政策体系尚需完善。

4. 区域内大国博弈，政治形势复杂

中亚五国是“新丝绸之路经济带”的核心区域，位于欧亚大陆的中心地带，蕴含着丰富的自然资源，具有重要的地缘政治、经济战略地位，是世界大国博弈的焦点。尽管中俄是全球性的战略伙伴，但两国的中亚战略存在一定的竞争关系。长期以来，俄罗斯一直把中亚地区纳入其传统势力范围内，不想失去对中亚地区的政治、经济和军事控制，也不想看到中国在中亚地区的影响力过快增长。2011 年，美国也曾提出“新丝绸之路计划”，该计划的最终目标是在中国的西部、西南部构建一条由美国主导的经济与能源通道，从而限制中国对中亚、南亚的影响力，并分化上海合作组织的凝聚力，以强化美国在该地区的主导权。因大国之间利益冲突而引起的大国之间的竞争博弈必然会影响中国与沿线国家的投资合作。

5. 复合型人才缺乏

“新丝绸之路经济带”建设离不开人才和智力支持，“新丝绸之路经济带”建设具有特殊性，沿线国家众多，各国国情不同，风俗、文化各有特色，语言、法律、宗教各有特点。中国沿线主要省市各行业亟需对“新丝绸之路经济带”熟悉的复合型人才，如信息通讯、铁路、旅游行业均有迫切的人才需求。复合型人才应当具备了解当地文化和风俗习惯、产业特点、投资规律，通晓当地语言，熟知当地法律法规的能力，了解与投资相关的争端解决机制等。但目前，对了解“新丝绸之路经济带”沿线国家情况的人才培养仍然不够，与沿线国家的人才交流还缺乏深度合作。另外，西北地区由于经济发展水平、地理位置等限制，存在教育水平不高、高校数量少、人才交流项目少等问题。引资缺乏智力支持，将无法吸引沿线高技术型企业在农业、航空、信息技术等领域的投资，若“引资”“引技”和“引智”无法有机结合，可能导致引资质量不高。

7.3 中国“21世纪海上丝绸之路”沿线主要省、市、自治区吸收沿线国家外商直接投资的优势与障碍

在“一带一路”倡议中，“一路”是指“21世纪海上丝绸之路”，它秉承“以点带线、以线带面”的理念，将自己的合作范围不仅仅局限在东盟十国，而是扩大到南亚、西亚、北非等世界各地。有26个国家位于“一路”周边，具体国家见表7–6。

表7–6　“21世纪海上丝绸之路”沿线国家范围

板块	主要国家
东南亚	文莱、柬埔寨、印度尼西亚、老挝、缅甸、菲律宾、马来西亚、新加坡、泰国、越南
南亚	孟加拉、印度、巴基斯坦、尼泊尔、巴基斯坦、斯里兰卡、阿富汗
西亚及北非	巴林、埃及、沙特阿拉伯、叙利亚、土耳其、也门
其他	库克群岛、萨摩亚、瓦努阿图

7.3.1 “21世纪海上丝绸之路”沿线国家对中国直接投资特点

1. 投资严重不均，以新加坡、萨摩亚、马来西亚为主

“21世纪海上丝绸之路”涉及的区域以东南亚地区为主。东盟是由沿线主要国家（东南亚地区）组成的国际组织。中国–东盟自由贸易区的建立、“10+1”FTA升级版的发展、中国与东盟国家各类协议的签署，都促进了双方的相互投资。2016年东盟对华投资新设立企业1 160家，同比增长0.5%，实际投资金额67.3亿美元，同比下降14.3%。东盟成员国新加坡是我国十大外资来源地，2016年其对中国投资额高达61.8亿美元，已多年

位列沿线国家对中国投资额榜首。

中国吸收南亚地区“21 世纪海上丝绸之路”国家的 FDI 则相对较少，其中，印度对中国直接投资额最大，2014 年、2015 年中国实际吸收其投资额 5 075 万美元和 8 080 万美元；中东和北非地区则以沙特阿拉伯居首，2015 年对中国的直接投资额达 2.777 4 亿美元。

中国吸收来自其他地区，如北非地区埃及、肯尼亚的投资较少。2006—2015 年，埃及对我国直接投资额由 127 万美元下降至 50 万美元，肯尼亚同样由 2006 年的 300 万美元下降至 2 万美元。虽然有投资较多的年份，但整体较少，且分布严重不均。

表 7–7　　中国实际吸收“21 世纪海上丝绸之路”沿线各国 FDI 金额　　单位：万美元

	2006	2007	2008	2009	2010	2011	2012	2013	2014	2015
新加坡	226 046	318 457	443 529	360 484	542 820	609 681	630 508	722 872	582 668	690 407
萨摩亚	153 754	216 988	254 975	202003	177 333	207 623	174 371	185 807	156 383	199109
马来西亚	39 348	39 725	24 696	42 874	29 433	35 828	31 751	28 053	15 749	48 048
沙特	816	12 265	27 524	11 365	48 397	2 394	4 987	5 851	3 601	27 774
印度尼西亚	10 068	13 441	16 725	11 172	7 684	4 607	6 378	12 623	7 802	10 754
印度	5 239	3 404	8 805	5 520	4 931	4 217	4 406	2 705	5 075	8 080
文莱	29 421	37 688	34 042	34 812	30 956	25 582	15 109	13 319	7 094	7 258
泰国	14 482	8 948	12 921	4 866	5 134	10 120	7 772	48 305	6 052	4 438
菲律宾	13 434	19 532	12 687	11 101	13 806	11 185	13 221	6 726	9 707	3 867
土耳其	1 345	984	729	1 864	986	1 485	1 556	4 004	1 272	2 701
瓦努阿图	298	283	16	147	2 997	624	16	79	515	1 002
柬埔寨	212	634	292	1 337	1 035	1 737	1 660	2 251	312	1 000
也门	149	151	484	442	2 079	888	287	90	94	249
巴基斯坦	618	248	1 452	380	570	971	183	1 805	2 323	65
叙利亚	73	148	136	188	810	89	95	248	173	55
阿富汗	195	233	228	786	1 240	76	163	558	100	50
埃及	127	678	758	1 090	803	552	567	209	126	50
孟加拉	642	145	65	93	18	495	227	27	15	24
斯里兰卡	225	7	40	147	143	68	20	—	—	3
肯尼亚	300	80	99	202	48	235	209	11	—	2

续表

	2006	2007	2008	2009	2010	2011	2012	2013	2014	2015
越南	1 366	73	207	592	203	129	316	—	7	—
老挝	—	300	670	243	945	588	200	—	—	—
缅甸	736	326	330	339	352	1 021	384	585	585	—
尼泊尔	9	23	—	—	25	—	3	11	22	—
库克群岛	271	2 614	2 030	—	300	150	134	65	82	—

注：“—”表示数据缺失。

数据来源：中华人民共和国国家统计局；中华人民共和国商务部。

表 7–8　　中国实际吸收“21 世纪海上丝绸之路”沿线各国 FDI 排名

排名	2006	2007	2008	2009	2010	2011	2012	2013	2014	2015
1	新加坡	新加坡	新加坡	新加坡	新加坡	新加坡	新加坡	新加坡	新加坡	新加坡
2	萨摩亚	萨摩亚	萨摩亚	萨摩亚	萨摩亚	萨摩亚	萨摩亚	萨摩亚	萨摩亚	萨摩亚
3	马来西亚	马来西亚	文莱	马来西亚	沙特	马来西亚	马来西亚	泰国	马来西亚	马来西亚
4	文莱	文莱	沙特	文莱	文莱	文莱	文莱	马来西亚	菲律宾	沙特
5	泰国	菲律宾	马来西亚	沙特	马来西亚	菲律宾	菲律宾	文莱	印度尼西亚	印度尼西亚
6	菲律宾	印度尼西亚	印度尼西亚	印度尼西亚	菲律宾	泰国	泰国	印度尼西亚	文莱	印度
7	印度尼西亚	沙特	泰国	菲律宾	印度尼西亚	印度尼西亚	印度尼西亚	菲律宾	泰国	文莱
8	印度	泰国	菲律宾	印度	泰国	印度	沙特	沙特	印度	泰国
9	越南	印度	印度	泰国	印度	沙特	印度	土耳其	沙特	菲律宾

数据来源：根据中华人民共和国国家统计局相关数据计算所得。

新加坡是“21 世纪海上丝绸之路”的重要节点，对华投资具有以下特点：第一，新加坡在中国的投资主要以园区经济为主，如已经建成的苏州工业园区、天津生态城以及刚开始运行的中新（重庆）战略性互联互通示范项目。第二，新加坡对华投资以往主要集中在制造业、房地产业和服务业。以新加坡政府控股的淡马锡为例，该控股公司由政府公务员兼任公司董事，以客户为导向，奉行分层递进的控制方式和有效的约束机制，该控股公司的对华投资主要在房地产行业，包括恒大地产、碧桂园等国内知名房地产企业。

萨摩亚是世界著名的离岸金融中心，许多跨国公司通过萨摩亚开展对华投资业务。根据国家统计局的相关数据能够计算出，在 2015 年进入中国的外资中，至少有 9.60%的部分是通过离岸金融中心投资，具体分布是：萨摩亚群岛 1.57%、巴巴多斯 0.03%、塞舌尔 0.18%、百慕大 0.56%、毛里求斯 0.27%、开曼群岛 1.14%、英属维京群岛 5.85%。萨摩亚政局稳定、税收优惠、基础设施健全、没有金融管制，此外，不断创新的现代化法律体系、严密的银行系统以及保险业许可制度也是吸引跨国公司来此注册的重要原因。但离岸金融中心极易引发金融风险转嫁、资本外逃、偷税漏税、金融犯罪等问题，应引起我国的高度重视。

马来西亚是“21 世纪海上丝绸之路”的重要国家和东盟的创始国、成员国，与中国的贸易合作关系一直十分密切，曾连续 9 年是中国在东盟的第一大合作伙伴。双方合作意愿强烈，投资潜力较大，经贸发展迅速，如中马双方相互投资建成的中马钦州产业园。该产业园区一直致力于建设高端产业集聚区、产能合作示范区和人才科教富集区。广西钦州作为汉代丝绸之路的始发港，一直与东南亚各国保持密切的经贸往来关系。

2. 投资规模有扩大趋势，但比重较低

将表 7–7 的数据加总后，可以得出“21 世纪海上丝绸之路”沿线各国的实际利用外资的总额，如图 7–7 所示，“21 世纪海上丝绸之路”沿线国家实际利用外资金额从 2006 年的 49.917 4 亿美元上升至 2015 年的 100.493 6 亿美元，上涨了 101.32%，有规模扩大之趋势。但在中国吸收 FDI 规模日益增长的同时，“21 世纪海上丝绸之路”各国对中国 FDI 的贡献整体比重仍然较小。2011—2015 年“21 世纪海上丝绸之路”沿线国家对中国投资占中国实际吸收外商直接投资比重不足 9%，2015 年仅有 7.96%，可见对中国 FDI 的贡献率不高，未来有很大的提升空间。①

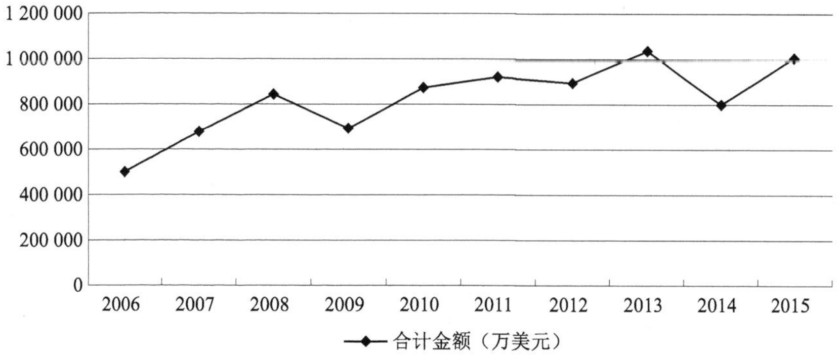

图 7–7　2006—2015 年中国实际吸收“21 世纪海上丝绸之路”沿线国家 FDI 趋势

数据来源：根据中华人民共和国国家统计局相关数据计算所得。

① 此部分数据为作者根据国家统计局数据汇总而得，因数据来源的差异，可能与前文“一带一路”实际投资额略有出入。

表 7–9　　中国实际吸收“21 世纪海上丝绸之路”沿线国家 FDI 占中国 FDI 总额比重　　单位：亿美元，%

	2011	2012	2013	2014	2015
中国实际吸收“21 世纪海上丝绸之路”国家 FDI	92.034 5	89.452 3	103.620 4	79.975 7	100.493 6
中国实际利用 FDI 总额	1 160.11	1 117.16	1 175.86	1 195.62	1 262.67
占比	7.932 9	8.006 9	8.812 3	6.689 4	7.958 5

数据来源：根据国家统计局相关数据计算所得。

3. 投资有行业偏好

随着外商对我国投资规模不断加大，在具体行业的选择中，出现了对第三产业的偏好。这不仅体现在我国整体层面上，更体现在“21 世纪海上丝绸之路”沿线国家对华投资上。

新加坡早期对中国的投资主要集中在传统制造业和房地产业。而随着中国加入世界贸易组织及本国国内产业结构升级调整，新加坡对华投资开始转向现代服务业和高新技术业等第三产业。以中国–新加坡苏州工业园区为例，该工业园以“建成具有国际竞争力的高科技工业园”为目标，不断优化产业结构，提升制造能力，累计吸引外资项目超 5 800 个，实际利用外资 294 亿美元，到 2016 年，高新技术产业产值占规模以上工业产值比重达到 66.2%，同时，注重推动生物医药、纳米技术应用、云计算等战略性新兴产业加快发展，园区服务业增加值占 GDP 比重达 43.8%。

4. 投资区域分布不均，出现向中西部延伸趋势

“21 世纪海上丝绸之路”沿线各国对华直接投资就地域分布而言，也具有明显的偏向性。如，2015 年山东、广东、浙江三省实际吸收新加坡直接投资分别为 13.989 9、4.734 3 和 4.423 8 亿美元，三省占新加坡对华投资总额的 33.528 0%。虽然我国吸收海上丝绸之路沿线国家 FDI 在地域上呈现偏重东部的态势，但我国部分中西部省份吸收 FDI 的能力也在不断攀升。以泰国、新加坡为例，改革开放初期，泰国企业进入中国主要集中在东南沿海经济发达、消费水平较高的区域，其中包括福州大幅有限公司、上海联华化纤有限公司等。随着中国的西部大开发，越来越多的泰国企业开始入驻中国中西部地区，将投资范围扩展到四川等地，其中，最为著名的就是绵阳正大食品有限公司。2016 年 1—5 月，国内共有 12 个省市对新加坡进行招商引资活动，其中包括陕西、云南、湖北、贵州、四川、重庆等省市，此外，还包括辽宁和黑龙江两个东北老工业基地。“中新（重庆）项目”是中国和新加坡继苏州工业园、天津生态城后的第三个政府间合作项目，该项目以“现代互联互通和现代服务经济”为合作主题，以金融服务、航空、交通物流、通信技术为重点合作领域，推进我国中西部内陆地区的发展。由此可以看出，我国吸收沿线国家 FDI 向中西部延伸的特点。

7.3.2 中国“21 世纪海上丝绸之路”沿线主要省、市、自治区吸收沿线国家外商直接投资的现状与优势

“21 世纪海上丝绸之路”的建设，收益是全局性的。不仅会对沿线国家的经济产生助推作用，更能促进我国各省市的发展，不同地区的地缘潜力、经济优势也会得到不同程度的提升。因此，本文将对国内几个省、市、自治区吸收沿线国家 FDI 的现状和优势作出分析：

1. 上海

（1）引资现状

上海一直是我国吸收外资的主力，吸收外资金额多年占我国实际利用外资金额的十分之一以上。特别是上海自贸区设立后，扩大外资市场准入，改革外资管理制度，吸引大量外资涌入。2014 至 2016 年连续三年实际利用 FDI 金额达到 180 亿美元以上，2016 年增长到 185.14 亿美元，占全国实际使用外资金额 14.69%。上海通过对投资环境的完善，外资结构不断优化升级，引资质量也有提升。2016 年，第三产业实际利用外资金额达到 163.35 亿美元，占全市实际利用 FDI 金额的 88.23%，同比增长 2.5%。第二产业实际利用 FDI 金额 21.43 亿美元，占全市实际利用 FDI 金额的 11.6%。至 2016 年年末，在上海落户的跨国公司地区总部达到 580 家，投资性公司 330 家，外资研发中心 411 家。在上海投资的国家和地区增至 168 个。投资上海前十位国家/地区（以实到外资计）分别为中国香港、新加坡、开曼群岛、英属维尔京群岛、美国、日本、卢森堡、毛里求斯、法国、韩国，合计实到外资 165.2 亿美元，占全市实到外资的 89.2%。

表 7–10　　2006—2016 年上海市吸收 FDI 情况　　单位：个，亿美元

	外商直接投资合同项目	外商直接投资合同金额	外商直接投资实际到位金额
2006	4 061	145.74	71.07
2007	4 206	148.69	79.20
2008	3 748	171.12	100.84
2009	3 090	133.01	105.38
2010	3 906	153.07	111.21
2011	4 329	201.03	126.01
2012	4 043	223.38	151.85
2013	3 842	249.36	167.80
2014	4 697	316.09	181.66
2015	6 007	589.43	184.59
2016	5 153	509.78	185.14

数据来源：上海市统计局。

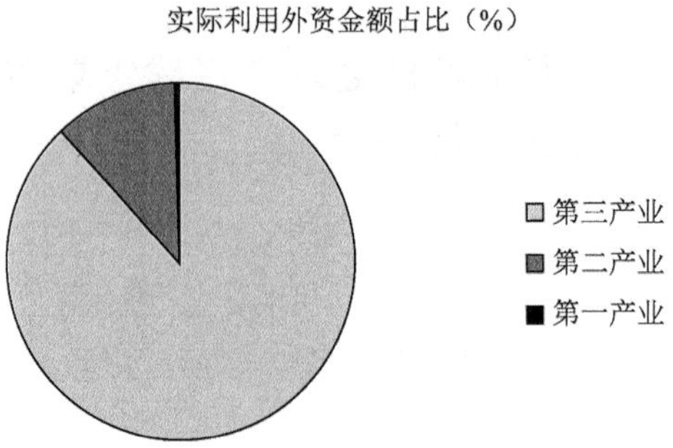

图 7-8　2016 年上海市外商直接投资三大产业占比

数据来源：上海市商务委员会。

（2）引资优势

上海市作为我国四大直辖市之一，是我国重要的对外开放窗口，同时也是经济发展水平较高的地区，其在吸收“21 世纪海上丝绸之路”沿线国家 FDI 方面具有独特的优势。

① 海陆交通优势。上海市地处长江入海口，东临东海，是“21 世纪海上丝绸之路”的桥头堡，是中国与世界经济沟通的大门，也是与“21 世纪海上丝绸之路”沿线国家开展贸易投资活动的先行城市。上海市交通条件便利，陆上、海上运输便捷。2015 年度铁路营运里程达到 456 公里，高速公路达 825 公里，通车里程 13 196 公里，内河航道里程 2 058 公里。截至 2017 年 6 月，货物运输总量达 47 380.92 万吨，其中，铁路运输总量 225.72 万吨，水路运输总量 27 261.25 万吨，公路运输总量 19 693.00 万吨。良好的海陆交通使上海市在吸收“21 世纪海上丝绸之路”沿线国家 FDI 时具有极大的区位优势。

② 经济基础优势。上海市交通条件便利、商业服务便捷，同时拥有雄厚的经济实力，2016 年上海市生产总值 27 466.15 亿元，按常住人口计算人均 GDP 达 11.36 万元。良好的经济基础是吸引和推动上海市吸收 FDI 的最突出优势，同时也是上海市作为“21

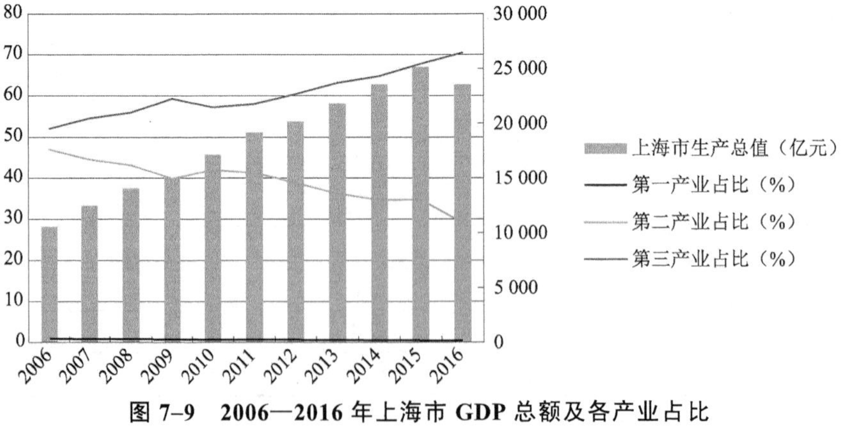

图 7-9　2006—2016 年上海市 GDP 总额及各产业占比

资料来源：上海市统计局。

世纪海上丝绸之路”桥头堡的重要原因。不仅如此，上海市的产业结构合理，2016 年上海市第一产业增加值 109.47 亿元，第二产业增加值 7 994.34 亿元，第三产业增加值 19 362.34 亿元。第三产业占比 70.5%。良好的产业基础为良好的外资结构打下基础。

③ 营商环境优势。上海市金融服务业优势突出。2016 年，金融业增加值 4 762.50 亿元，比上年增长 12.8%，至年末，全市各类金融单位达到 1 473 家，其中，在沪经营外资金融单位 242 家。自 2013 年上海自贸试验区建立，上海就不断扩大对外资的开放范围，以贸易投资便利化为其改革试验重点，积极探索外商投资备案管理制度，并将经验复制推广至上海其他地区，为上海外商投资营造了法制规范、监管高效、金融开放的营商环境。

2. 福建

（1）引资现状

2007—2015 年，福建省实际利用 FDI 金额不断攀升，从 2007 年的 40.61 亿美元，上涨到 2016 年的 81.95 亿美元。新设外商直接投资企业从 2007 年的 1 723 家上涨到 2016 年的 2 355 家。从福建省实际利用 FDI 金额占全国比重来看，2006 年，我国实际利用 FDI 金额 694.7 亿美元，福建占比 5.42%，其后几年呈现出曲折式前进的趋势，至 2016 年，福建省实际利用 FDI 占全国比重为 6.50%。福建实际吸收“21 世纪海上丝绸之路”沿线国家 FDI 金额不稳定，且规模较小。以印度尼西亚、泰国、新加坡三个主要对福建投资的“21 世纪海上丝绸之路”沿线国家为例，如图 7–10 和图 7–11 所示，新加坡对福建投资数额最多，波动也较大，在 2014 年达到最高，为 5.183 6 亿美元；印度尼西亚对福建投资也于 2014 年达到最高，为 3 213 万美元；泰国则在 2008 年有过较大金额投资，但之后持续下降，2015 年只有 166 万美元。

表 7–11　　2007—2015 年福建省实际吸收 FDI 金额　　单位：万美元

	2007	2008	2009	2010	2011	2012	2013	2014	2015	2016
实际吸收 FDI 金额	406 058	567 171	573 747	580 279	620111	633 774	667 896	711 499	768 339	819 500

注：2007—2015 年数据采用全口径统计，2016 年数据验资口径未明确标出。

数据来源：福建省统计局。

表 7–12　　2007—2015 年福建省吸收部分“21 世纪海上丝绸之路”国家 FDI 数额　　单位：万美元

	2007	2008	2009	2010	2011	2012	2013	2014	2015
新加坡	8 796	14 982	19 584	25 545	18 695	12 491	23 086	51 836	28 795
印度尼西亚	933	672	1 883	1 883	551	991	2 756	3 213	1 396
泰国	789	1 374	384	153	254	158	467	123	166
合计	10 518	17 028	21 851	27 581	19 500	13 640	26 309	55 172	30 357

注：2007—2015 年数据采用全口径统计。

数据来源：福建省统计局。

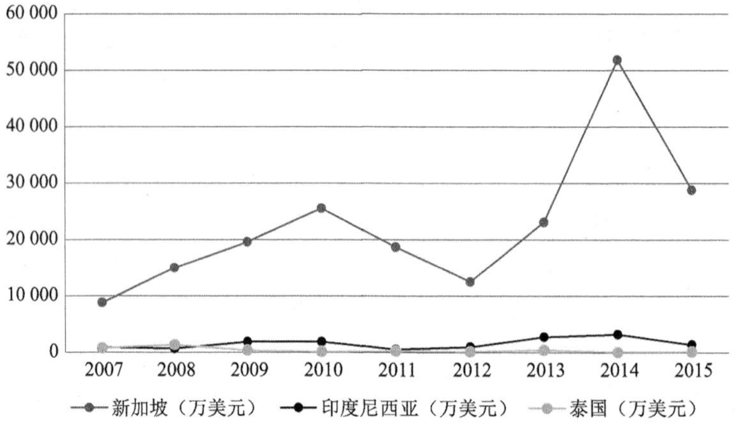

图 7–10　2007—2015 年福建省吸收印度尼西亚、泰国、新加坡 FDI 金额

数据来源：福建省统计局。

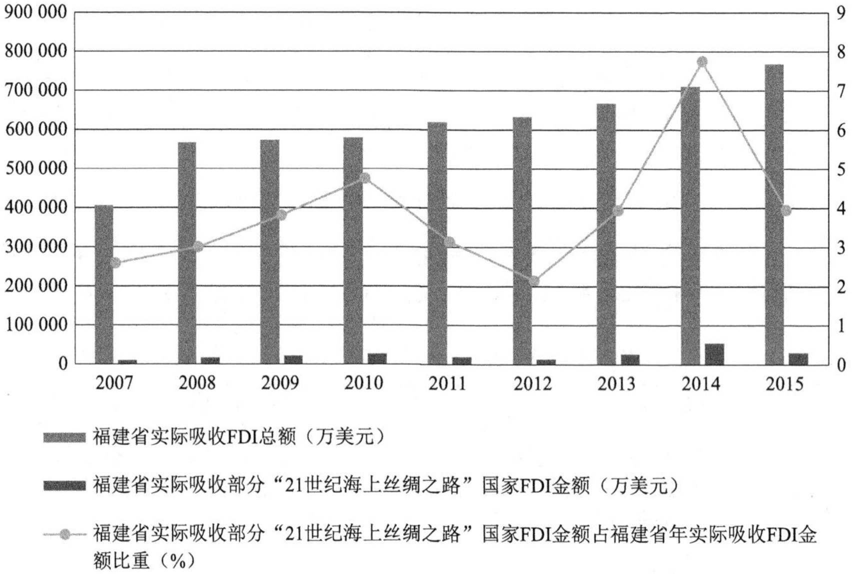

图 7–11　2007—2016 年福建省实际吸收 FDI 概况

数据来源：根据福建省统计局相关数据计算所得。

（2）引资优势

① 地理位置的“连通性”。福建省作为中国最早对外通商的省份之一，地理位置十分优越。其地处中国东南沿海，连接东海、南海，联通“珠三角”、“长三角”，是中国重要出海口，也是“21 世纪海上丝绸之路”的重要节点。2015 年以来，中国政府推行“一带一路”倡议，推进内外对接，把福建作为连接中国内陆与沿线国家的桥梁和纽带，加大开放力度，深化与沿线国家的务实合作，其独特的“连通性”优势在“21 世纪海上丝绸之路”各省市定位中发挥了重要作用。

② 战略合作优势。福建作为连接中国内陆与沿线国家的桥梁和纽带，在“21 世纪海上丝绸之路”战略定位独特，国家规划建设的“四区一岛”，福建占两个，分别是福建 21 世纪海上丝绸之路核心区、福建海峡蓝色经济试验区。

③ 与东盟关系紧密。福建省政府多次出访东盟国家，也先后接待缅甸、老挝、新加坡等国家的来访使团，相互之间交往密切，且新加坡、菲律宾、泰国等国家在福建设有总领事馆，福建 8 个城市还与东盟国家建立了友城关系。同时，东盟国家中福建华侨数量众多，在亲缘纽带作用下，福建与东盟不断加强投资合作，先后举办过“中国福建-东盟合作与互联互通研讨会”等一系列活动，[①]可促进东盟各国对我国的直接投资。

3. 广东

（1）引资现状

广东作为中国改革开放的前沿阵地、第一经济大省，随着相关配套产业集群的打造，投资环境的日益完善，吸引 FDI 的能力显著增强。2007—2016 年，广东省实际利用 FDI 金额除在 2016 年出现下降之外，其余年份整体呈上升趋势。与改革开放初期的 3 100 万美元相比，2016 年广东省实际利用 FDI 金额上涨了 752.19 倍。同时，广东省利用外资水平和实力有了质的变化。“21 世纪海上丝绸之路”主要国家对广东的投资金额比重不高，2007—2015 年，广东省实际利用沿线国家 FDI 金额占广东省实际利用 FDI 总额的 6.71%、7.36%、6.00%、5.54%、6.04%、7.12%、6.11%、6.40%、4.11%，仅在 6%处徘徊，在 2015 年还出现下降。这与其经济大省的地位不符。

表 7–13　　2007—2016 年广东省实际吸收 FDI 总额　　单位：万美元

2007	2008	2009	2010	2011	2012	2013	2014	2015	2016
1 712 603	1 916 703	1 953 460	2 026 098	2 179 836	2 354 911	2 495 210	2 687 144	2 687 546	2 334 900

数据来源：广东省统计局。

表 7–14　　2007—2016 年广东省实际吸收“21 世纪海上丝绸之路”沿线部分国家 FDI 金额　　单位：万美元

	2007	2008	2009	2010	2011	2012	2013	2014	2015
萨摩亚	59 068	64 130	53 116	49 714	61 509	36 652	37 279	34 475	54 362
新加坡	37 115	54 626	44 257	46 482	45 453	117 213	101 174	127 119	47 343

① 中国经济网.福建构建“海上丝绸之路”新起点［DB\OL］.

续表

	2007	2008	2009	2010	2011	2012	2013	2014	2015
马来西亚	5 267	5 679	5 634	5 133	5 086	3 002	1 501	1 452	4 541
文莱	9 538	11 582	12 433	8 825	12 476	10 237	4 000	3 748	3 133
泰国	1 776	1 036	435	998	4 070	412	970	626	822
印度	242	3	37	69	170	259	176	125	148
印度尼西亚	1 625	3 202	929	877	2 830	38	7 419	4 420	36
菲律宾	290	772	436	91	41	0	3	30	5
合计	114 921	141 030	117 277	112 189	131 635	167 813	152 522	171995	110 390

数据来源：广东省对外经贸年鉴。

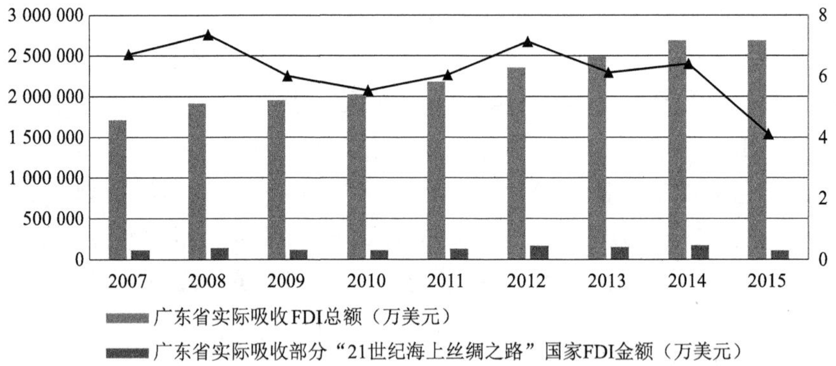

图 7-12　2007—2016 年广东省实际利用 FDI 概况

数据来源：广东省统计局。

（2）引资优势

① 区位优势。广东省地处中国大陆南端沿海，濒临中国南海，位于西江、北江、东江三江汇合处，是中国的南大门，其优越的地理位置使其拥有天然的区位优势。不仅如此，广东省还处在我国南海航运枢纽位置上，与越南、马来西亚、印度尼西亚等国隔海相望，是我国通往“21 世纪海上丝绸之路”沿线国家最近的出海口。广东良好的区位是吸引跨国公司投资的重要优势。

② 自贸区平台优势。2014 年 12 月 31 日成立的中国（广东）自由贸易试验区立足于打造新型的国际投资贸易规则试验区，创新以负面清单管理为核心的外资投资管理体制，探索与国际通行规则相一致的贸易监管制度，建立国际化商事纠纷仲裁和调解机制，在国际投资、贸易、知识产权等领域探索对接国际高标准规则体系。同时，它是自贸区战略与“一带一路”战略的深度融合，将推动广东省与“21 世纪海上丝绸之路”沿线国家和地区的贸易往来和投资合作，成为打造“21 世纪海上丝绸之路”的重要枢纽，为“21

世纪海上丝绸之路”建设服务。

③ 信息与人文优势。信息畅通程度与人文亲缘对吸引外资同样具有重要的作用，广东作为改革开放的前沿阵地和经济发达地区，领事馆数量众多，新加坡、泰国、菲律宾、柬埔寨、越南、马来西亚、印度尼西亚、老挝、印度、巴基斯坦等“21 世纪海上丝绸之路”沿线主要国家均在广东设有领事驻地。这就为广东吸引“21 世纪海上丝绸之路”沿线国家的 FDI 提供了得天独厚的信息优势，为了解各地来华投资信息提供了良好的渠道。同时，广东拥有众多华人商会，来自“21 世纪海上丝绸之路”沿线国家的华侨也是广东在吸收外商直接投资时的人文亲缘资源。在与华侨密切联系的过程中，可降低外资企业对陌生地区的不适感和风险，从而提升了“21 世纪海上丝绸之路”沿线国家在广东投资的可能性。

4. 浙江

（1）引资现状

浙江省把握区位优势、借助国家政策扶持，积极吸收外商直接投资。2009—2016 年，浙江省吸收 FDI 金额不断攀升。受金融危机的影响，2009 年浙江省吸收 FDI 总额仅 99.397 4 亿美元，到 2016 年已攀升至 176.000 0 亿美元。与此相对应，2009—2016 年，浙江省吸收“21 世纪海上丝绸之路”FDI 金额同样处于不断上升的状态。从 2009 年的 4.158 3 亿美元，上升到 2016 年的 5.057 3 亿美元，但其占浙江吸收 FDI 总额比重却出现下降，从 2009 年的 4.18%降至至 2016 年的 2.87%。期间虽在 2010—2012 年比重上升，但从 2013 年起却一直处于下降状态。这说明浙江省在吸收外商直接投资总额不断攀升的同时，对“21 世纪海上丝绸之路”沿线国家外资的利用程度不够，还有待开发。

表 7-15　　2009—2016 年浙江省吸收“21 世纪海上丝绸之路”沿线国家 FDI 金额　　单位：万美元

	2009	2010	2011	2012	2013（10 月）	2014	2015	2016
新加坡	32 126	24 610	40 860	55 656	48 863	45 940	44 238	40 721
土耳其	406	366	258	103	385	758	2 150	2 396
巴基斯坦	9	62	402	77	162	—	8	2 089
文莱	1 525	4 554	866	365	375	1 743	–35	1 922
印度	512	348	519	592	995	368	1 872	1 715
泰国	2 722	120	28	1 147	1 723	912	215	1 355
菲律宾	146	800	1 366	2 970	452	1 766	650	150

续表

	2009	2010	2011	2012	2013（10月）	2014	2015	2016
也门	78	7	118	204	30	45	24	68
马来西亚	1 607	2 032	1 863	1 533	786	2 074	236	59
埃及	863	92	17	108	53	15	7	19
沙特	366	90	4	136	113	263	74	17
叙利亚	—	51		16	26	124	108	8
孟加拉	—	—	—	—	—	—	—	2
阿富汗	8	3	5	316	507	67	10	2
肯尼亚	100	205	29	—	—	—	—	2
印度尼西亚	504	921	771	243	166	356	23	—
越南	—	22	—	—	16	—	—	—
老挝	230	938	588	200	—	—	—	—
柬埔寨	295	150	—	—	—	—	260	—
斯里兰卡	86	—	—	—	—	—	—	—

注：由于 2013 年仅有前 10 月数据，故浙江省吸收“21 世纪海上丝绸之路”沿线国家 FDI 在 2013 年一栏的数据仅包括前 10 月。“—”表示无数据。

数据来源：浙江省商务厅。

表 7-16　　2009—2016 年浙江省吸收“21 世纪海上丝绸之路”沿线国家 FDI 总额

单位：万美元

	2009	2010	2011	2012	2013	2014	2015	2016
浙江省吸收“21 世纪海上丝绸之路”外商直接投资	41 583	35 371	47 710	63 676	54 750	54 415	49 740	50 573
浙江省吸收外商直接投资额	993 974	1 100 175	1 166 601	1 306 926	1 415 898	1 579 725	1 696 024	1 760 000

数据来源：浙江省商务厅。

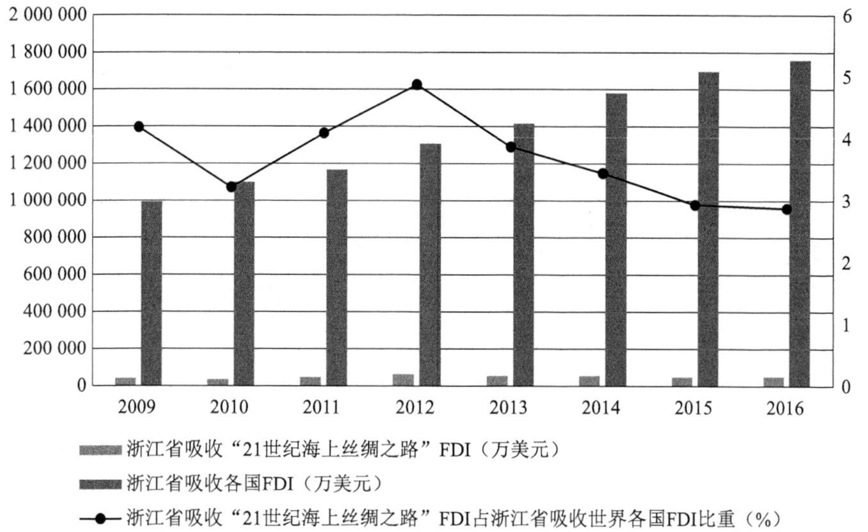

图 7-13　2007—2016 年浙江省吸收“21 世纪海上丝绸之路”沿线国家 FDI 占比

注：由于 2013 年仅有前 10 月数据，故计算 2013 年浙江省吸收
“21 世纪海上丝绸之路”沿线国家 FDI 占比时仅取前 10 月。
数据来源：根据浙江省商务厅及浙江省统计局相关数据计算所得。

（2）引资优势

① 区位优势。浙江省地处中国东南沿海长江三角洲南侧，东临东海，南与福建接壤，北部和上海隔江相望，地理位置优良。在区位上，浙江省能依靠“21 世纪海上丝绸之路”重要节点的战略定位，积极参与到“一带一路”的建设之中。

② 基础设施优势。浙江省交通状况良好，2016 年货物运输量达到 9 789 万吨，全省公路总里程 11.9 万公里，货物运输量达到 1 627 万吨，比上年增长 7.5%。值得一提的是，浙江省电子商务行业的发展在全国范围内首屈一指，著名网络电商企业阿里巴巴便落户于此，其所产生的集聚效应使得浙江省物流运输行业发达。在此基础上，浙江拥有发达的江海联运、海铁联运网络，其依托宁波-舟山大港优势，2015 年全年港口完成货物吞吐量 8.89 亿吨，连续第四年位居货物吞吐量世界第一大港。中欧班列“义-新-欧”的开通，更使得浙江能够方便对接“21 世纪海上丝绸之路”和“新丝绸之路经济带”。

③ 外贸与平台优势。浙江省是外贸大省，在电子商务物流、网络销售平台的作用下，浙江的外贸优势得以不断地发挥作用。同时，浙江省在对外贸易与合作中，建有中国义乌（坦桑尼亚）经贸合作区、泰国罗勇工业区、越南中国龙江经济贸易合作区等综合性经贸合作区，在义乌国际商贸城建有中国-东盟商品交易中心以带动中国和“21 世纪海上丝绸之路”沿线国家的交往。多种国际经贸交流平台是浙江省参与“21 世纪海上

丝绸之路”建设的重要载体，也是浙江省对外经贸优势的体现。

5. 海南

（1）引资现状

海南省利用外资情况整体向好。近十年，除 2009 年受金融危机影响，出现下滑之外，均呈现上涨趋势，2016 年实际吸收外资 21.31 亿美元。但海南省利用外资占全国的比重非常低，2016 仅有 1.691 3%。对海南省进行直接投资的“21 世纪海上丝绸之路”沿线国家主要有印度尼西亚、马来西亚、新加坡、泰国。以投资最多的新加坡为例，2015 年其对海南直接投资 0.507 8 亿美元。可以看出，“21 世纪海上丝绸之路”沿线国家虽与海南有相邻的地理位置，但这些国家对海南的投资力度非常小，海南对“21 世纪海上丝绸之路”沿线国家的投资吸引力不大。

表 7-17　　2010—2015 年海南省吸收“21 世纪海上丝绸之路”部分沿线国家 FDI 金额

单位：万美元

	2010	2011	2012	2013	2014	2015
新加坡	7 407	8 473	57 371	18 678	42	5 078
马来西亚	4	2	—	2	—	150
印度尼西亚	77	685	—	40	—	—
泰国	—	155	1 032	—	2	—

注：“—”表示无数据。

数据来源：海南省统计局。

表 7-18　　2010—2015 年海南省吸收“21 世纪海上丝绸之路”部分国家 FDI 占海南省吸收亚洲地区比重

单位：万美元，%

	2010	2011	2012	2013	2014	2015
海南省吸收“21 世纪海上丝绸之路”沿线部分国家 FDI 金额	7 488	9 315	58 403	18 720	44	5 228
海南省吸收亚洲地区 FDI 金额	97 612.5	131 016	138 175	145 177	175 697	183 929
占比	7.671 1	7.109 8	42.267 4	12.894 6	0.025 0	2.842 4

数据来源：海南省统计局。

（2）引资优势

① 海上地缘优势。海南省地处我国最南端，与菲律宾、文莱、马来西亚等“21 世纪海上丝绸之路”沿线国家邻近，具有天然的地缘优势，特别是地缘文化优势。海南作为我国重点侨乡之一，约有 2 000 万侨胞遍布东南亚国家和地区，为海南吸收“21 世纪海上丝绸之路”沿线国家的 FDI 起到了桥梁作用。利用海上地缘优势，海南省与“21 世纪海上丝绸之路”沿线国家的投资合作前景广阔。

② 产业特色突出。海南省旅游资源丰富，生态环境良好，具有优良的旅游资源基础。国际旅游岛的建设使旅游业成为海南省的主导产业，极大地带动了海南省旅游业的发展，吸引越来越多的沿线各国游客前来海南观光，促进了国际人文交流和合作，为吸收外国直接投资打下了良好的基础。海南地处热带，海洋资源丰富，农业资源丰富，海洋渔业、农业发达。2016 年，海南省第一产业完成增加值 970.93 亿元，比上年增长 4.1%，占全省地区生产总值的 24.0%，高于其他“21 世纪海上丝绸之路”沿线重点省份。

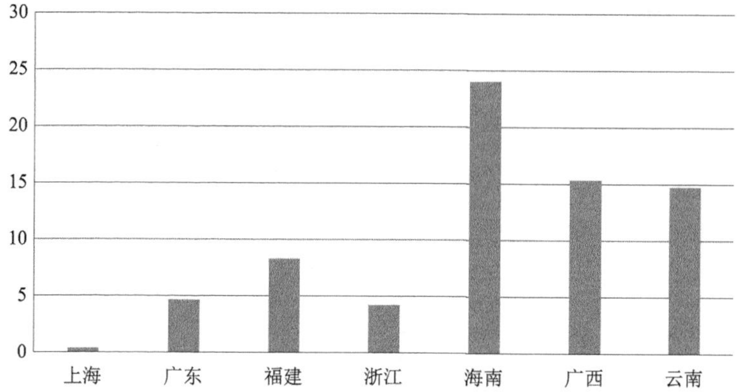

图 7–14 2016 年七省第一产业占地区 GDP 比重（%）

数据来源：根据各省、市、自治区统计局数据计算所得。

③ 博鳌亚洲论坛的带动作用。海南博鳌作为博鳌亚洲论坛的永久所在地，使得海南具有吸引外资的独特优势。该论坛是为政府、企业家及专家学者提供商讨经济、社会、贸易、投资的对话性平台，可为海南省吸收外资提供多种渠道的信息，虽不具备法律效力，但为海南省增进与世界的经济联系做出了重大的贡献。海南已成为我国对外交往的重要窗口，加上经济特区、海口综合保税区、杨浦经济开发区等优惠区域的建成，使得海南在吸收外商直接投资方面的优势不断凸显。

6. 广西

（1）引资现状

广西壮族自治区吸收“21 世纪海上丝绸之路”沿线国家 FDI 金额较低，波动幅度大。2010—2016 年，广西吸收“21 世纪海上丝绸之路”主要沿线国家 FDI 金额最高的是 2015 年的 5.037 7 亿美元，最低的是 2013 年的 0.423 4 亿美元，2016 年是 1.838 2 亿美元。其中，新加坡对广西的投资最多，对广西吸收外资规模的影响也是最大，而除新加坡以外的其他“21 世纪海上丝绸之路”国家对广西的投资数额不大，且不稳定。但与 2010—2016 年广西实际利用 FDI 总额相比较，“21 世纪海上丝绸之路”沿线国家占比分别为 14.881 6%、23.392 0%、19.144 2%、6.047 9%、5.158 89%、29.253 6%、20.690 0%，可以看出沿线国家对广西 FDI 的贡献与其他省份相比相对较高。

表 7–19　2010—2016 年广西壮族自治区吸收“21 世纪海上丝绸之路”沿线国家 FDI 金额

单位：万美元

	2010	2011	2012	2013	2014	2015	2016
新加坡	6 010	3 094	2 964	0	1 105	44 931	18 251
萨摩亚	1 140	788	323	0	990	404	130
印度	20	0	5	3	0	0	1
马来西亚	1 082	11 882	811	16	2 407	3 986	0
印度尼西亚	4 600	7 919	10 147	3 425	0	0	0
泰国	590	0	0	790	663	1 056	0
菲律宾	0	0	0	0	0	0	0
文莱	0	0	0	0	0	0	0
越南	130	32	80	0	0	0	0
老挝	0	0	0	0	0	0	0
柬埔寨	0	0	0	0	0	0	0
巴基斯坦	0	0	0	0	0	0	0
合计	13 572	23 715	14 330	4 234	5 165	50 377	18 382

数据来源：广西商务厅。

表 7–20　2007—2016 年广西壮族自治区实际吸收 FDI 总额　单位：万美元

	2010	2011	2012	2013	2014	2015	2016
广西壮族自治区实际吸收 FDI 总额	91 200	101 381	74 853	70 008	100 119	172 208	88 845

数据来源：广西统计局。

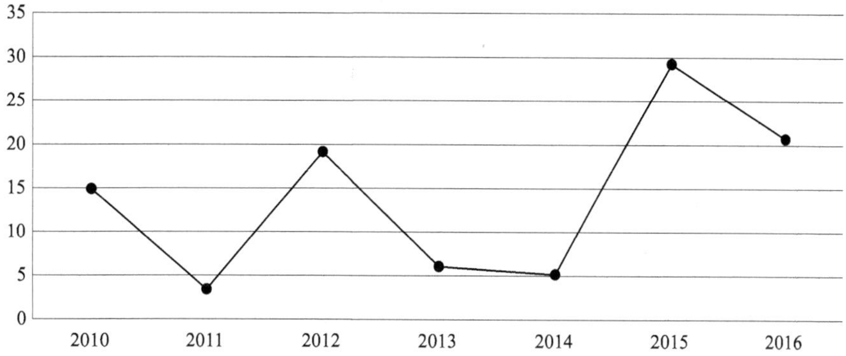

图 7–15 广西壮族自治区吸收“21 世纪海上丝绸之路”沿线国家 FDI 占比（%）

数据来源：根据广西统计局及广西商务厅相关数据计算所得。

（2）引资优势

① 海陆地缘优势。广西地处我国西南地区，是“新丝绸之路经济带”和“21 世纪海上丝绸之路”的重要衔接点，具有与越南等东盟国家邻近的地缘优势，是中国内陆与东盟国家双向经贸合作的重要通道。这就为广西参与到“21 世纪海上丝绸之路”建设中起到基础性作用。

② 重叠政策优势。广西是一个同时享受少数民族地区优惠政策、西部大开发政策、沿海地区开放政策和边境贸易优惠政策的少数民族自治区。少数民族地区优惠政策使得广西有权采取特殊政策和灵活措施，加快民族自治地区经济和社会发展；西部大开发政策帮助广西吸收资金投入，增强本地区吸引力；沿海开放政策使广西享有国家施行的各种沿海开放优惠政策；边境贸易优惠政策使得广西在开展对外贸易和吸收外资方面享有税收等方面的优惠。相信四种政策协同运行，可在广西积极融入“21 世纪海上丝绸之路”倡议的过程中发挥显著的作用。

③ 园区经济优势。广西区别于其他省份的独特优势在于其“园区经济”战略的制定与实施。截至 2017 年 5 月，广西已经与东盟的 8 个国家展开了相关产业的合作，正在建设和推进的产业园区有近 20 个。代表性园区是中马钦州产业园区，该园区是继中新苏州工业园区、中新天津生态城之后，第三个由中外政府合办的国际园区，以“两国双园”的国际合作新模式，加快广西融入“21 世纪海上丝绸之路”倡议。

7. 云南

（1）引资现状

根据不完全统计，2010—2015 年间，云南省吸收主要“21 世纪海上丝绸之路”沿线国家 FDI 金额分别达到 1.21 亿美元、0.67 亿美元、0.62 亿美元、2.63 亿美元、0.44 亿美元、1.25 亿美元，占云南省 2010—2015 年吸收外商直接投资额的 9.104 6%、3.855 0%、

2.832 3%、10.457 3%、1.626 0%、4.177 8%。虽然云南地处边陲，在交通等领域不能与东部沿海地区相比，但其利用自身优势，同具有地缘优势的“21 世纪海上丝绸之路”国家加深经贸往来，成为同“21 世纪海上丝绸之路”沿线国家融合度较好的省份。对2010—2015 年数据进行比较可知，缅甸、越南对云南省投资最多，而新加坡、马来西亚等在我国其他省份投资较多的“21 世纪海上丝绸之路”国家的投资占比并不高。

表 7–21　2010—2015 年云南省吸收“21 世纪海上丝绸之路”沿线国家 FDI 金额　单位：亿美元

	2010	2011	2012	2013	2014	2015
新加坡	0.77	0.32	0.33	2.54	0.11	0.81
马来西亚	0.01	—	—	—	—	0.32
缅甸	0.02	0.09	0.27	0.06	0.07	0.12
泰国	0.01	0.01	0.02	0.03	0.26	—
菲律宾	0.4	0.25	—	—	—	—
合计	1.21	0.67	0.62	2.63	0.44	1.25

数据来源：云南省统计年鉴。

表 7–22　2010—2015 年云南省吸收 FDI 总额　单位：亿美元

	2010	2011	2012	2013	2014	2015
云南省吸收FDI总额	13.29	17.38	21.89	25.15	27.06	29.92

数据来源：云南省统计年鉴。

（2）引资优势

① 陆上地缘优势。云南省地处亚洲地理中心，是我国西南地区开放的前沿和窗口，位于东亚、东南亚、南亚的结合点上，是我国联系南亚、东南亚的陆上桥梁，其从地理位置上与缅甸、老挝、越南相邻，是中国唯一可以从陆上连接东南亚、南亚的省份。与我国西部其他省份相比，云南省能够通过水路通向泰国、柬埔寨、印度、孟加拉国等“21 世纪海上丝绸之路”沿线国家，因而在“21 世纪海上丝绸之路”的功能定位中，云南被定位为连接交汇的战略支点，沟通南亚、东南亚国家的通道枢纽，南亚和东南亚交流合作的窗口和平台。

②“三通”优势。在政策沟通方面，云南省响应西部大开发战略、桥头堡战略、沿边开发开放战略和“一带一路”战略，相继出台滇中产业新区等一批发展战略规划。在贸易畅通方面，云南与越南、缅甸、老挝等国开展道路修建工程，以中越、中缅、中老通道为代表的设施联通计划进一步促进贸易畅通。在资金融通方面，云南作为两个沿边

金融综合改革试验区之一，跨境人民币结算、外资金融机构入驻极大地提高了云南吸收 FDI 的能力。

③ 历史与人文优势。云南作为我国少数民族聚居地，在历史文化层面与东南亚国家有着深刻的关联。早在春秋战国时期，云南省作为楚国与古印度的商贸必经之地，构成了丝绸之路必不可缺的一环。时至今日，云南省与东南亚邻近国家之间仍旧保持着文化情感上的认同。在中缅、中越、中老边境线上，分布有傣族、彝族等 16 个跨界民族，其中跨界民族人口占当地少数民族人口总数的 98%以上。[①]在这种同源文化、亲缘关系的基础之上，云南与南亚、东南亚国家之间保持着密切的交往关系，这些关系在云南省参与“21 世纪海上丝绸之路”建设中尤为重要。

7.3.3　影响中国“21 世纪海上丝绸之路”沿线主要省、市、自治区吸收沿线国家外商直接投资的问题与障碍

1. 已有投资区域差异大、来源单一、占总投资比重低

中国吸收“21 世纪海上丝绸之路”沿线主要国家投资高度集中在部分省份。以我国“21 世纪海上丝绸之路”沿线省、市、自治区吸收新加坡、印度尼西亚、泰国三国直接投资为例，2010—2015 年，福建、广东、浙江吸收该三国沿线国家 FDI 金额合计分别达到 10.158 9 亿美元、11.351 2 亿美元、18.834 9 亿美元、18.662 4 亿美元、23.454 5 亿美元、12.303 4 亿美元，而与之相比，海南、广西、云南三地在 2010—2015 年吸收三国 FDI 金额仅为 2.648 4 亿美元、2.362 6 亿美元、7.501 4 亿美元、4.863 3 亿美元、0.551 2 亿美元、5.916 5 亿美元。广东省吸收三国 FDI 的数额在 2014 年达到最高，为 13.216 5 亿美元，在各个省份中吸收额最高。而在 2014 年，海南省吸收新加坡、印度尼西亚、泰国三国 FDI 金额仅为 44 万美元。地区差异较大，可能会产生吸引外资的“虹吸效应”，导致吸收外资少的省市未来引资难度加大。

表 7–23　我国主要省份吸收“21 世纪海上丝绸之路”沿线部分国家 FDI 金额　单位：万美元

	2010	2011	2012	2013	2014	2015
东部省份	101 589	113 512	188 349	186 624	234 545	123 034
福建	27 581	19 500	13 640	26 309	55 172	30 357
广东	48 357	52 353	117 663	109 563	132 165	48 201
浙江	25 651	41 659	57 046	50 752	47 208	44 476
中西部省份	26 484	23 626	75 014	48 633	5 512	59 165
海南	7 484	9 313	58 403	18 718	44	5 078

① 廖林燕. 云南边疆地区国家认同研究［J］. 云南行政学院学报，2017（1）：57–65.

续表

	2010	2011	2012	2013	2014	2015
广西	11 200	11 013	13 111	4 215	1 768	45 987
云南	7 800	3 300	3 500	25 700	3 700	8 100

注：云南省未对其吸收印度尼西亚 FDI 金额做出统计，故云南省外资来源国不包括印度尼西亚。

数据来源：根据各地统计局数据整理所得。

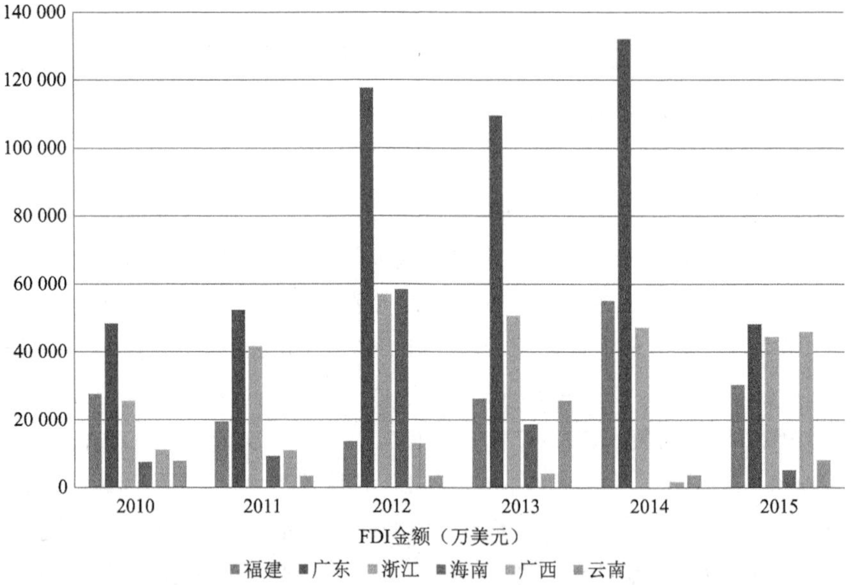

图 7–16　我国主要省份吸收“21 世纪海上丝绸之路”沿线部分国家 FDI 金额

注：部分国家指新加坡、印度尼西亚、泰国。

数据来源：根据各地统计局数据整理所得。

对我国沿线主要省份吸收“21 世纪海上丝绸之路”沿线国家 FDI 进行分析和排序，可以看出，“21 世纪海上丝绸之路”沿线国家对中国的投资以新加坡、萨摩亚、马来西亚为主，排名较前。反映在各个省、市、自治区之中情况也是如此，2015 年，福建省、广东省、浙江省、海南省、广西壮族自治区、云南省吸收新加坡的 FDI 金额为 28 795 万美元、47 343 万美元、44 238 万美元、5 078 万美元、44 931 万美元、8 100 万美元，占当年已有记录中各省份吸收“21 世纪海上丝绸之路”FDI 数额的 94.85%、42.89%、88.95%、97.13%、89.19%、64.80%，可见“21 世纪海上丝绸之路”国家对中国投资主要来自新加坡。但新加坡的投资也仅占各省份当年实际吸收 FDI 金额的 3.75%、1.76%、2.61%、2.53%、26.09%、2.71%，比例较低，几乎可以忽略不计。同时，还有多个国家对中国投资金额极少或者根本没有。

表 7-24　　中国实际利用各国 FDI 金额排名

	2010	2011	2012	2013	2014	2015
福建	新加坡	新加坡	新加坡	新加坡	新加坡	新加坡
	印度尼西亚	印度尼西亚	印度尼西亚	印度尼西亚	印度尼西亚	印度尼西亚
	泰国	泰国	泰国	泰国	泰国	泰国
广东	萨摩亚	萨摩亚	新加坡	新加坡	新加坡	萨摩亚
	新加坡	新加坡	萨摩亚	萨摩亚	萨摩亚	新加坡
	文莱	文莱	文莱	印度尼西亚	印度尼西亚	马来西亚
浙江	新加坡	新加坡	新加坡	新加坡	新加坡	新加坡
	文莱	马来西亚	菲律宾	泰国	马来西亚	土耳其
	马来西亚	菲律宾	马来西亚	印度	菲律宾	印度
海南	新加坡	新加坡	新加坡	新加坡	新加坡	新加坡
	印度尼西亚	印度尼西亚	泰国	印度尼西亚	泰国	马来西亚
	马来西亚	泰国		马来西亚		
广西	新加坡	马来西亚	印度尼西亚	印度尼西亚	马来西亚	新加坡
	印度尼西亚	印度尼西亚	新加坡	泰国	新加坡	马来西亚
	萨摩亚	新加坡	马来西亚	马来西亚	萨摩亚	泰国
云南	新加坡	新加坡	新加坡	新加坡	泰国	新加坡
	菲律宾	菲律宾	缅甸	缅甸	新加坡	马来西亚
	缅甸	缅甸	泰国	泰国	缅甸	缅甸

数据来源：根据各省、市、自治区统计局相关数据计算所得。

2. 国内政策机制不协调

尽管我国各省市都在与“21 世纪海上丝绸之路”沿线国家进行投资合作，在吸收沿线国家 FDI 时通过各类措施保证外资质量，但无论是国家层面还是各地方都仍存在政策机制不协调的情况。由于“21 世纪海上丝绸之路”属于“一带一路”倡议的一部分，而“一带一路”还没有国家层面的总体协调机构，管理比较松散。各省市都希望受益于“一带一路”，将其作为发展的机遇，都在争政策、抓资源、占先机，有数十个城市宣布其为“一带一路”起点。同时，投资项目的引进也涉及部门利益。跨地域、跨部门的协调需要创新机制。

3. 沿线主要国家经济发展水平落后

通过对“21 世纪海上丝绸之路”沿线国家的人均国内生产总值进行统计，可以看出，各国的国内生产总值差距较大，经济水平参差不齐。2010—2016 年，世界平均生产总值分别为 9 509.37 美元、10 443.94 美元、10 539.39 美元、10 709.47 美元、10 864.30 美元、10 143.33 美元、10 163.96 美元，而在“21 世纪海上丝绸之路”沿线国家之中，2010、2011 年、2015、2016 年，仅有新加坡、文莱、沙特、土耳其四国位于世界平均 GDP 水平之上；2012、2013、2014 年除新加坡、文莱、沙特、土耳其外，还有马来西亚位于世界人均 GDP 水平以上，而其他“21 世纪海上丝绸之路”国家的人均 GDP 均处于世界水平以下。

表 7-25　2010—2016 年“21 世纪海上丝绸之路”沿线国家人均 GDP　单位：美元

	2010	2011	2012	2013	2014	2015	2016
世界	9 509.37	10 443.94	10 539.39	10 709.47	10 864.3	10 143.33	10 163.96
马来西亚	9 071.36	10 405.12	10 779.5	10 882.28	11 183.96	9 643.64	9 502.57
印度尼西亚	3 113.48	3 634.28	3 687.95	3 620.66	3 491.6	3 336.11	3 570.29
泰国	5 075.3	5 491.16	5 859.92	6 171.26	5 941.84	5 814.86	5 907.91
菲律宾	2 129.5	2 352.52	2 581.82	2 760.29	2 842.94	2 878.34	2 951.07
新加坡	46 569.68	53 166.68	54 431.16	56 029.19	56 336.07	53 629.74	52 960.71
文莱	35 268.1	47 017.03	47 651.26	44 597.28	41 590.87	30 967.89	26 938.5
越南	1 333.58	1 542.67	1 754.55	1 907.56	2 052.32	2 107.01	2 185.69
老挝	1 141.13	1 304.38	1 588.64	1 838.79	2017.56	2 159.42	2 353.15
缅甸	987.74	1 186.42	1 171.51	1 168.8	1 262.89	1 194.59	1 275.02
柬埔寨	785.69	882.49	950.02	1 028.42	1 098.69	1 163.19	1 269.91
印度	1 345.77	1 461.67	1 446.99	1 452.2	1 573.12	1 613.19	1 709.39
尼泊尔	592.18	692.12	681.79	688.62	706.24	743.77	729.53
巴基斯坦	1 040.14	1 226.22	1 261.21	1 272.44	1 316.98	1 431.24	1 468.19
斯里兰卡	2 819.51	3 220.99	3 350.52	3 610.29	3 820.54	3 844.89	3 835.39
孟加拉	757.67	835.79	856.34	951.89	1 084.57	1 210.16	1 358.78
阿富汗	553.3	603.54	669.01	631.74	612.07	584.03	561.78
也门	1 309.23	1 349.42	1 421.17	1 580.18	1 647.03	1 401.9	990.33
沙特	19 259.59	23 770.75	25 303.09	24 934.39	24 575.4	20 732.86	20028.65
肯尼亚	967.34	987.45	1 155.02	1 229.11	1 335.06	1 349.97	1 455.36
埃及	2 602.48	2 747.48	3 181.44	3 213.39	3 327.75	3 547.71	3 514.49
叙利亚	—	—	—	—	—	—	—
土耳其	10 672.06	11 341.13	11 720.31	12 542.94	12 127.23	10 979.53	10 787.61
库克群岛	—	—	—	—	—	—	—

续表

	2010	2011	2012	2013	2014	2015	2016
萨摩亚	3 453.49	3 942.01	4 234.55	4 219.07	4 178.97	4 149.36	4 027.76
瓦努阿图	2 965.8	3 275.09	3 158.59	3 167.34	3 148.37	2 805.83	2 860.57

数据来源：世界银行数据库。

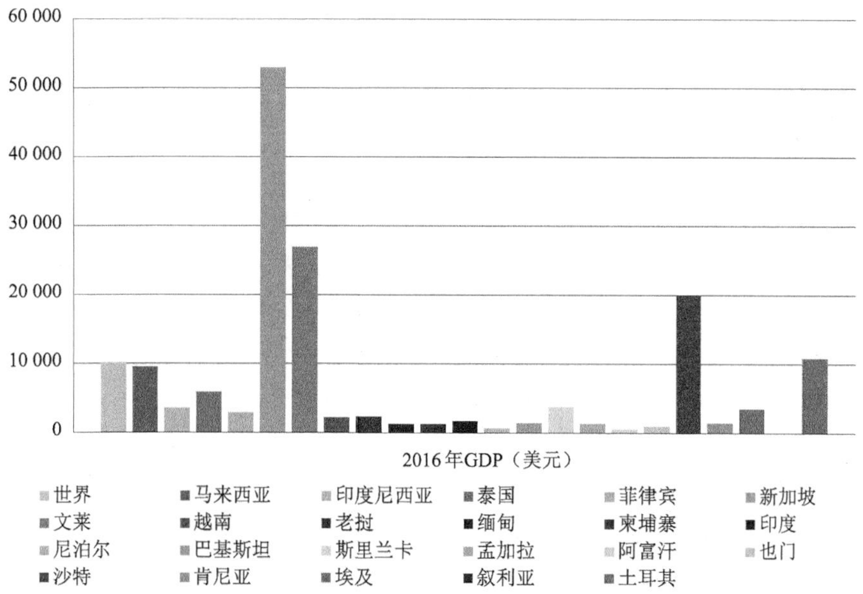

图 7-17 2016 年“21 世纪海上丝绸之路”沿线国家 GDP 与世界平均 GDP 对比

数据来源：根据世界银行数据库数据综合计算所得。

4. 政治与人文障碍

“21 世纪海上丝绸之路”沿线国家遍布南亚、东南亚及中亚和北非地区，所涉及的地域面积十分广阔，包含的国家数量也十分庞大。在此情况之下，各国与中国进行经济贸易交往时很可能会面临政治冲突甚至领土争端等问题。如，2017 年印度军方的非法越境行为使得中印之间关系恶化，这势必会导致印度与中国之间的贸易和投资走低。同时，各国之间由于宗教信仰、民族风俗不同，文化的差异性不可低估，相互之间的沟通障碍难以忽视。此外，“21 世纪海上丝绸之路”沿线国家多信奉伊斯兰教、基督教、佛教等宗教，复杂的宗教冲突和由宗教冲突引起的民族冲突同样可能对“21 世纪海上丝绸之路”国家的对外投资产生负面影响。

5. 国际协调与沟通问题

“21 世纪海上丝绸之路”沿线各国之间尚未建立相关区域经济一体化组织，部分国家并未与中国签订“一带一路”政府间合作协议。沿线国家经济发展水平的显著差异，会使“一带一路”倡议难以形成统一的协调机制，会加剧多边磋商谈判的难度。同时，部分“21 世纪海上丝绸之路”沿线国家对外投资管理机构效率低下，不作为现象时有发生，可能会阻碍我国吸收沿线国家 FDI。

7.4 中国吸收“一带一路”沿线国家外商直接投资的思路与对策

7.4.1 继续改善国内投资环境，提高营商便利化程度

根据世界银行《2017 年全球营商环境调查报告》，中国 DTF（前沿距离）得分为 64.28，营商便利程度在全球 190 个国家中排名 78 位，在“一带一路”国家（巴勒斯坦和土库曼斯坦数据缺失除外）中排名 35 位（见表 7–26），说明中国目前营商便利化程度仍处于中等偏上水平，在“一带一路”国家中也处于中游，营商便利化程度没有达到理想状态，有待进一步采取措施提高营商便利化程度，提高本国的吸引力，吸引更多国家尤其是“一带一路”国家的投资。随着我国经济的发展，国内产业转型，劳动力成本不断上升，传统的吸引外资的廉价劳动力优势正在丧失，劳动密集型产业开始撤离，转向东南亚等拥有低廉成本优势的国家和地区。要想增加外商投资尤其是吸引“一带一路”国家的投资，要充分利用本国市场潜力、基础设施建设优势、相关产业综合配套服务以及良好的营商环境，需要政策的支持和配合，政府以开放发展理念为指导，深入推进高水平对外开放，进一步提高政策透明度，更好地发挥外资在我国经济发展、产业转型、改革创新中的积极作用。在 2016 年大幅度开放的基础上，继续扩大对外开放，减少限制性措施。同时，法律法规的完善是吸引外资、保障外资稳定流入的基本保障，要进一步完善相关投资法律，加快用《外国投资法》代替“外资三法”（改革开放早期制定的《中外合资经营企业法》《外资企业法》和《中外合作经营企业法》）的进程，继续简化投资审批程序。进一步修订完善《外商投资产业指导目录》，广泛征求社会各界意见，使《目录》能更好地指导外商投资，对吸引“一带一路”国家投资做出详细的规定。

表 7–26　　2017 年“一带一路”沿线国家营商便利程度情况

	排名	DTF 得分
新加坡	2	85.05
马其顿	10	81.74
爱沙尼亚	12	81.05
拉脱维亚	14	80.61
格鲁吉亚	16	80.2
立陶宛	21	78.84
马来西亚	23	78.11

续表

	排名	DTF 得分
波兰	24	77.81
阿联酋	26	76.89
捷克	27	76.71
斯洛文亚	30	76.14
斯洛伐克	33	75.61
哈萨克斯坦	35	75.09
罗马尼亚	36	74.26
白俄罗斯	37	74.13
亚美尼亚	38	73.63
保加利亚	39	73.51
俄罗斯	40	73.19
匈牙利	41	73.07
克罗地亚	43	72.99
摩尔多瓦	44	72.75
泰国	46	72.53
塞尔维亚	47	72.29
黑山	51	72.08
以色列	52	71.65
阿尔巴尼亚	58	68.9
巴林	63	68.44
蒙古国	64	68.15
阿塞拜疆	65	67.99
阿曼	66	67.73
土耳其	69	67.19
文莱	72	65.51
不丹	73	65.37
吉尔吉斯斯坦	75	65.17
中国	78	64.28
乌克兰	80	63.9
波黑	81	63.87

续表

	排名	DTF 得分
越南	82	63.83
卡塔尔	83	63.66
乌兹别克斯坦	87	63.03
印度尼西亚	91	61.52
沙特阿拉伯	94	61.11
菲律宾	99	60.4
科威特	102	59.55
尼泊尔	107	58.88
斯里兰卡	110	58.79
伊朗	120	57.26
埃及	122	56.64
黎巴嫩	126	55.9
塔吉克斯坦	128	55.34
印度	130	55.27
柬埔寨	131	54.79
马尔代夫	135	53.94
老挝	139	53.29
巴基斯坦	144	51.77
伊拉克	165	45.61
缅甸	170	44.56
叙利亚	173	41.43
东帝汶	175	40.88
孟加拉国	176	40.84
也门	179	39.57
阿富汗	183	38.1
巴勒斯坦	n	n
土库曼斯坦	n	n

注：表中排名为在全球 190 国家中的排名情况，巴勒斯坦和土库曼斯坦不在其中。前沿距离显示当前每个经济体离“前沿水平”的差距，它代表《营商环境报告》覆盖的所有经济体 2005 年以来在每个指标上曾达到的最佳表现。这使报告使用者看到某个经济体与最佳表现在任何时间点的差距，并且能评估经济体随着时间推移在监管环境上的绝对改进。前沿距离反映在 0～100 的区间里，其中 0 代表最差表现，100 代表前沿水平。

数据来源：世界银行。

7.4.2 加快自贸区建设，深化自由贸易试验区外资领域先试先行

一方面，以“一带一路”倡议作为立足点和未来发展方向，加快开展沿线国家自贸区建设，逐步构筑立足周边、辐射“一带一路”、面向全球的自由贸易区网络。通过与“一带一路”沿线国家签订自由贸易协定的方式，提高中国引资吸引力，争取更多的“一带一路”沿线国家的直接投资。除已经签订的中国—东盟、中国—智利、中国—新加坡、中国—哥斯达黎加、中国—瑞士、中国—澳大利亚、CEPA（内地与港澳更紧密经贸关系安排）、中国—巴基斯坦、中国—新西兰、中国—秘鲁、中国—冰岛、中国—韩国以及于2017年5月13日与格鲁吉亚签订的自由贸易区外，继续推动的自贸区包括RCEP（区域全面伙伴关系协议）、中国—海合会、中国—斯里兰卡、中国—马尔代夫、中国—以色列、中国—挪威，以及与巴基斯坦、新加坡、新西兰、智利国家的自贸区升级版，大多数国家属于“一带一路”沿线国家，通过自贸协定中贸易、投资便利化安排，促进区域内贸易和投资的快速发展。

另一方面，加快国内自由贸易试验区建设，上海、天津、广东、福建、辽宁、浙江、河南、湖北、重庆、四川、陕西，全国11个自贸试验区从沿海最发达、开放程度最高的区域，向东北、内陆地区延展，形成了东中西协调、陆海统筹的全方位、高水平对外开放新格局，有利于发挥国内各个区域的优势，与“一带一路”国家深入合作，促进外商直接投资的流入。辽宁着力打造提升东北老工业基地发展整体竞争力；浙江将大力提升大宗商品全球配置能力；四川打造内陆开放型经济高地，实现内陆与沿海沿边沿江协同开放；陕西将探索内陆与“一带一路”沿线国家经济合作和人文交流新模式。①值得注意的是，第三批自贸区除浙江属于东部地区，其他六个都属东北和中西部地区，这是因为自贸试验区要向全国推广复制经验，如果中西部地区和东北地区自贸区试验区能形成一些经验，进行风险测试，有助于在全国范围更高层次、更广泛领域进行推广，增加试点试验的针对性。“一带一路”和长江经济带两大国家战略交汇于重庆果园港，“渝新欧”铁路横贯亚欧大陆，在果园港与长江相连。“渝新欧”铁路横贯亚欧大陆，在果园港与长江相连。搭乘“渝新欧”而来的欧洲货物，可沿长江黄金水道直接出海。作为地处内陆的自贸区，重庆自贸区的最大特点是依托自贸区的制度创新，通过多式联运物流体系增加自己的魅力值，吸引欧洲国家来此投资。河南自贸区的定位特点是货运枢纽，以郑州为重要节点，郑州机场已经实现了“一点连三洲，一线串欧美”，将三大洲货运贯通，郑州机场覆盖全球的航空货运网络骨架已基本形成，便利的交通提高了河南的营商环境，有利于吸引“一带一路”沿线国家的投资。陕西地处西北，其自贸区的设立不但有助于为内陆型地区开展自由贸易探索路径，形成示范引领作用，还能激活陕西在“一带一路”中的区位优势和文化资源优势，形成与“一带一路”沿线国家开展经贸以及投资合作的

① 香港贸发局. 7个新设自贸区分工探索内陆开放［EB/OL］. http://beltandroad.hktdc.com/sc/insights/7gexinshezimaoqufengongtansuoneilukaifang.

特色。自贸区内的投资项目可以享有多项优惠，包括免税期、零增值税，以及原材料、机器和设备免进口税。在自由贸易试验区积极探索外商投资“负面清单”的管理模式，减少对外商投资尤其是“一带一路”国家外商投资的限制，提高外资便利化程度，将实验成功的管理措施，积极有序地在全国范围内推广。

7.4.3 依托当地特色，发挥国内各省、市、自治区的引资能力

国内不同省市，由于资源禀赋不同，在“一带一路”引资过程中扮演不同角色，要提高引资质量和效率，就要根据不同区域的特色，发挥不同作用。如，西安拥有全面创新改革试验区以及国家自主创新示范区，既是经济节点，也是古代丝绸之路起点，联通欧亚、承东启西、连接南北。根据普华永道发布的“机遇之城 2017”综合数据得出的评估，西安仅次于深圳、杭州等东南沿海发达城市，得分高于天津、苏州、重庆等准一线城市，位列全国第八。为更好地提升西安的城市地位和对“一带一路”投资者的吸引力，要营造市场化、国际化和法治化的投资营商环境，在“一带一路”和“自贸区”改革背景下，加快经济发展。同时，凭借现有工业规模优势吸引制造业外商投资，并在新能源和新医药等领域形成多点支撑。浙江是中东欧国家外资进入中国市场首选之地，中东欧 16 个国家以及其他“一带一路”沿线国家通过加强与浙江的贸易往来进一步密切双方合作关系，随着中国与中东欧国家经贸合作的不断升温，中东欧商人争相涌入中国宁波，宁波可以充分利用自己良好的开放环境以及政策优势与中东欧国家进行投资合作。

7.4.4 优化吸收外资区域及产业结构，提高引入外资质量

长期以来，中国吸引外资的区域主要集中在东部沿海地区，而中西部地区由于市场环境、产业配套能力、高端技术人才、基础设施、交通便利等方面落后，吸引外资能力有限，导致外资流入区域严重失衡。利用“一带一路”沿线涵盖中西部城市、配合国内产业转型升级、劳动密集型企业向中西部转移的契机，可对中西部地区实施优惠政策，改善投资环境，发挥劳动力成本低、土地资源丰富、具有发展加工制造业潜力的优势，鼓励“一带一路”国家投资该地区。从沿线国家对华投资的产业看，金融服务业、租赁和商业服务、批发和零售等行业投资增长较快，将成为中国失去廉价劳动力优势后新的吸引外资重点行业，服务业吸收外资的增长将进一步优化我国外资的质量。由捷克、匈牙利、波兰和斯洛伐克组成的维谢格拉德四国（Visegrad Four，简称 V4），在中东欧国家中担当主导角色。中东欧国家与中国合作的“16+1”模式和“一带一路”倡议在许多方面协调一致。V4 国家是“一带一路”建设在中东欧的核心合作伙伴，随着国际联系加强，投资往来日增。V4 国家不仅可以在中国与中东欧合作的大环境中重新定位，在区域分销和供应链管理方面，也为贸易商及制造商提供更多机会。双方在基础设施、产业和技术开发合作方面加强相互投资，从合并收购扩展到更高增值的制造、技术交流，以及

基建和房地产项目。[①]中国拟与爱沙尼亚在教育、医疗及卫生方面开展进一步合作。伊朗是“中国—中亚—西亚经济走廊”沿线的主要国家之一，两国可在能源、贸易以及工业等方面合作。

7.4.5 加强基础设施建设，打通中国各地与“一带一路”沿线国家的交通节点

基础设施主要包括交通、通信、能源三个方面，“一带一路”倡议提出的“五通”建设将设施联通作为重点。根据世界经济论坛《2016—2017 全球竞争力报告》关于基础设施的评价，中国基础设施发展水平评分为 4.71，世界排名 42 位。基础设施建设处于中上水平，但距离广泛而有效的发达基础设施水平仍具有较大差距，尤其西部地区的基础交通设施仍然存在着交通运输系统密度低、道路等级低、质量差、道路通达度低、出海条件差等问题，这削弱了西部地区的引资能力。要把握好“一带一路”倡议关于经济走廊以及基础设施联通建设的机遇，尽快打通中国各地与“一带一路”沿线国家的交通节点。如，深圳将继续推进 21 世纪海上丝绸之路、蓝色经济和粤港澳大湾区的建设，打造海上丝绸之路的节点枢纽，谋划建设一批新的海陆空立体化交通通道，提升国际国内服务辐射能力，未来还将大力拓展海上丝绸之路的班轮、航线，加快建设国际航空枢纽。

（执笔人：太 平 张晓静 邱晓伟 刘嘉琪 程明霞）

① 香港贸发局. V4 国家：率先开拓“一带一路”机遇［EB/OL］. http://beltandroad.hktdc.com/sc/insights/visegrad-four-v4-nations-early-adopters-belt-and-road-opportunity.

第 8 章　自由贸易区与我国外商直接投资

摘　要

本章分三个部分探讨自由贸易区与我国 FDI。第一部分概述全球自由贸易区和我国自由贸易区的进展情况；第二部分从国际和国内两个层面分析自由贸易协定中的投资条款与 FDI；第三部分研究自由贸易区伙伴对我国 FDI 流入的贡献及特点。

2016—2017 年，由于“逆全球化”及贸易保护主义抬头，国际区域经济一体化遭遇严峻挑战，部分自由贸易协定进程受挫，全球自由贸易区（FTA）进入一个在挫折与调整中寻求发展的特殊阶段。但从总体来看，全球区域贸易协定（RTA）仍在蓬勃发展。各国签署的自由贸易协定普遍涵盖范围广并且趋向于高标准，具体议题除了传统 FTA 所涉及的边界措施如关税、市场准入之外，还特别关注各种边界后措施的磋商，包括企业社会责任、环保、劳工、政府采购、公平竞争等。我国自由贸易区建设体现出深化与扩大并举的特点。一方面为了提高开放水平，我国近年来着手对一些较早签署的自由贸易协定进行升级、深化，以更大幅度扩大市场开放。另一方面，我国与更多国家积极开展自由贸易协定谈判，扩大自由贸易区网络，特别是在“一带一路”沿线，我国自由贸易区建设稳步推进，FTA 数量快速增长，标准不断提升。

以 TPP 和 2016 年 10 月 30 日签署的《欧盟–加拿大综合经济与贸易协定》（CETA）为代表，国际上自由贸易协定的投资条款多数趋向于使用负面清单开放外资。这种非禁即入的高水平开放模式，为外商直接投资打开了更大的市场，而且节省了行政审批的成本与时耗。关于争端解决机制，国际区域贸易协定目前规定不同。例如 TPP 采用的是“投资者–东道国争端解决机制”（ISDS）来处理投资过程中发生的问题与争议，并对其进行了详细、全面的规定与阐述。CETA 则更加维护政府对公共利益的监管权力，并没有赋予投资者起诉东道国的权利，而是采用投资法庭体系（Investment Court System，以下简称 ICS）的方式保护投资者权益。

在中国近几年签署的自由贸易协定中，投资条款也在逐渐向世界高标准看齐。如《CEPA 投资协议》是内地首次在自由贸易协定中使用负面清单模式开放外资。《中国–澳大利亚自由贸易协定》规定，中澳将在协定生效后 3 年内审议双方之间的投资法律框架，并在审议后立即开启全面投资章节谈判。谈判会修改投资章节在实施过程中发现的不合适规定，补充最低待遇标准、征收、投资争端解决等相关条款，而且中国将以负面清单方式作出投资承诺减让。因此，中国以负面清单模式对澳大利亚开放投资将势在必行。中澳 FTA 还纳入了“投资者–东道国争端解决机制”，条款中关于该解决机制的规定较为具体细致，包括更加明确的时间段与申请材料要求等。中韩自由贸易协定虽然是以正面清单形式相互开放投资，但中韩双方在最终条款中列出了第二阶段谈判方针，决定在协定生效 2 年内启动进一步谈判，以达成更高水平的投资自由化。

在中国已签署自由贸易协定的国家和地区当中，中国香港、东盟十国（主要是新加坡）、韩国、中国澳门等对华直接投资相对较多，其他如巴基斯坦、格鲁吉亚等，对我国 FDI 流入的贡献目前尚不显著。值得注意的是，2016 年我国 FDI 前三位来源地——中国香港、新加坡、韩国，皆为我国自由贸易区成员。《内地与港澳更紧密经贸关系安排》（CEPA）极大助推了港澳对内地的直接投资。《CEPA 投资协议》在非服务业投资领域仅保留了 26 项不符措施，这将使 CEPA 框架下的投资自由化水平更上层楼，从而大力促进未来香港对内地的投资。从行业分布来看，香港在内地的直接投资过去主要集中于制造业，随着 CEPA 的持续升级，内地对香港不断降低投资门槛、扩大市场准入，尤其大幅放开服务业领域的投资限制，近年来香港在内地的 FDI 更多流向了服务业。与 CEPA 相比，中韩 FTA 实施时间较短，但中韩 FTA 的引资效应正逐步显现，2016 年韩国在我国 FDI 来源地中的位次已经跃居第三。由于韩国的传统优势重点集中在制造业，所以中韩 FTA 签署至今，韩国对华直接投资仍高度集中于制造业。

目前我国正在谈判的自由贸易区重点是“一带一路”沿线国家，包括以色列、马尔代夫、斯里兰卡等。可以预见，未来随着我国逐步与“一带一路”沿线国家构建自由贸易区，相互开放市场、提升贸易投资自由化水平，我国来自“一带一路”沿线经济体的 FDI 将有望增多，而加快自由贸易区建设，仍将是我国实现全方位对外开放的一项重要任务。

8.1 自由贸易区的国内外进展

2016—2017 年，以英国脱欧公投和美国退出 TPP 为标志，国际区域经济一体化遭遇严峻挑战。全球自由贸易区（FTA）建设进入一个在挫折与调整中寻求发展的特殊阶段。与此同时，我国自由贸易区数量快速增长、标准不断提升，FTA 已然成为我国构建开放型经济新体制的一项重要内容。

8.1.1 自由贸易区的国际概况

1. “逆全球化”及贸易保护主义抬头，导致部分自由贸易协定进程受挫

近年来，由于世界经济持续低迷，欧美等发达国家贸易保护主义趋向抬头，加之个别国家民粹主义兴起，导致以开放市场、推动贸易自由化为核心的国际区域经济一体化包括部分自由贸易区建设进程受到冲击。

2016年6月23日，英国正式举行脱欧公投。投票结果显示，51.89%的投票者赞成脱欧，英国决定离开欧盟，首相卡梅伦随即辞职。2017年3月29日，英国新任首相特蕾莎·梅正式向欧盟递交脱欧申请，启动里斯本条约第50条，正式开启英国脱欧程序。众所周知，欧盟是截至目前国际区域经济一体化程度最高的组织，英国脱欧不仅伤及欧盟自身的发展，同时亦对国际区域经济一体化进程造成了一定的负面影响。

2016年11月，特朗普赢得美国大选，于2017年1月20日正式入主白宫。2017年1月23日，特朗普正式签署文件，退出了奥巴马时期美国积极推动、耗时多年才得以完成谈判并于2016年2月正式签署的TPP。特朗普认为，包含12个成员的TPP协定并没有把美国利益放在第一位，是美国的一个“潜在威胁”。与此同时，为了解决贸易逆差问题，美国宣布将与墨西哥、加拿大就20世纪90年代即已生效的北美自由贸易协定（NAFTA）进行重新谈判。特朗普政府还专门出台了一份强硬的《北美自由贸易协定》重新谈判策略，要求制定一个机制来防止参与国为了贸易优势而操纵汇率，要求保留“购买美国货”的采购条款、取消补贴和不公平价格体系等非关税壁垒、提高针对墨西哥进口商品的劳工标准等等。特朗普上台后的一系列政策表明，美国将在未来的自由贸易协定谈判方面更加强调“美国至上”。美国退出TPP，毫无疑问给这个巨型自由贸易协定（Mega FTA）带来巨大冲击，使其面临生效危机。

同样遭遇挫折的还有美国与欧盟签署的“跨大西洋贸易和投资伙伴关系协定”（TTIP）。TTIP谈判于2013年启动，2016年10月完成第15轮谈判。TTIP原定要在2016年美国大选前结束谈判，但由于欧盟和美国在食品安全和投资者–东道国争端解决机制上的分歧以及临近各国大选等因素，TTIP谈判进展缓慢，未达预期，欧洲各地还多次发生反TTIP的抗议活动。2017年4月，美国商务部部长威尔伯·罗斯会晤欧盟贸易专员马尔姆斯特伦，双方正式讨论如何推进TTIP谈判。虽然这反映出特朗普政府对TTIP的态度不会像对TPP那样坚定否决，但从之前的情况看，TTIP谈判仍将充满美国和欧盟之间的艰难博弈。

2016年10月30日，欧盟和加拿大签署了综合经济贸易协定（EU–Canada Comprehensive Economic and Trade Agreement，简称CETA），但该协定实际上也是历经波折，例如CETA一度因为比利时瓦隆地方议会的反对而搁浅，在欧洲议会对该协定进行表决时，议会收到了一份由350万欧盟民众联合署名的反对请愿书。

可以看出，“逆全球化”以及贸易保护主义抬头，正在考验国际区域经济一体化包括自由贸易区建设进程。

2. 全球FTA总体快速发展，数量不断增长

尽管面临一些冲击，但从总体来看，全球区域贸易协定（RTA）仍在蓬勃发展。WTO统计资料显示，2016年6月，伴随《日本–蒙古国FTA》正式生效，国际区域经济合作已经发展到了每个WTO成员都至少有一项区域贸易协定（RTA）生效的程度。截至2017年6月20日，向WTO通报的RTA协定达到659个，实际生效的协定达445个，每年

平均增加近 17 个协定。2014 年实际生效的协定共有 12 个，2015 年生效的协定共有 13 个，2016 年实际生效的协定共有 11 个，整体仍然保持快速增长态势（见表 8–1）。①

表 8–1　　各主要地区和国家已生效 RTA 数量

区域	北美地区	中美地区	南美地区	欧洲	非洲	中东	西亚	东亚	大洋洲
生效 RTA 数量	40	39	57	104	35	28	24	81	24

区域	美国	日本	韩国	印度	中国	欧盟	澳大利亚	加拿大	新加坡
生效 RTA 数量	14	15	19	18	15	40	12	11	22

注：各地区生效的区域贸易协定既包括区域内国家间签署的，也包括与区域外国家签署的；欧洲区域的协定包括了欧盟数次扩张时签署的协定。

资料来源：WTO RTA 数据库；时间截至 2017 年 6 月 20 日。

表 8–1 显示，从区域的角度看，全球区域贸易协定主要集中在欧洲和东亚地区。欧洲地区对外签署区域贸易协定最积极的是欧盟（European Union，以下简称 EU）、欧洲自由贸易联盟（European Free Trade Association，以下简称 EFTA）和土耳其。在东亚积极参与自由贸易协定的国家为新加坡、韩国和日本。从参与经济体的角度看，世界主要经济体中签署区域自由贸易协定最多的是迄今区域经济一体化程度最高的欧盟，以及对外依存度极高的新加坡。

3. FTA 内容仍然趋于高标准

近年来各国签署的自由贸易协定普遍涵盖范围广、标准比较高，具体议题除了传统 FTA 所涉及的边界措施如关税、市场准入之外，还特别关注各种边界后措施的磋商，包括企业社会责任、环保、劳工、政府采购、公平竞争等。

2016 年 2 月正式签署的 TPP 虽然由于美国退出而前途未卜，但该协定本身还是代表了新一代高标准的 FTA 规则。TPP 的高标准主要体现为：除少量敏感产品外全面开放，要求原则上全面取消关税和配额，除日本外，各国零关税产品比例均达到或接近 100%；原产地规则严格、排他，对纺织品采用“从纱认定”原则，即纺织品生产必须从原料到加工制作都在 TPP 成员内进行；服务贸易领域，要求以负面清单模式进行实质开放，且特别强调加强对金融、保险、电信等领域的实质性开放；投资领域也采用负面清单模式开放，并引入“投资者–东道国争端解决机制”（ISDS）；设立竞争政策章节，要求各成员国立法排除一切限制竞争行为，并专门针对国有企业建立规则框架，以保障实现公平竞争；对环境、劳工、企业履行社会责任等事项提出了严格标准；将透明度原则与反腐败联系在一起，不仅对透明度提出更高标准，而且要求各成员加强反腐败治理、承诺抑制腐败行为。

① 资料来源：WTO RTA 数据库。

2016年10月30日签署的欧盟–加拿大综合经济与贸易协定（CETA）也是一个高水平自贸协定，对未来全球FTA标准的设立具有重要意义。2017年2月15日，欧洲议会表决通过了该协定，从而CETA的大部分规定于2017年3月1日开始临时启用。尽管CETA的正式生效并全面实施还有待各缔约方表决通过，但欧盟已经表示，希望与加拿大的这个“新一代”自由贸易协定能为国际贸易与投资规则树立一个标杆，并为其将来与美国达成更高标准的自由贸易协定铺平道路。CETA由序言、30个章节和85个附件组成，其30章内容包括：总定义和初始条款、国民待遇与商品市场准入、贸易救济、技术性贸易壁垒、卫生与植物卫生措施、海关与贸易便利化、补贴、投资、跨境服务贸易、商务人员临时入境、专业证书互认、国内监管、金融服务、国际海事运输服务、电信、电子商务、竞争政策、国有企业、垄断及特殊授权的企业、政府采购、知识产权、监管合作、贸易与可持续发展、贸易与劳工、贸易与环境、双边对话与合作、行政管理与组织条款、透明度、例外、争端解决、最终条款。在本章中，较为特别的议题有：补贴、国内监管、竞争政策、国有企业、垄断及特殊授权的企业、政府采购、贸易与可持续发展、贸易与劳工、贸易与环境、透明度，这些章节主要涉及成员国的边界内措施，旨在要求各缔约方政府营造公平的竞争环境，以促进贸易往来和共同发展。

8.1.2 我国自由贸易区建设进展

1. 深化与扩大并举，FTA网络稳步推进

如表8–2所示，截至2017年8月，我国已经签署了15个自由贸易协定，涉及澳大利亚、韩国、瑞士、东盟、新西兰、新加坡等23个国家和地区；正在谈判的自由贸易协定有11个，其中5个是在2015—2017年间启动谈判的；正在研究的自由贸易区有11个，其中有10个都是在2015—2017年间开始启动的联合研究。

表8–2 中国自由贸易区建设现状

已签署协议的自贸区		正在谈判的自由贸易区		正在研究的自贸区	
协定名称	签署时间	协定名称	启动时间	协定名称	启动时间
中国–东盟	2002年11月	中国–海合会	2004年7月	中国–哥伦比亚	2012年5月
内地与港澳更紧密经贸关系安排	2003年6月	中国–挪威	2008年9月	中国–摩尔多瓦	2015年1月
中国–巴基斯坦	2006年11月	中国–巴基斯坦第二阶段谈判	2011年3月	中国–斐济	2015年11月

续表

已签署协议的自贸区		正在谈判的自由贸易区		正在研究的自贸区	
协定名称	签署时间	协定名称	启动时间	协定名称	启动时间
中国–智利	2008 年 4 月	区域全面经济伙伴关系协定	2012 年 11 月	中国–尼泊尔	2016 年 3 月
中国–新西兰	2008 年 4 月	中日韩	2012 年 11 月	中国–巴新	2016 年 7 月
中国–新加坡	2008年10月	中国–斯里兰卡	2014 年 9 月	中国–孟加拉	2016 年 10 月
中国–秘鲁	2009 年 4 月	中国–马尔代夫	2015 年 9 月	中国–毛里求斯	2016 年 11 月
中国–哥斯达黎加	2010 年 4 月	中国–新加坡升级谈判	2015 年 11 月	中国–加拿大	2017 年 2 月
中国–冰岛	2013 年 4 月	中国–以色列	2016 年 3 月	中国–蒙古国	2017 年 5 月
中国–瑞士	2013 年 7 月	中国–智利升级谈判	2016 年 11 月	中国–秘鲁升级	2017 年 5 月
中国–韩国	2015 年 6 月	中国–新西兰升级谈判	2017 年 4 月	中国–瑞士升级	2017 年 5 月
中国–澳大利亚	2015 年 6 月				
中国–东盟升级版	2015年11月				
中国–格鲁吉亚	2017 年 5 月				

注：内地与港澳更紧密经贸关系安排后续还于 2004 年签署了补充协议。2017 年 6 月，内地与香港在其框架下达成经济技术合作协议和投资协议。

资料来源：中国自由贸易区服务网；时间截至 2017 年 8 月 1 日。

为了提高开放水平，我国近年来着手对一些较早签署的自由贸易协定进行升级、深化，以更大幅度扩大市场开放，促进缔约双方经贸往来。2015 年 11 月，中国与东盟结束自贸区升级谈判并签署了成果文件——《中华人民共和国与东南亚国家联盟关于修订〈中国—东盟全面经济合作框架协议〉及项下部分协议的议定书》，涵盖货物贸易、服务贸易、投资、经济技术合作等领域，是对原有中国–东盟 FTA 协定的完善、补充和提升。2017 年 6 月 28 日，商务部副部长高燕与香港特区政府财政司司长陈茂波在香港签署了内地与香港《CEPA 投资协议》和《CEPA 经济技术合作协议》，两个协议自签署之日起生效，其中《CEPA 投资协议》将于 2018 年 1 月 1 日起正式实施。这两个协议是内地与港澳更紧密经贸关系安排（Closer Economic Partnership Arrangement，即 CEPA）进一步升级的重要体现，协议内容充分显示出更高水平的市场开放。此外，我国目前还在与新西兰、新加坡、智利等国进行自贸区升级谈判，并与瑞士、秘鲁等国进行 FTA 升级的联合研究，力求不断深化我国原有这些自贸区的开放内容。

在深化已有自由贸易协定的同时，我国积极与更多国家进行自由贸易协定谈判，扩大自由贸易区网络。配合“一带一路”倡议的落实，我国自 2014 年以来与“一带一路”沿线经济体逐步开展 FTA 谈判或进行 FTA 可行性研究。2017 年 5 月 13 日，《中华人民共和国政府和格鲁吉亚政府自由贸易协定》正式签署，这是我国与中亚外高加索地区签署的第一个自由贸易协定。目前，中国–以色列、中国–马尔代夫、中国–斯里兰卡等 FTA 谈判还在进行；与此同时，诸多涉及“一带一路”沿线经济体的 FTA 可行性研究已经展开，包括中国–摩尔多瓦、中国–斐济、中国–尼泊尔、中国–巴布亚新几内亚、中国–孟加拉、中国–毛里求斯、中国–蒙古等。

2. FTA 条款注重高标准，正逐步尝试负面清单开放模式

以中韩 FTA 和中澳 FTA 为标志，我国近年来所签的 FTA 明显呈现高标准特点。在货物贸易领域，降税幅度更大、降速更快，零关税产品比重要求也越来越高。例如中韩自由贸易协定规定，两国实现零关税的产品将涉及中国 91%的税目、韩国 92%的税目；中澳自由贸易协定中，中国 96.8%的税目将实现自由化，且均采用线性降税这一简单直接的降税方式，其中 5 年内完成降税的税目比例为 95%，剩余产品降税过渡期最长不超过 15 年；澳大利亚所有产品均对中国降税，自由化水平达到 100%，其中 91.6%的税目关税在协定生效时即降为零，6.9%的税目在协定生效第 3 年降为零，最后 1.5%的税目关税在协定生效第 5 年降为零。

在服务贸易和投资领域，中国逐渐尝试以准入前国民待遇加负面清单模式开放。例如在中韩自由贸易协定中，中方首次承诺以准入前国民待遇和负面清单方式展开谈判；中澳自由贸易协定中，澳大利亚以负面清单方式给予中国在服务贸易和投资领域更大的市场准入，中国虽然是以正面清单的方式给予澳大利亚市场准入权限，但双方约定会在后续开启全面投资章节谈判，修改投资章节在使用中发现的不合适规定，补充最低待遇标准、征收、投资争端解决等相关条款，而且双方同意中澳 FTA 实施后，在双方未来商定的时间，以“负面清单”方式开展服务贸易谈判。2017 年 6 月最新签署的《CEPA 投资协议》中，内地在市场准入方面也同《CEPA 服务贸易协议》一样，对香港采用“负面清单”模式开放，这是内地首次以“负面清单”方式签署的投资协议。

此外，中国近几年新签署的自由贸易协定也更多、更详细地涵盖了边界后措施，例如中韩自由贸易协定广泛涉及知识产权、竞争政策、电子商务、环境等“21 世纪经贸议题”；中国–格鲁吉亚自由贸易协定涵盖了贸易与环境、竞争、透明度等章节。

8.2 自由贸易协定投资条款与外商直接投资

8.2.1 国际自由贸易协定投资条款与外商直接投资

鉴于跨太平洋伙伴关系协定（TPP）和欧盟–加拿大综合经济与贸易协定（CETA）是近两年正式签署并具有较大影响力的国际区域贸易协定，本部分重点探讨这两个自由贸易协定与FDI相关的投资条款。

1. TPP与FDI相关的投资条款

TPP协定中各成员国关于投资章节均提供的是负面清单的减让承诺。过去传统的区域贸易协定大多使用正面清单模式，但现在世界上大多数国家针对外商直接投资都是采取负面清单的管理模式。负面清单模式承诺非禁即入，也就是外国企业对清单项中没有列出的行业均可以进行投资。这种方式比正面清单开放的市场更大，外商可以涉足的领域更多、受到的限制更少，而且节省了行政审批的成本。因此，在投资市场开放方面，TPP协定的标准较高，所有成员国必须以负面清单的方式给出承诺。

TPP不符措施清单由两个部分组成，第一部分列出了不受市场准入、国民待遇与最惠国待遇部分或全部义务约束的国家现行措施，第二部分列出了国家可以维持现行措施或采纳新的或限制性更高的措施且不受市场准入、国民待遇与最惠国待遇义务约束的特定部门、分部门或活动。在TPP协定中，美国提供的不符措施清单中与投资相关的限制措施，第一部分仅包含10个清单项，第二部分仅包含7个清单项。就连TPP成员国中经济实力较弱的越南所提供的不符措施清单中与投资相关的限制措施，第一部分和第二部分也都分别仅包含35个清单项。在TPP协定中，各国给出的负面清单较短，开放程度较大，这也是TPP被谓之“高标准”的一个体现。

TPP协定采用“投资者–东道国争端解决机制（Investor–State Dispute Settlement，以下简称ISDS）”来处理投资过程中发生的问题与争议，而且TPP协定中的规定与叙述较其他区域贸易协定中的相关规定更为详尽、全面。该协定中“投资者–东道国争端解决机制”包含的条款有：磋商和谈判、提交仲裁申请、各缔约方对仲裁的同意、各缔约方同意的条件和限制、仲裁员的选择、仲裁的进行、仲裁程序的透明度、准据法、对附件的解释、专家报告、合并审理、裁决和文书送达。以较为重要的“仲裁”和“裁决”两个阶段为例，我们发现TPP协定的条款比较完善，考虑到了多种情况。TPP协定的仲裁条款不仅涉及提出仲裁所需满足的条件、提供的材料、仲裁员的选择要求、仲裁进行的过程和各时间节点要求，还另外规定，仲裁庭可发布临时性保全措施以维护争端一方的权利或保证仲裁庭管辖权充分有效，仲裁庭不得作出扣押命令也不能作出命令禁止实施被控违反提交仲裁申请的措施。这样的规定能进一步保护争端一方的权利和仲裁庭的管辖权，并能防止仲裁庭实施不合适的命令。TPP协定还要求在公布一项裁定责任的决定或裁决之前，仲裁庭应向争端双方递送裁决的草案，在仲裁庭递送决定或裁决草案后的60天内，争端双方可以向仲裁庭提交关于决定或裁决草案的书面评论意见，仲裁庭在60日评论期限届满后45天内在考虑提交意见的基础上公布其决定或裁决。TPP协定的“投资者–东道国争端解决机制”设立的60天评论期可以使仲裁庭充分了解争端双方的意见，据此作出更符合争端双方要求的决定或裁决，减少了裁定后可能出现的不满情绪或不愿按裁定措施实行的情况。在裁决条款下，TPP协定规定了许多可能出现的情况的处理方法，如在被申请人未履行或遵守终局裁决时，申请人所属的缔约方可申请设立专家组，请求裁定未遵守终局裁决与投资章节义务不符，并根据初始报告建议被申请人履行或遵守终局裁决。争端一方还可以根据《解决国家和他国国民之间投资争端公约》、《承认和执行外国仲裁裁决的公约》或《美洲国际商事仲裁公约》要求执行仲裁裁决。此外，TPP协定中规定仲裁庭还可以裁决确定律师费和与仲裁程序有关费用的支付方等。这些规定保证了终局裁决的可执行性与可靠性，维护了申请人的利益，减少现实纠纷，防止被诉人不履行终局裁决的情况发生。

2. CETA与FDI相关的投资条款

CETA是目前欧盟对外签署的最高开放水平的自由贸易协定，同样也采用准入前国民待遇加负面清单的方式开放外资进入。在CETA中，欧盟企业可以进入加拿大政府招标行业，而且欧盟是加拿大政府招标领域开放度最大的伙伴。欧盟企业能竞标为联邦、省和市级公共机构提供产品和服务，这是加拿大首次为贸易伙伴开放了省级公共产品市场。每年，加拿大政府会购买上十亿的产品和服务，其中，省级政府的购买量差不多是联邦政府购买的2倍。为了使得竞标过程更加透明，加拿大政府会在一个单独的政府采购网站公布相关信息，这有助于欧盟企业，尤其是规模稍微小一点的企业获得信息。而且，欧盟企业可以进入加拿大联邦级和市级的环境服务、电信和金融服务市场。在这些服务行业，加拿大首次对欧盟开放了市级市场。高水平的开放使得欧盟企业能有更多机会为加拿大提供服务，预计CETA生效后，欧盟的获益将有近一半来自于同加拿大之间的服务贸易增长。

欧盟之前签订的协定条款大多都是采用“投资者–东道国争端解决机制”，而CETA采用了投资法庭体系（Investment Court System，以下简称ICS），在保护投资者权益的同时，更加维护了政府对公共利益的监管权力。CETA确立的投资争端解决机制会取代现有8个欧盟成员国与加拿大签署的双边投资协定的规定，使得法律更具一致性。CETA的投资条款明确了欧盟和加拿大政府保有的监管权，而且可以为达成环境、安全、公共健康等目标而修改法律，即便这种法律修改可能影响投资者的预期收益，但并不违反投资保护标准。CETA明确规定，最终裁定并不能取消欧盟、加拿大或一个成员国所实施的措施，裁定结果大多是要求进行赔偿。此外，CETA还规定了败诉方需支付仲裁的费用，而现有其他协定一般没有相关的明确规定，导致即便成功辩护也是政府来承担所有费用。较其他协定而言，CETA对投资者应获得的“公平公正待遇”有更明确具体的阐述，而且它是欧盟签署的协定中首个说明什么构成间接征收的协议。这种更具体清晰的设定避免了条款解读的滥用。投资法庭体系由一个常设法庭和一个上诉法庭构成，它们只解决违反非歧视待遇和投资保护方面的申诉。CETA 的投资者争端解决机制处理的范围很有限，投资者不能因东道国违反 CETA 协定中其他部分的规定而向上诉法庭申诉。CETA 对投资争端解决程序提出了很高的透明度要求，相关方提交的文件、法院的决定等所有文件都会公布在欧盟出资的一个联合国网站上，而且所有听证会都要对外公开。

8.2.2 我国自由贸易协定投资条款与外商直接投资

在我国 2015—2017 年签署的自由贸易协定中，涉及投资的有《CEPA 投资协议》、中澳自由贸易协定和中韩自由贸易协定中的投资章节，而中国与格鲁吉亚自由贸易协定中没有投资章节，故选择前三个协定中的投资条款作为分析重点。

1.《CEPA 投资协议》与 FDI

《CEPA 投资协议》是 CEPA 的一个内容全新的子协议，正文由 4 个章节、29 项条款以及 3 个附件组成，涉及投资准入、投资保护和投资促进等内容，以期实现对接国际规则、兼具两地特色、开放程度高、保护力度大的目标，从而为两地经贸交流与合作提供更加系统化、制度化的保障。

在投资准入方面，内地第一次在自由贸易协定中使用负面清单模式管理外资，这将进一步提升两地间的投资自由化水平。根据协议，内地在非服务业投资领域仅保留了 26 项不符措施，在船舶、飞机制造、资源能源开采、金融市场投资工具等方面采取了更加优惠的开放措施，并明确了在投资领域继续给予香港最惠待遇，这将使香港继续保持内地对外开放的最高水平。内地提供给香港更大的投资市场和优惠待遇，而且不像自由贸易试验区进行负面清单试行时具有区域性限制。在投资保护方面，《CEPA 投资协议》对投资的征收补偿、转移等，给予国际高水平投资保护待遇。关于投资者与投资所在地一方的争端解决，双方共同设计了一套符合“一国两制”原则、切合两地需要的争端解决机制，包括友好协商、投诉协调、通报及协调处理、调解、司法途径等，为两地投资者的权益救济和保障做出全面和有效的制度性安排。

2. 中澳自由贸易协定的投资条款与 FDI

在中澳自由贸易协定中，中国给予澳大利亚的减让承诺是以正面清单的模式呈现，澳大利亚给予中国的减让承诺则以负面清单模式呈现。相比之下，澳大利亚给中国提供了更大的投资准入，允许中国进入投资的行业更多，需要进行投资审批的行业减少，这为中国投资者提供了更大的便利。中澳双方还商定了未来工作计划，并将其列入投资章节的条款中，使得未来工作计划更具有可行性与可信度。中澳双方约定，在协定生效后 3 年内审议双方之间的投资法律框架，并在审议后立即开启全面投资章节谈判。届时，谈判会修改投资章节在实施过程中发现的不合适规定，补充最低待遇标准、征收、投资争端解决等相关条款，而且中国将以负面清单方式对澳大利亚作出投资承诺减让。因此，未来两三年中国以负面清单模式对澳大利亚开放投资将势在必行。

中澳自由贸易协定采用了“投资者–东道国争端解决机制”，而且有关该解决机制的规定较为具体细致（尽管略逊于 TPP 相关规定），涉及更加明确的时间段与申请材料要求。中澳 FTA 的“投资者–东道国争端解决机制”共涉及 16 个条款，包括定义、磋商、提交仲裁请求、各方对仲裁的同意、各方同意的条件与限制、仲裁庭的组成、仲裁的进行、仲裁程序的透明度、准据法、附件的解释、专家报告、合并审理、裁决、上诉审查、附件与脚注、文件送达。这种细致详尽的规定能避免双方对“投资者–东道国争端解决机制”理解不同而导致的可能纷争，而且能让投资者清晰了解争端解决机制的程序，增强投资者使用该争端解决机制的意识。与之前《中国–新西兰自由贸易协定》中的条款相比较，中澳 FTA 的“投资者–东道国争端解决机制”规定了各项行动的时间，这样能有效避免被诉方的拖延与敷衍，保护申诉方的利益，节省其时间成本。例如，中澳 FTA“投资者–东道国争端解决机制”具体规定，被诉方在收到磋商请求后 30 天内需提供说明其立场理由的通知（即“公共利益通知”），在公共利益通知发送后，被诉方与非争端缔约方应在 90 日内进行磋商，而《中国–新西兰自由贸易协定》中对此仅粗略表述为“尽力通过磋商解决争端”。

中澳 FTA“投资者–东道国争端解决机制”对透明度的要求较为严格，它规定了需要转达给非争端缔约方的文件类型、需要向公众公开的文件类型、在被诉方同意时仲裁庭举行公开听证会。在防止受保护信息泄露的同时，争端方还需要在提交据称有受保护信息的文件之日起 7 天内，提交一份编辑过的不含受保护信息的文件版本，并提供给非争端缔约方及公众。通过这样的规定，中澳 FTA“投资者–东道国争端解决机制”在保护投资者机密信息的同时还可以保证透明度，使得裁决更加可信，避免可能的不公平仲裁。

3. 中韩自由贸易协定中的投资条款与 FDI

中韩自由贸易协定中，双方提供的仍然是正面清单形式的具体承诺减让表，但是中韩双方在最终条款中列出了第二阶段谈判方针，决定在协定生效 2 年内启动进一步谈判，达成高水平投资自由化，以此进一步打开中韩双方的投资领域，提升投资开放水平。韩国与美国、欧盟、澳大利亚等发达国家都已签署了自由贸易协定，即使在与实力很强的美国签署自贸协定时，韩国对美国也是采用负面清单开放投资，因此，在中韩自贸协定谈判时，韩国实际上完全具备以负面清单开放投资领域的能力，只是为了与中国在未来投资章节的进一步谈判中预留空间。

中韩自由贸易协定投资章节中“投资者–缔约方争端解决机制”仅有 1 个条款进行说明，其中内容涉及：定义、友好协商、提交仲裁申请及其相关规定、书面协商与国内行政复议、仲裁庭的裁决。中韩自贸协定简单提及了争端投资者的申请需满足的条件，以及遭受损失超过 3 年的投资者不能提交仲裁，并未提及仲裁的进行流程、仲裁庭的组成方式及人员选择、减少仲裁纠纷的方法等，而且没有提及裁决后各种可能结果的处理方式。就此而言，中韩 FTA 在解决投资争端、促进 FDI 方面还有一定的提升空间。

总体而言，中国在近几年签署的自由贸易协定条款中，对 FDI 的开放模式正逐渐由正面清单向负面清单转变，而在争端解决机制方面，中国也积极向国际标准看齐，逐步尝试纳入“投资者–东道国争端解决机制”。

8.3 自由贸易区成员与我国外商直接投资

如前所述，截至 2017 年 8 月，我国已经签署 15 个自由贸易协定，涉及 23 个国家和地区，包括中国香港、中国澳门、东盟十国、巴基斯坦、韩国、澳大利亚、新西兰、冰岛、瑞士、秘鲁、智利、哥斯达黎加、格鲁吉亚等。[①] 这些国家和地区当中，中国香港、东盟十国（主要是新加坡）、韩国、中国澳门等对华直接投资相对较多，其他如巴基斯坦、格鲁吉亚等，对我国 FDI 流入的贡献目前尚不显著。值得注意的是，2016 年我国 FDI 前三位来源地——中国香港、新加坡、韩国，皆为我国自由贸易区成员。

由表 8–3 可见，在我国已签署协定的自由贸易区成员中，2016 年对华直接投资前五位的国家和地区分别是中国香港、东盟十国、新加坡、韩国和中国澳门。[②] 香港特区历来是内地 FDI 的首要来源地，2016 年香港对内地的直接投资额达到 871.8 亿美元，占内地当期 FDI 流入总额的 69.19%，比 2015 年提高 0.92%；东盟十国 2016 年对华直接投资额为 67.3 亿美元，占我国同期 FDI 总额的 5.34%，其中新加坡的对华直接投资额就达 61.8 亿美元，相当于东盟十国对华直接投资总额的 91.83%；韩国 2016 年对华直接投资额为 47.5 亿美元，占我国 FDI 总额的 3.77%；澳门对内地 2016 年直接投资额达 34.8 亿美元，尽管占比仅 2.76%，但却是 2015 年 8.854 亿美元直接投资额的近 4 倍，增势可谓异常突出。

表 8–3　我国已签署协定的自由贸易区成员对华 FDI 及香港特区和澳门特区对内地的 FDI　　单位：百万美元

国家/地区	2010 年	2011 年	2012 年	2013 年	2014 年	2015 年	2016 年
中国香港	60 566.77	70 500.16	65 561.19	73 396.67	81 268.20	86 386.72	87 180
东盟十国	6 186.13	6 998.90	7 072.99	8 347.34	6 299.76	7 860.00	6 730
新加坡	5 428.20	6 096.81	6 305.08	7 228.72	5 826.68	6 904.07	6 180
韩国	2 692.17	2 551.07	3 038.00	3 054.21	3 965.64	4 034.01	4 750
中国澳门	655.24	680.43	505.56	460.20	550.57	885.40	3 480
澳大利亚	325.01	309.53	118.9	329.67	238.53	306.89	—
新西兰	142.29	74.22	337.97	67.95	47.48	22.47	—

① 资料来源：中国自由贸易区服务网（http://fta.mofcom.gov.cn）。

② 由于我国已签自由贸易协定同时包含中国–东盟 FTA 和中国–新加坡 FTA，故此处亦分列东盟十国和新加坡。

续表

国家/地区	2010 年	2011 年	2012 年	2013 年	2014 年	2015 年	2016 年
巴基斯坦	5.70	9.71	1.83	18.05	23.23	0.65	—
格鲁吉亚	—	—	4.20	4.00	—	0.10	—

数据来源：根据各年国家统计局《中国统计年鉴》以及商务部《中国外资统计》整理。

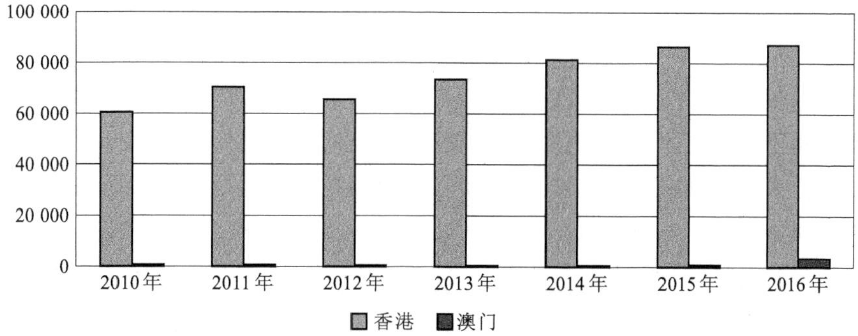

图 8-1　CEPA 实施以来港澳地区对内地的直接投资（百万美元）

资料来源：根据国家统计局《中国统计年鉴 2016》及商务部外资统计数据绘制。

《内地与港澳更紧密经贸关系安排》（CEPA）极大助推了港澳对内地的直接投资（见图 8-1）。2003—2013 年，CEPA 及其 10 个补充协议充分体现了内地面向港澳不断扩大范围、持续提高水准的市场开放。2014 年 12 月 CEPA《广东协议》第九章第 13 条，以及 2015 年 11 月 CEPA《服务贸易协议》第九章第 14 条的“投资便利化”条款，逐步将港澳企业投资内地的市场准入方式由审批制改为备案制，进一步提升了内地对港澳投资者的开放水平。2017 年 6 月 28 日，内地在与香港签署的《CEPA 投资协议》中，首次以“负面清单”方式开放投资准入，并且在非服务业投资领域仅保留了 26 项不符措施，这将使 CEPA 框架下的投资自由化水平更上层楼，从而大力促进未来香港对内地的投资。

从行业分布来看，香港在内地的直接投资过去主要集中于制造业，如 2012 年香港投资内地的 FDI 有 37.2%流向制造业，27.2%流向房地产业，9.3%流向批发和零售业，其他则分别流向租赁和商务服务业（6.2%），交通运输、仓储和邮政业（3.3%），科学研究、技术服务和地质勘查业（2.8%），信息传输、计算机服务和软件业（2.6%），金融业（2.3%）等。① 但近年来，随着 CEPA 的持续升级，内地对香港不断降低投资门槛、扩大市场准入，尤其大幅放开服务业领域的投资限制，香港在内地的 FDI 更多流向了服务业。如图 8-2 所示，2015 年香港投资内地的主要行业集中在资讯及通信（24.62%），进出口贸易、批发及零售（21.2%），投资及控股、地产、专业及商业服务（15.88%），银行（11.55%）等服务业领域，而制造业投资仅占该年香港对内地直接投资总额的 8.12%。②

① 数据来源：商务部《2013 年中国外商投资报告》。

② 数据来源：根据香港特别行政区政府统计处《2015 年香港对外直接投资统计》相关数据计算而得。

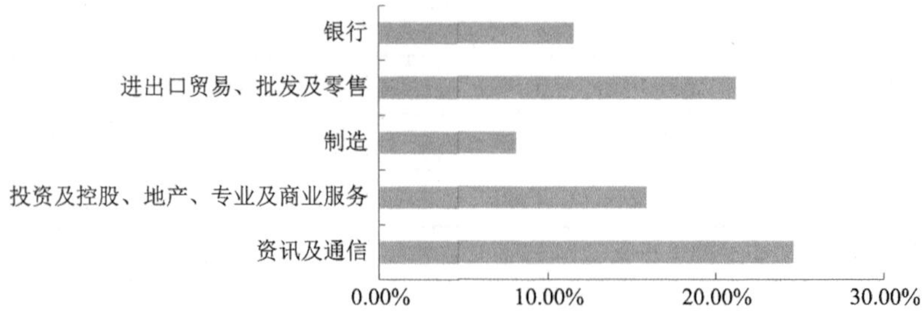

图 8–2　2015 年香港对内地直接投资的主要行业分布

资料来源：根据香港特别行政区政府统计处《2015 年香港对外直接投资统计》相关数据计算绘制。

与 CEPA 相比，中韩 FTA 实施时间较短，该协定自 2015 年 12 月生效至今仅一年多时间，但事实表明，中韩 FTA 的引资效应正逐步显现。2016 年，韩国在我国 FDI 来源地中的位次已经跃居第三。就行业分布而言，由于韩国的传统优势重点集中在制造业，所以中韩 FTA 签署至今，韩国对华直接投资仍高度集中于制造业。如表 8–4 所示，2016 年韩国对华直接投资的 73.02%是流向制造业，其他主要投资行业依次为金融、保险业（8.91%），批发、零售业（5.8%），专业、科学、技术服务业（3.87%），以及房地产、租赁业（3.29%）。

表 8–4　　2016 年韩国对华直接投资前五位行业　　单位：百万美元，%

行业名称	实际投资额	实际投资额占其对华直接投资总额的比重
制造业	2 410.505	73.02
金融、保险业	294.242	8.91
批发、零售	191.475	5.80
专业、科学、技术服务	127.754	3.87
房地产、租赁业	108.586	3.29

资料来源：根据韩国进出口银行海外投资数据计算而得。

目前，我国正在谈判的自由贸易区除了一些既有 FTA 的升级之外，重点放在了“一带一路”沿线国家，包括以色列、马尔代夫、斯里兰卡等。据统计，2016 年“一带一路”沿线国家对华投资新设立企业 2 905 家，同比增长 34.1%，实际投资金额 70.6 亿美元，占我国当年 FDI 流入总额的 5.6%。[①] 可以预见，随着我国逐步与“一带一路”沿线国家构建自由贸易区，相互开放市场、提升贸易投资自由化水平，未来我国来自“一带一路”沿线经济体的 FDI 将有望增多，而加快自由贸易区建设，仍将是我国实现全方位对外开放的一项重要任务。

（执笔人：庄　芮　林佳欣　赵冰清）

① 数据来源：商务部外资司相关统计。

第 9 章　2016 年我国农业外商直接投资

摘　要

近年来中国利用外商投资发展很快，已经成为世界上吸收外商直接投资最大的东道国之一。农业是利用外商直接投资最早的行业之一，但是长期以来农业利用外资在中国全部利用外资中所占的比重却较低，与中国农业所处经济地位不协调。外商投资区域分布表现出“东重西轻”，外商投资来源不但包括港澳台地区、日本、泰国和韩国等周边国家，还包括欧美等发达国家，我国农业利用 FDI 的来源地和企业类型呈现出多元化的特点。除了少数中国政府限制和禁止外商投资的行业外，外商投资几乎涵盖了农、林、牧、渔、水所有领域及中国农业产业链的所有环节。

在经济发展新常态、资源环境约束趋紧的大背景下，如何加快转变农业发展方式以确保粮食等重要农产品实现有效供给，如何提升我国农业竞争力赢得参与国际市场竞争的主动权，已成为我国农业农村发展必须完成和破解的历史任务和现实难题。

本章主要分析我国农业 FDI 的发展状况，并阐述了新形势下农业利用 FDI 的相关政策，在对我国农业利用 FDI 的发展趋势做了描述后，结合国内外农业利用 FDI 的相关案例与经验，对我国农业利用 FDI 提出了建议。本章认为在当前我国农业利用 FDI 的形势下，推进农业供给侧改革、优化外资投向布局、加快农村的综合开发与农业新技术发展对于强化高质外资的引进及提高外资利用率具有重要意义。

9.1　农业外商直接投资现状

9.1.1　农业外商直接投资总体发展状况

如图 9–1 所示，自 1997 年有数据统计以来，中国农业实际利用 FDI 总体呈上升趋势，农业实际利用 FDI 从 1997 年的 62 763 万美元逐步增长到 2015 年的 153 386 万美元，增幅为 144.39%。然而自 2012 年开始，中国农业实际利用 FDI 却呈下降趋势，其占我国利用 FDI 的比重也从 2012 年的 1.82%下降到了 2015 年的 1.21%。相比于我国利用 FDI 规模的逆经济形势增长，农业利用 FDI 呈现一定的颓势，吸收 FDI 动力不足。

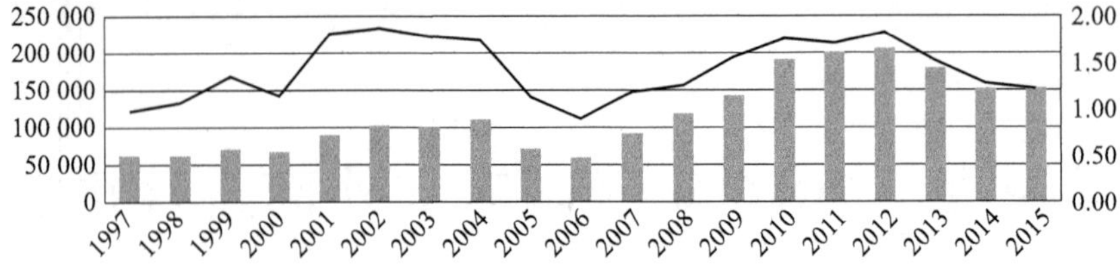

图 9-1　1997—2015 年中国农业实际利用 FDI 规模情况

随着近年来中国政府对现代化农业转型支持力度的加强，农业 FDI 在中国农业领域的投资逐渐增多，主要流向集中在农产品加工营销业、水产养殖业以及蔬菜、水果、花卉等附加价值较高的农业项目。表 9-1 反映了 2015 年中国农业 FDI 产业内结构，由表可以发现，我国第一产业利用 FDI 主要集中在了农业，而在农业内又主要集中于谷物及其他作物的种植，蔬菜、园艺作物的种植，水果、坚果、饮料和香料作物的种植及农、林、牧、渔服务业这四大类行业。事实上具体到产业内部项目类型分析，中国农业利用外商直接投资大多集中于农产品初级加工、种植业和养殖业等一般性生产项目，对于种植业和养殖业的投资又主要集中在畜牧、水产和花卉等项目。这些项目投入少、盈利周期短、利润率高、便于生产经营，成为我国农业吸收外商直接投资最多的行业。其他一些项目，例如农业资源开发、粮棉开发吸收外资较少，这与我国限制吸收外资的政策有关。其他如荒山、荒地、荒滩和未养殖水面的开发与利用等项目由于投资较多，回收时间长，风险较大，外商投资也很少涉足，并不利于形成合理的产业布局。

表 9-1　　2015 年中国农业 FDI 产业内结构

行业	合同项目	同比（±%）	合同外资金额	同比（±%）	实际使用 FDI	同比（±%）
农林牧渔业	609	−15.3	805 857	12.29	153 386	5.61
农业	389	−15.8	398 704	0.54	85 002	−16.3
谷物及其他作物的种植	119	−17.36	167 783	44.44	28 095	−12.32
蔬菜、园艺作物的种植	187	−21.1	156 454	−24.16	44 914	−23.92
水果、饮料等作物的种植	67	8.06	60 648	14.25	11 352	−0.1
林业	11	−60.71	9 462	−41.5	12 061	33.23
畜牧业	46	4.55	176 346	30.73	20 979	−28.71
渔业	25	−54.55	25 651	−27.47	6 910	5.67
农林牧渔服务业	138	7.81	195 698	45.32	42 290	90.47

另一方面值得注意的是 2015 年农、林、牧、渔服务业实际利用 FDI 同比增长了 90.47%，占当年农业利用 FDI 总量的 27.57%，对比于第一产业内其他行业实际利用 FDI 的同比负增长现象，这反映了我国农业利用 FDI 正在发生结构性的变化，农、林、牧、渔服务业或将成为我国农业利用 FDI 新的增长点。

如图 9–2 所示，在第一产业内部，无论是从合同项目数、合同外资金额还是实际使用 FDI 金额来看，农业都占有较大的比重，其次是农林牧渔服务业，比重也比较大。

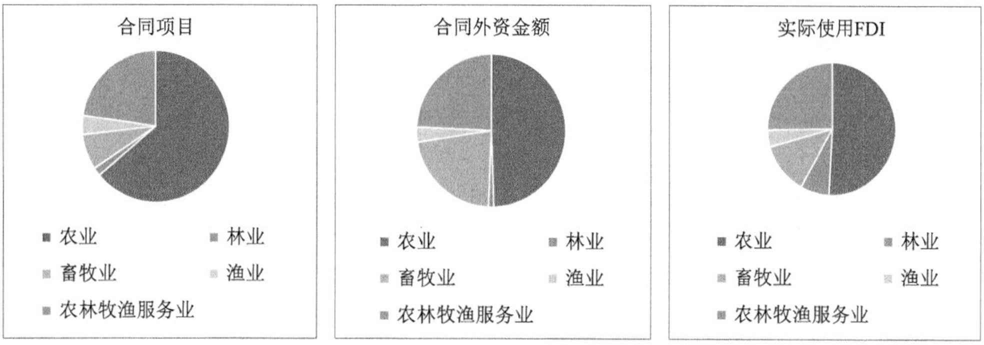

图 9–2　第一产业内各行业分布比重

如图 9–3 所示，其反映了农、林、牧、渔业实际利用外商直接投资金额的同比增长率，由图可以发现我国农业利用 FDI 同比增长率存在较大的波动，并与中国利用 FDI 的增长率间存在较弱的关系，2015 年我国农业利用 FDI 结束了负增长的趋势，实现了 0.76% 的微弱增长，而未来几年内农业利用 FDI 的发展趋势很难判定。2015 年中国外贸跌入负增长区间，而我国实际使用外资金额（FDI）却实现了逆增长，该增长是由服务业强势拉动的，而我国农业内农、林、牧、渔服务业同样实现了较大的增幅，并扭转了连续三年农业实际利用 FDI 减少的趋势，这或许反映了中国农业吸收 FDI 的动力在结构性加强。图 9 4 粗略地反映了 1997—2015 年中国农业实际利用 FDI 不如全行业实际利用 FDI 表现强劲。

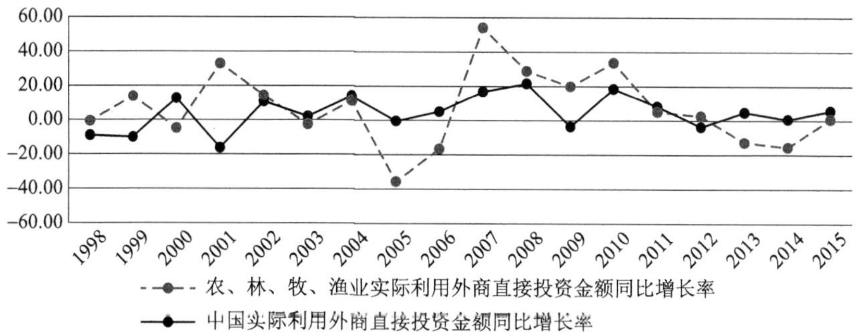

图 9–3　中国农业实际利用 FDI 增长率与农业生产总值增长率对比图

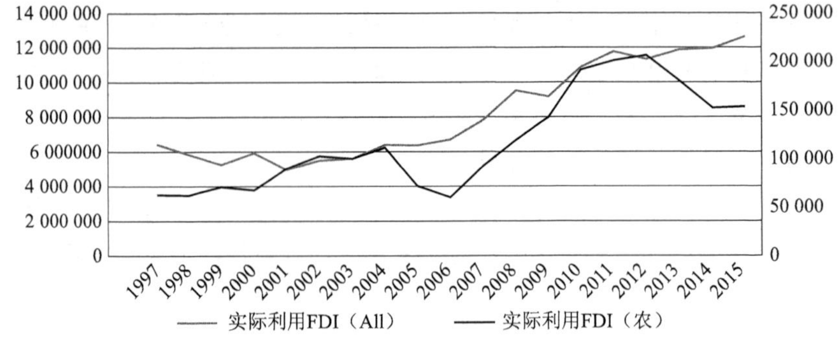

图 9–4　1997—2015 年中国农业实际利用 FDI 与全行业实际利用 FDI 金额变化情况（万美元）

9.1.2　农业外商直接投资的企业合同情况

外商投资企业是以获取或控制相应的企业经营管理权为核心，以获得利润或稀缺生产要素为目的的投资活动，因此外商投资企业年末登记企业数目、投资额、注册资本、外方注册资本也是反映我国农业吸收外商直接投资能力的重要指标。如图 9–5 所示，农林牧渔外商投资企业年末登记外商企业数目近年来变动相对稳定，然而外商企业注册资本与投资总额却表现出稳定上升的趋势，且增长率相对稳定。这主要是因为国外主体的投资规模逐渐扩大，外商投资从以个人和中小企业为主，转为以大中型企业为主，主体实力不断增强。

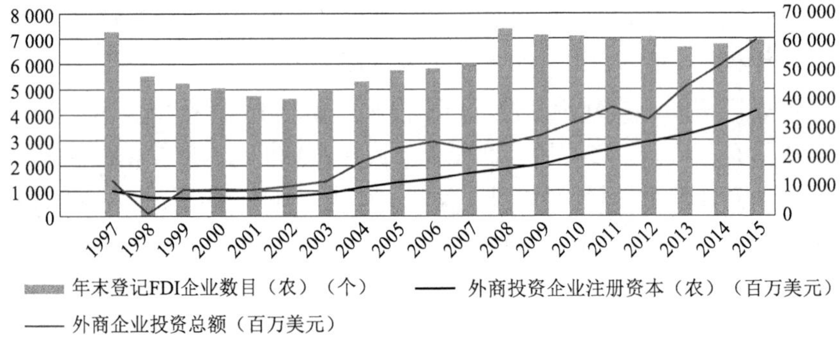

图 9–5　农林牧渔外商投资企业注册资本与投资总额趋势

此外通过表 9–2，我们可以了解到外商投资企业注册资本在不断增加，外商投资企业外方注册资本的比例从 2013 年开始，呈下降趋势。外商投资企业注册资本从 1997 年的 8 811 百万美元增长到了 2015 年的 36 293.21 百万美元，而 2015 年外商投资企业外方注册资本占总注册资本的比例为 82.60%。就农业利用外资的方式分析：中国农业利用外资方式主要是合资、合作和独资，再加上少量的外商投资股份制企业与合作开发项目。其中外商直接投资居主导地位，成为我国农业利用外资的主要方式。其他一些新型的引资方式如中介招商、网上招商等在中国运用不够，而像融资租赁、跨国并购等当前国际最通用的方式则不多见。当然国际多边机构提供的贷款或赠款与双边政府之间的经济技术合作也是外商投资的重要来源渠道。

表 9-2　　　　中国外资企业外方注册资本情况

年份	外商投资企业注册资本（农）（百万美元）	外商投资企业外方注册资本（农）（百万美元）	外方资本所占比例（%）
2008	16 260.2	13 620.28	83.76
2009	17 876.79	15 257.14	85.35
2010	20 700	17 900	86.47
2011	23 255.75	20198.3	86.85
2012	25 580.28	22 321.248	87.26
2013	27 904.08	24 450.54	87.62
2014	31 356.23	27 027.03	86.19
2015	36 293.21	29 977.8	82.60

从我国农业利用 FDI 合同个数来分析：如图 9-6 所示，其变动自 2004 年以来呈下降趋势，2015 年农业利用 FDI 合同个数为 10 年最低，达到 609 个。农业利用 FDI 合同个数占我国利用 FDI 合同总个数的比率同样呈下降趋势，2015 年同样为 10 年最低，占 FDI 总合同比重的 2.29%。然而在我国农业实际利用外资的规模是不断增加的，因此每个合同利用外资的金额也是不断增加的，如图 9-7 所示。2015 年我国农、林、牧、渔业合同平均利用外资额为 251.87 万美元，是历年来的最高数据。这表明我国农业利用外资合同的资金规模在不断扩大，农业 FDI 融资能力稳步加强。

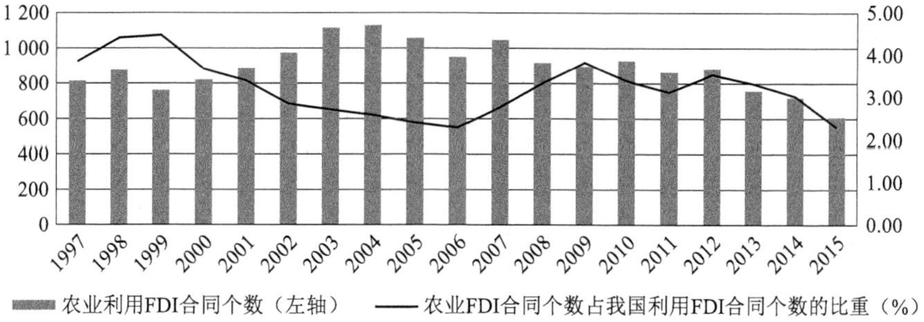

图 9-6　中国农业实际利用 FDI 合同个数及所占比重

但是农业利用 FDI 较第二、第三产业相比仍然存在很大的差异，表 9-3 显示了 2015 年我国三个产业间农业利用 FDI 的项目个数、合同外资金额、实际使用外资金额及比重。而农业各项统计指标占总额的比重均未达到 3%，产业间利用 FDI 存在较大的差异。这与农业的弱质性属性有很强的关系，但同时也与我国产业政策中限制外商投资农业服务业有一定的联系。因此改善农业投资环境，提供便于外资流入的政策对于农业扩大吸收 FDI 具有重要意义。

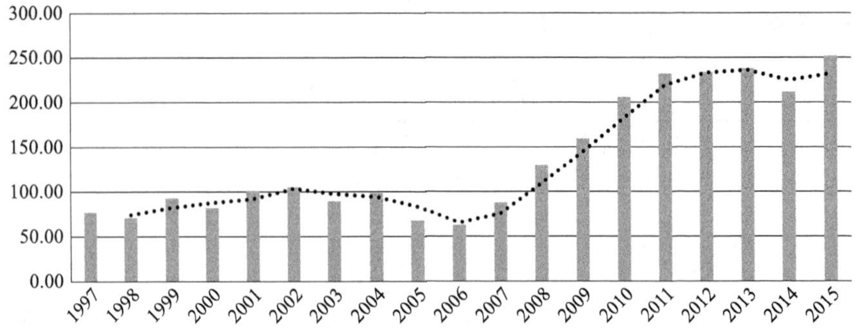

图 9-7　农业合同平均利用外商投资金额（万美元）

表 9-3　中国利用 FDI 产业间对比

产业名称	项目个数	项目个数占比（%）	合同外资金额	合同外资金额占比（%）	实际使用外资金额	实际使用外资金额占比（%）
总　　计	836 404	100	36 648.62	100	12 939.74	100
第一产业	24 094	2.88	863.22	2.36	197.42	1.53
第二产业	530 400	63.41	20168.94	55.03	6 947.67	53.69
第三产业	281 910	33.71	15 616.47	42.61	5 794.64	44.78

9.1.3　农业外商直接投资的地区、来源及新版《外商投资产业指导目录》的发布

外商直接投资区位研究实际上包括两个方面的内容：一是外商直接投资的国别选择；二是外商直接投资的国内区位选择。就我国利用外商投资区域分布分析，不同地区引资规模和引资项目均存在较大的差异，主要表现为“东重西轻”。东部地区的基础设施较为完善，市场经济较为发达，投资环境良好，改革开放之初，外商投资主要集中于广东、福建两省，随后逐步辐射到了山东、江苏、辽宁、浙江等沿海省份，并进一步向中西部地区蔓延，目前，农业利用 FDI 已经遍布了我国所有省市，而东部及南部地区则是外资较为集中的地区，中西部地区是我国利用 FDI 较少的地区，农业利用 FDI 也相对滞后。具体到各省内部，农业利用 FDI 在区域分布上通常是越发达的地区外商投资越多，越贫穷落后的地区外商投资就越少。

就农业利用外商投资的来源分布而言。改革开放之初，我国港澳台地区、日本、泰国和韩国等周边国家一直是我国农业利用 FDI 的主要来源地，占我国农业利用 FDI 的绝大部分，这些地区或国家的企业大多为中小企业，而欧美等一些发达国家的跨国公司则偏少。近年来，一些欧美大型跨国公司也不失时机地跟进，开始对我国农业进行全方位地渗透，无论是在农药、化肥、种子、农业机械等主要农业生产资料行业，还是农产品加工、批发和零售等领域，都能见到大型跨国公司的身影，其中不乏世界 500 强的大型农业跨国公司，且大有后来者居上之势。据统计，目前世界排名前20位的食品类跨国公司都已登陆我国，全球主要的农药巨头杜邦（Dupont）、诺华（Novartis）、捷利康公司（Zeneca）、拜耳公司（Bayer），主要的种子公司孟山都（Monsanto）、先正达（Syngenta）、杜邦先锋（Pioneer）等都已在我国市场上排兵布阵，希望能从我国庞大的农业和食品市场中分得一杯羹。目前，我国农业利用FDI的来源地和企业类型呈现出多元化的特点。

具体到中国农业FDI的行业分布来说，在改革开放之初，外商投资主要集中于农业内部的生产和加工环节，投资农业生产资料行业、农产品批发或零售等流通环节的极为少见。20世纪90年代以来，尤其是加入WTO以后，随着中国农业对外开放步伐的加快，外商投资的领域也在不断拓宽。除了少数中国政府限制和禁止外商投资的行业外，外商投资几乎涵盖了农、林、牧、渔、水所有领域及中国农业产业链的所有环节，包括农药、化肥、种子、农业机械等农业投入的研发和生产，农产品精深加工，主要农业生产资料和农产品的批发和零售业，农村金融和农业保险等领域。

2017年6月28日，国家发改委、商务部发布《外商投资产业指导目录（2017年修订）》，并自7月28日起实施。新版《目录》提出了在全国范围内实施的外商投资准入负面清单。其中包括限制外商投资产业目录和禁止外商投资产业目录，共包含63个项目。外商投资产业指导目录是我国引导外商投资的重要产业政策。本次《目录》修订，贯彻落实党中央关于构建开放型经济新体制、推进新一轮高水平对外开放的要求，坚持开放发展理念，深入准入前国民待遇加负面清单管理模式改革，推动简化外商投资准入管理，构建更加开放、透明的投资环境，以开放促改革、促发展，更好地发挥利用外资在我国经济发展和深化改革进程中的积极作用。

其中，涉及农林牧渔业的鼓励外商投资产业目录有：木本食用油料、调料和工业原料的种植及开发、生产；绿色、有机蔬菜（含食用菌、西甜瓜）、干鲜果品、茶叶栽培技术开发及产品生产；糖料、果树、牧草等农作物栽培新技术开发及产品生产；花卉生产与苗圃基地的建设、经营；橡胶、棕榈、剑麻、咖啡种植；中药材种植、养殖；农作物秸秆资源综合利用、有机肥料资源的开发生产；水产苗种繁育（不含我国特有的珍贵优良品种）；防治荒漠化及水土流失的植树种草等生态环境保护工程建设、经营；水产品养殖、深水网箱养殖、工厂化水产养殖、生态型海洋增养殖。外商投资负面清单包括限制外商投资产业目录和禁止外商投资产业目录。限制农作物新品种选育和种子生产，需要中方控股；禁止外商投资我国稀有和特有的珍贵优良品种的研发、养殖、种植以及相关繁殖材料的生产（包括种植业、畜牧业、水产品的优良基因）；农作物、种畜禽、水产苗种转基因品种选育及其转基因种子生产；我国管辖海域及内陆水域水产品捕捞。

9.2　全球经济治理变革与农业外商直接投资

经过多年不懈努力，我国农业农村发展不断迈上新台阶，已进入新的历史阶段。农业的主要矛盾由总量不足转变为结构性矛盾，突出表现为阶段性供过于求和供给不足并存，矛盾的主要方面在供给侧。近几年，我国在农业转方式、调结构、促改革等方面进行积极探索，为进一步推进农业转型升级打下一定基础，但农产品供求结构失衡、要素配置不合理、资源环境压力大、农民收入持续增长乏力等问题仍很突出，增加产量与提升品质、成本攀升与价格低迷、库存高企与销售不畅、小生产与大市场、国内外价格倒挂等矛盾亟待破解。必须顺应新形势新要求，坚持问题导向，调整工作重心，深入推进农业供给侧结构性改革，加快培育农业农村发展新动能，开创农业现代化建设新局面。

2017 年农业农村工作，全面贯彻党的十九大和十八届三中、四中、五中、六中全会精神，以邓小平理论、“三个代表”重要思想、科学发展观为指导，深入贯彻习近平总书记系列重要讲话精神和治国理政新理念新思想新战略，坚持新发展理念，协调推进农业现代化与新型城镇化，以推进农业供给侧结构性改革为主线，围绕农业增效、农民增收、农村增绿，加强科技创新引领，加快结构调整步伐，加大农村改革力度，提高农业综合效益和竞争力，推动社会主义新农村建设取得新的进展，力争农村全面小康建设迈出更大步伐。

中国需要用占世界 9% 的耕地养活 22%的人口。加强农业投资和促进农业科技进步对于我国建立高产、优质、高效、生态的现代化农业，增强粮食安全，促进农民增收致富，培育内需市场具有十分重要的意义。

9.2.1 农业供给侧改革与外商直接投资

“三农”问题很大程度上是供需问题，目前我国农产品数量上供大于求、质量上难以满足广大民众需求的现象较为普遍，这些问题相当一部分出在农业供给侧方面。农业转型升级从农业供给侧入手，调整农业产业结构、提高农产品质量、增加有效供给是“三农”问题必须着力解决的问题。事实上影响农业吸收 FDI 的重要因素便是中国自身农业的发展，解决好农业的供需平衡便对农业吸收 FDI 具有积极意义。

近年来，随着城乡生活水平提高，居民对农产品的消费需求快速转变，多元化、个性化需求显著增多，而在供给端，我国农产品常常不能满足这些需求，仍然是大路货居多，一些品种甚至生产过剩，出现“卖难”。这一问题是我国农业面临的诸多矛盾的集中体现，而这些问题也是阻碍农业外商投资流入中国的重要原因。良好的经济环境、较高的投资回报收益以及完善的投资规范是吸引外资流入的重要因素，因此要增加我国农业吸收 FDI 的力度，必须先解决农业自身发展所面临的问题，在现阶段我国农业面临的问题有：

一是国际竞争力下降。2016 年全国粮食总产量 61 623.9 万吨（12 324.8 亿斤），比 2015 年减少 520.1 万吨（104.0 亿斤），减少 0.8%。其中谷物产量 56 516.5 万吨（11 303.3 亿斤），比 2015 年减少 711.5 万吨（142.3 亿斤），减少 1.2%。产量、进口量、库存量“三量齐增”的根本原因，是农产品价格倒挂。而造成价格倒挂的根本原因，是我国劳动力成本的过快增长。我国农业已经进入了一个历史新阶段，面临的最大问题是劳动力成本刚性增加。“十二五”期间，农民工收入平均年增长 12.7%，这直接拉动了农业劳动力的成本。受成本增加影响最大的是大豆、棉花、玉米、小麦、油料、糖料等大宗产品。这些产品受进口冲击最大，因为国外主要出口国的机械化程度高、经营规模大、价格竞争力强。在劳动力价格大幅度提高时，如果创新跟不上，就会落入“中等收入陷阱”。

二是供需匹配能力下降。我国农产品供需失衡问题较为严重。中国粮食总需求的增长预计会大大超过国内粮食生产的增长。中国的粮食消费与生产预计在 2030 年后趋于稳定。到 2030 年，中国的粮食自给率将保持在 90%以上。受收入增加的带动，人均粮食消费量将在未来 20 年，特别是未来 10 年内继续快速增长。大米、小麦等粮食的人均消费量将继续减少，而食用油、糖类、蔬菜、水果、畜产品和水产品的消费量则将随着收入的增加而显著增加。居民不断增长的对价值更高的肉类、蛋类和奶制品的需求使得国内动物饲料，特别是饲料谷物的供给面临诸多挑战。不断增长的对饲料谷物的需求会对中国的粮食总供给平衡施加压力。由于未来 20 年的需求增长以及资源稀缺，国内大豆、玉米、食用油、糖类和奶制品的生产短缺会进一步加重。

目前，中国的粮食总需求为 6 亿吨，预计 2020 年会达到 6.7 亿吨，2030 年达到 7 亿吨。相比之下，粮食总产量的增速将远远低于需求的增速，预计在 2020 年为 5.68 亿吨，2030 年为 5.63 亿吨。2012 年，中国人均粮食消费量为 445 公斤，预计 2020 年会达到 479 公斤，2030 年达到 491 公斤。

目前，鱼、虾、蟹和贝壳类等水产品的人均消费量为 22 公斤。2020 年，人均消费量预计达到 29 公斤，2030 年达到 35 公斤。国内水产品的产量也将大大增加。2012 年，水产品产量为 3 320 万吨；2020 年，产量预计为 4 380 万吨；2030 年，产量预计为 5 160 万吨。由于水产品需求量的增长将略快于产量的增长，因此，水产品出口量的增长将维持在较低水平，而水产品进口量将持续增长。低价鱼粉在中国的进口渔业产品中占很大比重，虽然中国渔业和水产养殖产品的进出口量相当，但是出口产品的价值远远高于进口产品的价值。

2012 年，蔬菜产量为 3.08 亿吨；2020 年，产量预计达到 3.49 亿吨；2030 年，产量预计达到 3.72 亿吨。蔬菜消费量也将逐步增长。2012 年，蔬菜消费量为 2.36 亿吨；2020 年，消费量预计达到 2.77 亿吨；2030 年，消费量预计达到 2.98 亿吨。中国将继续保持主要蔬菜出口国的地位。2012 年，中国蔬菜出口量为 610 万吨；2030 年，蔬菜出口预计达到 850 万吨。

2012 年，中国水果产量为 1.62 亿吨；2020 年，水果产量预计达到 1.93 亿吨；2030 年，产量预计达到 2.19 亿吨。2012 年，水果消费量为 1.63 亿吨；2020 年，水果消费量预计达到 1.94 亿吨；2030 年，消费量预计达到 2.18 亿吨。中国进口水果主要是热带水果。2012 年，水果进口量为 400 万吨；2020 年，水果进口量预计达到 430 万吨；2030 年，进口量预计下降至 370 万吨。中国出口水果主要是苹果、梨和柑橘等温带水果。2012 年，中国水果出口量为 340 万吨；2020 年，水果出口量预计达到 350 万吨；2030 年，出口量预计达到500万吨。2020年以后，水果消费量的增长将放缓，而水果产量将保持高速增长。2030年，中国的水果净出口量将达到129万吨。

中国的糖类产量预计增长缓慢，而消费量增长迅速，从而造成更大的供给缺口。2012年，糖类产量为1 600万吨；2020年，糖类产量预计达到1 700万吨；2030年，产量预计达到1 900万吨。人均糖类消费量预计显著增长。2012年，糖类的总需求量是1 600万吨；2020年，糖类的总需求量预计达到2 000万吨；2030年，总需求量预计达到2 300万吨。2012年，糖类进口量为280万吨；2020年，糖类进口量预计达到290万吨；2030年，进口量预计达到425万吨。2030年，中国预计将生产国内所需糖类总量的82%。

虽然中国面临的一些国内供给短缺需要通过进口来补齐，但是油料作物（大豆除外）产量与需求的增长预计持平。2012年，油料作物的总产量为870万吨；2020年，油料作物的总产量预计达到1 020万吨；2030年，总产量预计达到1 080万吨。国内油料作物的需求量将继续保持增长。2012年，油料作物的需求量为1 040万吨；2020年，油料作物的需求量预计达到1 220万吨；2030年，需求量预计达到1 310万吨。2012年，油料作物进口量为140万吨；2020年，油料作物进口量预计达到200万吨；2030年，进口量预计达到240万吨。2012年，中国油料作物的自给率为86%；2030年，油料作物的自给率将下降至82%。

中国的棉花需求量增长远远大于产量的增长（其中主要是出口服装生产需求），长期供求不平衡。棉花的需求量将继续增长。2012年，棉花的总需求量为800万吨；2020年，棉花的总需求量预计达到1 000万吨；2030年，总需求量预计达到近1 300万吨。2020年，中国国内棉花的产量和进口量预计都比 2012年少。这主要是因为2012年有政府采购和棉花囤积行为，导致当年的棉花价格更高、产量更高且进口增长强劲。但是，这些因素在2020年预计都不复存在。

解决这些问题的关键在于提高农业质量效益和竞争力，与农业结构调整相比，农业供给侧结构性改革更加注重解决体制机制问题，从根本上矫正供需结构错配和要素配置扭曲。应按照“供给侧+结构性+改革”的思路，以新的发展理念破解农业发展存在的突出矛盾和问题。而如何进行供给侧改革又是农业当前发展所面临的首要任务：

第一，坚持质量兴农，实施农业标准化战略，突出优质、安全、绿色导向，健全农产品质量和食品安全标准体系。支持新型农业经营主体申请“三品一标”认证，推进农产品商标注册便利化，强化品牌保护。引导企业争取国际有机农产品认证，加快提升国内绿色、有机农产品认证的权威性和影响力。切实加强产地环境保护和源头治理，推行农业良好生产规范，推广生产记录台账制度，严格执行农业投入品生产销售使用的有关规定。深入开展农兽药残留超标特别是养殖业滥用抗生素的治理，严厉打击违禁超限量使用农兽药、非法添加和超范围超限量使用食品添加剂等行为。健全农产品质量和食品安全监管体制，强化风险分级管理和属地责任，加大抽检监测力度。建立全程可追溯、互联共享的追溯监管综合服务平台，鼓励生产经营主体投保食品安全责任险。

第二，土地制度改革。包括农村土地承包经营权权属落实、农村集体经营性建设用地改革、农村宅基地制度改革和土地征收制度改革。作为农业供给侧改革的重要内容，深化农村土地制度改革，可以进一步激发广大农民从事农业生产经营的积极性，避免土地掠夺式经营；推动农村土地流转，培育农业新型经营主体，发展农业适度规模经营；保护农民的土地财产权益，使他们能够安心从事农业生产经营或者离开农业、农村；为农民工到城镇就业提供新的资金来源，从而为新型城镇化提供新动力。

第三，确保谷物基本自给、口粮绝对安全。在供给侧结构改革中，要确保稻谷、小麦等口粮的生产，既要保耕地，又要保产能，保主产区特别是核心产区的粮食生产。确保粮食供给包括粮食最低保护价格的改革以及现有粮食收储制度的改革。近年来，粮食领域出现了“三量齐增”的现象，即产量增、进口量增、储存量增，该问题与最低保护价政策和收储政策有密切联系，在某种程度上是我们没有正确运用这两个政策工具的结果。因此，让粮食价格回归市场和让粮食储备回归市场是这次改革的中心任务。

中国农业通过“供给侧”改革，可以降低市场经营主体的各项负担和成本，实现要素的城乡平等交换，并进一步优化国内农业市场资源的配置，提高农业的投资回报率。这也为外资企业的创办、生存和发展创造有利条件，加强了我国农业对外商投资的吸引能力，因此供给侧改革对我国农业利用外商投资具有积极意义。

9.2.2　农业外商直接投资政策演变

影响农业利用 FDI 的原因是多方面的，其中一个很重要的原因就是农业发展水平。中国自加入世贸组织以来，农业生产经历了不同寻常的发展，农业生产总值持续增长，2013 年达到了 96 995.27 亿美元，为世界农业生产总值最高的国家。与此同时中国农业政策也在不断推陈出新，新时期农业政策的起始标志是 2003 年 10 月国务院召开的全国粮食和农业工作会议。这次会议出台了对种粮农民实行普遍的直接补贴政策，这是我国农业政策的一个历史性变化。随后，从 2004 年起，中央连续发出 9 个一号文件，十七届三中全会专门作出推进农村改革发展的决定，陆续出台了一系列具有开创意义的农业政策。比如：全面取消了农业税，结束了持续 2 600 年的农民种地交税的历史；给农民直接补贴，支持农业生产；实行粮食最低收购价政策，保障农民生产基本收益；建立农村新型合作医疗制度、农村养老保险制度、最低收入保障制度等。2013 年十八届三中全会明确了 2020 年农村改革发展基本任务目标，提出建立“两型”农业的战略构思，农业发展进入了新的历史阶段。随着全国互联网业竞争的日趋激烈和个别房地产业资本投资多元化，农业对 IT 产业和房地产业资本的吸引力逐渐增强，甚至出现“褚橙柳桃潘苹果，京东大米网易猪”的现象。2010 年丁磊进军养猪业之后，京东的刘强东种起了“来龙有机大米”，IT 大佬柳传志种起了猕猴桃和蓝莓，房产大鳄宋卫平曾注资 20 亿投资农业。2014 年奇虎 360 的周鸿祎被称开始卖大米了，马云联合发起云锋基金投资伊利，并开始养牛，乐视和恒大也已投资农业，因此中国农业对资金的吸引力是明显的。分析我国农业利用 FDI 的历史进程，其大概可以分为三个阶段：

第一阶段：20 世纪 80 年代初至 90 年代初是起步阶段。农业利用外资从无到有，规模较小。我国农村改革开放正在孕育，由于这一时期我国政府采取了积极灵活的外交政策和引进外资的优惠政策，如对土地的租金或使用费给予优惠，对外商投资企业减免所得税，对外商亲属实行国民待遇等。从改革开放初期到 1992 年全国各行业累计外商直接投资合同金额约 1 092 亿美元，其中农业利用外商直接投资合同金额约 19.6 亿美元，占利用外资总额的 1.8%，项目数达 2 764 个，占总项目数的 1.4%。改革开放初期，农业年均利用外资额约 0.3 亿美元，年均增长率约为 38%。1980 年，中国政府与世界银行签订了关于农业领域发展的 7 500 万美元贷款协议，1982 年又与亚洲开发银行签订了 5 000 万美元的贷款协议用于我国农业发展项目。这些项目的启动，揭开了我国农业利用国际组织提供援助和优惠贷款的序幕，标志着我国利用外资进入了实质性操作阶段。这个阶段主要以接受联合国粮农组织、世界粮食计划署等国际组织提供的小型无偿援助项目为主。

在这一时期，农民的生产积极性高涨，对一些经加工可以增值的农产品需求增大，导致对农业投入的需求也增大。当时政府对农业的投入不足，不能满足这方面需求，外资的进入恰好迎合了当时的需要。特别是我国如广东、福建、山东等沿海地区，积极引进外资，成为我国农业外商投资最早也是最多的地方。世界银行在当时也成为我国最大的外资来源，与我国农业合作的项目涉及种养业、加工业、服务业和基础设施建设等各个方面。同沿海地区相比，我国农产品的主要产区（农业历史悠久的中西部地区）农业外商直接投资项目相对较少，利用外资仍侧重于无偿援助项目和优惠贷款项目。

第二阶段：20 世纪 90 年代初到本世纪初，农业利用外资进入了稳步发展阶段。我国出台了更加优惠的利用外资的政策。1995 年第一次颁布实施《外商投资产业指导目录》，两年后即 1997 年对其进行了修订，规定了鼓励、限制和禁止外商投资的领域。其中农业作为鼓励的领域之一，允许采用多种投资方式投资，如技术投资、设备投资。经过批准的外商投资的鼓励类项目，享受税收优惠政策，特别是在中西部从事农业生产和基础设施建设的项目，税收减免 15%。政府还对外汇管理政策和进出口政策做了调整：允许外商将合法所得汇出境外；允许外商自行进口生产的原材料、设备；允许将企业产品（除纳入国家计划外的部分）作为出口产品，享受出口退税；仍然给予外商在华的公民待遇。从世界银行、亚洲开发银行和国际农业发展基金会吸收贷款成为主渠道。

1992 年至 2001 年十年间，中国农业利用外资项目达 9 600 多个，利用外商直接投资合同金额共 12.7 亿美元，每年平均增长率为 5%。2001 年，农业利用外资合同金额为 1.762 亿美元，占全国利用外商直接投资总额的 2.5%，项目签订近 900 个。农业项目的平均规模达 140 万美元，这比起步阶段的平均规模（不超过 100 万美元）增长了 40%，但是与全国各行业的利用外资项目的平均规模（227 万美元）相比差距仍然很明显。国际组织的援助明显减少，双边贷款有所增加。外商直接投资已经占据我国农业利用外资的主导地位，其中香港的投资者保持了在大陆农业投资方面的领先地位，投资项目数大体保持在 40%左右。据统计，港商农业投资无论就其项目数还是协议金额都占同类企业首位。

第三阶段：本世纪初至今为我国农业利用外资的迅速发展阶段。为了进一步扩大对外开放，优化产业结构，合理引导外资投向，提高利用外资的质量，国家发展和改革委员会、商务部根据我国当前经济社会发展情况及今后利用外资的发展方向先后在 2004 年、2007 年对《外商投资产业指导目录》进行了修订，其中对我国农业利用外资的范围做了明确规定，鼓励外商在中低产农田改造、木本食用油料和调料的开发生产、工业原料的种植及开发生产、蔬菜水果茶叶无公害栽培技术的开发生产、中药材种植养水产品养殖、防治荒漠化和水土流失、生物饲料加工等领域进行投资。限制外商在农作物新品种选育和种子开发生产（需由中方控股）、珍贵树种原木加工（限于合资、合作）、棉花(籽棉)加工领域投资。仍然禁止外商投资于我国稀有和特有的珍贵优良品种的养殖种植，我国管辖海域及内陆水域水产品捕捞和转基因植物种子、种畜禽、水产苗种的开发生产。目录中还规定，国家对从事目录中鼓励类领域的外商投资项目将继续给予优惠的税收政策，其采购国产设备可享受增值税退税，进口设备可享受免征进口关税和进口环节增值税。随着外商对我国投资的信心增加，我国吸引外资规模在逐年扩大，目前我国已成为全球瞩目的外商投资首选区域之一。特别是在金融危机影响下，我国农业和农村经济仍然保持良好的发展态势，农民收入、农产品出口收入、工资收入都有不同程度的增长，农业发展对 FDI 的吸引力加强。农业投资环境与农业利用外资是密切相关的，宽松优惠的投资环境更容易吸引外资，达到推动农业发展的作用。

长期以来我国农业政策设计的基本背景是粮食短缺，基本出发点是满足对粮食等农产品的数量需求，基本政策诉求是自给自足。因此为避免国外资本对国内农业产业的冲击与控制，政府对农业的外商流入持谨慎态度。20 世纪 90 年代后期，我国农产品逐步告别了短缺，农产品的数量基本得到了满足。在加入世贸组织以后，中国自给自足政策所依赖的封闭经济环境也不复存在，农业政策目标由单一追求产量向多元目标拓展，农业战略布局从立足于国内资源和市场向面向国内外两种资源两种市场转变，我国农业投资环境得到了巨大的改善。

9.2.3　利用外资的农业案例

1. 中种国际种子有限公司

孟山都公司（Monsanto Company）是美国的一家跨国农业公司，创始人是约翰·奎恩伊，总部设于美国密苏里州圣路易斯市。孟山都主要生产农业种子、除草剂、杀虫剂、食品添加剂、化工产品、医用等产品。其中其生产的旗舰产品 Roundup 是全球知名的草甘膦除草剂。该公司目前也是全球转基因（Genetically Engineered，简称 GE）种子的领先生产商。

孟山都公司与中国的联系悠久，1923 年，孟山都公司将糖精业务引入中国。1996 年，孟山都公司开始在中国经营农化业务和生物技术授权业务。同年，孟山都公司将第一代保铃棉技术引入中国，并将该技术授权给美国岱字棉 D&PL 公司，为中国农民提供先进的抗虫棉种子。2001 年 3 月，孟山都公司与中国种子集团公司合资成立“中种迪卡种子有限公司”（中方为大股东），开始在中国推广迪卡品牌的杂交玉米种子。由于其产量高、稳定性好和品质优良的特点受到了农民朋友的欢迎。孟山都公司成为第一家向合资公司全面开放其全球种质资源和先进的育种技术的外资种业公司。2009 年，孟山都中国生物技术研究中心成立，希望通过与中国科研机构的合作，为中国乃至全球农业发展做出贡献。

孟山都公司在华经营多年，目前主要生产销售传统蔬菜种子，以及通过与中化集团旗下的中国种子集团有限公司在华成立的合资企业生产销售传统杂交玉米种子。为了更好地响应中国政府的政策，孟山都公司和中国种子集团有限公司于 2013 年扩大了对原有合资企业的投资，现合资企业名为“中种国际种子有限公司”（简称“中种国际”）。中种国际是中国业内第一家“育繁推”一体化的中外合资种子企业，依靠孟山都的全球种质资源库和传统育种技术培育、开发、生产、销售适合不同生态区的高产杂交玉米种子，结合先进的农艺管理，提高玉米产量，助力中国粮食安全战略的实现。孟山都公司也借此成为第一家向其在华合资企业注入育种研发能力和体系的国际农业公司。

2. 杜邦先锋公司

杜邦先锋公司是世界 500 强企业美国杜邦公司旗下的全资子公司，成立于 1926 年，是世界上最早的玉米种业公司，总部设在美国爱荷华州，客户遍及全球 90 个国家和地区，具有强大的科研实力和优良的服务品质。先锋公司拥有世界上最大规模的玉米种质资源库，覆盖了 60%以上的玉米种质资源，并在全球建立了 126 个育种站，源源不断的新品种为全球玉米产业的持续发展提供了有力的保障。

杜邦先锋公司北京办事处设立于 1997 年，1998 年成立铁岭先锋种子研究有限公司。之后，三家合资企业相继成立，14 年来中国业务保持强劲增长。截至 2012 年年底，先锋公司在华员工总数超过 800 人。

铁岭先锋种子研究有限公司是先锋国际良种公司在中国设立的外商独资企业，在北京、辽宁铁岭、河南新乡、山东济南及海南都设有研究站。公司成立于 1998 年 4 月，主要从事农作物和粮食产品及相关技术的培育、筛选、亲本测试、评价和其他研究活动；提供相关服务；授予第三方种子和相关技术的使用权等。目前公司主要致力于研究和培育适合中国玉米产区的高产、优质的玉米新品种，为公司的市场开发和销售业务奠定基础。

山东登海先锋种业有限公司是由山东登海种业股份有限公司和杜邦先锋投资有限公司共同投资组建的合资公司。公司成立于 2002 年 12 月，注册资金 668 万美元。公司加工设备先进，技术一流，采用国际领先技术和标准生产高质量的玉米种子。公司拥有一支高素质的销售和技术服务团队，为客户提供专业化的优质服务。山东登海–先锋种业有限公司的销售范围主要集中在黄淮海地区，目前主要品种有先玉 335、先玉 508、先玉 696、先玉 688 等。

敦煌种业先锋良种有限公司是由甘肃省敦煌种业股份有限公司和杜邦先锋投资有限公司共同投资组建的合资公司。公司成立于 2006 年 12 月，注册资本 800 万美元。公司拥有世界上先进的生产设备和先锋独有的生产技术。在生产上，公司同样遵循先锋公司严格的种子质量标准。敦种先锋目前正以高标准、高目标、高效率的方式快速发展。敦煌种业先锋良种有限公司的销售范围主要集中在东北和西北地区，目前主要品种有先玉 335、先玉 508、先玉 696、32D22 等。

9.3　农业外商直接投资的发展趋势及政策建议

9.3.1　农业利用外商直接投资的发展趋势

随着经济全球化的不断深入，农业国际化进程的不断加速，我国农业利用 FDI 正呈现出如下一些趋势或新动向。

1. 农业利用 FDI 的规模有不断扩大的趋势，但比重偏小的局面不会有太大改观

从全球来看，发达国家的农业和食品市场正逐步趋于饱和，农业尤其是食品产业有向发展中国家转移的趋势。从国内来看，随着我国整体投资环境的不断改善，今后一段时间内我国仍将是世界上流入 FDI 最多的国家之一。同时，受庞大而稳定的我国农业和食品市场的吸引，必将有越来越多的大型跨国公司投资我国农业。届时，我国农业利用 FDI 的总体规模也将不断扩大，项目平均规模将进一步增加。但是，与非农产业相比，今后我国农业利用 FDI 比重偏小的局面不会有根本性改变。相反，可能还会有下降的趋势。这与世界 FDI 产业分布的规律大致吻合，即随着经济的发展，FDI 在三个产业间的分布也将遵循由一、二、三产业逐步演进的规律。实际上，在一些发达国家，农业利用 FDI 的比重往往不足 1%。

2. 外商直接投资农业的部门领域将不断扩大，但更多地集中于农业产业链的两端

改革开放以来，尤其是加入 WTO 以来，我国农业对外开放的水平在不断提高，广度和深度在不断延伸。从 1997 年、2002 年、2004 年、2007 年、2011 年、2017 年对《外商投资产业指导目录》的修改和完善情况来看，除少数限制和禁止外商投资的农业及相关行业外，我国农业及相关行业的大多数领域都已向外商开放。而且，根据 WTO 有关承诺，我国于 2004 年和 2006 年，也就是入世 3 年和 5 年的过渡期结束后，已经逐步向外商开放了农药、农膜、化肥、粮食、植物油、食糖、烟草、棉花等重要农业生产资料和农产品的批发和零售业务。至此，外商投资几乎遍布了我国农业产前、产中和产后的

所有环节及相关领域。另外一个明显的特点是，无论是从全球还是国内情况来看，跨国公司越来越倾向于多元化、一体化的经营模式，并加强了对附加值高、利润丰厚的农业产业链两端的主要农业生产资料市场和农产品流通市场的争夺和控制，而不仅局限于传统的农业生产环节。

3. 农业领域中的跨国并购日趋增多

就外商介入农业的方式而言，传统的绿地投资方式有所下降，跨国并购（Merger and Acquisition，简称 M&A）正日益成为主要进入方式。相对于绿地投资来说，跨国并购方式可谓是一种快速进入东道国市场的重要方式。从全球来看，无论是发达国家还是发展中国家，外商直接投资农业和食品产业都越来越倾向于选择跨国并购这一进入方式。从国内来看，近年来，有关外资并购国内农业龙头企业的现象已屡见不鲜，尤其是在乳业、大豆等行业格外引人注目，比如可口可乐并购汇源、美国高盛控股双汇、法国达能并购汇源果汁、比利时英博收购福建雪津啤酒，跨国公司并购国内大豆压榨企业等，并有进一步向农业生产资料市场、粮食加工和流通领域蔓延的趋势。由此引发出来的问题是，跨国公司可能会对我国农业形成垄断和控制。

4. 廉价劳动力成本优势逐步在弱化，农业利用 FDI 具有资本深化的趋势

改革开放以来，廉价劳动力一直是我国农业吸引外商投资的重要决定因素之一，而农业及相关产业也一直被认为是传统的劳动力密集型产业，但是近年来，随着沿海地区劳动力成本的上扬，许多跨国公司开始大量增加机器设备等资本品的投入以替代劳动力。此外，由于农业及相关领域竞争的日趋激烈，跨国公司的垄断资本优势逐渐显现。自 20 世纪 90 年代以来，农业和食品企业之间的并购及战略联盟现象已十分普遍，比如 Monsanto 公司收购 Calgene 和 Agracetus，Dow 公司收购 Mycogen 公司，Dupont 公司收购 PioneerHi–Bred 公司。并购使得农业和食品产业资本密集程度不断提高，正在向资本密集型产业逆转，带有明显的资本深化倾向。这一点在食品工业表现尤为明显，近年来我国食品工业中的外商投资企业资本劳动力比例要明显高于国内食品企业。因此，如何继续发挥中西部地区的劳动力成本优势和农业资源优势，实现农业 FDI 的地区转移，仍将是未来我国农业利用 FDI 需要考虑的问题。同时，农业和食品产业中的资本化趋势对我国食品企业来说也是有启发意义的，即如何对分散的中小企业进行重组和整合，建立自己的食品企业，从而与国外农业和食品跨国公司相抗衡。

9.3.2 国外农业利用外商直接投资的经验

许多国家和地区都在积极利用外资发展农业，但是由于各个国家和地区自然、经济、社会条件及所处的发展阶段不同，农业实行对外开放的时间和程度不一样，利用外资的政策也有差异，因而农业外资利用呈现出多样性特征。借鉴其他发展中国家农业利用外资的经验教训，对中国正确吸引和利用外资、提高外资使用效率有着重要的意义。

1. 日本经验

日本利用外资的过程是按步骤、分阶段进行的。日本以外债为主要的利用外资方式，外国直接投资额比较小。20 世纪 60 年代中期，日本被迫开放资本市场，日本政府在从 1967 年至 1976 年将近 10 年的时间里，分阶段、渐进推进资本自由化，并且慎重选择对外资开放的部门，从多方面规定了选择标准，使受冲击最小的部门最先开放。1997 年以后，日本的外国直接投资流入额有所增长，从原来的每年流入几亿美元，增加到数十亿美元以上。目前，日本已经成为世界上主要资本输出国之一，日本引进外国直接投资主要是为了取得外商的商标和技术，极少是为了弥补资金的不足。

日本利用外资发展农业值得我国思考的经验：首先，政府应客观地认识到外资给农业发展带来的问题，并重视农业利用外资的问题，同时制定并适时调整相应的法律和政策进行规范。尤其是在远洋捕捞、农村区域发展、农田水利建设等领域更值得我们借鉴，恰当地利用外资，振兴本国产业。其次，也要认识到外资进入所带来的产业安全问题（如我国的大豆拉美化）。邓宁的生产折衷理论告诉我们，投资有三种选择，所有权优势、内部化优势和区位优势，选择这三种优势投资就容易产生垄断。如 2008 年由美国次贷危机引发的全球经济危机，日本经济也深受其害。从目前我国的经济结构来看，对外依赖程度也很高，需加大对这方面的警惕。

2. 泰国经验

在发展中国家中，泰国农业利用外商直接投资最为典型。60 年代初，泰国就拟定了以吸引外商直接投资为主、利用国外贷款为辅的外资政策。对投资于政府鼓励发展行业的外资企业，自营业日起免征法人税和红利税 5～8 年，免征公司税 3～8 年。经投资促进委员会同意，可免交专利和技术费用的预扣税等 5 年。

1977 年泰国投资局公布了《投资奖励法案》，将以农作物或自然资源为原料的产业、幼稚产业及传统工艺产业等作为国家鼓励投资的部门，并制定了一系列优惠政策，其中与农业有关的部门包括：为出口和制造工业提供原料的大规模种植园，渔业、鱼产品加工、畜牧等部门。

泰国在农业利用外资政策上，采取鼓励与限制相结合的方式，对于一些项目采取了限制措施，例如产品以内销为主的项目，泰国人必须拥有 51%以上的股份；对于投资于农业、畜牧业、水产业、矿物勘探及开采、服务业的项目，泰国人必须拥有 60%以上的股份。

泰国农业利用外资的效果十分明显，20 世纪七八十年代，泰国农业利用外资占全国利用外资的比例一直是上升的。大量的外资涌入改善了泰国农业生产条件，促进了传统农业技术的改造，促进了泰国稻谷单一种植结构的改变和以菠萝、饲料为主的农产品加工业的发展，消除了大量农村贫困。

总的来说，泰国农业利用外资的经验包括以下几个方面：第一，利用外资的时间较早，对外资一直持开放和欢迎的态度；第二，采取以吸收外商直接投资为主、利用国外贷款为辅的外资政策；第三，制定投资奖励法案，采取鼓励与限制相结合的方式；第四，积极利用外资改造传统农业技术，促进农业产业结构的调整。

3. 巴西经验

巴西的经济发展程度和中国十分相似，都存在地区发展不平衡的问题，沿海地区本国经济和外资都比较活跃，而中西部经济发展和利用外资水平明显落后。早在殖民地时期，欧美就对拉美地区丰富的资源垂涎三尺，当时投资主要集中在采矿业和商业，对农业的投资是从19世纪中叶以后才开始。随着二次工业革命，国际市场对农产品和工业原料的需求剧增，而农业的特点决定了其是一个风险较低的领域，19世纪英国是其农业最大的投资国，20世纪以来，美国取代了英国成为巴西农业外资的最大来源。到了20世纪70年代，巴西将发展的重心从工业转移到了农业。为了吸引更多的外资发展本国农业，巴西制定了一系列吸引外资的政策。如允许外商有资格享受购买农业生产设备、种子、农药、化肥等方面的补助；允许并鼓励外商对巴西的荒山、荒地进行投资开发，通过对荒山、荒地合理定价，并给予减免税收，使巴西昔日的无人区，变成了农产品输出基地。极大地推动了本国农业的发展。目前巴西的农业外资主要来源于世行、美国和日本。投资区域多，投资领域广泛，为巴西带来了巨大的经济和社会效益。通过引进外资和技术，巴西的农业经济得到了发展，经济发展趋于平衡，昔日荒无人烟的中西部地区已成为巴西主要的农业产区之一。

巴西农业利用外资的成功经验在于：第一，充分利用外资开发落后地区，如利用世行贷款，有组织地进行移民，开发亚马逊河流域；在玛瑙斯建立自由贸易区，提供各种优惠措施，使该地区逐渐形成了商业、工业和农牧业共同发展的局面，并且带动和促进了周边地区经济的发展；与日本政府签署协议共同开发稀树草原。第二，利用外资促进科技进步。为保证利用外资时技术的转让，巴西先后制定了一系列的法令、法规，使得巴西在利用外资的同时，也获得了先进的技术。

但是巴西农业利用外资也有不足和问题，虽然农业生产得到了一时发展，一部分人摆脱了贫困，但是由于生态环境遭到严重破坏，忽略了人与自然、环境、经济发展的协调关系，没有利用可持续发展的理论指导外资引进，造成了严重的环保问题。例如巴西热带雨林由于大面积采伐，面积急剧下降，对当地、相关区域乃至全球的环境带来了不可忽视的负面影响，经济也受此影响产生较大波动。这都是由于未能有效评估农业利用外资的复杂性和综合性，预见农业发展当中可能出现的问题，导致其在利用世界银行贷款进行大规模移民时造成了恶果。

4. 美国经验

美国农业利用外资有着悠久的历史。早在19世纪，欧洲的殖民者和投资者将大量的资金投放到北美，截至1915年年初，美国的农业领域利用外资占到了整个外商投资的30%左右。第二次世界大战后，美国本土没有受到破坏，农业发展基础较好，大量的外国资本涌入到美国的农业领域，截至20世纪70年代，直接投入农业领域的外资达到

6亿美元。外资的涌入，促进了美国农产品的出口。截至2010年，进入美国农林牧渔部门的外商直接投资达到了150亿美元。关于外资在美国农业的投资范围，食品、咖啡和烟草是外商投资的重点领域，占比在20%左右，美国农业外资的主要来源是欧洲国家、日本及墨西哥，各国的投资偏好也不相同，其中欧洲投资者喜欢投资奶制品加工、酿酒等领域；日本的投资者喜欢在动物养殖、肉类加工等领域投资；墨西哥的投资者喜欢投资小麦制品加工及谷物生产。

5. 菲律宾经验

菲律宾政府采取各种措施鼓励外国投资，主要分为地区鼓励和行业鼓励，农业是行业鼓励的重点之一。1992年菲律宾政府颁布优先投资计划，目的是通过给予优惠政策对投资于优先发展行业的外国投资给予鼓励，其中与菲律宾粮食计划有关的农业、林业、矿业、服务业，包括适合的食品加工业被列为投资优先领域，这些领域的企业被称为先锋企业，外商在先锋企业可以100%拥有企业。

其他优惠措施包括：新建的先锋企业免交6年所得税，非先锋企业免交4年所得税，简化农业生产投资等进口程序。如果达到政府规定的下列三个条件之一，可以延长一年免税期，即使用当地原料，符合投资署征订的资本设备和雇工条例，注册后的前三年每年外汇收入在50万美元以上；对于农业生产者，在其注册后或营业后的十年内，繁殖种畜和遗传物质的进口免征各种税赋；使用本国繁殖种畜和遗传物质的农业生产者在注册后或营业后十年内可享受税收信贷。另外，在菲律宾不发达地区的外资企业除享有和投资先锋领域的企业同等的优惠政策外，还享有特别的优惠政策。对于某些领域，菲律宾不允许外国投资者进行投资，其中包括水稻和玉米生产。

菲律宾农业利用外资的经验在于：第一，通过实施地区和行业鼓励措施，积极鼓励外商对农业和农村的投资；第二，颁布《外国投资法》，从法律上明确了外商投资者的投资领域和投资活动；第三，颁布优先投资计划，实行优惠措施，鼓励外国投资者投资于优先发展的行业。

9.3.3　政策建议

我国农业利用外资要以市场为导向、科技为动力、产业优化为中心、人与自然和谐发展为目标。凡是有利于这个目标实现的外资我们都要利用。在现实的利用外资过程中我们也要注意外资的实现方式，引进外资只是手段，提高农产品的国际竞争力才是目标。对于农业FDI的吸收与利用，本节提出如下建议。

1. 推进农业供给侧改革

国内农业发展对于吸收外商投资有积极的意义，在我国农业面临供求失衡、价格下跌、进口和库存都创历史新高的突出问题下，迫切需要加快调整农业的生产结构，推进农业供给侧改革。推进农业供给侧结构性改革，意味着不能完全延续过去的农业支持政策，当然也不意味着彻底抛弃粮食十二连增的所有支持政策，另起炉灶再搞一套支持政策，而必须对现有的农业支持政策措施有留有舍并作进一步改进。首先要以市场为导向，统筹国际国内两个市场，真正形成结构合理、保障有力的农产品有效供给。面对国际农产品市场激烈的竞争，我国农业必须统筹国际国内两个市场和国外国内两种资源，新型农业经营主体要尽可能地选择错位竞争战略，克服我国农业成本价格竞争劣势。其次要加快农业结构调整，充分发挥多种形式农业适度规模经营在结构性改革中的引领作用。在畜牧业规模化养殖转型升级、渔业养殖布局结构调整、拓展水产品精深加工和营销渠道、种植业布局结构调整的同时，探索耕地轮作休耕制度试点，推进马铃薯主食开发。然后要完善粮食等重要农产品价格形成机制和收储政策，为农业结构性改革提供动力。另外要依靠科技创新和组织创新，科学地利用农业稀缺资源有效地配置现代农业生产要素。最后要拓宽流通渠道，促进城乡资源要素双向流动，积极探索农业供给侧结构性改革的基本路径。而我国农业也将在供给侧改革的进程中，获得更高的投资收益率，从而加快外商投资流入到我国农业发展中去。

2. 进一步优化外资投向布局

外资在中国农业的投资总体布局是东多西少。种植业、农产品加工业的外资相对较多，农业基础设施方面的外资较少。中西部是中国较丰富的地区。因此从外资的角度去看，可投资的项目也相对较多。同时，我国东部地区随着经济的发展，人力成本上升，不利于外资进入。而中西部的劳动力具有较大的优势。一旦外资进入，可以发挥中西部的人力成本优势，增加就业，带动当地农业的发展。开发中西部，需要有更大的决心，鼓励和引导外资向中西部转移，将有助于我国西部大开发发展战略的实现。同时，还要注意外资项目的区域布局，各地将吸引外资与发挥本地优势资源相结合，统筹安排，避免恶性竞争。我国东部地区农业利用外资已经有一定基础、因此要充分发挥当地基础设施好、配套实施齐全、人才储备丰富的优势，重点引进科技含量高、附加值高的优质高效农业和创汇农业；而中西部也要因地制宜，利用本地区丰富的农业资源、较低劳动力成本等优势，引导外资投向农业基础设施建设、农产品加工、荒山荒地开发等领域，以改善投资环境吸引更多的外资项目。

3. 强化高质外资引进，提高外资利用效率

我国农业利用外资应将重点放在农村的综合开发和农业新技术的引进上，以提高农业生产效率，改善农民生活和发展农村生产力。一般说来，大型跨国公司更注重对技术研发的投入，其技术水平也相对较高，东道国也就更有可能获取技术转移。目前我国主要以港、澳、台的小规模外商直接投资为主，这些投资往往倾向于优惠的政策，科技含量不高，不利于我国的技术转移。所以在今后要重点引进那些科技实力雄厚的跨国大公司的投资。对于农业技术本身，要鼓励跨国公司在我国建立农业技术研发中心，以促进技术研发本土化。农业利用外资必须注意吸收先进的技术，如生物技术、土壤改良技术、种植栽培技术、良种培育技术等。要尽可能多地把外商引入中国广大的农村乡镇，通过各产业在农村的关联效应，带动当地农村劳动力就业，提高经济效益，促进农村生产力

发展。此外，要尽可能多地争取国际组织的农业贷款援助。这些援助贷款利率优惠，偿还期长，特别是能为我国边远地区开发、落后的农业技术改进等这类难以吸引外商直接投资的领域提供资金和技术支持，实现多渠道引进、全方位利用的长效机制。提高我国农业利用外资的效率，要在引进外资的同时，考虑农业投资的特点，量力而行进行合理安排引进。各级地方政府，在申请引进外资时，就应对自有资金的配套承受能力、吸收消化能力、预期效益、偿还能力等一系列问题，进行认真研究分析后，再做出科学的决策。要改进省市的农业外资项目的管理体制。国家级别的农业外资项目的管理有统一的归口单位，省市级别的目前暂没有，所以有必要明确省市级的相关部门各自责任和业务范围，或成立专门的外资管理中心，承担宏观管理方面的协调工作，逐步做到项目自上而下的管理规范化，统一调配，从而在一定程度上互相抵消风险，避免重复引进，使资金得到最有效的运用。

当前中国农业利用 FDI 的渠道比较单一，在争取国际组织贷款、外国政府援助等投资基础上，更要注重引进外国的民间资本、商业资本及风险资本。因此，第一，在 FDI 的引资渠道上，加大对欧美发达国家资本的引进力度。通过招商引资、举办定向合作等方式，有针对性地引进欧美农业发达国家的资本，以改善中国农业产业结构及生态水平。第二，在利用方式上也要积极改革，探索一些新型合作方式，积极运用风险投资工具、金融工具、股权转让工具等方式吸引外资。特别是当前流行的公共私营合作制（Public-Private Partnership，简称 PPP）、建设–经营–转让（Build-Operate-Transfer，简称 BOT）等新型国际投资方式来吸引外资。

4. 改善投资环境

一是要加快农业领域的立法工作，对外商投资农业领域加以有效引导和监督。应充分借鉴国外农业利用外资的经验，结合世界农业发展趋势以及本国农业发展国情特点，建立比较详细的外国投资法和与外商投资有关的配套法规，如税法、海关法等。

二是要加强农村基础设施建设，努力营造良好的农业投资硬环境。加大对农业基础设施和农业生态环境建设的投入，创造条件吸引外商投资农业领域。

三是建立投资保障体系。因为农业生产周期较长，并且受自然条件影响较大，导致在农业领域的投资风险远远高于第二、三产业。在当前中国整体取消外商投资优惠的大前提下，要吸引 FDI 向农业领域流动，还是要给予其一定的优惠政策，同时探索建立外商投资保险制度。

（执笔人：邓慧慧　刘慧敏）

第10章　2016年制造业外商直接投资

摘　要

2016年制造业吸引外资规模在全球吸引外资环境恶化的条件下基本保持稳定，一些制造业细分行业甚至实现逆势增长。高技术制造业FDI较为快速的增长态势维持，对于国家吸引外资整体形势的稳定具有重要意义。

全球经济治理成效决定制造业引资成绩。世界经济经过长期发展，粗放型、低技术生产带来的增长红利早已难以维持，无论是对中国还是整个世界而言，“新常态”下经济增速放缓和结构性调整已属必然。在整体宏观经济增速降低的背景下，总需求刺激政策的效果不再像以往那样显著，因此中央提出“供给侧”改革，以配合总需求刺激政策共同拉动经济增长和结构优化。但是供给方面的促进要实现最终获利仍然需要依赖需求的实现。在一个国家内需有限的情况下，拓展全球市场，开展全球贸易和经济合作实属必然，然而一国能够接受外国进口商品的能力确实有限，且进口商品有时损害本国产业发展。在全球经济发展不乐观的条件下，各国以邻为壑政策的实施最终只能带来“多败俱伤”，国家间的政策协调和治理交流，可能是实现多赢局面的必由之路，因此全球经济治理成效决定制造业和其他实体行业的引资成绩，也将进一步影响一国经济的长期发展趋势与潜力。

制造业引资也同样影响全球经济治理的效果。由于制造业生产需要其他行业的生产资料，因此制造业生产水平提高可以通过生产资料传递产生放大效应，从而间接提高其他行业生产和服务的质量与效率，这就将制造业生产技术水平与其他行业生产技术水平直接联系起来了。其他行业的生产效率提高需要依靠制造业生产效率的提高，因此制造业通过引资提升本行业生产水平，实际上也同时促进了其他行业尽快降低成本和提高全要素生产率，从而为实施全球经济治理奠定国家层面的基础。

2016年G20杭州峰会将结构性改革置于重要位置，希望以财政、货币政策和结构性改革，“三管齐下”共同发挥作用，促进世界经济真正实现强劲、可持续、平衡、包容增长的目标。无论是财政、货币政策还是结构性改革，有能力实施并顺利实施的前提，是制造业和其他国民经济支柱行业顺利发展，这离不开相关行业的引资支持。

近年来在制造业FDI整体规模略有下降的背景下，高新技术产业FDI成为稳定制造业FDI规模、提升制造业FDI质量、优化制造业FDI结构的中流砥柱。随着中国制造业和高新技术产业发展逐渐进入稳步成熟期，高新技术产业的港澳台资和外资发展，无论从规模还是盈利能力的角度，都不再像几年前那样涨幅巨大，这也是行业逐渐成熟和本土企业逐渐掌握先进技术的必然结果。但是在高新技术产业方面，尤其是高端高新技术行业（如航空航天器设备制造业）本土企业和外资企业的差距依然明显，产品竞争力依然相对薄弱。与此同时，港澳台资和外资高新技术产业企业出口交货值增速放缓甚至规模绝对下降，也反映出内资企业产品国际竞争力在相应行业有所增强，差距正在逐渐缩小。

当前全球经济治理的思路和战略正在发生深刻变化，面临的全球经济发展形势也更加复杂严峻。各国采用以邻为壑的贸易或经济发展手段试图维持本国经济发展，最终都将造成多败俱伤的结果。理性的办法是寻找共赢的发展思路，而吸引外资恰好是一种双赢的共同发展战略。对投资者而言，通过资本的流动在东道国创造新的财富与利润，有利于促进投资者的资产保值增值；对被投资方而言，通过外资的技术和管理外溢效果，提升产品生产质量和企业管理水平，从而实现经济结构全面优化。制造业由于其产业的基础性特征和溢出效果显著的特点，吸引外资将更好地发挥外资的外溢作用，从而真正实现双赢发展，为全球经济治理战略向更合理更有效方向迈进奠定基础。

制造业是国民经济发展的重要支柱。它为国民经济建设和发展、人民日常生活提供生产资料与消费产品，因而不仅是国民经济三大产业整体发展的重要动力，也是连接第一、三产业使之成为整体共同推进经济发展的重要桥梁。制造业直接体现一个国家的生产力水平，在传统的经济水平衡量标准中甚至被认为是区别发展中国家和发达国家的重要因素。正因为如此，改革开放以来政府十分重视制造业的引进外资工作，鼓励制造业FDI流入，帮助国内制造业企业提升产品生产能力和生产效率。经过近四十年的引资努力，制造业FDI的技术外溢效应得到了很大程度的发挥，同时带动内资制造业企业竞争力提升。近年来全球经济增长普遍放缓，经济下行压力变大，主要经济体经济结构进一步优化遭遇瓶颈，在这样的全球发展背景下，习近平主席在2016年9月G20工商峰会上指出："中方主办杭州峰会的目标之一，是推动二十国集团实现从短期政策向中长期政策转型，从危机应对向长效治理机制转型，巩固其作为全球经济治理重要平台的地位"。全球经济治理成为全球协调合作应对经济发展瓶颈的有力途径。由于G20涵盖了世界几乎所有主要发达国家和新兴市场，其经济规模占全球产出的85%，对世界经济和国际贸易增长的贡献率达到80%，投资占世界的80%，人口占世界的65%，因此峰会与会各方确实能够发扬同舟共济、合作共赢的伙伴精神，推动G20由危机应对向长效治理机制平稳转型，积极构建全球经济治理新格局，必然对包括制造业FDI在内的所有国际经济交流产生重要影响。对中国而言，合理构建全球经济治理框架，能够促进制造业FDI的规模增长与质量提升，而制造业FDI的规模增长与质量提升又能进一步有效促进产品质量提高和经济发展结构全面优化，为早日实现全球经济治理目标做出贡献。

2016年制造业吸引外资规模在全球吸引外资环境恶化的条件下基本保持稳定，一些制造业细分行业甚至实现逆势增长。根据国家统计局发布的《2016年国民经济和社会发展统计公报》，2016 年制造业吸引 FDI 实际使用金额达 371.31 亿美元，同比略微下降 6.1%。但是根据商务部发布的数据消息，2016 年高技术制造业实际使用外资 598.1 亿元，同比增长 2.5%。其中 1–9 月医药制造业、通用设备制造业、交通运输设备制造业、专用设备制造业实际使用外资同比分别增长 67.4%、12.2%、9.7%和 4.6%。高技术制造业 FDI 较为快速的增长态势维持，对于国家吸引外资整体形势的稳定具有重要意义。

10.1 制造业外商直接投资概况

对于制造业的统计范围划分标准，国际上一直存在争议。本章采用国家统计局编制统计年鉴时的统计口径，即工业中除去采矿业和电力、热力、燃气及水的生产供应业外，其余都归为制造业。具体包括：农副食品加工业，食品制造业，酒、饮料和精制茶制造业，烟草制品业，纺织业，纺织服装服饰业，皮革、毛皮、羽毛及其制品和制鞋业，木材加工和木、竹、藤、棕、草制品业，家具制造业，造纸和纸制品业，印刷和记录媒介复制业，文教、工美、体育和娱乐用品制造业，石油加工、炼焦和核燃料加工业，化学原料和化学制品制造业，医药制造业，化学纤维制造业，橡胶和塑料制品业，非金属矿物制品业，黑色金属冶炼和压延加工业，有色金属冶炼和压延加工业，金属制品业，通用设备制造业，专用设备制造业，汽车制造业，铁路、船舶、航空航天和其他运输设备制造业，电气机械和器材制造业，计算机、通信和其他电子设备制造业，仪器仪表制造业，其他制造业，废弃资源综合利用业，金属制品、机械和设备修理业。

2011 年以来我国制造业发展及其利用外资概况见表 10–1 所示，将制造业整体发展状况与行业利用外资状况放在同一个表中，是为了更好地将利用外资放置在行业发展背景下进行比较分析。2011—2015 年间，制造业规模以上工业企业无论在数量上还是资产或利润总额上都维持住了稳定增长的趋势，其中 2015 年制造业规模以上工业企业数量同比增长 1.79%，企业资产和利润总额分别同比增长 6.45%和 1.89%，与此同时制造业吸纳城镇就业人员和提供收入待遇能力也在逐年增强。但是相对于国内制造业整体发展趋势良好来说，制造业吸引 FDI 的情况却不太乐观。无论是 FDI 合同项目数还是 FDI 实际使用金额规模，2015 年同比降幅都比较明显，分别达到 12.96%和 0.99%。当然这种降幅的部分原因应该归结于中国制造业发展逐渐步入成熟期，后工业化时代或许本身不再对大规模引进制造业外资维持庞大需求，甚至这在一定程度上成为中国工业化进程即将完成的标志，但是全球经济整体增速放缓带来的制造业引资困难不容忽视。2016 年 FDI 合同项目数和实际使用金额较 2015 年又进一步有所下降，降幅分别为 10.96%和 6.10%，进一步体现制造业引资在全球经济困难背景下受到的影响。高新技术制造业引资的具体情况将在后文详述。图 10–1 直观反映了近年 FDI 实际使用金额和合同项目变化情况。

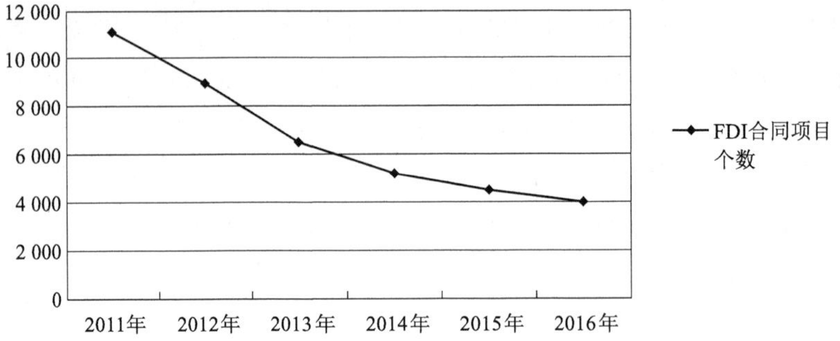

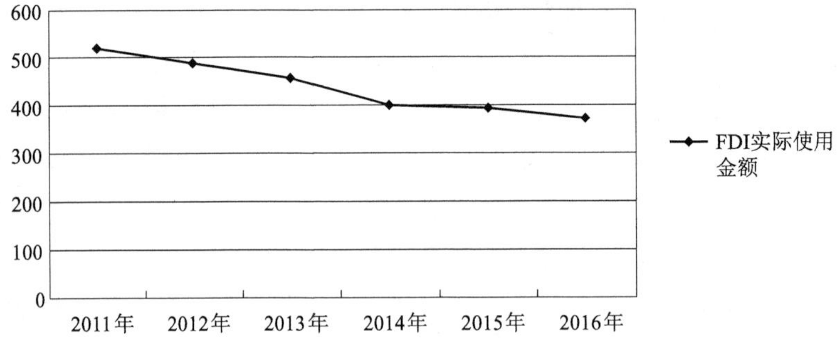

图 10–1　2011—2016 年制造业 FDI 实际使用金额与合同项目变动趋势

数据来源：《2016 年国民经济和社会发展统计公报》和《中国统计年鉴》。

表 10–1　　2011—2016 年中国制造业发展及其利用外资概况

指　　标	2011 年	2012 年	2013 年	2014 年	2015 年	2016 年
行业增加值（亿元）	153 062.7	165 652.8	177 012.8	193 652.0	207 207.6	247 860
规模以上工业企业单位数（家）	301 489	318 772	326 998	352 365	358 665	—
规模以上工业企业资产总计（亿元）	513 302	585 481	651 226	735 088	782 522	—
规模以上工业企业利润总额（亿元）	47 843	48 570	50 706	56 898	57 975	62 398
城镇单位就业人员数（万人）	4 088.3	4 262.2	5 257.9	5 243.1	5 068.7	—
城镇就业人员平均工资（元）	36 665	41 650	46 431	51 369	55 324	—
FDI 合同项目（个）	11 114	8 970	6 504	5 178	4 507	4 013
FDI 实际使用金额（亿美元）	521.01	488.66	455.55	399.39	395.43	371.31
FDI 净额（万美元）	704 118	866 741	719 715	95.84	199.86	—
截至当年年底 FDI 存量（亿美元）	269.64	341.40	419.77	523.52	785.28	—
外商投资企业数（户）	181 017	—	166 195	161 168	158 256	—

续表

指　　标	2011 年	2012 年	2013 年	2014 年	2015 年	2016 年
外商投资企业投资总额（亿美元）	15 595	—	17 342	18 329	19904	—
注册资本（亿美元）	8 549	—	9 239	9 683	10 253	—

注："城镇单位就业人员数（万人）"为当年年底数。"FDI 企业数（户）""FDI 企业投资总额（亿美元）""注册资本（亿美元）"均为制造业外商投资企业年底注册登记情况。"—"代表统计指标数据缺失。

数据来源：《中国统计年鉴》《2016 年国民经济和社会发展统计公报》。

2015 年制造业主要细分行业外商投资数据见表 10–2。相对于 2014 年来说，2015 年制造业一级细分行业外商投资情况有所变化。首先，农副食品加工业、食品制造业、造纸及纸制品业、文教体育用品制造业、化学纤维制造业、塑料制品业、工艺品及其他的外资企业数已经止住同比下降趋势，出现规模不同的增长，企业数同比增长的行业占制造业细分行业总数的 23.33%；其次，企业数同比下降幅度最大的前三个行业分别是家具制造业、木材加工及木竹藤棕草制品业、饮料制造业；再次，有 13 个细分行业实际使用外资金额实现同比增长，行业数占比已经超过 40%，制造业外资实际使用外资金额规模开始出现复苏迹象。

表 10–2　　　　2015 年制造业细分行业外商投资数据

行　　业	企业数	同比（%）	实际使用外资金额（万美元）	同比（%）
制造业	4 507	−12.96	3954 290	−0.99
一、农副食品加工业	154	1.99	110 476	9.19
二、石油加工、炼焦及核燃料加工业	5	−16.67	46 482	−28.17
三、化学原料及化学制品制造业	182	−22.22	263 439	−17.12
四、非金属矿物制品业	161	−29.69	235 031	25.96
五、通用设备制造业	443	−19.01	284 894	−2.50
六、专用设备制造业	438	−6.01	250 236	8.69
七、交通运输设备制造业	322	−10.80	370 840	−2.93
八、通信设备、计算机及其他电子设备制造业	507	−13.92	685 549	11.51

数据来源：商务部《中国外资统计 2016》。

图 10–2、图 10–3 分别报告了 2015 年制造业主要行业外资企业数与实际使用外资金额占比情况。2014 年无论是从企业数还是实际使用金额来看，通信设备、计算机及其他

电子设备制造业都是我国制造业吸引外资的最主要细分行业之一，企业数排名前三的行业是通信设备、计算机及其他电子设备制造业，通用设备制造业，专用设备制造业。实际使用外资金额规模排名前三的行业是通信设备、计算机及其他电子设备制造业，交通运输设备制造业，通用设备制造业。到了 2015 年，通信设备、计算机及其他电子设备制造业作为我国制造业主要引资行业的地位并没有改变，其外资企业数量和实际使用外资金额规模依然在主要细分行业中稳居第一。我国制造业吸引外资主要集中在资本密集型设备制造业的状况短期内不会改变。

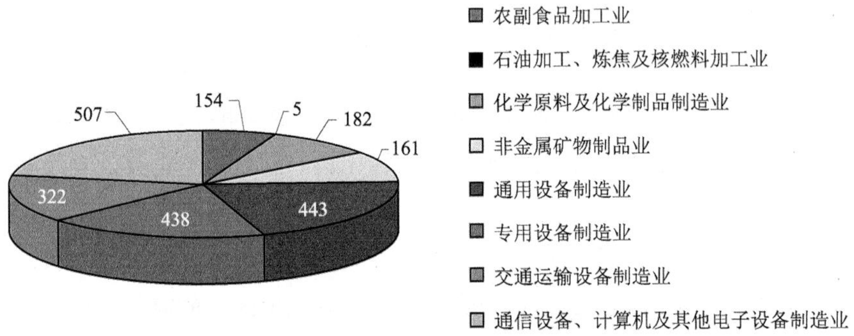

图 10-2　2015 年制造业主要行业企业数比例

数据来源：商务部《中国外资统计 2016》。

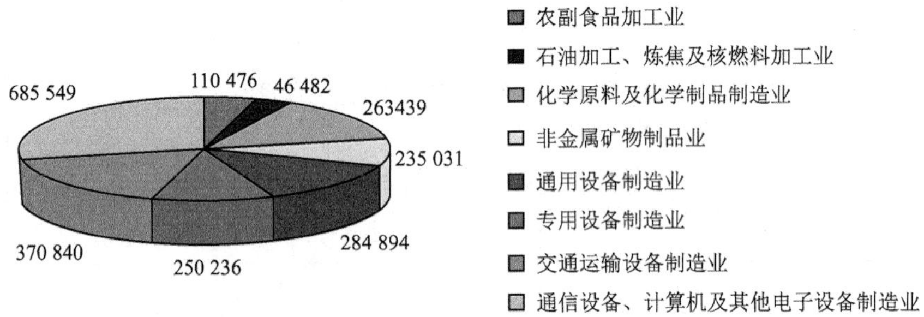

图 10-3　2015 年制造业主要行业实际使用外资金额比例

数据来源：商务部《中国外资统计 2016》。

10.2　全球经济治理变革与制造业外商直接投资

10.2.1　全球经济治理成效决定制造业引资成绩

较之其他行业的 FDI，制造业 FDI 尤其是高新技术产业的 FDI 往往能够在更大程度上提高生产附加值，增强技术外溢效应。制造业直接生产本行业和其他行业所需要的生产资料，也直接生产居民所需要的生活资料用品，因此对国民经济整体健康发展和人民生活水平提高意义重大且效果直接。在生产资料的生产过程中，先进的技术水平和管理经验不仅能够促进生产资料生产过程的效率提高和生产资料产品本身的质量进步，还能够通过间接效应提高用该生产资料进行生产的目标产品质量和生产效率，因此制造业生产生产资料的水平提高将起到非常显著的放大效果。制造业 FDI 的发展有利于一国制造业内资企业学习先进的国际制造业生产技术与管理方法，从而产生对整个制造业和其他行业的放大效应和外溢效果。

世界经济经过长期发展，粗放型、低技术生产带来的增长红利早已难以维持，无论是对中国还是整个世界而言，“新常态”下经济增速放缓和结构性调整已属必然。在整体宏观经济增速降低的背景下，总需求刺激政策的效果不再像以往那样显著，因此中央提出“供给侧”改革，以配合总需求刺激政策共同拉动经济增长和结构优化。但是供给方面的促进要实现最终获利仍然需要依赖需求的实现。在一个国家内需有限的情况下，拓展全球市场，开展全球贸易和经济合作实属必然，然而一国能够接受外国进口商品的能力确实有限，且进口商品有时损害本国产业发展。在全球经济发展不乐观的条件下，各国以邻为壑政策的实施最终只能带来“多败俱伤”，国家间的政策协调和治理交流，可能是实现多赢局面的必由之路，因此全球经济治理成效决定制造业和其他实体行业的引资成绩，也将进一步影响一国经济的长期发展趋势与潜力。

10.2.2　制造业引资也同样影响全球经济治理的效果

如前所述，由于制造业生产其他行业需要的生产资料，因此制造业生产水平提高可以通过生产资料传递产生放大效应，从而间接促进其他行业生产和服务的质量与效率，这就将制造业生产技术水平与其他行业生产技术水平直接联系起来了。其他行业的生产效率提高需要依靠制造业生产效率的提高，因此制造业通过引资提升本行业生产水平，实际上也同时促进了其他行业尽快降低成本和提高全要素生产率，从而为实施全球经济治理奠定国家层面的基础。

2016 年 G20 杭州峰会将结构性改革置于重要位置，希望以财政、货币政策和结构性改革，“三管齐下”共同发挥作用，促进世界经济真正实现强劲、可持续、平衡、包容增长的目标。无论是财政、货币政策还是结构性改革，有能力实施并顺利实施的前提，是制造业和其他国民经济支柱行业顺利发展，这离不开相关行业的引资支持。

10.3　高新技术产业外商直接投资发展状况

制造业中最引起广泛关注的是高新技术产业，这主要是因为高新技术产业在制造业及国民经济发展中占据重要地位，而高新技术产业的 FDI 往往带来最显著的技术外溢效应。近年来在制造业 FDI 整体规模略有下降的背景下，高新技术产业 FDI 成为稳定制造业 FDI 规模、提升制造业 FDI 质量、优化制造业 FDI 结构的中流砥柱。更重要的是，近年来通信设备一直是我国出口贸易的重要产品，而其吸引外资能力的增强对进一步提升出口产品质量具有良性循环意义。

所谓高新技术产业，指的是以高新技术为基础，从事一种或多种高新技术及其产品的研究、开发、生产和技术服务的企业集合，因此并不能够仅仅因为某个产业存在技术发明和创新就被认定为高新技术产业。迄今为止国际上关于高新技术产业的范围界定和认可标准莫衷一是，中国通常是按照产业的技术密集度和复杂程度作为衡量标准。根据2002年7月国家统计局印发的《高技术产业统计分类目录的通知》，中国高技术产业的统计范围包括航天航空器制造业、电子及通信设备制造业、电子计算机及办公设备制造业、医药制造业和医疗设备及仪器仪表制造业等行业。

中国一直非常重视科学技术发展对经济建设的积极作用，邓小平同志曾经指出“科学技术是第一生产力”。随着对外开放程度的进一步加深，政府更加意识到国内生产与西方发达国家存在的技术差距，因而也更加重视大力发展国内高新技术产业。高新技术产业中既有国有及国有控股企业，也有内资企业，但是更加引起我们高度重视的是港澳台资企业和外资企业。我国近年来高新技术产业生产经营状况如表10–3所示。

表10–3　　2009年以来我国高新技术产业生产经营状况

指标	2009年	2010年	2011年	2012年	2013年	2014年	2015年
企业数（个）	27 218	28 189	21 682	24 636	26 894	27 939	29 631
从业人数（万人）	958	1 092	1 147	1 269	1 294	1 325	1 354
主营业务收入（亿元）	59 567	74 483	87 527	102 284	116 049	127 368	139 969
利润总额（亿元）	3 279	4 880	5 245	6 186	7 234	8 095	8 986
利税（亿元）	4 660	6 753	7 814	9 494	11 117	12 189	—
出口交货值（亿元）	29 500	37 002	40 600	46 701	49 285	50 765	50 923

数据来源：《中国高技术产业统计年鉴2016》。“—”代表统计指标数据缺失。

高新技术产业发展趋势一直非常可喜，表现在企业数、吸收就业人数和利润总额方面都在持续增长。2015年高新技术产业企业数同比增长6.06%，从业人数同比增长2.19%，利润总额同比增长11.01%。此外高新技术产业发展对国家财政贡献显著，2014年高新技术产业利税同比增长9.64%。值得关注的是，虽然增速有所放缓，但是高新技术产业出口交货值依然维持了稳定增长趋势，这里面既有内资企业的贡献，也不能忽视高新技术产业引资带来的效果。

根据《中国高技术产业统计年鉴》的分类标准，中国高新技术产业的统计范围包括医药制造业，航空、航天器及设备制造业，电子及通信设备制造业，计算机及办公设备制造业，医疗仪器设备及仪器仪表制造业，信息化学品制造业6大类，而这些行业又可以进一步划分为许多细小行业，例如医药制造业可以细分为化学药品制造、中药饮片加工、中成药生产、兽用药品制造、生物药品制造、卫生科技及医药用品制造，航空、航天器及设备制造业可以细分为飞机制造、航天器制造、航空航天相关设备制造、其他航空航天器制造、航空航天器修理，等等。具体划分的行业类型和分类代码见表 10–4。表 10–5 报告了近年来高新技术产业不同行业的发展状况，我们可以看到虽然同属高新技术产业，不同行业之间的发展情况差异迥然。可以发现在高新技术产业的各个行业中，电子及通信设备制造业的企业数量最多，利润总额最高且出口交货值远远领先，表明当前我国高新技术产业中，电子及通信设备制造业最具规模，发展态势也非常理想，且产品的国际竞争力值得期待。航空、航天器及设备制造业相对其他高新技术产业的行业而言则获利能力较弱，企业数量也最少，表明在进一步细分行业中，处于高新技术行业技术最高端的航空航天器设备制造业，依然是中国生产的弱势，更有必要引进外资帮助内资企业尽快提升该行业的生产技术水平。

表 10–4　　高新技术产业（制造业）分类表

名　　称	国民经济行业分类代码
一、医药制造业	27
（一）化学药品制造	2710、2720
（二）中药饮片加工	2730
（三）中成药生产	2740
（四）兽用药品制造	2750
（五）生物药品制造	2760
（六）卫生材料及医药用品制造	2770
二、航空、航天器及设备制造业	
（一）飞机制造	3741
（二）航天器制造	3742
（三）航空、航天相关设备制造	3743
（四）其他航空航天器制造	3749
（五）航空航天器修理	4343
三、电子及通信设备制造业	
（一）电子工业专用设备制造	3562
（二）光纤、光缆制造	3832
（三）锂离子电池制造	3841
（四）通信设备制造	392
（五）广播电视设备制造	393
（六）雷达及配套设备制造	3940
（七）视听设备制造	395
（八）电子器件制造	396
（九）电子元件制造	397
（十）其他电子设备制造	3990

续表

名　　称	国民经济行业分类代码
四、计算机及办公设备制造业	
（一）计算机整机制造	3911
（二）计算机零部件制造	3912
（三）计算机外围设备制造	3913
（四）其他计算机制造	3919
（五）办公设备制造	3474、3475
五、医疗仪器设备及仪器仪表制造业	
（一）医疗仪器设备及器械制造	358
（二）仪器仪表制造	4011～4015、4019、4021～4029、4041、4090
六、信息化学品制造业	
（一）信息化学品制造	2664

表 10-5　　2011—2015 年高新技术产业分行业生产经营状况

行业	企业数（个）					主营业务收入（亿元）				
	2011	2012	2013	2014	2015	2011	2012	2013	2014	2015
医药制造	5 926	6 387	6 839	7 108	7 392	14 484	17 338	20 484	23 350	25 730
航空航天器设备制造	224	304	318	338	382	1 934	2 330	2 853	3 028	3 413
电子及通信设备制造	10 220	12 215	13 465	13 973	14 634	43 206	52 799	60 633	67 584	78 310
计算机办公设备制造	1 313	1 387	1 565	1 629	1 695	21 164	22 045	23 214	23 499	19 408
医疗仪器、仪器仪表	3 999	4 343	4 707	4 891	5 062	6 739	7 772	8 863	9 907	10 472
信息化学品制造业	—	—	—	—	466	—	—	—	—	2 637

行业	从业人员年平均人数（万人）					利润总额（亿元）				
	2011	2012	2013	2014	2015	2011	2012	2013	2014	2015
医药制造	179	197	209	216	223	1 606	1 866	2 133	2 383	2 717
航空航天器设备制造	35.00	35.93	33.96	36.57	38.70	104.0	121.8	139.3	170.3	196.1
电子及通信设备制造	636	731	748	773	814	2 162	2 680	3 327	3 744	4 349
计算机办公设备制造	195	198	191	184	147	710.4	790.5	810.4	889.2	622.1
医疗仪器、仪器仪表	103.1	107.1	112	115	115	662.6	728.7	824.6	908.9	938.8
信息化学品制造业	—	—	—	—	17.02	—	—	—	—	163.1

续表

行业	利税（亿元）					出口交货值（亿元）				
	2011	2012	2013	2014	2015	2011	2012	2013	2014	2015
医药制造	2 375	2 857	3 316	3 725	—	1 031	1 165	1 184	1 312	1 342
航空航天器设备制造	139.7	181.7	183.9	246.5	—	274.9	358.7	370.1	405.4	433.5
电子及通信设备制造	3 357	4 287	5 278	5 685	—	22 240	27 049	28 738	31 487	35 322
计算机办公设备制造	1 018	1 116	1 148	1 209	—	15 880	16 926	17 641	16 155	11995
医疗仪器、仪器仪表	925.0	1 054	1 191	1 323	—	1 175	1 202	1 352	1 406	1 449
信息化学品制造业	—	—	—	—	—	—	—	—	—	382

数据来源：《中国高技术产业统计年鉴 2016》。“—”代表统计指标数据缺失。

表 10–6 展示的是高新技术产业在 2011—2015 年间的主要细分行业 FDI 实际使用金额，其中通用设备制造业、交通运输设备制造业、通信计算机设备制造业和科学研究技术服务业的 FDI 实际使用金额，在 2013 年同比都有不同程度下降，其中通用设备制造业同比下降 16.18%，科学研究技术服务业同比下降 11.15%，这两个是 2013 年高新技术产业中 FDI 实际使用金额同比降幅最大的行业。2014 年高新技术产业 FDI 实际使用金额更是全面下降，除科学研究、技术服务和地质勘查业同比增长 18.34%外，其他行业均呈现幅度不一的金额规模降低，电子计算机制造以同比下降 64.28%成为金额规模降幅最大的高新技术产业细分行业，接下来依次是专用设备制造业（下降 34.02%）、化学原料及化学制品制造业（下降 19.13%）、通用设备制造业（下降 17.33%）、交通运输设备制造业（下降 13.38%）、合成材料制造（下降 12.99%）、通信设备制造（下降 9.15%）、通信设备和计算机及其他电子设备制造业（下降 4.04%）。表明近年来通信设备、计算机及其他电子设备制造业和专用设备制造业的外资进入渐少，究其原因可能相同：机械品制造业近年来逐渐成为中国出口贸易产品的重要来源行业，国内该行业企业生产能力大幅提高，技术水平在世界范围内也处于相对领先地位，因而引资需求有所下降。2015 年专用设备制造业、通信设备计算机及其他电子设备制造业的实际使用外资金额都止住了继续下滑趋势，分别同比上涨 8.69%和 11.51%；科学研究、技术服务和地质勘查业实际使用外资金额继续维持持续增长态势，同比上涨 39.17%。其他高新技术产业一级细分行业实际使用外资金额均有不同程度下降：化学原料及化学制品制造业同比下降 17.12%，通用设备制造业同比下降 2.5%，交通运输设备制造业同比下降 2.93%。

表 10–6　　2011—2015 年高新技术产业主要行业 FDI 实际使用金额

单位：亿美元

行业	2011 年	2012 年	2013 年	2014 年	2015 年
一、化学原料及化学制品制造业	37.366 5	39.029 3	39.303 9	31.786 7	26.343 9
（一）合成材料制造	8.386 9	9.919 1	10.745 9	9.350 5	5.771 0
二、通用设备制造业	31.991 6	42.171 0	35.347 9	29.220 8	28.489 4
三、专用设备制造业	38.097 4	34.626 5	34.893 3	23.023 3	25.023 6
四、交通运输设备制造业	38.153 6	44.695 2	44.102 4	38.202 7	37.084 0
五、通信设备计算机及其他电子设备制造业	73.075 3	65.851 5	64.063 6	61.477 7	68.554 9
（一）通信设备制造	3.297 1	4.267 7	3.801 6	3.453 6	5.431 1
（二）电子计算机制造	14.095 0	8.275 8	6.384 4	2.280 7	4.538 4
六、科学研究、技术服务和地质勘查业	24.578 1	30.955 4	27.502 6	32.546 6	45.293 6

数据来源：商务部《中国外资统计 2016》。

高新技术产业中港澳台资企业的生产经营状况如表 10–7 所示。和后面的外资（除港澳台）企业生产经营状况类似，它们都能够间接反映出我国高新技术产业吸引外资的效果。从港澳台资企业的生产状况来看，有以下几方面的特征：首先，2013 年前所有大行业高新技术产业港澳台资企业数量显著上升（仅有五个细分小行业出现例外，包括中成药生产、集成电路制造、电子元件制造、计算机整机制造和医疗仪器设备）的趋势，在 2014 年初受到了较大抑制甚至逆转，例如医药制造业企业数量同比下降 5.05%、电子及通信设备制造业企业数量同比下降 3.93%、计算机及办公设备制造业企业数量同比下降 4.26%。航空航天器设备制造业企业数量保持稳定但仅有 14 家，唯一有所增长的大行业仅仅是医疗仪器设备及仪表制造业，也只是增加了 1 家企业而已。从企业数量上说，2014 年及以后高新技术产业港澳台资进入的趋势不容乐观。但是与此同时，所有行业的主营业务收入和利润都显著增长，尤其是航空航天器设备制造业 2014 年利润同比增长 197.14%，在所有大行业中名列前茅。结合企业数量的变化，我们有理由猜测随着高新技术产业发展的逐渐成熟化，港澳台资在大陆的企业渐渐形成良性自筛选机制，少数生产效率低下的企业被自然淘汰，但留下的企业生产效率和获利能力都普遍值得期待。其次，出口交货值是我们最关注的指标，因为外资企业进入后生产产品出口境外，在很大程度上会对行业进一步吸引外资产生影响。2014 年绝大多数行业港澳台资企业基本上维持了 2010 年以来高新技术各细分行业出口交货值持续增长的趋势，医药制造业、航空航天器设备制造业、电子及通信设备制造业、出口交货值分别同比增长 14.92%、16.34%、5.25%。但是医疗仪器设备及仪表制造业和计算机及办公设备制造业出口交货值下降幅度较为明显。

表 10–7（1）　　细分行业港澳台资企业数与主营业务收入

行业	企业数（个）					主营业务收入（亿元）				
	2011	2012	2013	2014	2015	2011	2012	2013	2014	2015
医药制造业	392	381	396	376	356	1 194.0	1 377.5	1 534.9	1 751.7	1 896.3
化学药品	160	144	150	141	129	691.9	764.7	868.5	988.0	1 004.8
中成药生产	93	99	95	86	79	198.9	318.7	355.4	388.9	417.3
生物药品	52	59	64	62	67	161.5	154.0	170.9	195.2	277.2
航空航天器设备制造业	11	11	14	14	15	72.1	94.1	91.1	103.5	92.3
飞机制造	10	1	3	4	5	71.5	2.5	3.3	28.3	7.3
航天器制造	1					0.6				
电子及通信设备制造业	2 151	2 280	2 341	2 249	2 184	9 691	12 441	13 882	15 235	18 448
通信设备	183	190	206	190	181	1 687.0	3 033.5	3 921.8	4 702.3	6 933.8
通信系统设备	42	68	71	67	69	419.7	578.5	704.2	679.4	1 078.6
通信终端设备	34	122	135	123	112	143.8	2 455.0	3 217.6	4 022.9	5 855.1
广播电视	61	77	88	81	77	132.9	182.2	238.6	271.5	291.9
雷达及配套		1	2	2	3		5.1	12.1	16.7	22.9
视听设备	258	236	251	235	220	1 372	1 767	1 958	2 076	2 229
电子器件制造	391	398	410	409	400	2 157.1	1 937.4	2 177.7	2 327.2	2 452.1
电子真空器件	10	7	7	7	10	7.3	7.0	5.6	5.0	5.9
半导体分立器件	51	52	52	51	45	129.5	129.0	127.8	155.0	194.8
集成电路制造	82	77	71	73	71	457.3	390.8	403.8	544.2	539.6
电子元件制造	1 120	1 097	1 094	1 050	1 012	3 912	4 274	4 164	4 539	4 787
其他电子设备制造	138	164	170	162	157	430.0	558.6	765.0	692.8	1 066.9
计算机及办公设备制造	334	339	352	337	343	5 960	6 577	6 917	7 876	8 016
计算机整机	30	30	27	30	31	3 745	4 206	4 648	5 366	5 160
医疗仪器设备及仪表	285	300	304	305	293	618.0	567.0	648.5	656.4	657.3
医疗仪器	82	87	82	95	95	126.5	118.9	128.6	144.6	149.2
仪器仪表	203	213	222	210	198	491.5	448.1	519.9	511.8	508.1

数据来源：《中国高技术产业统计年鉴 2016》。

2015 年港澳台资企业发展状况又有一些显著变化。首先，航空航天器设备制造业企业数略有增加，主营业务收入却显著下降；其次，电子及通信设备制造业虽然企业数进一步下降，但主营业务收入却同比增长 21.09%，表明该行业港澳台资企业生产效率进一步提升；再次，计算机及办公设备制造业港澳台资企业数止跌回升，医疗仪器设备及仪表制造业港澳台资企业数却止升回跌；第四，航空航天器设备制造业利润降回正常区间，但相比 2013 年依然下降了 20%，与此同时出口交货值也比 2013 年下降近 3%。最后，计算机及办公设备制造业、医疗仪器设备仪表制造业利润均出现止升回跌现象，其中计算机及办公设备制造业利润下降还非常明显。

表 10–7（2）　细分行业港澳台资企业利润总额与出口交货值　单位：亿元

行业	利润					出口交货值				
	2011	2012	2013	2014	2015	2011	2012	2013	2014	2015
医药制造	154	175	192	246	280	150.5	171.1	171.1	201.1	186.3
化学药品	83.3	93.3	105.9	144.5	150	111.2	110.3	116.6	128.3	114.4
中成药生产	28.5	39.5	41.5	45.5	50.5	1.4	16.8	9.8	26.1	13.8
生物药品	22.2	22.8	26.8	37.4	55.6	22.4	15.7	17.1	18.8	28.3
航空航天器设备	3.7	3.4	3.5	10.4	2.8	49.5	71.7	66.7	77.6	64.7
飞机制造	3.8	0.4	0.4	6.2	0.6	49.5	2.5	3.0	23.4	4.2
航天器制造	–0.1									
电子及通信设备	446.5	521.1	595.1	722.8	837.7	6 213	8 429	9 155	9 636	11 521
通信设备	78.4	146.5	176.2	199.1	262.2	1 108.2	2 431.9	2 907.8	3 130.9	5 204.3
通信系统设备	44.5	16.0	94.3	126.8	134.2	201.3	398.4	321.7	133.6	451.0
通信终端设备	6.3	130.5	81.9	72.3	128.1	112.6	2 033.5	2 586.1	2 997.4	4 753.3
广播电视	6.0	11.4	15.7	18.4	20.5	75.1	100.9	105.1	87.4	101.9
雷达配套		0.7	0.8	0.6	0.7		2.5	2.8	3.0	5.4
视听设备	56.3	66.3	75.0	96.3	64.7	689.5	991.3	1 096.5	1 147.6	1 232.2
电子器件制造	103.1	81.3	93.4	84.0	93.7	1 499.8	1 381.5	1 576.3	1 720.7	1 934.7
电子真空器件	0.4	–1.0	0.2	–0.9	–0.8	3.2	3.4	1.8	1.6	3.5
半导体分立	4.8	2.0	3.4	0.8	2.8	83.4	87.0	88.4	104.9	146.5
集成电路制造	27.2	27.0	30.2	42.4	45.8	248.5	297.1	304.1	418.4	387.3
电子元件制造	182.1	162.6	169.6	254.1	296.7	2 576.4	2 826.2	2 656.3	2 848.3	2 296.7
其他电子设备制造	20.6	22.3	35.8	43.5	60.7	263.9	262.4	457.8	406.6	458.4

续表

行业	利润					出口交货值				
	2011	2012	2013	2014	2015	2011	2012	2013	2014	2015
计算机及办公设备	194.9	233.3	250.6	316.0	158.3	4 566.2	5 221.7	5 453.8	4 881.4	4 926.4
计算机整机	38.0	73.7	136.9	202.6	3.7	2 780.0	3 298.6	3 748.0	3 117.5	3 022.3
医疗仪器设备仪表	62.9	54.2	52.0	54.0	52.9	235.8	214.1	201.7	199.5	193.3
医疗仪器	15.8	15.8	12.1	14.3	17.3	74.9	44.3	47.8	57.0	60.0
仪器仪表	47.2	38.4	39.9	39.7	35.6	160.9	169.9	154.0	142.6	133.4

数据来源：《中国高技术产业统计年鉴2016》。

除港澳台资企业以外的外资企业生产状况如表10–8所示。与港澳台资企业不同，高新技术产业的外资企业数量近年来始终有所下降，2014年仅航空航天器设备制造业和医疗仪器设备及仪表制造业企业数量维持不变。即便如此，一些行业如医药制造业和医疗仪器仪表制造业的外资企业数，也远远达不到2011年和2010年的数量。主营业务收入和利润基本维持稳定增长，这与港澳台资企业情况大体相同，唯有计算机及办公设备制造业的主营业务收入和利润较2013年都略有下降。2015年情况与2014年大致相同。

表10–8（1）　　细分行业外资企业数与主营业务收入　　单位：个，亿元

行业	企业数					主营业务收入				
	2011	2012	2013	2014	2015	2011	2012	2013	2014	2015
医药制造业	559	565	557	539	519	2 357.7	2 678.7	3 004.0	3 300.4	3 323.5
化学药品	252	245	238	233	225	1 647.2	1 837.2	2 051.7	2 240.3	2 277.2
中成药生产	72	68	68	66	59	218.2	229.6	271.0	297.5	273.3
生物药品	106	103	104	104	96	230.9	302.9	354.2	403.6	403.3
航空航天器设备制造业	46	54	57	57	61	245.9	291.5	397.0	481.2	646.8
飞机制造	41	22	25	26	28	240.9	166.3	245.7	317.4	427.2
航天器制造	5					5.0				
电子及通信设备制造业	2 682	2 961	2 913	2 768	2 618	19 694	21 663	23 598	23 807	24 511
通信设备	260	254	240	230	225	5 171	4 976	6 057	6 031	7 069
通信系统设备	56	104	95	93	91	742.9	771.9	768.5	906.1	880.1
通信终端设备	28	150	145	137	134	243.3	4 204.3	5 287.2	5 124.9	6 188.6

续表

行业	企业数					主营业务收入				
	2011	2012	2013	2014	2015	2011	2012	2013	2014	2015
广播电视	49	63	83	73	72	121.4	157.1	408.6	360.9	327.4
雷达及配套	1	4	3	3	1	1.1	7.1	6.3	3.4	2.3
视听设备	196	192	207	188	166	2 048	2 109	2 761	2 403.8	2 329.1
电子器件制造	664	698	662	641	611	6 852	7 733	7 367	7 603	7 277
电子真空器件	22	17	20	17	16	317.9	64.9	69.7	29.8	27.5
半导体分立器件	100	104	100	96	91	319.2	366.3	356.7	356.4	362.3
集成电路制造	146	137	133	128	120	1 499.1	1 515.6	1 476.0	1 324.6	1 257.0
电子元件制造	1 325	1 355	1 306	1 243	1 159	4 924	5 109	5 096	4 973.1	5 014.8
其他电子设备制造	187	205	219	206	199	575.5	972.6	1 288.3	1 810.6	1 887.1
计算机及办公设备制造	427	393	414	410	368	13 466	13 485	13 966	12 833	7 969.4
计算机整机	47	45	45	49	39	7 498	7 731	8 413	7 565	5 077
医疗仪器设备及仪表	720	711	705	705	679	1 677.4	1 754.1	1 890.6	1 985.1	1 942.5
医疗仪器	212	204	200	207	199	418.7	446.3	466.2	489.5	503.1
仪器仪表	508	507	505	498	480	1 258.7	1 307.8	1 424.3	1 495.5	1 439.4

数据来源：《中国高技术产业统计年鉴 2016》。

表 10-8（2）　　细分行业外资企业利润总额与出口交货值　　单位：亿元

行业	利润					出口交货值				
	2011	2012	2013	2014	2015	2011	2012	2013	2014	2015
医药制造	258.4	296.6	312.5	339.5	372.1	275.4	320.3	330.5	358.8	363.6
化学药品	167.0	192.4	202.6	232.3	256.1	122.6	143.7	161.8	167.6	167.8
中成药生产	32.7	33.7	36.3	34.5	36.6	10.0	12.5	19.9	16.8	15.7
生物药品	31.4	45.5	49.6	44.8	42.3	47.6	71.5	73.0	87.4	99.9
航空航天器设备	17.9	21.7	36.8	50.2	64.6	54.6	96.5	122.4	131.6	168.5
飞机制造	15.7	18.1	27.0	39.2	48.7	52.0	32.4	37.9	46.9	60.3
航天器制造	2.2					2.6				
电子及通信设备	772.0	855.4	1 123.6	1 117.1	1 045.5	12 922	14 874	15 183	15 648	16 404

续表

行业	利润					出口交货值				
	2011	2012	2013	2014	2015	2011	2012	2013	2014	2015
通信设备	184.2	173.6	221.7	226.4	265.2	2 930	2 811	3 065	3 415	5 025
通信系统设备	23.9	9.7	13.6	26.0	29.0	420.8	435.9	393.1	382.0	347.3
通信终端设备	12.4	163.9	208.1	200.3	236.2	223	2 375	2 671	3 033	4 678
广播电视	5.0	3.3	15.3	12.7	15.6	68.5	91.6	278.4	219.2	208.0
雷达配套	0.1	0.3	0.3	0.1		0.2	2.0	1.4	0.7	0.9
视听设备	101.3	118.3	240.4	97.0	63.4	1 423	1 355	1 584	1 478	1 455
电子器件制造	265.3	378.0	401.6	416.7	326.9	5 106	6 485	6 120	6 662	5 963
电子真空器件	12.2	2.6	4.2	0.5	1.3	252.5	40.6	42.2	11.2	8.8
半导体分立	15.2	15.6	11.1	15.8	23.4	199.0	264.9	271.8	275.3	277.3
集成电路制造	99.5	102.8	94.2	130.8	100.2	1 154	1 260	1 255	1 349	1 106
电子元件制造	200.0	168.1	202.5	228.3	236.4	3 128	3 252	3 193	2 945	2 872
其他电子设备制造	39.0	43.6	62.8	111.1	112.1	267.0	638.2	724.2	758.3	714.6
计算机及办公设备	400.0	435.2	417.7	403.6	264.6	10 978	11 315	11 722	10 700	6 354
计算机整机	217.2	236.6	241.2	189.7	135.9	5 679	6 113	6 654	6 069	3 854
医疗仪器设备仪表	180.2	169.1	178.6	198.9	179.9	573.4	626.1	740.2	722.1	709.6
医疗仪器	47.0	48.1	46.9	54.3	53.4	221.2	217.4	241.3	239.3	224.2
仪器仪表	133.2	121.0	131.8	144.6	126.5	352.3	408.8	498.9	482.7	485.4

数据来源：《中国高技术产业统计年鉴 2016》。

值得注意的是，外资企业的出口交货值在 2014 年没有能够维持以往的全面持续上涨趋势。例如：2013 年医药制造业、电子及通信设备制造业、计算机及办公设备制造业、航空航天器设备制造业、医疗仪器设备及仪器仪表制造业分别同比上涨 3.18%、2.08%、3.60%、26.84%、18.22%，但是到了 2014 年，计算机及办公设备制造业和医疗仪器设备及仪器仪表制造业出口交货值纷纷出现明显下降，其他行业增速也有所放缓。2015 年这些出口交货值下降的行业经历了进一步下降的现实，尤其是计算机及办公设备制造业外资企业出口交货值同比下降高达 40.62%。

综上所述，近年来随着中国制造业和高新技术产业发展逐渐进入稳步成熟期，高新技术产业的港澳台资和外资发展，无论从规模还是盈利能力的角度，都不再像几年前那样涨幅巨大，这也是行业逐渐成熟和本土企业逐渐掌握先进技术的必然结果。但是在高新技术产业方面，尤其是高端高新技术行业（如航空航天器设备制造业）本土企业和外资企业的差距依然明显，产品竞争力依然相对薄弱。与此同时，港澳台资和外资高新技术产业企业出口交货值增速放缓甚至规模绝对下降，也反映出内资企业产品国际竞争力在相应行业有所增强，差距正在逐渐缩小。

10.4 全球经济治理变革背景下制造业外商直接投资的发展意义

制造业生产水平在很大程度上决定着国民经济总体生产能力，因此提高制造业生产技术水平和生产效率，一直是中国经济发展的重要目标之一。在当前全球经济治理变革的背景下，产业技术创新对经济走出低谷、提升质量至关重要，而技术创新的重要且低成本方式之一就是通过吸引 FDI 进入学习先进技术和管理经验，充分利用 FDI 流入所带来的技术外溢，结合制造业生产过程中的学习效应形成生产技术创新，因此通过吸引制造业 FDI 加速国家制造业生产技术水平提升不仅切实可行，而且非常必要。

在制造业中，高新技术产业吸引外资的技术外溢效应最为突出，即通过外资企业引入先进的生产技术和管理经验，而这些先进的生产技术和管理经验往往拥有正外部性，可以通过产品销售和管理经验交流将内含的技术水平与管理经验传递给本土相关行业的企业。学术界常常用技术外溢效应来描述 FDI 通过技术共享与流出影响东道国技术进步的机制。

根据 Kokko（1994）的归纳，FDI 的技术外溢效应可以概括为四种情况：一是外资企业出现带来的竞争压力会促使东道国企业充分发挥现有技术的效率，提高产品质量；二是外资企业带来的市场竞争压力迫使东道国企业增加技术投入，提高技术水平，进行技术创新；三是外资企业将相关技术提供给上游或下游的企业；四是外资企业培训的工人和管理人员进入东道国内资企业[①]。事实上，无论 FDI 的技术外溢效应通过哪种方式表现出来，其对东道国相关行业的根本影响都在于促进行业技术发展与进步，但是最为有效和常见的促进机制，往往是 FDI 为东道国行业和企业提供技术支持，这种技术存量的获取方式不仅方便快捷，而且成本很低，因而成为许多后发国家行业和企业技术发展乐于选择的途径。高新技术产业存在大量的技术集聚需求，因而吸引 FDI 进入高新技术产业，形成的技术外溢效应可能更加显著，对产业技术发展的促进作用也更加明显，这就为国家通过吸引 FDI 进入来促进高新技术产业发展提供了可能性，国家吸引高新技术产业 FDI 的意义也正在于此。

当前全球经济治理的思路和战略正在发生深刻变化，面临的全球经济发展形势也更

---

① 蒋殿春，张宇．行业特征与外商直接投资的技术溢出效应：基于高新技术产业的经验分析［J］．世界经济，2006（10）．

加复杂严峻。各国采用以邻为壑的贸易或经济发展手段试图维持本国经济发展，最终都将造成多败俱伤的结果。理性的办法是寻找共赢的发展思路，而吸引外资恰好是一种双赢的共同发展战略。对投资者而言，通过资本的流动在东道国创造新的财富与利润，有利于促进投资者的资产保值增值；对被投资方而言，通过外资的技术和管理外溢效果，提升产品生产质量和企业管理水平，从而实现经济结构全面优化。制造业由于其产业的基础性特征和溢出效果显著的特点，吸引外资将更好地发挥外资的外溢作用，从而真正实现双赢发展，为全球经济治理战略向更合理更有效方向迈进奠定基础。

（执笔人：陈　昊　李俊丽）

第 11 章　2016 年我国服务业外商直接投资

摘　要

2015 年以来，随着反全球化浪潮和保护主义的兴起，各国政府对 FDI 的管制和限制态度也逐渐升温，2016 年全球各国 FDI 总流入量较 2015 年有稍许下降，但服务业引进 FDI 的重要性仍在进一步加强。在全球外资管制趋紧的背景下，2016 年我国服务业利用 FDI 出现新的深刻变化更多是出于内部经济环境的影响，并展示出新的光明发展前景。

从总体上看，近十年来我国服务业实际利用外商直接投资规模和比重都在逐年上升，2016 年服务业引进 FDI 占总外资流入比重近三分之二，说明我国服务业依然保持大力吸收外资、蓬勃发展的趋势。

地区结构方面的新变化。广东省因为处于新产业发展和改革开放的前沿，其服务业对外资引进的贡献有大幅跃升，使其服务业在利用 FDI 方面的贡献跃至第一梯队，彰显服务业对引进外资的重要作用及其利用外资促进产业升级的活力。天津服务业利用外资规模却一反常态出现负增长，其主要原因则是自贸区对外资吸引的增长收敛效应。辽宁服务业实际利用外资大规模的下降则是由于经济结构性矛盾于 2015 年集中爆发，经济增长的断崖式下跌以及新经济增长点的缺乏使得外资望而却步。

行业结构层面，过去十年以来我国生产性服务业发展相对滞后于生活性服务业，因此其对 FDI 的引进占比长期维持在 30%至 40%的区间之内。2015 年和 2016 年生产性服务业对 FDI 的引进出现快速发展态势，尤其 2016 年其在整个服务业引进 FDI 中所占比重已超过生活性服务业。这主要得益于我国放松了外资银行的管制，提高了金融业的开放水平从而使金融业 FDI 急剧增长，促成了生产性服务业 FDI 的显著增高。2016 年，租赁和商务服务业与信息传输、计算机服务和软件业一起构成显著提升生产性服务业占总服务业引进外资比重的主要驱动力，这主要归功于生产性服务业涌现出业态创新型发展、“互联网+”型发展、外包定制型发展等新模式，尤其是电子商务和“互联网+”凝结着新产业和新技术革命的丰硕成果。相对的，2016 年生活性服务业实际利用 FDI 出现了较大比例的降低，其动因主要是批发和零售业的高增长终不抵占生活性服务业 FDI 半壁江山的房地产业 FDI 的锐减。这体现出以房地产业为主要驱动力的中国经济发展模式已经难以为继，而越发趋紧的房地产限购政策让外商直接投资更加审慎。

考虑到过去一年飞利浦照明关闭深圳工厂、全球最大硬盘制造商撤离苏州等案例引发社会各界对于外资流向的高度关注甚至成为2017年两会的热点话题，本部分从企业层面入手，以星巴克中国的经营变化情况为分析案例，试图从服务业视角回答“中国吸收FDI整体环境是否在恶化”的问题。研究认为，随着中国经济增长和人均收入水平持续提升，供给端竞争更加激烈，需求端消费结构升级加快，消费者日益成熟理性，中国外资企业营商环境的确在发生重大变化，但并非恶化；重大变化中蕴藏重大机遇，那些能够与时俱进、主动进行战略转型、勇于改变自己来适应变化的企业才能有机会与中国市场共成长。

2015年以来，虽然各国政府对FDI的引进和利用依然十分重视，但随着反全球化浪潮和保护主义的兴起，对FDI的管制和限制态度也逐渐升温。其主要体现在新的立法、对外国并购及贸易的限制以及政治施压的直接干预等。根据联合国贸发会议对世界各国外国投资政策变更的统计，2016年外国投资自由化的新推进政策平均出台率比2015年有所下降，限制管制措施比2015年有所上升，扭转了自2010年以来自由化推进政策出台率不断上升、限制管制措施不断下降的趋势（UNCTAD，2017）①。与此同时，2016年全球各国FDI总流入量为17 460亿美元，较2015年的17 740亿美元下降了2%。尽管总量有所下降，但在产业结构层面上，服务业对引进FDI的重要性仍在进一步加强。如表11–1和表11–2所示，世界范围内服务业FDI流入量从48.74%上升到51.48%，除了以俄罗斯联邦为代表的转型经济体之外，各经济体服务业FDI流入量占比都有提升。

表11–1　　　　2016年各经济体引进FDI流量的产业结构

地区/产业	初级产业		制造业		服务业	
	2016年	2015年	2016年	2015年	2016年	2015年
发达国家	7.65%	2.87%	45.60%	52.21%	46.75%	44.93%
发展中经济体，其中：	2.42%	6.15%	34.84%	38.93%	62.74%	54.92%
——非洲	3.63%	18.08%	18.44%	41.78%	77.93%	40.14%
——拉美和加勒比海地区	6.79%	2.72%	38.91%	51.41%	54.30%	45.88%
——发展中亚洲地区	1.06%	4.08%	38.25%	35.47%	60.69%	60.45%
转型经济体	61.89%	19.81%	23.37%	48.65%	14.75%	31.54%
结构脆弱的小型经济体	1.25%	13.45%	27.19%	17.74%	71.56%	68.81%
世界	7.90%	4.86%	40.62%	46.40%	51.48%	48.74%

数据来源：World Investment Report，2017。

从世界整体来看，服务业已成为全球吸收FDI的第一大产业，并且其重要地位仍在进一步巩固。这与全球服务业产值占GDP平均比重超60%相匹配。而对于我国，2007

① UNCTAD. World Investment Report 2017.

年服务业产值占比尚低于第二产业，随着党的十七大提出“加快发展现代服务业，提高服务业的比重和水平”，国务院相继出台《关于加快发展服务业的若干意见》等支持政策以来，服务业比重逐年上升，于 2012 年首次跃升为国民经济第一大产业。2015 年 12 月 18 日，中央经济工作会议将“优化调整产业政策助推产业转型升级”摆在首要位置，其中现代服务业的发展是产业转型升级的重要驱动力。因此，回顾服务业利用 FDI 进行发展的历程，分析在 FDI 总流入量紧缩、服务业重要性进一步提升的全球背景之下我国服务业 FDI 流入新情况对于我国合理利用外资发展现代服务业、加快产业结构升级具有重要的现实意义。

11.1　2016 年我国服务业利用外资的情况

11.1.1　2016 年我国服务业利用外资的整体情况

自“十一五规划”实施以来，我国服务业引进 FDI 占比逐年递增（2008 年金融危机有少许回落）。2011 年其 FDI 流入量首次超越第二产业，服务业实际使用外资占半壁江山，此后更是节节攀升，到 2014 年，流入服务业的 FDI 金额达 740.87 亿美元，占比超过 60%。2016 年，我国服务业引进 FDI 金额为 838.91 亿美元，同比增加 3.4%，这比 2015 年 9.52%的增长率有明显下降，但服务业占总外资流入量比重却逼近三分之二关口，这表明受世界经济缓慢复苏以及国内投资管制限制趋紧的影响，总体引进外资的增长略显乏力，但我国服务业大力吸收外资、蓬勃发展的趋势没有发生改变，是 FDI 引进最主要

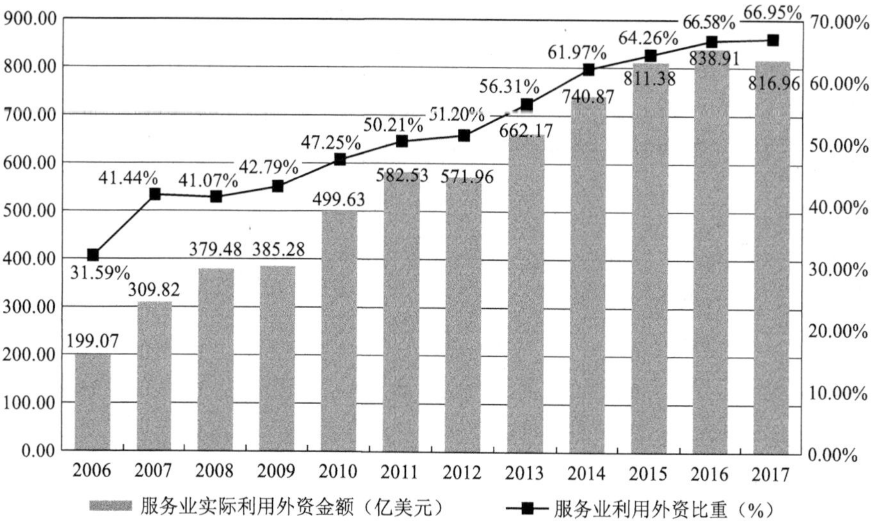

图 11-1　2006—2017 年中国服务业外商直接投资的总体情况

数据来源：中经网统计数据库。

的部门。与此同时，由于我国引进外商直接投资主要来源于亚洲，如 2015 年我国从该地区共引进 FDI 达 1 041.59 亿美元，占总额比重高达 82.49%，2014 年也有 82.74%。由此可见，亚洲是我国 FDI 流入的主要来源地，我国应稳定发展与亚洲各国经贸关系，充分利用该地区充裕的外资和良好的合作关系，同时积极开展欧美等其他地区招商引资工作，才能进一步发展现代服务业，促进经济转型升级。

11.1.2 2016 年我国服务业利用外资的行业结构

我国商务部最新的外资统计与《国民经济行业分类》（GB/T 4754–2011）的标准相同，将服务业利用外资分为 13 个行业进行统计，分别为交通运输、仓储和邮政业，信息传输、计算机服务和软件业，批发和零售业，住宿和餐饮业，金融业，房地产业，租赁和商务服务业，科学研究、技术服务和地质勘查业，水利、环境和公共设施管理业，居民服务和其他服务业，教育，卫生、社会保障和社会福利业，文化、体育和娱乐业。

表 11–2 展示了 2016 年我国服务业利用外资的各行业情况，我们从各行业实际利用外资额和新设外商投资企业数两个方面加以分析。从服务业各行业新设的外资企业数来看，2016 年我国新设外商直接投资企业数为 29 507 家，其中服务业新设外商投资企业数为 22 722 家，占比 77.01%。而服务业新设外商直接投资企业增长 8.3%，相比于 2015 年 20.52%的增长率有大幅下降，由于服务业新设外资企业占总新设外资企业比重与 2015 年 78.95%相比仅有稍微下降，判断其增长率的大幅下滑主要受到中国经济整体表现以及世界总体经济增长乏力和投资环境趋紧等内外部因素的影响。2016 年，批发和零售业依然是服务业 13 个细分行业中外资企业年底登记户数最多的行业，其新设外资企业数也遥遥领先，占比达 41.37%。租赁和商务服务业及金融业与科学研究、技术服务和地质勘查业的年底登记户数和新设企业数则紧随其后，同 2015 年情况一致。年底登记户数和新设外资企业占比较为显著的还有信息传输、计算机服务和软件业，其他八个细分行业的新设外资企业数则都低于 1 000 户。而从增长率来看，与总体增长率放缓相一致，各细分行业增速都有下行，唯有教育业表现亮眼，增幅高达 152.63%。卫生、社会保障和社会福利业与文化、体育和娱乐业增长率也依然保持了超过 50%的高增长，虽然由于其基数和占比都较小，实际新增并不十分明显，但目前正当中国经济转型升级的关口，这三个行业又是中国经济重要增长点，其发展潜力不可小觑。另外值得关注的是金融业和科学研究、技术服务和地质勘查业，由于基数和所占服务业比重都较大，分别有 23.61%和 24.06 的强劲增长率。需要进一步结合实际利用外资金额进行分析。

表 11–2　　2016 年中国服务业利用外资的行业结构

行业	实际利用外资金额			新设外资企业数		
	金额（亿美元）	增长率（%）	在服务业中占比（%）	户数（户）	增长率（%）	在服务业中占比（%）
交通运输、仓储和邮政业	50.89	21.58	6.07	425	–5.35	1.87
信息传输、计算机服务和软件业	84.42	120.11	10.06	1 463	11.59	6.44
批发和零售业	158.70	32.00	18.92	9 399	2.65	41.37
住宿和餐饮业	3.65	–15.87	0.44	620	1.47	2.73
金融业	102.89	–31.26	12.26	2 476	23.61	10.90
房地产业	196.55	–32.21	23.43	378	–2.33	1.66
租赁和商务服务业	161.32	60.52	19.23	4 631	3.72	20.38
科学研究、技术服务和地质勘查业	65.20	43.95	7.77	2 444	24.06	10.76
水利、环境和公共设施管理业	4.22	–2.71	0.50	97	15.48	0.43
居民服务和其他服务业	4.90	–32.02	0.58	245	12.90	1.08
教育	0.94	226.09	0.11	96	152.63	0.42
卫生、社会保障和社会福利业	2.54	77.23	0.30	77	50.98	0.34
文化、体育和娱乐业	2.67	–66.14	0.32	371	55.88	1.63
服务业合计	838.91	3.39	100.00	22 722	8.30	100.00

数据来源：中经网统计数据库。

从服务业各行业实际利用外资额的情况来看，虽然与各行业新设的外资企业数情况大致相匹配——新设外资企业数占整个服务业新设外资企业更大比重的行业引进外资数额也往往更多，但租赁和商务服务业相比批发和零售业是资本密集性行业，所以新设企业占比多出一倍的后者在引进外资额上反而少于前者。此外，金融业情况与 2015 年大不相同，尽管其新设企业数增长依然显著，但实际利用外资额却下降 31.26%之多，说明金融业外资并购量急剧收缩，以致其总外资流入出现负增长情形。房地产业虽然新设外资企业和实际利用外资额都呈负增长，但其实际利用外资金额在服务业中占比仍位列首位，是重要的外资引进部门。信息传输、计算机服务和软件业不仅新设企业和实际利用外资在服务业中所占比重不小，且 2016 年实际利用外资增长高达 120.11%，综合基数和增长率来看可谓表现最为优异，其作为七大战略性新兴产业之一，充分体现我国大力利用外资发展新一代信息技术、推动中国产业升级的态势。交通运输、仓储和邮政业虽然新设外资企业负增长，但实际利用外资金额增长率为 21.58%，有 50.89 亿美元，占服务业比重 6.07%，也是引进外资的一大重要部门。剩余 6 个行业实际利用外资金额在服务业中占比都小于 1%，对外资依赖较少。

11.1.3　2016 年我国服务业利用外资的地区结构

我国对于各省（市、自治区）的服务业利用外资情况缺乏系统统计，所以本部分从我国除港澳台以外的 31 个省（市、自治区）的 2016 年国民经济和社会发展统计公报中获取 2016 年数据，其中很多地区的公报中并没有细分行业的数据，所以对于这些地区，我们从比较权威的网站（如中国政府网）转载的权威报刊（如陕西日报）上进一步获取服务业占总利用外资比重或服务业利用外资增长率数据，结合 2015 年当地统计年鉴的相应数据最终计算得到服务业利用外资数据。但是，各地区的统计数据完备程度不一，综合数据的可获得性，我们得到了 15 个省（市、自治区）2016 年服务业实际利用外资的情况见表 11–3 所示，按 2016 年实际利用外资的规模顺序排列。

表 11–3　　2016 年我国各省（市、自治区）服务业实际利用外资的情况

省（市、自治区）	服务业实际利用外资金额（亿美元）	增长率（%）	占当地实际利用外资比重（%）
上海	163.35	2.49	88.23%
广东	160.89	5.18	68.91%
北京	123.23	–0.02	94.58%
江苏	114.60	–6.56	46.70%
浙江	103.00	5.19	58.52%
天津	67.41	–32.35	66.74%
山东	64.48	6.28	38.56%
湖南	53.70	41.50	41.79%
福建	33.75	4.08	41.19%
安徽	22.40	6.16	15.17%
辽宁	19.67	–46.40	65.59%
贵州	17.59	46.76	54.70%

续表

省（市、自治区）	服务业实际利用外资金额（亿美元）	增长率（%）	占当地实际利用外资比重（%）
陕西	12.88	160.90	25.70%
河北	11.58	–36.08	15.75%
广西	3.56	–63.75	40.12%

数据来源：根据各省（市、自治区）的 2016 年国民经济和社会发展统计公报（2015 年数据），各省（市、自治区）的 2016 年统计年鉴（2015 年数据），各省（市、自治区）的统计局进度数据库和商务厅统计数据库计算整理。

从实际利用外资规模的角度，2016 年超过百亿的前五个地区分别为上海、广东、北京、江苏和浙江。实际利用外资规模为 50 亿美元至 100 亿美元的地区有山东、天津、湖南。10 亿美元至 50 亿美元的地区有福建、安徽、辽宁、贵州、陕西、河北。10 亿美元以下的地区为广西。这与各地区的经济体量高度正相关，经济越发达的地区对外资的吸引显而易见。

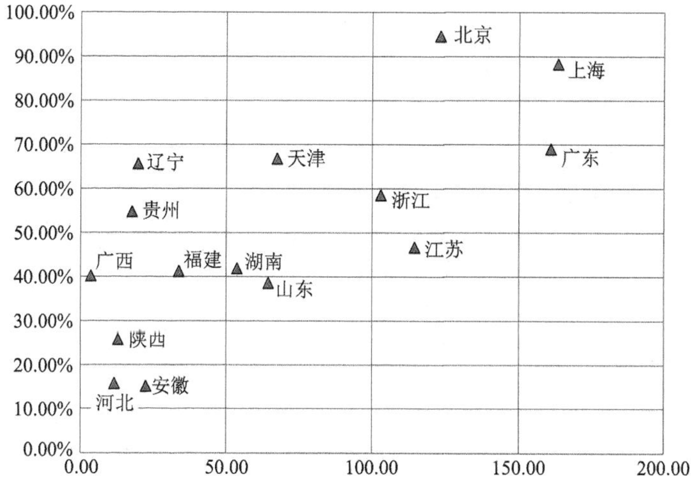

图 11–2　2016 年我国服务业利用外资的地区结构

数据来源：根据表 11–3 的数据绘制。横轴为各地区 2016 年服务业实际利用外资的规模（亿美元），纵轴为各地区 2016 年服务业实际利用外资占当地实际利用外资的比重（%）。

图 11–2 的横轴表示各地区服务业实际利用外资的规模，纵轴则衡量各地区服务业在利用外商投资方面的重要性。由图可知，我国各地区服务业利用外资大致可归为三种形态，而它们又与经济地域联系紧密。服务业实际利用外资的规模和在外资引进方面重要性都最为显著的是北京、上海、广东，这三个地区是我国经济发展也是服务业发展最前沿的地区。江苏、浙江和天津等服务业利用外资的规模和占比也相对较高，规模在 60

亿美元以上，占比在60%以上。而这些地区都为东部沿海地区，说明东部经济较为发达的地区处于服务业的领先地区。值得关注的是，2016年出现的新变化：广东省服务业利用外资规模不仅有进一步增长，对引进外资的贡献也从56.92%跃升到68.91%，彰显服务业对引进外资的促进作用，说明广东省作为新产业的重要前沿阵地，具有利用外资致力产业升级的生机活力。天津服务业利用外资占比上升至66.74%，服务业重要性进一步凸显，而其规模出现负增长的主要原因是随着自贸区引进外资出现收敛效应，外资流入量由2015年的47.20亿美元降至25.01亿美元。

辽宁、安徽、山东、福建、湖南等地的实际利用外资规模居中，占比也在20%到50%之间，服务业的发展较为稳定。辽宁服务业实际利用外资规模出现–46.40%的降幅则是由于经济结构性矛盾于2015年集中爆发，经济断崖式下跌以及新经济增长点未见曙光而使外资望而却步。但其良好的地理环境和传统沿海经济仍使其服务业发展较好，在引进外资中作用非常明显。服务业实际利用外资规模较小的地区集中在中西部地区，如广西、贵州、陕西等，尤其是广西，由于地处内陆，经济不发达，其服务业利用外资规模和占比都相对较小，服务业发展相对滞后。

11.2　2016年我国生产性服务业利用外资的整体情况

我国生产性服务业发展相对滞后、水平不高、结构不合理等问题突出，一定程度上阻碍了服务业整体向价值链高端提升的进程。为此，2014年8月6日，国务院专门出台《关于加快发展生产服务业促进产业结构调整升级的指导意见》。加快生产性服务业发展，对于进一步推动产业结构调整升级具有重大意义。本节首先介绍我国生产性服务业的分类以及由于数据可获得性本报告中使用的分类标准，然后分析我国生产性服务业利用外资的整体情况、行业结构和地区结构。

11.2.1　2016年我国生产性服务业的分类

2015年4月21日，国家统计局和发改委联合发布“关于印发《生产性服务业分类（2015)》的通知”，对我国生产性服务业的行业分类进行了明确规定（表11–4)。根据该分类标准，我国生产性服务业划分为三层，有10个大类、34个中类和135个小类。但是，在数据可获得的范围内，尚未按照该行业分类标准进行统计。因此，我们将《生产性服务业分类（2015)》与我国《国民经济行业分类（GB/T 4754–2011)》相对应，得到本报告使用的五类细分行业：租赁和商务服务业，科学研究、技术和地质勘查业，信息传输、计算机服务和软件业，金融业，交通运输、仓储和邮政业。并且需要说明，在《国民经济行业分类（GB/T 4754–2011)》中，批发和零售业中的批发业属于《生产性服务业分类（2015)》的生产性服务业，居民服务和其他服务中的其他服务，水利、环境和公共设施管理业中的环境以及教育中的职业教育也都是属于生产性服务业，但无法从统计数据中剥离这些细分行业的数据，所以本报告中使用的生产性服务业范围，缺失了这些细分行业的数据。

表 11–4　　生产性服务业分类标准

代　　码		名　　称
11 研发设计与其他技术服务	111	研发与设计服务
	112	科技成果转化服务
	113	知识产权及相关法律服务
	114	检验检测认证标准计量服务
	115	生产性专业技术服务
12 货物运输、仓储和邮政快递服务	121	货物运输服务
	122	货物运输辅助服务
	123	仓储服务
	124	搬运、包装和代理服务
	125	国家邮政和快递服务
13 信息服务	131	信息传输服务
	132	信息技术服务
	133	电子商务支持服务
14 金融服务	141	货币金融服务
	142	资本市场服务
	143	生产性保险服务
	144	其他生产性金融服务
15 节能与环保服务	151	节能服务
	152	环境与污染治理服务
	153	回收与利用服务
16 生产性租赁服务	161	融资租赁服务
	162	实物租赁服务
17 商务服务	171	企业管理与法律服务
	172	咨询与调查服务
	173	其他生产性商务服务

续表

代　码		名　称
18 人力资源管理与培训服务	181	人力资源管理
	182	职业教育和培训
19 批发经纪代理服务	191	产品批发服务
	192	贸易经纪代理服务
20 生产性支持服务	201	农林牧渔服务
	202	开采辅助服务
	203	为生产人员提供的支助服务
	204	机械设备修理和售后服务
	205	生产性保洁服务

11.2.2 我国生产性服务业外商直接投资的整体情况

按照本部分所使用的这五个细分行业所定义的生产性服务业，2006 年至 2015 年我国生产性服务业的外商直接投资情况如图 11–3 所示。“十一五”规划以来，我国生产性服务业的实际利用外资规模一直在逐年递增，从 2006 年的百亿不到，到 2012 年突破 200 亿，尤其国务院鼓励生产性服务业发展的指导意见出台后，近两年更是迅猛攀升，接连突破 300、400 亿，与十年前相比翻了近六倍。生产性服务业占全国实际利用外资的比重与规模发展趋势几乎相一致，这说明随着经济发展，产业结构不断升级，生产性服务业乃至整个服务业比重也在不断上升。生产性服务业占服务业总体实际利用外资比重的变化也恰好佐证了上述观点：虽然生产性服务业规模和占全国利用外资比重一直稳步上升，但其占服务业比重却持续波动，近十年来大都在 30%～40%，一直到 2014 年还未恢复到金融危机前水平，这充分说明了生产性服务业规模和占全国利用外资比重的提升是有利于经济发展及由此带来的产业结构自然升级。生产性服务业相对于整个服务业是比较滞后的，缺乏引导经济转型升级的主导力。自从 2014 年国务院指导意见出台后，2015 年和 2016 年连续两年增幅显著，从 2014 年的 36.62%提高到 55.40%，增长了近 20 个百分点，这表明生产性服务业产生新的增长点。我国从国家层面和地方政府层面越来越注意到主动运用生产性服务业拉动经济增长、促进产业升级的重要作用，并在此基础上推出鼓励生产性服务业招商引资的政策，生产性服务业在利用外资乃至经济发展方面的作用才得以越来越明显。具体来说是哪些细分行业展现出新的发展活力需要进一步分析我国生产性服务业利用外资的行业结构新变化。

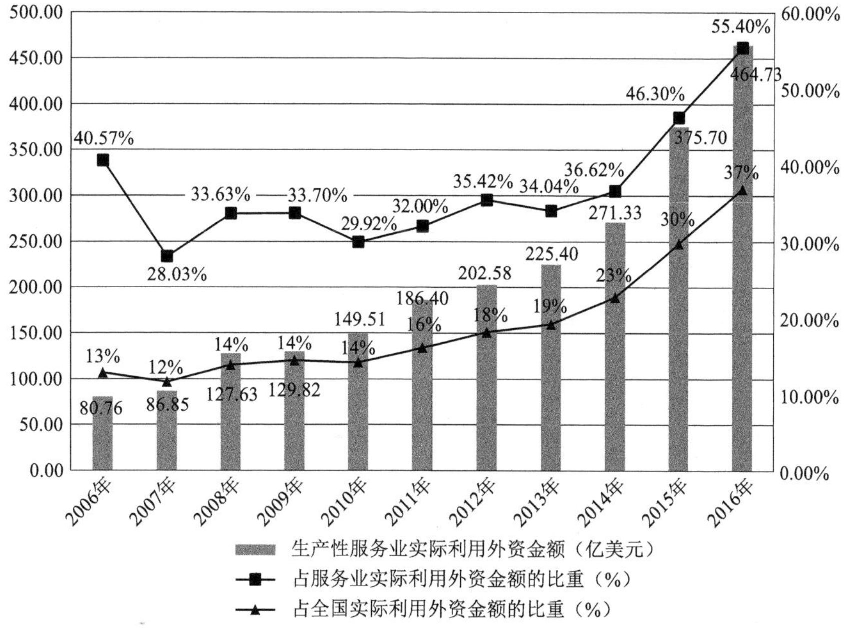

图 11–3　我国生产性服务业外商直接投资的总体情况

数据来源：根据国家统计局的数据计算整理。

11.2.3　我国生产性服务业利用外资的行业结构

表 11–5 展示了 2016 年五个生产性服务业实际利用外资的分行业情况。2016 年，我国生产性服务业的规模和新设外资企业数分别占全国服务业对应指标的 55.40%和 50.34%。出于数据可得方面原因，本文选取生产性服务业分类指标没能完全覆盖生产性服务业状况，尤其是由于零售业不属于生产性服务业，我们未将批发业纳入考量，而批发和零售业又是我国服务业比重比较大的行业，从而低估了生产性服务业利用外资的真实表现。由此可以推断我国生产性服务业比重已经超越生活性服务业成为我国服务业引进外资的主力。

表 11–5　　2016 年我国生产服务业利用外资的行业结构

行业名称	实际利用外资金额			新设外资企业数		
	金额（亿美元）	增长率（%）	在生产性服务业中占比（%）	户数（户）	增长率（%）	在生产性服务业中占比（%）
交通运输、仓储和邮政业	50.89	21.58	10.95%	425	–5.35	3.72%
信息传输、计算机服务和软件业	84.42	120.11	18.17%	1 463	11.59	12.79%

续表

行业名称	实际利用外资金额			新设外资企业数		
	金额（亿美元）	增长率（%）	在生产性服务业中占比（%）	户数（户）	增长率（%）	在生产性服务业中占比（%）
金融业	102.89	–31.26	22.14%	2 476	23.61	21.65%
租赁和商务服务业	161.32	60.52	34.71%	4 631	3.72	40.48%
科学研究、技术服务和地质勘查业	65.20	43.95	14.03%	2 444	24.06	21.37%
生产性服务业合计	464.73	23.70%	100.00	11 439	12.17%	100.00

数据来源：中经网统计数据库。

从实际利用外资额的增长率角度，2016 年信息传输、计算机服务和软件业的外资流入一反去年负增长的情形而表现最为突出，增长率达 120.11%。租赁和商务服务业是第二个加快外资引进的部门，同样也是扭转负增长态势，获得 60.52%的较高增幅。与此相反，2015 年增长最快的金融业却由 257.92%超高增长率转变为 31.26%的回落。剩余三个行业则基本保持了 2015 年稳定增长的局面。

我们将表 11–5 制成百分比堆积柱状图 11–4，它可以更清楚展示生产性服务业实际利用外资和新设外资企业的五大细分行业情形。从五大细分行业实际利用外资和新设企业在生产性服务业中所占比重来看，金融业与租赁和商务服务业依然是最为重要的前两大生产性服务业部门，但租赁和商务服务业取代金融业成为生产性服务业最主要的部门。对比 2015 年、2016 年与往年的数据，我们发现正是这两个细分行业的快速发展，才使生产性服务业的比重有非常显著的提升。2013 年以前，金融业 FDI 流入量仅不足 20 亿，至 2014 年才达到 41.82 亿，2015 年该数值跃升到 149.69 亿，增长率高达 357.92%，其占服务业引进外资比重从 5.64%上升到 18.45%，而 2015 年整个生产性服务业占服务业的比重相对只提升了 9.68%。租赁和商务服务业 2013 年之前引进 FDI 不到 100 亿，2013 年增长了 21.24 亿，2016 年就增长了 60.82 亿之多。其与第三大主要部门信息传输、计算机服务和软件业一起成为提升生产性服务业占总服务业引进外资比重的主要增长点，2016 年这两个行业权重从 2015 年的 17.11%增长 12.18%至 2016 年的 29.29%，而 2015 年整个生产性服务业占服务业的比重相对只提升了 9.10%。从中可判断是经济结构得到有效提升，如生产性服务业涌现出业态创新型发展、“互联网+”型发展、外包定制型发展、园区配套型发展、专门区域型发展等新模式，其中最显著的是电子商务和“互联网+”凝结着新产业革命、新技术革命的丰硕成果，创造新的可观利润吸引了外商直接投资，从而造成了这些明显改变。其余两个行业的排名并没有改变，但由于除金融业之外四个行业实际利用外资都保持超过 20%的增长率，且基数水平值相差不远，其余三大行业对生产性服务业外资流入的贡献可能将越来越显著。

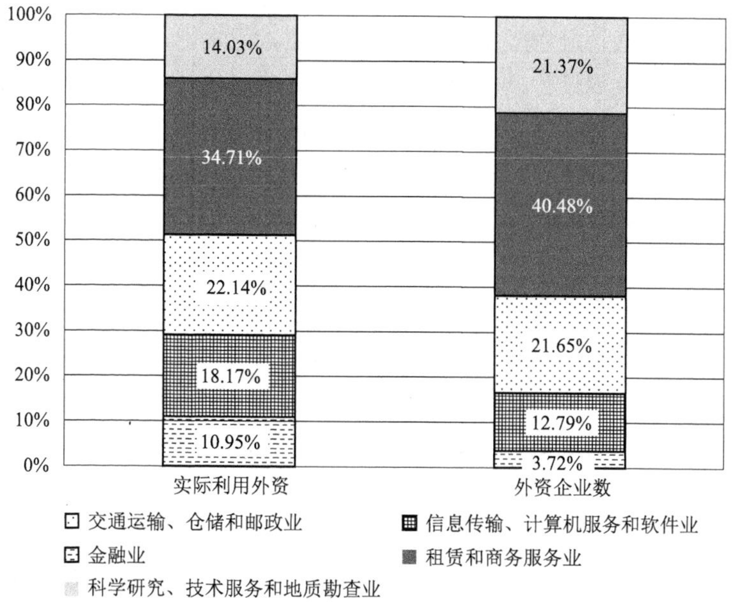

图 11-4　2016 年我国生产性服务业实际利用外资的行业结构图

数据来源：根据表 11-5 绘制。

11.3　2016 年我国生活性服务业利用外资的整体情况

近年来，我国服务业发展取得显著成效，2012 年开始成为国民经济和吸纳就业的第一大产业。虽然与生产性服务业相比，生活性服务业因为资本和技术密集度相对较低而发展更快，但随着我国经济发展由粗放型转为集约型，经济社会发展呈现出更多依靠消费引领、高质量服务驱动的新特征，我国生活性服务业发展仍然相对滞后。有效供给不足、质量水平不高、消费环境有待改善等问题突出。为此，2015 年 11 月 19 日国务院办公厅出台了《关于加快发展生活性服务业促进消费结构升级的指导意见》，希望加快发展生活性服务业，使其成为推动经济增长动力转换的重要途径。本部分首先介绍本章中生产性服务业的分类标准，在此基础上基于可获得的数据研究我国生活性服务业利用外资的整体情况和行业结构。

11.3.1　2016 年我国生活性服务业的分类

生活性服务业应是除生产性服务业以外所有服务行业，其统计分类最新可见于根据《国务院关于印发服务业发展“十二五”规划的通知》（国发〔2012〕62 号）和《国务院办公厅关于加快发展生活性服务业促进消费结构升级的指导意见》（国发〔2015〕85 号）所制定的试行标准，虽然《国民经济行业分类（GB/T 4754-2011）》中除前述五个生产性服务行业以外的其余细分行业也包含有新标准定义的生产性服务业，如批发和零售业中的批发业属于《生产性服务业分类（2015）》的生产性服务业，水利、环境和公共设施管理业中的环境和公共设施管理属于生产性服务业，卫生、社会保障和社会福利业的社会提供的保障和福利也属于生产性服务业。但为了确保统计口径的一致，以方便其与生产性服务业进行对比，最终确定本报告的生活性服务业包含八类细分行业：批发和零售业，住宿和餐饮业，房地产业，水利、环境和公共设施管理业，居民服务和其他服务业，教育业，卫生、社会保障和社会福利业，文化、体育和娱乐业以及公共管理和社会组织。

11.3.2 我国生活性服务业外商直接投资的整体情况和行业结构

按照本部分所使用的这八个细分行业所定义的生活性服务业，2006—2016 年我国生活性服务业的外商直接投资情况如图 11-5 所示。近十年以来，我国生活性服务业外资流入量大体呈现上涨的趋势，只有在经济出现衰退的 2012 年有所下降。而生活性服务业外资流入量在服务业占比虽然总体上呈现下滑趋势，但也大致维持在 60%～70%的区间以内。2014 年则是生活性服务业大幅下降的拐点，从这一年开始，无论是外资流入增速，还是生活性服务业利用外资占整个服务业和全行业比重都开始有显著下降，其占服务业比重从 63.38%以年均近 10 个百分点的下降速度下降至 2016 年的 44.60%。这说明是生活性服务业对外资吸引力的减少促成了一系列变化，但具体是哪些行业的变化导致了近两年显著下滑还需详细分析我国生活性服务业利用外资的行业结构。

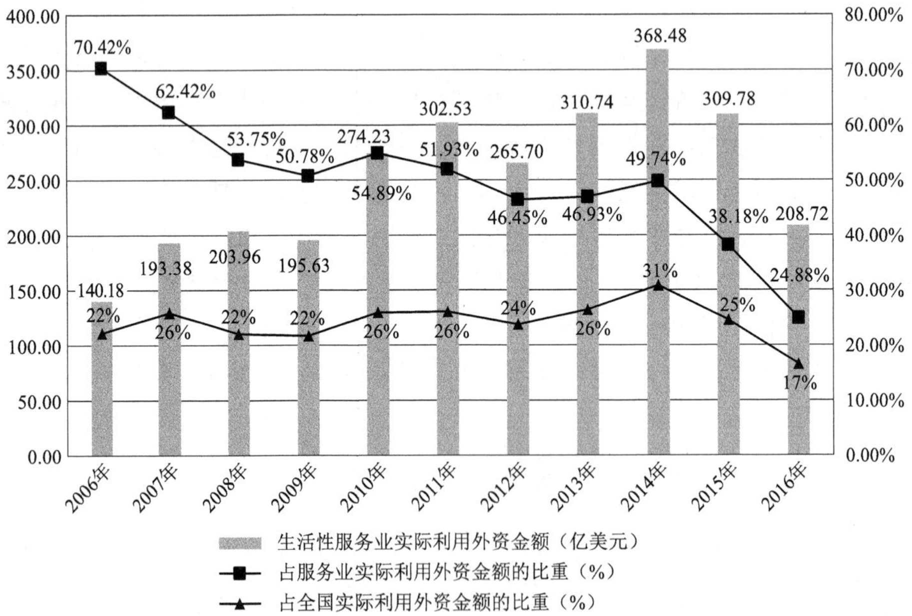

图 11-5 我国生活性服务业外商直接投资的总体情况

数据来源：根据国家统计局的数据计算整理。

表11–6展示了2016年我国生活性服务业利用外资的八大细分行业情况。从变化趋势上，虽然2016年我国生活性服务业新设外资企业数依然增长了501家，但实际利用外资额却由435.68亿美元大幅下降至374.18亿美元，且细分行业中除教育业与批发和零售业以外的六个行业都呈现明显的负增长。教育业的亮丽增长既体现出我国居民对于高端服务业的旺盛需求，但也由于基数太小而难以抵消增速放缓的现实。引进外资金额第二大行业批发和零售业32.00%的大幅上涨被FDI流入量第一大行业房地产业同样高达32.21%的降幅抵消。房地产业占服务业引进外资比重从2015年的35.74%下降了12.31%至23.43%，可见其是2016年生活性服务业占服务业引进外资比重大幅下滑的主因。

表11–6　　2016年我国生活性服务业利用外资的行业结构

行业名称	实际利用外资金额			新设外资企业数		
	金额（亿美元）	增长率（%）	在生活性服务业中占比（%）	户数（户）	增长率（%）	在生活性服务业中占比（%）
批发和零售业	158.70	32.00%	42.41%	9 399	2.65%	83.30%
住宿和餐饮业	3.65	–15.87%	0.98%	620	1.47%	5.49%
房地产业	196.55	–32.21%	52.53%	378	–2.33%	3.35%
水利、环境和公共设施管理业	4.22	–2.71%	1.13%	97	15.48%	0.86%
居民服务和其他服务业	4.90	–32.02%	1.31%	245	12.90%	2.17%
教育	0.94	226.09%	0.25%	96	152.63%	0.85%
卫生、社会保障和社会福利业	2.54	77.23%	0.68%	77	50.98%	0.68%
文化、体育和娱乐业	2.67	–66.14%	0.71%	371	55.88%	3.29%
生活性服务业合计合计	374.18	–14.12%	100%	11 283	4.65%	100.00

数据来源：中经网统计数据库。

由于批发和零售业和房地产业两大部门对外资的吸收占据了生活性服务业总外资流入量的绝大部分，如2016年占比达94.94%，故对这二者变化的综合分析可以找出生活性服务业增速放缓的动因：首先，外部经济形势并非主要因素。虽然世界经济复苏缓慢，加上保护主义、民粹主义抬头使世界投资需求缩减，而且近两年来我国外商直接投资主要来源地亚洲一些国家政治关系紧张，贸易争端频繁也一定程度破坏了稳定安全的投资环境；但我国2015年从亚洲获得的FDI仍然保持稳定增长，占从世界引入FDI比重依然稳定在82%左右。其次，房地产业实际利用FDI的极大缩减，印证了生活性服务业FDI下滑的主因是中国经济内生因素而非外部因素。随着我国一、二线城市房价相对居民收入的不断高涨，2016年我国一、二线城市纷纷出台更严格的新楼市调控政策，对楼市继续保持上扬的观点持审慎态度使得外资流入趋缓。最后，在我国“三期叠加”的转型阵痛时期，内部经济正发生深刻变革才是增速放缓的主要原因。占人均可支配收入50%以上的住房需求驱动的中国经济增长模式难以持续、亟待转型。各行业出现的新的业态虽然成为吸引外资的新的增长点，如批发和零售业的高增长一定程度上说明，“互联网+”传统批发零售业大大减少了交易成本，创造了大量新的利润，但这暂时还不能完全弥补旧业态衰退引致的负增长。

11.4　我国外商直接投资营商环境在恶化吗？——基于对星巴克中国的案例分析

过去一年，飞利浦照明关闭深圳工厂、全球最大硬盘制造商撤离苏州等案例引发社会各界对于外资流向的高度关注，外资流向甚至成为2017年两会的热点话题。上述案例到底是中国整体外资营商环境在恶化还是企业正常战略转型？众说纷纭。如上文所言，与某些制造型企业撤资形成鲜明对照的是，服务业吸收外资这边风景独好。如果说，生产性服务业和高技术服务业是政府有意引导的结果，那么，属于一般消费性服务业的外资餐饮企业则不在此之列，如果某些企业能够在国内外经济环境发生剧变的情况下，实现长期发展和逆势增长，一定有其主客观原因。2017年7月27日，星巴克与统一联合宣布，以13亿美元现金收购与后者的合资企业（上海统一星巴克咖啡有限公司）50%股份，取得在江苏、浙江和上海约1 300家门店的100%所有权，进而在中国大陆市场实现全面直营，引发市场广泛注目。按照我国行业分类，星巴克属于住宿餐饮业。自1999年1月进入中国以来，截至2016财年，已在全国180多个城市开设了超过2 600家门店，员工超过25 000名，且超过73%的店面都是2012年以来新开的，中国市场已当之无愧成为其仅次于美国本土的全球第二大市场，利润率则长期超过本土和全球市场，堪称“这边风景独好”。

在许多市场人士眼里，我国住宿餐饮业吸收FDI已走过黄金期，星巴克在国内外经济环境发生剧变的情况下，实现逆势增长并追加大笔投资是个未解之谜。本节试图通过对星巴克在华发展过程的具体分析，揭示星巴克这边风景独好的玄机所在。旨在加深社会各界对于外资企业营商环境变化情况的理解，此外，由于星巴克进入中国时间较长，也希望上述分析对于揭示外资服务型企业在华长期发展规律和扩展模式，起到“见一斑而窥全豹”的效果。

11.4.1　星巴克发展概况与全球扩展新趋势

星巴克系美国一家连锁咖啡企业，1971 年成立，总部位于美国华盛顿州西雅图市，为全球第一大咖啡连锁店。最早是一家由杰瑞·鲍德温和戈登·波克在西雅图开设的咖啡豆和香料专卖店。咖啡作为漂洋过海的贸易品，天生具备大海的浪漫气质，名字取材于 19 世纪美国文坛大师赫尔曼·梅尔维尔经典著作《白鲸》中的一位主人公——一个酷爱喝咖啡、处事冷静、极富理性和性格魅力的大副斯达巴克（Starbuck），绿色美人鱼 LOGO 则受到了希腊神话中美丽女妖塞壬（Siren）的启发，是"理性与诱惑"的美丽组合。

1987 年，霍华德·舒尔茨斥资 400 万美元重组星巴克，推动了星巴克向意式咖啡馆的转型，并树立为顾客提供优质咖啡和服务、营造独特的"星巴克体验"的经营理念，声称通过"每杯咖啡、每家店铺、每个社区，激发并孕育人文精神"，为客户提供家和办公室之外一个温馨舒适的"第三空间"；此外，星巴克的独特之处还在于它是一家以员工利益而非股东或顾客为优先考量的公司，用星巴克创始人霍华德·舒尔茨的话说，"身穿绿围裙的星巴克伙伴才是星巴克的核心"，[①]通过致力于打造员工至上的企业文化，将为顾客和股东提供价值与为员工提供价值结合起来。独树一帜的全新经营理念为公司注入了长期发展动力。1992 年，星巴克作为第一家专业咖啡公司在美国纳斯达克成功上市，迅速推动了业务增长和品牌发展，1995 年收入达到 4.65 亿美元。随着美国市场逐渐饱和，星巴克开始谋求国际扩张，1996 年首次走出国门，在日本东京银座开设了亚洲第一家咖啡店，从此，致力于为全球各地的星巴克迷提供自由舒适的"第三空间"。1999 年 1 月，进入中国，在北京前门建立第一家门店。总体看，星巴克的成功是将意大利传统咖啡文化与美国快餐文化融合发展的结果，并以美国为基地，向全球推广。据其英文官网提供的年报信息，截至 2016 年 10 月 2 日，[②]已在全球 75 个国家和地区拥有 25 085 家门店，员工超过 200 000 名，收入 213 亿美元，市值近 900 亿美元，在《财富》500 强榜单中排名第 131 位，每周接待顾客数千万人次。星巴克除了通过公司直营店提供高品质咖啡服务，各种冷热饮料、茶、各式糕点以及咖啡机、咖啡杯等，也通过特许商店、食品杂货店、食品服务机构等渠道销售咖啡和茶类产品以及进行商标授权。特许加盟收入比重有所增加，从 1999 财年的 15%增长到 2016 财年 21%。在品牌方面，除了星巴克作为旗舰品牌外，也使用 Teavana，Tazo，Seattle's Best Coffee，Evolution Fresh，La Boulange and Ethos 系列品牌。

星巴克全球业务分为四个部门：美洲市场，包括美国、加拿大和拉丁美洲；中国/亚太市场；欧洲、中东和非洲；渠道业务。从目前收入和门店数量看，美洲市场占据绝对优势，分别为 69%和 62%；中国/亚太市场居第二位，为 14%和 26%。为了保持全球

---

① 星巴克创始人清华大学演讲：什么是好的商业决策？[EB/OL].［2017-06-24］. http://www.sohu.com/a/151632174_698856.

② 星巴克财报截至期为离 9 月 30 日最近的星期日。本文所有财报信息以财报年度为准。

认知度最高和最受尊敬咖啡品牌的地位，星巴克同时在以美国为代表的成熟发达市场和中国为代表的新兴市场进行有条不紊的扩张。

表 11–7　　2016 年财年星巴克不同部门收入、门店数及各自所占比例

	门店数	所占比例	收入（亿美元）	所占比例
美洲区	15 607	62%	147	69%
中国/亚太区	6 443	26%	30	14%
欧洲、中东和非洲	2 642	10%	11	5%
渠道部门及其他	393	2%	25	12%
合计	25 085	100%	213	100%

数据来源：FY16 Annual Report on Form 10–K.

在利润率方面，中国/亚太市场高达 32%，而美洲市场为 21.1%，欧洲、中东和非洲只有 1.9%。因此，中国/亚太市场已成为扩张最快的市场，分别占 2016 年星巴克新（净）增全球直营门店数的 75%，特许门店数的 40%，美洲市场也处于较快扩张期，而欧洲、中东和非洲及其他部门都在净减少。根据星巴克自己的预计，到 2021 年，其营收将增至 350 亿美元——即该公司的营收将爆炸式增长 64%。为实现这一雄心勃勃的目标，星巴克计划在未来五年开设约 1.2 万家门店，门店总数将达到 3.5 万家，大多数新店将开设在中国，中国将成为其最大的市场①，门店数量将达到 5 000 家。

11.4.2　星巴克中国扩张之路和区域布局

自 1992 年起，中国逐步放开外资商业企业的经营限制；1999 年，国务院发布《外商投资商业企业试点办法》，允许在省会城 市、自治区首府、直辖市、计划单列市和经济特区设立中外合资或合作商业企业；2001 年，中国正式加入 WTO；2004 年 12 月 11 日，中国零售业入世过渡期结束，为兑现中国零售市场全面向外资开放的承诺，零售领域实行全面开放。稳定增长的经济前景、庞大的潜在消费能力和一系列对外开放政策为包括星巴克在内的外资零售餐饮企业大规模来华投资提供了稳定的营商环境。

1. 星巴克中国经营战略演变

在上述背景下，星巴克在日本市场获得成功后，开始试水中国市场，于 1999 年 1 月进入北京，在中国国际贸易中心开设了中国第一家门店，成为最早进入中国市场的咖啡品牌之一。由于不允许独资及对中国市场不熟悉，星巴克先与香港汉鼎亚太投资公司和北京农工商总公司成立了北京美大星巴克咖啡公司，再由美大公司投资设立门店。此后，相继与台湾统一集团、美心食品国际有限公司成立合资企业统一星巴克和美心星巴

① Beth Kowitt.卸任星巴克 CEO 之后，舒尔茨还有更重要的事情要证明[EB/OL].［2017–07–16］. http://www.fortunechina.com/ business/c/2017–07/16/content_286760.htm?from=yd.

克，分别拓展华东和华南市场。

随着对外开放政策逐渐宽松以及在中国市场取得初步成功，在经营战略方面，星巴克开始放弃合资模式，向直营店转型。一是回购合资股份和特许公司，如 2003 年，星巴克收购统一星巴克公司股票将股权由 5%扩大到 50%，由授权关系转变为合作关系；2006 年，先后增持美心星巴克和美大星巴克股权到 51%和 90%；2011 年再次收购美心集团合资股权，使后者只保留香港和澳门业务。二是建立大中华区支援中心，以直营店方式开设新店。2005 年，在上海正式建立大中华区支援中心，负责大陆和港澳台业务管理；与此同时，着手在青岛、沈阳等二线城市开设大量直营店。除了在江沪浙地区通过与统一集团的合资公司运营，其他都是直营店，2017 年 7 月 27 日，星巴克与统一联合宣布，前者将以约 13 亿美元现金收购与后者在中国华东市场合资企业（上海统一星巴克咖啡有限公司）50%股份。至此，星巴克将取得在江苏、浙江和上海约 1 300 家门店的 100%所有权，即在大陆市场全面实现直营。2016 年，星巴克在中国 120 多个城市拥有门店数 2 600 多个，雇佣员工 26 000 多人。另据百度地图数据，截至 2017 年 7 月 29 日，星巴克已在全国 185 个城市中开设了 4 592 家门店，若全部正常营业，估计员工将超过 60 000 名。

2. 星巴克中国门店的区域演进与空间分布

星巴克于 1999 年 1 月在北京国际贸易中心建立了第一家门店，到 2016 财年，全国范围（不含港澳台）共有 2 382 家，截至 2017 年 7 月 29 日，更是暴增至 4 438 家。表 3 整理了 1999 年至今（2017.7.29）星巴克在中国大陆市场的区域演进和门店数量增长情况。在区域演进方面，星巴克采取了跟随中国市场共成长的策略，大体沿着一线城市——东部沿海和省会城市——中西部和中小城市的路径扩展。2004 年前，星巴克先后进入北京、上海、天津、杭州、深圳、广州、南京、苏州等一线城市和东部沿海沿江发达城市；随着 2004 年底零售业外资政策全部放开，2005 年起，开始进入青岛、大连、成都、重庆、西安、沈阳、武汉等经济较为活跃的二线城市和重点中西部城市，东莞、佛山等经济活跃、开放度高的珠三角中小城市也开始吸引星巴克入驻。2008—2011 年，在金融危机的影响下，星巴克开店速度有所调整，特别是 2011 年尽管门店数有所减少，但在区域布局方面并未停止扩展步伐，首度进入厦门、昆明、合肥、石家庄、郑州、哈尔滨、潍坊、南通等多个城市，在东、中、西和东北四个经济区域都有进展。2012 年以来，星巴克中国更是进入新一轮快速扩张期，门店已覆盖全国 31 个省市，超过 80%的店面都是 2012 年以来新开的，尽管外资关店、撤离和被并购案例不绝于耳，星巴克中国堪称“这边风景独好”。

表 11-8　　星巴克在中国大陆的门店分布与区域演进

时间	当年首次进入的代表性城市	门店数量	当年新增门店数
1999	北京	—	—
2000	上海	28	28

续表

时间	当年首次进入的代表性城市	门店数量	当年新增门店数
2001	天津、杭州	50	22
2002	深圳	88	38
2003	广州、南京、宁波	116	28
2004	苏州、无锡、常州	158	42
2005	青岛、大连、沈阳、东莞、成都、绍兴	209	51
2006	重庆、西安、沈阳	322	113
2007	佛山	353	31
2008	武汉	447	94
2009	—	474	27
2010	珠海、长沙、福州、济南	505	31
2011	厦门、昆明、合肥、石家庄、郑州、哈尔滨、潍坊、南通	496	–9
2012	烟台、保定、南昌、南宁、泉州、淮安、三亚、长春、威海、哈尔滨	700	204
2013	太原、海口	1 017	317
2014	贵阳、兰州、包头、衡阳、呼和浩特、济宁、桂林、吉林	1 367	350
2015	西宁、东营、泰安、德州	1 811	444
2016	银川	2 382	571
2017*	乌鲁木齐、拉萨	4 438	2 056

资料来源：历年星巴克财报及网络公开信息搜集整理而成。财年截止期为 10 月 2 日。

*2017 年资料来自于作者根据百度地图数据推算，截止期 2017 年 7 月 29 日。

另一方面，星巴克门店空间分布也呈现出显著的不平衡性。从 31 个省、市、自治区看，上海、江苏、浙江、广东拥有的门店数量都在 500 家以上，北京 387 家，都在东部地区；而位于西部地区的宁夏、新疆、青海、西藏的门店数都在个位数①。从区域看，东部地区拥有的合计门店数量占到全部门店数的 77.2%；从城市集中度看，门店数量最多的前 30 个城市占到 80.8%。由于大中城市和东部发达地区门店密度已经较高，预计未来星巴克将向中小城市和中西部地区扩张。

① 百度地图数据显示，星巴克已进驻上述几个地区；但笔者对于新疆乌鲁木齐的实地调研显示，尚未正式开业。据此推断，部分门店可能还在准备期。

表 11–9　截至 2017 年 7 月 29 日星巴克在不同区域门店数量分布情况

区域	省、市、自治区	门店数量	占比（%）
东部	北京、天津、河北、上海、江苏、浙江、福建、山东、广东和海南	3 425	77.2
中部	山西、安徽、江西、河南、湖北和湖南	368	8.3
西部	内蒙古、广西、重庆、四川、贵州、云南、西藏、陕西、甘肃、青海、宁夏和新疆	481	10.8
东北部	辽宁、吉林和黑龙江	164	3.7
合计	—	4 438	100%

数据来源：百度地图，时间截至 2017 年 7 月 29 日。

表 11–10　截至 2017 年 7 月 29 日星巴克门店数量分布最多的 30 个城市

排名	城市	门店数量
1	上海	785
2	北京	387
3	杭州	239
4	苏州	221
5	深圳	188
6	广州	210
7	成都	153
8	南京	162
9	宁波	126
10	武汉	117
11	天津	91
12	无锡	91
13	西安	76
14	重庆	58
15	东莞	54
16	常州	61
17	长沙	55
18	青岛	50
19	佛山	60
20	沈阳	48

续表

排名	城市	门店数量
21	南通	45
22	厦门	43
23	绍兴	37
24	昆明	34
25	合肥	34
26	福州	38
27	嘉兴	34
28	温州	33
29	大连	28
30	南昌	28
合计	—	3 586
占全部门店数%	—	80.8%

数据来源：百度地图，时间截至 2017 年 7 月 29 日。

11.4.3　星巴克中国经营之道与本土化蜕变

我国是一个钟情于茶文化的国度，星巴克在 1999 年落户京城时，曾饱受质疑，但通过成功施行本土化战略，已实现从最初的明星集聚地到大众化时尚咖啡店再到日常生活消费场所①的逐次转变。总体来看，作为一种毫无根基的异域文化承载者，星巴克能够成功植入中国城市化进程，成为咖啡店的标杆乃至中国现代都市生活的重要组成部分，与其独特经营理念和成功的本土化战略是分不开的。

1. 为中国改写菜单，提供本土化产品

进入中国之初，星巴克的绿色美人鱼标志不仅代表高品质咖啡，更是高质量和现代生活方式的象征，受到广大商务人士和城市白领们的青睐，但星巴克并未就此止步，为吸引更多本土文化中成长的顾客，在继续营造独特咖啡文化的同时，精心融入中国元素，加速实施本土化战略，声称自己是“一家中国企业而非美国企业”②。在产品本土化方面，除了高品质咖啡和西点，增加提供各种中式传统茶饮料，逐步融入中国饮食文化。特别是金融危机之后，中国市场的重要性凸显，“到星巴克喝中国茶”标志着长期以来专注于咖啡文化、最具时尚特征的星巴克加速本土化转变。2011 年，星巴克在上海建立了

① 姚真.“星巴克”消费行为及动机研究——以某地星巴克 N 为例[J]. 法律与社会，2016（2）.

② 星巴克创始人清华大学演讲：什么是好的商业决策？[EB/OL].［2017-06-24］. http://www.sohu.com/a/151632174_698856.

研发中心，负责开发并持续推出富有中国特色、符合中国人口味和消费习惯的新品种，推出如意桃花红茶拿铁、福满栗香玛奇朵、豆腐蔬菜卷、彩椒蘑菇包甚至荞麦凉面等，增加乌龙、碧螺春、龙井、茉莉花茶等中国传统茶饮料的品种，打出“上午喝咖啡，下午喝茶！”的广告，还在中国重要节日推出月饼礼盒、星冰粽以及生肖储蓄罐和随行杯等产品。

2. 在门店设计中融入传统文化要素，努力融入中国社区

在门店形象设计方面，星巴克并没有仅仅为了满足咖啡所代表的国际范儿和西方文化内涵而进行简单复制。随着对中国市场的理解深入，其专门成立了中国设计中心，在如何融入中国区域性传统文化精髓方面，下了大功夫。星巴克在中国的门店设计充分体现了与历史文化、区域特色、建筑风格相融合的特点。如北京前门店位于三层中式小楼内，于铺面二层高悬黑漆大匾，用黑体美术字标注中文“星巴克”，门楣小匾标注黑底罗马体英文“STARBUCKS”，与老北京商圈的文化氛围融为一体；上海石库门店充满老上海的怀旧风韵；福州的三坊七巷店与周围古色古香的明清历史街区恰到好处地融为一体。近些年，星巴克加快向西部地区和中小城市扩张，但并没有降低对于独特文化气质和品位的塑造。如成都宽窄巷子的星巴克咖啡厅充满巴蜀味道，吸引了大批追逐潮流的时尚达人，而距离成都仅 23 公里的广汉三星堆星巴克主题店并没有照搬成都既有的成功模式，而是专门跑到广汉三星堆博物馆实地考察，学习了解青铜器、陶器、金器等出土文物，将上面特有的鱼纹、鸟纹、兽面纹以及青铜面具作为设计素材融入星巴克的 LOGO 和店面设计，令人耳目一新，不仅象征着流行与时尚，甚至成为当地传统文化的物质载体和地标。星巴克入驻故宫曾被视为传统文化的入侵者和破坏者，[①]在强大社会舆论下搬离，如今正在向传统文化要素的继承和弘扬者转变。此外，在店内布局和空间方面，为迎合中国文化中注重群体交往和关系维护的特征，也采取加大店铺面积、增加座位或设有可移动的桌椅的做法，较好提升了消费者的社交体验。

3. 将中国孝道文化融入“伙伴计划”

坚持员工至上是星巴克的独特经营理念和宝贵成功经验之一。在中国，如何体现这一理念也与中国传统文化和现实需求密切结合。经过与星巴克伙伴的交流和广泛调研，管理层了解到，中国人对于父母的晚年生活负有巨大责任和义务，而许多老人缺乏足够的保险，给伙伴上班造成较大压力。研究决定，公司将投入数百万美元，实施“父母关爱计划”，从 2017 年 6 月 1 日起，为所有符合条件的全职中国员工，全资提供父母重大疾病保险。

4. 努力履行社会责任，做中国星巴克

“一切从人文视角出发”是星巴克的经营宗旨。进入中国以来，星巴克始终致力于回馈社会，对于中国社会的发展做出自己的一份贡献，在地方和全国范围内开展企业社

① 陈超博. 从故宫星巴克说文化自信[N]. 学习时报，2012-12-25.

会责任项目。2005 年 9 月，设立星巴克中国教育项目，帮助改善中国特别是西部地区的教育状况；2008 年，捐款 270 万元支援汶川地震；自 2011 年起，星巴克中国的伙伴和志愿者们共近 10 万人次贡献了超过 55 万小时的社区服务，增进了与社区和顾客的情感联系。自 2006 年起，与中国宋庆龄基金会展开持续合作，开展了一系列针对中国各地区具体需求的项目，其中包括为 3 000 名来自农村地区的教师提供有关创新教学方式的培训；设立“星巴克园丁助学金”，资助 1 200 名低收入家庭的师范类高校学生完成学业；发起“星巴克大学生环保践行者”项目，资助了 900 多个环保创新项目。2014 年 6 月，星巴克咖啡公司主席、总裁兼首席执行官霍华德·舒尔茨宣布星巴克基金会将在中国启动一项为期三年共计 300 万美元的公益投入，其中 150 万美元（约 930 万元人民币）将用于星巴克和中国宋庆龄基金会的一个全新项目——“星巴克中国青年领导力发展项目”，该项目将由致力于亚洲公益慈善事业的“赠与亚洲”（Give2Asia）进行管理，为青年大学生参加“星巴克中国青年领导力发展项目”提供机会。2012 年 12 月，在云南普洱成立亚洲首个咖啡种植者支持中心，扶植当地咖啡产业发展。

11.4.4 星巴克在中国发展中遇到的问题及应对

尽管星巴克持续多年深耕中国市场取得了不俗业绩，也遇到一些挑战。针对上述情况，星巴克高层已认识到，如果不能与时俱进，主动适应新形势新情况，仍然沿用旧的管理观念、使用旧的处理方式来经营中国市场，就会导致运营效率低下乃至丧失竞争力。星巴克的成功曾是意式咖啡美国化的结果，中国将是不亚于美国且有独立文化的另一重要市场，在中国市场的表现将关系到星巴克的转型成败及未来发展空间。

1. 咖啡市场竞争白热化导致经营压力加大

随着中国经济的快速发展和咖啡文化的普及，咖啡消费成为增长最快的餐饮领域之一。中投顾问数据显示，当前中国咖啡消费市场年增长率在 25%左右，远高于全球市场 2%的增长率，但总体规模仅为 700 亿元人民币，不及美国的 3%，且 80%以上的消费为速溶咖啡产品。由于看好未来巨大增长潜力，全球知名咖啡品牌纷纷进军中国，本土品牌也层出不穷，2016 年以来，中国市场咖啡馆已不下 10 万家，知名品牌超过 20 个。

在中高端市场，除韩系、意式咖啡也加快进军中国市场外，本土品牌更是不断涌现，或以新颖商业模式或以雄厚的资本实力快速扩张，如雕刻时光以独特的人文气息吸引了一批喜欢文学、电影、热爱生活的知识分子群体；珂菲·诺背靠中粮集团的多元化资源，成为具有强大竞争潜力的新兴品牌。对星巴克的垄断地位形成巨大挑战。

在低端市场，麦当劳、肯德基都已上线现磨咖啡，且门店更多、价格优势明显，以麦当劳的 McCafe（麦咖啡）为例，自 2009 年首次推出咖啡以来，已有卡布奇诺、拿铁、摩卡、浓缩、美式、特浓等多个品种，价格低于星巴克同类品种的三分之一到二分之一。考虑到麦当劳、肯德基在三四线城市已有门店和运营基础，并已相继推出现磨咖啡和下午茶，对于意欲走下沉路线实现快速规模扩张的星巴克已形成显著先占优势。

表 11–11　　中国大陆市场的主要咖啡品牌及最早进入或诞生时间

品　　牌	国家或地区	进入大陆或诞生时间
雕刻时光	本土	1997
U.B.C（上岛咖啡）	日本	1997
真锅咖啡（Manabe/Kohikan）	日本	1998
Starbuck（星巴克）	美国	1999
两岸咖啡	本土（台湾人在大陆开创）	2003
DIO Coffee（迪欧咖啡）	本土	2003
Jamaica blue（蓝色牙买加）	澳大利亚	2005
Illy Coffee	意大利	2005
Costa（咖世家）	英国（华联）	2006
85℃	中国台湾	2007
Dunkin' Donuts（唐恩都乐）	美国	2008
McCafe（麦咖啡）	美国	2009
Kafelaku Coffee（猫屎咖啡）	本土	2010
Manncoffee（漫咖啡）	韩国	2011
Pacific Coffee（太平洋咖啡）	中国香港（华润收购）	2011
Lavazza（乐维萨）	意大利	2011
Caffe bene（咖啡陪你）	韩国	2012
Zoo coffee	韩国	2012
Seesaw Coffee	本土	2012
Essence Café（质馆咖啡）	中国台湾	2012
豪丽斯咖啡	韩国	2012
Coffee box（连咖啡）	本土	2015
King Coffee	美国	2016
珂菲·诺	本土	2016

资料来源：作者根据公开资料收集整理。

2. 日益成熟挑剔的消费者对于个性化体验提出更高要求

近些年来，随着新一代消费者消费能力大幅提升，盲目崇信外资品牌的情节淡化，消费主权意识日益觉醒，消费态度日益成熟，消费升级加快，对服务质量、态度、消费便利性和信息消费等要求越来越高，流水线式千篇一律的标准化服务已不能满足新一代消费者更具个性化体验的高要求，星巴克急需与时俱进，适应新形势新情况。星巴克曾因过于追求同店销售额增长忽略了消费者感受，引发“中杯门”事件[①]，广遭诟病；店面扩张过快、对数字和移动支付技术反应迟缓等，也一度影响到消费者的“星巴克体验”和品牌形象。

3. 主动进行战略转型以适应不断变化的中国市场

为应对上述挑战，星巴克着手在组织结构、数字化转型、核心文化重塑、企业战略调整方面，做出一系列改变。一是破例设立中国区首席执行官，以应对市场持续扩张的需要。2016 年 10 月，星巴克任命原中国区总裁王静瑛为中国区首席执行官，晋升原中国门店开发与设计副总裁蔡德彝为中国区首席运营官，并同时宣布，到 2021 年，将把中国大陆门店数量扩张到 5 000 家。二是改善信息消费，与中国互联网企业合作，加快数字化转型，推出“第四空间”概念，改善消费者体验。如提升网速、开辟天猫旗舰店、开通微信支付、与微信合作“用星说”等数字化举措。三是继续强化以员工为核心的合作伙伴战略。在北京成立星巴克大学，加强员工招募和培训工作；提升员工福利水平，符合相应条件的员工可以享有月度住房补贴和一年无薪假期，针对中国孝文化和社会保障发展不健全的实际情况，为符合条件的员工父母购买重大疾病保险等。四是紧密跟踪客户需求变化新特点新趋势，积极开拓新型产品线，进一步强化本土化战略。如在低端市场，引进 VIA 免煮咖啡子品牌；在高端市场，将“臻选”（Starbucks Reserve）系列咖啡和茶品牌 Teavana 引入中国，与康师傅合作生产优质即饮咖啡，以迎合高收入消费者不断变化的口味；将星巴克核心理念与中国传统文化要素深度融合，在北京、上海、成都等地设立多家烘培工厂店和旗舰店，以提升星巴克体验等。最后，与其他品牌多采用加盟方式不同，尽管快速扩张造成巨大成本压力，为保持管控能力、高品质和品牌影响力，星巴克坚持不放开加盟。特别是于 2017 年 7 月宣布收购上海合资公司剩余 50%股份后，将取得在江苏、浙江和上海约 1 300 家门店的 100%所有权，在大陆市场全面实现直营[②]。不仅如此，星巴克门店扩张并非简单复制，而是在深入研究当地市场的情况下，先谋后动。

表 11-12　　星巴克烘培工厂店和旗舰店在中国分布情况

序号	店　　名	所在地	开店时间
1	北京嘉里中心店	北京	2013
2	北京三里屯太古里店	北京	2013
3	成都太古里店	成都	2014
4	上海迪斯尼店	上海	2016
5	上海兴业太古汇烘培工厂	上海	2017（预计）

资料来源：星巴克中国官网。

① 致星巴克中国 CEO 王静瑛公开信：中杯顾客很无知吗？[EB/OL].［2016-11-14］. http://www.redsh.com/a/20161114/095346.shtml.

② 陈俊宏.统一 13 亿美元清盘星巴克股权　星巴克大陆全面直营[EB/OL].［2017-07-28］. http://www.cs.com.cn/xwzx/201707/t20170728_5398205.html.

11.4.5　对星巴克“这边风景独好”之谜的简要解释

外资餐饮企业星巴克作为一般消费性服务业，不仅在过去十几年取得了不俗业绩，在当前我国经济进入新常态、供给侧改革深入发展以及某些制造业跨国公司撤离的情况下，依然保持逆势增长态势，近日又追加巨额投资收购合资企业股份，在加快扩大中国市场份额的同时，实现全面直营。在中国经济转型、外资增速放缓乃至部分企业撤离的背景下，上述举措显得较为另类，引发广泛关注。

对于星巴克中国经营战略演变过程及其最新趋势的详细分析表明：第一，作为零售餐饮类服务企业，星巴克在中国取得不俗业绩，未来将持续在中国加大投入，表明看好中国市场长期发展；第二，坚持将西方咖啡文化与中国传统要素相结合，与中国市场共成长，循序渐进实施本土化战略，是星巴克中国取得成功的重要砝码；第三，作为咖啡标杆企业，星巴克在中国的经营环境已发生重要变化，供给端竞争更加激烈，消费者日益成熟，消费升级加快，为适应不断变化的市场，星巴克与时俱进，主动进行战略转型；第四，由上述分析可知，中国外资企业营商环境的确在发生重大变化，但并非恶化；重大变化中蕴藏重大机遇，那些能够与时俱进，主动进行战略转型，勇于改变自己来适应变化的企业才能有机会与中国市场共成长。

（执笔人：郭桂霞　姜荣春　张　尧）

第12章 2016年我国外商直接投资社会责任状况

摘 要

2016年，中国外商投资企业社会责任受到越来越多的关注和重视，一方面，企业社会责任和可持续发展相关的要素越来越多地成为全球治理的重要内容，与人权、劳工、环境、反腐败、社区发展等成为发达国家特别看重的议题，并越来越多地在经贸规则中体现出来，成为全球经济治理体系的重要组成部分，也成为外资企业国际运营的重要背景；另一方面，国内出台大量社会责任相关的倡议和工具，外商投资协会等机构开始更多关注外资企业的社会责任问题，并通过多种形式推动外资企业更好地承担社会责任。在国际和国内力量的共同作用下，2016年外资企业社会责任实践稳步发展，贡献了很多积极的成果和优秀的案例，但由于外部经济形势的波动，承担社会责任的意愿和方向在不同的企业有不同的变化，也暴露了一些问题和不足。

2016年，社会责任相关工作在继续从宏观层面制定规划的同时，逐步走向落实与细化。联合国“可持续发展目标”（Sustainable Development Goals，简称SDGs）和《巴黎协定》成为联合国机构和社会责任相关机构的重要工作内容，并陆续走向执行层面。联合国相关机构、二十国集团（G20）等政府间组织，世界银行、全球报告倡议组织（Global Reporting Initiative，简称GRI）等国际性组织以及欧盟等发达经济体都在各自领域以及其关心的话题中持续推进社会责任工作。

2016年，我国继续推进供给侧结构改革，并进一步落实“创新、协调、绿色、开放、共享”五大发展理念，将其融入到相关政策制定和部门工作之中，相关政府部门也开展了很多与员工权益、环境保护、慈善捐助、绿色消费、绿色金融等社会责任相关的议题推进工作；各地方政府也越来越重视企业社会责任问题，并希望通过企业社会责任这个抓手来规范行业社会责任相关行为，利用企业和社会的力量解决一些环境和社会问题。此外，随着企业社会责任认知度的提升，中国行业组织的社会责任推进工作进一步加大，多个行业协会发布行业社会责任指南、标准等，来推动行业社会责任的发展。

总体来说，2016年外商投资企业社会责任透明度意识进一步提高，积极承担社会责任，与主营业务结合创新社会责任实践，注重案例创新，涌现了很多优秀的案例。从社会责任实践内容看，2016 年外商投资企业继续重视对供应链管理、社区关系、环境保护以及员工关爱方面的信息披露和责任实践，同时也注意与国内外热点政策相结合，特别是联合国 SDGs、应对气候变化和低碳发展、精准减贫以及公益慈善等，与时俱进推出新的责任领域和项目，具有较好的时代性与创新性。如：关注 SDGs 以及气候变化问题，致力于可持续发展；利用自身优势，直接或间接参与精准扶贫和减贫工作；关注优势公益，注重利用自身的技术、产品和服务优势，参与到社区建设、环境和社会问题的解决之中；持续关注供应链社会责任问题；越来越多的外资企业将社会责任与主营业务相结合，通过关注当前社会面临的问题和利益相关方的需求，创新性地提出解决方案，既有利于社会和环境问题的解决，也有利于自身业务的发展；与利益相关方合作，推动行业社会责任建设；一些高端服务类外商投资企业积极跟进国家政策和法律，出台推动社会责任发展的工具。

2016 年外商投资企业总体表现良好，但也存在局限性，一些长期存在的问题仍然没有很好地解决，如一些行业的环境污染问题、诚信问题、劳工实践问题等，选择性承担社会责任现象普遍，透明度有待提高。

我国应促进相关法律法规落实，积极引导外资企业社会责任实践；鼓励外商投资企业建立信息披露机制，提高透明度；鼓励外资企业提升创新能力，开创社会责任实践新领域；积极利用外商投资企业的优势，帮助解决中国实际问题；同时，也应加强外商投资企业的合规监管，以更好地推动外商投资企业承担社会责任，服务我国经济、社会和环境的可持续发展。

12.1 2016 年外资企业社会责任面临的国际制度环境变化

近年来，外资企业社会责任表现深受国际国内制度环境的影响，作为有较强国际化背景的企业，其社会责任也深受全球治理体系的影响。从最近几年全球治理领域的变化看，可持续发展和包容性增长成为全球治理的重要目标和内容，与人权、劳工、环境、反腐败、社区发展等成为发达国家特别看重的议题，并越来越多地在经贸规则中体现出来，成为全球经济治理体系的重要组成部分。已完成的 TPP、正在进行的 TTIP 谈判、中美 BIT 谈判、中欧 BIT 谈判等都显示出这种趋势。2016 年 9 月 WTO 以“包容性贸易”为主题召开开放论坛，讨论相关问题；而在杭州召开的 G20 峰会达成的《二十国集团全球投资指导原则》也提出可持续发展和包容性增长问题。

2016 年，社会责任相关工作在继续从宏观层面制定规划的同时，逐步走向落实与细化。联合国“可持续发展目标”（SDGs）和《巴黎协定》陆续走向执行与实践，未来迈向可持续发展和应对气候变化的行动将更加具有目标性、指引性和合作性。联合国相关机构、二十国集团（G20）等政府间组织，世界银行、全球报告倡议组织（GRI）等国际性组织以及欧盟等发达经济体都在各自领域以及其关心的话题中持续推进社会责任工作。

但同时也要看到，由于世界经济不景气，就业和经济增长的重要性日益增加，特别是美国总统特朗普上台后，美国退出《巴黎协定》，推诿国际责任，并停止了个别与社会责任相关的法律。

12.1.1 联合国层面

落实联合国可持续发展目标和应对气候变化的《巴黎协定》是 2016 年联合国机构与社会责任相关的重要内容。

2016 年 1 月，由联合国开发计划署发起的“可持续发展顾问委员会”正式在北京成立。委员会由具有广泛影响力的中国企业家组成，旨在借助中国企业的独特视角和资源网络，为在华实现联合国新的 17 个可持续发展目标努力。在成立大会上，全体创始成员共同签署了可持续发展宣言。据悉，委员会关注的重点领域包括：消除贫困、可持续城市、气候变化、低碳与能效、性别平等、灾害管理、利用大数据开展扶贫及其他全球发展问题创新解决方案等。委员会每年至少举办两次成员大会，共同磋商推动可持续发展面临的核心问题。

2016 年 1 月，联合国秘书长潘基文公布，连同马云在内的十六位杰出人士将担任“可持续发展目标”的倡导者，其他倡议者包括加纳总统约翰·德拉马尼·马哈马，挪威女首相埃尔娜·索尔贝格等，其中加纳总统与挪威首相将担任联合主席。这十六位政商界与社会各界的领袖将利用他们各自独特的身份与资源支持联合国秘书长的工作，立志在 2030 年前实现可持续发展目标。

2016 年 5 月，第二届联合国环境大会在肯尼亚首都内罗毕的联合国环境规划署总部举行，来自全球 173 个国家的部长或高级代表、联合国机构及非政府组织代表出席会议，大会以“落实《2030 年可持续发展议程》中的环境目标”为主题，通过关于海洋垃圾、野生动植物非法贸易、空气污染、化学品和废物以及可持续消费和生产等问题上的一系列决议，号召各国采取共同行动应对当今世界所面临的环境挑战。

2016 年 6 月，联合国全球契约组织联合相关合作者，编制了《SDGs 企业行动指南》。本“指南”通过五个步骤帮助企业为联合国可持续发展目标做出最大贡献。企业可根据自身情况运用五个步骤制定和调整相关的方针战略、确保可持续发展是核心业务战略的结果。这五个步骤包括了解 SDGs、确定优先事项、设定目标、整合、报告和沟通。

2016 年 9 月 3 日，全球最大的两个经济体和碳排放国——中国和美国同时批准和接受了《巴黎协定》，这一极具历史意义的行动赢得了国际社会的关注。2016 年 4 月，约 170 国代表在纽约联合国总部签署了《巴黎协定》，以期遏制全球温室气体排放，应对气候变化对人类的威胁。11 月 4 日，气候变化《巴黎协定》正式生效。

12.1.2 相关国际性组织和机构层面

除联合国系统外，世界银行、二十国集团（G20）、全球报告倡议组织（GRI）等也积极推动社会责任相关工作。

1. 世界银行批准全新的环境和社会责任框架

2016 年 8 月 4 日，世界银行执行董事会批准全新的环境和社会责任框架，以提高贷款项目环保和社会责任标准。该框架将于 2018 年初全面执行。新框架加入全面的劳工和工作条件保护标准、非歧视原则和社区医疗及安全措施，并提高贷款项目相关各方参与度。新框架的推出旨在满足和应对开发事业出现的新需求和新挑战，提高贷款项目效率和透明度，改进开发成果。

2. G20 推进绿色金融、反腐败和能源合作

2016 年 9 月 4 日至 5 日，二十国集团（G20）领导人第十一次峰会于在浙江省杭州市举行，会议发布《二十国集团领导人杭州峰会公报》强调建设更高效的全球经济金融治理，有效落实金融透明度标准，特别是落实法人和法律安排的受益所有权方面的透明度标准，扩大绿色投融资，欢迎绿色金融研究小组提交的《二十国集团绿色金融综合报告》和由其倡议的自愿可选措施，以增强金融体系动员私人资本开展绿色投资的能力；加强二十国集团反腐败国际合作，核准《二十国集团反腐败追逃追赃高级原则》以及《二十国集团 2017—2018 年反腐败行动计划》；构建运转良好、开放、竞争、高效、稳定和透明的能源市场，核准二十国集团能源部长发布的能源可及性自愿合作行动计划、可再生能源自愿行动计划和能效引领计划。同时峰会发布《二十国集团落实 2030 年可持续发展议程行动计划》。

3. GRI 更新可持续发展报告架构，取代目前的 G4 指南

2016 年 10 月 19 日，全球报告倡议组织（GRI）公布了更新版本的可持续发展报告架构，将于 2018 年 7 月 1 日取代目前的 G4 指南，成为企业社会责任报告的新标准。新的架构名为 GRI 标准（GRI Standards），根据 G4 修改而来，在格式上有所改善，使信息呈现方式更容易，也能更透明地披露环境、社会与经济等信息，同时让报告的内容与 SDGs 接轨。这次 GRI 标准的修订，在经济、环境与社会方面的披露项目变化不大，大致上是以整合合并一些项目的方式，使指标数更少；更大的变化在于披露信息的原则要求、管理方针的披露以及更加明确的治理层面的披露指标。

12.1.3 其他与可持续发展相关的倡议

2016 年 3 月 16 日，欧洲企业社会责任协会（Corporate-Social-Responsibility，简称 CSR）正式发布首版《将人权融入企业关键职能部门计划》，将人权问题转化为三个关键职能部门（人力资源、采购、风险管理）和六个核心要素（跨部门领导力、共担责任、激励机制、提供操作指导和培训、促进双向沟通、评估分析整合等），为将人权观念植入

企业提供操作层面的支持。

2016 年 6 月 20 日，新加坡交易所（Singapore Exchange，简称 SGX）以“不遵守就解释”（comply or explain）的原则推出可持续发展报告制度，要求企业在报告中必须描述有关可持续发展如何实践的内容。根据要求，本地上市公司必须在 2018 年开始每年至少公布一次可持续发展报告。

12.2　2016 年外资企业社会责任面临的国内制度环境变化

2016 年，我国继续推进供给侧结构改革，并进一步落实“创新、协调、绿色、开放、共享”五大发展理念，将其融入相关政策制定和部门工作之中，多个行业协会发布社会责任指南、标准等，进一步规范和引导企业开展社会责任实践。

12.2.1　国家发布与社会责任相关的政策和法律文件

2016 年，中国发布或修订了大量与社会责任相关的政策和法律文件，内容涉及可持续发展目标、创新驱动战略、中国工业 2025、环境保护、公益慈善等诸多内容。

1.《中国落实 2030 年可持续发展议程国别方案》为企业社会责任提供指引

2016 年 9 月，国务院总理李克强在纽约联合国总部发布了中国政府制定的《中国落实 2030 年可持续发展议程国别方案》。该方案由五部分组成，包括我国在落实千年发展目标方面取得的成果和经验、落实可持续发展目标的挑战与机遇、指导原则、路线图和具体方案。该方案已经成为中国企业开展社会责任活动的重要参考和指引。

2016 年 12 月，国务院出台《中国落实 2030 年可持续发展议程创新示范区建设方案》，致力于制定可持续发展规划，破解制约可持续发展的瓶颈问题，探索科技创新与社会事业融合发展新机制，分享科技创新服务可持续发展经验。

2. 绿色环保和生态文明是重要方向

2016 年 12 月，《中华人民共和国环境保护税法》（下文简称《环保税法》）正式公布，自 2018 年 1 月 1 日起施行。《环保税法》是我国第一部专门体现“绿色税制”、推进生态文明建设的单行税法，曾走过 6 年立法之路、历经两次审议。《环保税法》全文 5 章、28 条，分别为总则、计税依据和应纳税额、税收减免、征收管理、附则。环保税法的出台，无疑将影响企业的环保行为，促使企业向环境友好方向转型。

2016 年 7 月，多部环境保护相关法律修订案正式通过，包括《中华人民共和国环境影响评价法》修订（自 2016 年 9 月 1 日起施行）、《中华人民共和国节约能源法》、《中华人民共和国水法》（自公布之日起施行）、《中华人民共和国野生动物保护法》（自 2017 年 1 月 1 日起施行），该法将保护野生动物明确为公益事业。

2016 年 12 月，中共中央办公厅、国务院办公厅印发了《生态文明建设目标评价考核办法》，并发出通知，要求各地区各部门结合实际认真贯彻执行。该办法自 2016 年 12

月 2 日起施行。

2016 年 1 月，中共中央、国务院发布《关于落实发展新理念加快农业现代化 实现全面小康目标的若干意见》的文件，主题仍然是“三农”，但是其中多处与生态环保相关，在总共 30 条的文件中，有至少 16 条直接或间接涉及环保领域：要建设生态友好的高标准农田、优化水资源空间格局、优化国内农业结构缓解资源环境压力；加强资源保护和生态修复，推动农业绿色发展；坚持最严格的耕地保护制度；确保农业生态环境恶化趋势总体得到遏制；加强农业生态保护和修复等。

2016 年 5 月，中共中央、国务院印发了《国家创新驱动发展战略纲要》，其中提到要推动产业技术体系创新，创造发展新优势，包括发展智能绿色制造技术；发展生态绿色高效安全的现代农业技术，确保粮食安全、食品安全；发展安全清洁高效的现代能源技术，推动能源生产和消费革命；发展资源高效利用和生态环保技术等。

2016 年 4 月，国务院办公厅印发《关于完善国家级经济技术开发区考核制度促进创新驱动发展的指导意见》，要求完善考核评价体系。生态环保成为重要的内容，文件明确要强化绿色集约发展，要鼓励绿色低碳循环发展。

2016 年 5 月，国务院办公厅发布《关于健全生态保护补偿机制的意见》，指出分领域重点任务，推进体制机制创新，加强组织实施，进一步健全生态保护补偿机制，加快推进生态文明建设。

2016 年 5 月，国务院公布《土壤污染防治行动计划》。“土十条”提出开展土壤污染调查，掌握土壤环境质量状况；推进土壤污染防治立法，建立健全法规标准体系；实施农用地分类管理，保障农业生产环境安全；实施建设用地准入管理，防范人居环境风险；强化未污染土壤保护，严控新增土壤污染；加强污染源监管，做好土壤污染预防工作；开展污染治理与修复，改善区域土壤环境质量；加大科技研发力度，推动环境保护产业发展；发挥政府主导作用，构建土壤环境治理体系；加强目标考核，严格责任追究。

可以看出，2016 年，我国出台了诸多法律法规或政策文件涉及环境保护和生态文明建设，其中新出台的《环保税法》、新修订的《环境影响评估法》、《节约能源法》等重要法律将对企业的运营产生直接影响；而国务院发布的相关文件也将对企业运营的环境要求更加严格，在这种大的环保背景下，无疑会促使外资企业更多地关注环境相关问题。

3.《慈善法》出台，非政府组织活动受到进一步规范

2016 年 3 月，《中华人民共和国慈善法》正式发布，并于 2016 年 9 月 1 日起施行。为配合《慈善法》的实施，中共中央办公厅、国务院办公厅印发了《关于改革社会组织管理制度促进社会组织健康有序发展的意见》；社会组织三大条例相继修订并向社会征求意见；民政部制定了《慈善组织认定办法》《慈善组织公开募捐管理办法》《关于慈善组织开展慈善活动年度支出和管理费用的规定》《公开募捐平台服务管理办法》等一系列具体实施细则。

2016 年 4 月，《中华人民共和国境外非政府组织境内活动管理法》发布，于 2017 年

1 月 1 日起生效实施，是中国首次就境外非政府组织在华活动进行管理、监督和提供服务保障进行的立法。

2016 年 8 月，中共中央办公厅、国务院办公厅印发《关于改革社会组织管理制度促进社会组织健康有序发展的意见》，提出完善扶持社会组织发展政策措施，依法做好社会组织登记审查，严格管理和监督，规范社会组织涉外活动，加强社会组织自身建设。

此外，2016 年 2 月，国务院发布了《关于进一步健全特困人员救助供养制度的意见》，鼓励社会力量参与特困人员救助供养工作。

当前，很多企业将公益慈善作为其社会责任的重要组成部分并对外宣传，很多企业也成立了公益基金会来专门开展公益慈善活动。上述两部法律以及文件的出台，将极大影响企业的慈善行为，也影响慈善组织和境外非政府组织在中国从事社会责任相关领域活动，从而间接影响企业与非政府组织的合作。

4. 更多与社会责任具体操作细节相关的政策工具出台

此外，国务院还印发了与社会责任操作细节相关的一些政策工具，如《关于加快推进重要产品追溯体系建设的意见》引导企业关注供应链可追溯问题；《关于促进创业投资持续健康发展的若干意见》将社会责任原则引入创业投资之中；《网络安全法》对互联网企业提出严格要求；《生产者责任延伸制度推行方案》则率先对电器电子、汽车、铅酸蓄电池和包装物等相关行业的企业提出更高的要求。

2016 年 1 月，国务院办公厅发布《关于加快推进重要产品追溯体系建设的意见》（简称《意见》）。要求发挥认证作用，探索以认证认可加强追溯体系建设，鼓励有关机构将追溯管理作为重要评价要求，纳入现有的质量管理体系、食品安全管理体系、药品生产质量管理规范、药品经营质量管理规范、良好农业操作规范、良好生产规范、危害分析与关键控制点体系、有机产品等认证，为广大生产经营企业提供市场化认证服务。适时支持专业的第三方认证机构探索建立追溯管理体系专门认证制度。《意见》明确，在食用农产品、食品、药品、主要农业生产资料、特种设备及危险品、稀土产品等几个领域推进、开展追溯体系建设。该意见的出台有利于企业加强供应链管理，是企业社会责任的核心内容之一。

2016 年 9 月，国务院印发《关于促进创业投资持续健康发展的若干意见》，从投资主体、资金来源、退出机制等方面提出进一步促进创业投资持续健康发展的政策措施，同时强调创业投资发展要坚持服务实体、专业运作、信用为本、社会责任等基本原则。

2016 年 11 月，《中华人民共和国网络安全法》正式发布，自 2017 年 6 月 1 日起施行。这是中国第一部有关网络安全方面的法律，首次明确了网络空间主权的原则、网络产品和服务提供者及运营者的安全义务等。

2016 年 12 月，国务院办公厅《生产者责任延伸制度推行方案》，综合考虑产品市场规模、环境危害和资源化价值等因素，率先确定对电器电子、汽车、铅酸蓄电池和包装物等 4 类产品实施生产者责任延伸制度。在总结试点经验基础上，适时扩大产品品种和领域。

12.2.2 相关政府部门的社会责任推进工作

除上述国家层面的政策法律影响外资企业承担社会责任的大环境之外，相关政府部门也开展了很多与员工权益、环境保护、慈善捐助、绿色消费、绿色金融等社会责任相关议题的推进工作；这些部门要求也将影响外资企业开展与社会责任相关的活动。

2016 年 1 月，国家卫计委、发改委、民政部等十个部委联合出台《关于加强农民工尘肺病防治工作的意见》，从源头防治、鉴定、救治等七个方面提出要求，明确了用人单位及各政府部门的责任。

2016 年 1 月，财政部、国家税务总局、海关总署联合发布《慈善捐赠物资免征进口税收暂行办法》，明确规定对境外捐赠人无偿向受赠人捐赠的直接用于慈善事业的物资，免征进口关税和进口环节增值税。

2016 年 1 月，国家发改委办公厅发布《“互联网+”绿色生态三年行动实施方案》的通知。通知提出总体要求，推动互联网与生态文明建设深度融合，完善污染物监测及信息发布系统，形成覆盖主要生态要素的资源环境承载能力动态监测网络，实现生态环境数据的互联互通和开放共享。通知还强调要完善废旧资源回收利用和在线交易体系，制定《“互联网+”资源循环行动方案（2016—2020）》，起草下发《关于推动再生资源回收行业转型升级的意见》，支持回收行业利用物联网、大数据开展信息采集、数据分析、流向监测，推广“互联网+”回收新模式等任务。

2016 年 3 月，发改委、中宣部、科技部、财政部、环保部、住建部、商务部、质检总局、旅游局和国管局联合制定了《关于促进绿色消费的指导意见》。意见提出，要鼓励绿色产品消费、完善绿色采购制度、加强金融扶持，到 2020 年，绿色消费理念成为社会共识，长效机制基本建立，奢侈浪费行为得到有效遏制，绿色产品市场占有率大幅提高，勤俭节约、绿色低碳、文明健康的生活方式和消费模式基本形成。

2016 年 5 月，工业和信息化部公布《工业节能管理办法》，自 6 月 30 日起施行，致力于完善工业节能管理机制、措施，提升工业企业能源利用效率，加快工业绿色低碳发展和转型升级，并对工业企业的节能减排和资源利用提出要求。

2016 年 7 月，国资委印发《关于国有企业更好履行社会责任的指导意见》，要求国有企业履行社会责任要重点把握好三个原则：坚持以可持续发展为核心；坚持社会责任与企业改革发展相结合；坚持社会责任与企业运营相融合。

2016 年 8 月，国家邮政局出台《推进快递业绿色包装工作实施方案》，旨在谋划快递业绿色包装工作，提高快件包装领域资源利用效率，降低包装耗用量。方案部署的任务有推进快递业包装法治化管理、加快快递业包装绿色化发展、鼓励快递业包装减量化处理、探索快递业包装可循环使用、实施快递业绿色包装试点示范工程等。

2016 年 8 月，工信部发布与社会责任相关的行业标准——《电子信息行业社会责任指南》（SJ/T 16000—2016）。该指南参考了 ISO 26000 社会责任国际标准、GB/T 36000 社会责任国家标准等社会责任标准，是结合电子信息行业的实践和特点而制定的行业标准，为电子信息行业指出了社会责任的基本目标、基本原则、基本实践，10 个核心主题及相关 31 个议题；多家外资企业参与了该行业标准的制定及试点应用工作。

2016 年 8 月，中国人民银行、财政部、国家发改委、环境保护部、银监会、证监会、保监会联合印发了《关于构建绿色金融体系的指导意见》，提出了支持和鼓励绿色投融资的一系列激励措施；明确了证券市场支持绿色投资的重要作用；提出发展绿色保险和环境权益交易市场；支持地方发展绿色金融；要求广泛开展绿色金融领域国际合作。

2016 年 12 月，环境保护部发布《建设项目环境影响评价技术导则总纲》（HJ2.1–2016），明确自 2017 年 1 月 1 日起，在环境影响评价工作程序中，将公众参与和环境影响评价文件编制工作分离。“公众参与”将不再出现在环评机构出具的环评报告中，而是由企业自行开展，并单独报送。

12.2.3　各地方政府因地制宜规范社会责任实践

2016 年，我国各地方政府也越来越重视企业社会责任问题，并希望通过企业社会责任这个抓手来规范行业社会责任相关行为，利用企业和社会的力量解决一些环境和社会问题。

2016 年 5 月，《浙江省绿色建筑条例》正式施行，对浙江绿色建筑未来发展作了规定和规范，建立了分类递进与分区递进相结合的绿色建筑实施机制，建立了既有建筑能耗监管与改造制度，规定了一批扶持绿色建筑发展的激励政策。

2016 年 6 月，天津正式发布《天津市社会组织公益创投规程》（简称《规程》），自 2016 年 7 月 15 日起正式实施。《规程》对天津市社会组织公益创投的术语与定义、流程与组织主体、发布项目征集方案、项目申请与立项、项目执行与督导、项目结项和项目后评价作出了明确规定。这是为聚焦政府、社会力量支持社会组织公益创投流程而编制的地方标准，在全国尚属首例。

2016 年 6 月，山东发布《饭店服务行业企业社会责任标准》，面向山东省饭店服务行业推行社会责任管理建设体系。

2016 年 9 月，北京出台《北京市慈善信托管理办法》，成为全国首个地方性慈善信托管理办法。

2016 年 12 月，北京市民政局发布了《北京市社会力量参与捐助工作管理办法》。首次明确，在发生大型自然灾害和城市突发事件时，社会力量可参与本市困难群众帮扶以及本市对口支援、对口帮扶和对口协作等工作，以及救急解难、扶危济困等领域开展的捐赠物资接收、处理及发放等活动。

12.2.4 行业组织的社会责任推进工作

2016年，随着企业社会责任认知度的提升，中国行业组织的社会责任推进工作进一步加大，多个行业协会发布行业社会责任指南、标准等，来推动行业社会责任的发展。

2016年6月，中国乳制品工业协会发布《乳制品企业社会责任指南》，明确提出乳制品行业社会责任标准，推动乳品企业明确责任义务，践行行业标准，维护乳制品行业健康安全有序发展。

2016年8月，联合国全球契约中国网络主办“点亮美好未来——2016实现可持续发展目标中国峰会”，旨在通过主旨演讲、主题论坛、专题展台、先锋企业表彰等方式，展现中国企业积极响应联合国可持续发展目标，在发展经济、服务社会、保护环境等方面做出的贡献；峰会上还发布《可持续发展全球契约》、《联合国可持续发展目标企业行动指南》和《全球目标的本土化落实》等文件，推动企业关注并致力于可持续发展目标的实现。

2016年9月，中国通信企业协会发布了《中国信息通信行业企业社会责任管理体系》，该标准由行业标杆企业及社会各界共同参与，历时一年多时间起草完成，明确了信息通信行业企业需要履行的社会责任，提出了企业履行社会责任的指导原则、基本理念与要求。此外，协会还发布了《中国信息通信行业社会责任报告（2015）》，从服务国家战略、推动行业发展、引领低碳发展、助力员工成长、贡献社会和谐五个方面具体阐述了信息通信行业在推进社会责任体系建设工作方面的实践和绩效，系统研究了行业企业的履责情况和行业责任建设推进水平，对企业开展社会责任管理和责任建设工作提供经验和参考。

2016年5月，中国纺织工业联合会发布《供应链化学品管理创新2020行动纲要》计划，为实现纺织服装行业的化学品环境风险管控的要求、体系和能力建设的协调与统一研究创新行动指南，并为利益相关方沟通与合作探索有效机制和平台，联合各方力量共同推进供应链化学品管控行动，以减少纺织行业对环境和人体健康的负面影响，以推动纺织行业在十三五的绿色发展目标的实现。该行动方案主要在技术创新、标准融合、利益相关方合作、能力建设、信息共享五个方面开展工作。此外，2016年11月，中国纺织工业协会还联合孟加拉国、柬埔寨、缅甸、巴基斯坦等国纺织行业组织一道签署《亚洲纺织服装行业负责任供应链区域合作治理宣言》，合作推动纺织行业负责任供应链建设，提升话语权。

五矿化工进出口商会也积极推动本行业社会责任建设，继《中国负责任矿产供应链尽责管理指南》发布之后，又开展指南的落地工作。此外，五矿化工进出口商会还积极推动天然橡胶行业可持续发展，起草制定《天然橡胶可持续发展指南》，推动天然橡胶行业的可持续发展。

12.3　2016 年外商投资企业社会责任发展状况

2016 年外商投资企业社会责任透明度意识进一步提高，积极承担社会责任，与主营业务结合创新社会责任实践，涌现了很多优秀的案例，也存在一些问题。

12.3.1　总体表现

2016 年外商投资企业社会责任实践总体来说在不断推进，大型跨国企业优秀实践案例不断增多。外商投资企业重视社会责任案例的创新，并积极参与国内相关的社会责任评价和评奖工作，但是也存在一些问题。比如，外资企业社会责任报告数量还是相对比较少，透明度有待进一步提升；部分外资企业社会责任工作聚焦公益慈善，在预算受到约束的情况下，活动开展也受到限制，再加上我国《慈善法》和《境外非政府组织境内活动管理法》的出台，也使得外资企业联合非政府组织开展的活动受到一定的影响。

根据《金蜜蜂中国企业社会责任报告指数 2016》，自 2016 年 1 月 1 日到 10 月 31 日中国各类组织发布社会责任报告共 2 613 份，其中企业报告 1 530 份，达到总数的 58.55%。据统计，外资公司在中国区发布的报告较低，不足 10%。

中国外商投资企业协会联合《WTO 经济导刊》开展了“2016 中国外商投资企业社会责任优秀案例征集活动”，根据外商投资企业履责的受益主体和实践内容的不同，将案例分为发展战略、合作、客户、员工、环境和社区 6 类，最终评审出“发展战略贡献、合作好伙伴、客户好朋友、员工好雇主、环境好使者、社区好邻居”六个奖项；54 家外商投资企业申报的 61 个社会责任实践案例入选上述奖项，他们来自 15 个国家和地区，其中世界 500 强企业 22 家。

2016 年 12 月，中国外商投资企业协会联合《WTO 经济导刊》发布了《2016 中国外商投资企业履行社会责任优秀实践指数报告》，报告采用战略地位、过程创新、社会效益、经济效益、可复制性、可持续性、专业优势 7 个一级指标和 16 个二级指标，对外资企业的社会责任实践进行评估，样本外商投资企业的社会责任优秀实践总指数为 81.9，与 2015 年的 82.3 相比有所下降。从分类指数来看，环境实践指数最高，其次是员工与客户案例指数，与 2015 年相比，客户、员工和环境案例指数都有所提高；欧洲企业实践指数最高，其次是北美洲、亚洲企业；世界 500 强企业指数高于非世界 500 强企业。外商投资企业在华履行社会责任情况整体凸显出以下特点：服务大局，战略融入；责任探索，践行可持续发展目标；多方参与，共享价值；寻求创新，促进本土化；协调发展，可持续性待增强；多元包容，实践待改进。从一级指标平均得分率看，还需加强过程创新、自身价值创造、社会价值创造和专业优势的发挥。

《中国企业社会责任蓝皮书（2016）》对外资企业 100 强的社会责任报告情况进行了分析并得出外资企业 100 强社会责任发展指数，2016 年外企 100 强社会责任发展指数平均得分为26.0分，比起2009年的7.1分有较大上升，与2014年的26.4分、2015年的26.1分基本持平略有下降。另外，地区间存在较大差异，东亚地区的企业远好于欧美地区的企业。其中，韩资企业得分最高（70.2 分），达到四星级水平，处于领先者阶段；台资企业其次（52.4分）、日本（40.9分），达到三星级水平，处于追赶者阶段；港资企业（39.1 分）、德国（27.3 分），为二星级水平，处于起步者阶段；美国（18.5 分）、法国（15.1分）、英国（13.8分）、其他国家（13.8分）和新加坡（8.2分）的企业社会责任发展指数依次降低，为一星级，处于旁观者阶段。需要说明的是，该蓝皮书是依据企业社会责任报告的内容对照其自己制定的标准进行的打分，并不能实际反映企业的社会责任履责情况，而是反映企业的社会责任报告情况。欧美国家社会责任得分低，很可能是因为其并未按照报告的指数内容发布报告的原因，并不一定代表其社会责任表现不好。

12.3.2 2016年外商投资企业社会责任实践

2016年外商投资企业继续重视对供应链管理、社区关系、环境保护以及员工关爱方面的信息披露和责任实践，同时与国内外热点政策相结合，特别是联合国 SDGs、应对气候变化和低碳发展、互联网和人工智能以及公益慈善等，与时俱进推出新的责任领域和项目，具有时代性与创新性。

1. 关注SDGs以及气候变化问题，致力于可持续发展

2016 年是落实 2030 可持续发展议程和 SDGs 的开局之年，很多外商投资企业将SDGs与企业发展相结合，作为其社会责任的重要内容。2016年6月，WTO经济导刊和全球契约中国网络联合一些企业共同发起“金蜜蜂全球CSR2030倡议”，其中有多家外商投资企业参加，包括英特尔公司、杜邦公司、伊顿公司等。

2016 年，联合技术公司和海航集团共同发起“绿色航空倡议”，并与波音公司、空中客车（中国）公司、巴西航空工业公司、伊顿公司等12家单位联合发布《2016绿色航空白皮书》。白皮书结合5项与绿色航空业密切相关的SDGs进行了细致阐述，并结合企业社会责任工作，深入探讨航空业未来的发展方向；通过研究航空业在设计、测试和制造整个过程的低能耗、低排放和低污染实践，推动产业竞争力升级，实现航空产业从创造市场价值到创造经济、社会和环境综合价值的跨越，为应对气候变化做出贡献。

英特尔将SDGs第9项——建设有复原力的基础设施、促进具有包容性的可持续产业化，并推动创新，作为其在中国履行社会责任的优先项，将持续推动技术创新、协同创新和投资推动中国信息产业的持续发展，积极解决社会问题作为自己的目标，再将其整合进核心业务和企业治理中，将自身业务、产业责任和社会担当三者统一，将引领核心技术创新、促进产业创新和推动社会创新三个环节链接为一体，以社会需求为基准，规划技术、产品，构建市场方向，通过万众创新推动社会创新，营造生机勃勃的开放创新生态圈，又以社会创新推动技术创新，形成有机的、可持续的循环，以此来实现SDGs9的目标。

IBM 专门制定了自己的 2030 SDGs 战略，探讨如何通过创建和促进跨部门、跨行业合作等途径让员工的志愿者行动更好地促进 SDGs 目标的实现，并将 IBM 可持续行动的关键领域与 SDGs 进行对标，确定需要的资源、合作伙伴及推出时机。

APP（中国）作为造纸企业，其业务活动对环境影响特别大，其可持续发展包含的内容也非常广泛，包括科学营林、环保制浆、绿色造纸等诸多环节和内容，涉及产业链长，利益相关方众多。APP（中国）将“林浆纸一体化”的理念带入中国，形成“以林促纸，以纸养林，林纸结合”的绿色大循环，让纸业的“可持续发展”成为可能。迄今为止，已累积环保投入超过 93.35 亿元用于资源有效利用和加强自然生态环境的保护，从水资源、能源、污染气体、固体废弃物等方面控制运营产生的环境影响，打造新环境下清洁、绿色的生产链，实现生态文明建设。作为产品消费密集的企业，对气候变化影响也特别大，APP（中国）为有效应对这一问题，在中国八大省区所种植的 450 万亩人工林平均每年可固碳 217 万吨，吸收二氧化碳约 800 万吨，相当于 200 万辆汽车一年的排放量；开展清洁能源应用项目，包括大规模地应用光伏发电，总投资近 20 亿元。在 2016 年 8 月举行的“点亮美好未来——2016 实现可持续发展目标中国峰会”，APP（中国）获得“实现可持续发展目标（SDGs）先锋企业”称号。

外资企业与 SDGs 应对气候变化相关的实践还有很多，一方面是受到母公司和国际社会舆论的影响，另一方面也是利用中国开展 SDGs 国别行动以及应对气候变化方面的承诺，积极利用自身技术优势彰显其社会责任，争取更好的商业机会。

2. 利用自身优势，积极参与精准扶贫

自我国提出精准扶贫以来，不少跨国公司通过发挥各自优势，直接或间接参与精准扶贫和减贫工作，并取得了较好的效果。

2016 年，腾讯公司搭建的以“互联网+乡村”为模式、通过移动互联网发现乡村价值的开放平台——“为村”项目上线运营。该项目通过指引村庄建立本村的微信公众号，推动乡村移动互联网能力建设。“为村”还积极整合各方社会资源，为村民提供服务。在这个项目中，每个村庄都将有一个本村的微信公众号，加入公众号的村民均为本村村民，且实名认证。通过微信平台，村民不仅可以查看村务信息、财务公开、病虫害预报等多种资讯，还可以获取网上订票、购物等服务。截至 2016 年 10 月 17 日，全国已有 1 752 个村庄申请加入该项目，其中 464 个村庄已通过申请，已建立村庄公众号 177 个。依托微信号建立的“为村”平台，旨在整合更多社会资源为三农提供服务，如农技指导或病虫害预报、专家答疑、农资产品购买与销售、农资售后服务、农产品销售等。通过互联网平台带动相关村庄实现减贫和发展。

雀巢作为世界领先的咖啡企业，与产业链各主体合作不断强化，导入技术、资金等要素，提高了种植者、加工者的综合素质和自我发展能力，推动形成一批专业大户和家庭农场，促进了农民合作社发展。一直以来，雀巢公司非常注重从供应链源头进行质量管理，而这也直接影响到农产品质量和农民生计问题。2016 年 3 月，雀巢公司与云南普洱市政府合作建设的“雀巢咖啡中心”在普洱工业园区正式启动。通过雀巢公司与普洱市当地政府的不懈努力，云南咖啡产业对接小农户与大市场，推动农业结构调整优化；实现农业生产全程可追溯，以此捍卫农产品质量安全；采取“公司+农户”、“公司+合作社+农户”等模式，解决了农户规模扩大之后的市场销售问题，降低了农民和合作社的经营风险，有效带动了农户与合作社扩大生产经营规模。雀巢一直坚持带动农民而不是代替农民，领着农民干，示范最佳实践，把农业生产环节留给农民。不仅如此，雀巢还主动对接国际规则，为云南咖啡豆走向国际市场提供了便利。在中国国内建设咖啡加工厂，在提供本地工作机会的同时，为咖农提供了就近的采购渠道，通过品牌效应培植国内咖啡文化，扩大市场需求，实现了咖啡产业的良性循环和社会效益；雀巢公司帮助咖农发展种植、通过培训和持续增加采购而达到共赢。

雀巢咖啡在云南的项目使得当地咖农收入保持稳定并得以增长，从而可以用于孩子教育、房屋建设、农具添置等，减少当地人民因为贫穷和无知而从事毒品交易或贫困代际传递的可能性，提高了当地人民的生活福祉水平，也使妇女充分参与其中，有效地将其供应链管理与当地减贫目标相结合，实现共赢发展。

3. 注重优势公益行动

近年来，外商投资企业开展了大量的公益慈善项目。2016 年，优势公益正在成为越来越多外商投资企业的选择。与以往的公益活动不同，越来越多的外商投资企业开始注重利用自身的优势，参与到社区建设、环境和社会问题的解决之中，而不是仅仅出钱出力参与救灾、助学等公益项目。

诺维信将教育作为其 2016—2020 年间 6 个长期可持续发展目标之一。根据国务院办公厅 2016 年 2 月发布的加快推动科技教育的《全民科学素质行动计划纲要实施方案》，特别是其中针对义务教育阶段的生物科学教育的内容，诺维信响应国家的号召，在 2016 年发起了针对中国中小学阶段的生物教育项目。该项目以培养中国青少年对生物知识的兴趣为目标，将诺维信领先的生物和生物技术知识改编成通俗易懂的生物课本，并配以灵活多样的课堂互动，加深中国青少年对生物和知识和现代生物技术的了解。在北京，其与教委科技馆一起，发起了“漫游酶世界——生物催化生活之美”活动；在上海，其与社区教育机构一起，发起了“小小生物创新家”活动；在京津冀，其与环境教育机构一起，发起了“生物环保课堂”活动；还面向全国的高校社团发起了“生物教育创新”活动，鼓励大学生以创新的方式实现适合本地的生物教育。诺维信利用自身技术优势开展公益活动，让生物科学教育变得更加生动有趣，激发青少年对生物科学的兴趣和探索，推动社会的可持续发展。

佳能作为一家以影像技术见长的企业，致力于以影像保护文化，实现文化与人、与社会发展的共生。佳能（中国）认为，企业的公益行为应从发挥企业的专业优势出发，最大化、持续地给受助者带来积极、健康的正能量。获得高质量的教育是改善人民生活和实现可持续发展的基础，佳能（中国）关注联合国可持续发展优质教育目标，运用影像技术，通过“佳能影像之桥”“佳能影像发现丝路之美”两个重点行动，推动教育和文化事业发展。2016 年 5 月，佳能启动“青少年摄影教育修史”项目，为修史工作贡献其多年来在青少年影像教育领域的实践成果，并提供全方位的软硬件支持。2016 年 6 月，佳能（中国）在新疆乌鲁木齐启动“佳能影像发现丝路之美”项目，与当地新疆日报社、新疆都市报等媒体合作，在哈密、吐鲁番、巴州、阿勒泰等地区进行深入的采风并进行影像文化交流活动。

2016 年 3 月，可口可乐可持续农业节水灌溉及新型机械种植项目在广西壮族自治区崇左岜羊地区实施。这个项目满足了环境和社会两方面的需要，一方面提高和优化了水资源的利用，为当地社区补充了 27.4 亿升的水；另一方面增加了甘蔗产量。每年，直接受益的蔗农超过 6 000 人，间接受益超过 15 万人，包括大量的少数民族妇女和儿童。在中国，可口可乐推动了近 20 个水资源保护项目。

美国安利公司于 2016 年 10 月宣布在未来三年内，致力于改善 3–5 岁儿童营养状况的“为 5 加油”项目将在全球投入更多资金，加强与多国政府及公益机构的合作，通过扩大分发儿童营养包或咀嚼片的地点和数量，希望到 2019 年底，也就是安利公司成立 60 周年之际，为全球超过 50 万的营养不良儿童提供精准帮扶，改善他们因营养不良导致的健康发育问题。

2016 年 3 月，欧莱雅中国在重庆开展的“美丽事业，美好人生”美容美发技能公益培训项目开班授课，宣布当年将重点扶持重庆以及四川地区城乡贫困女性 1 000 名，开授培训班 25 个，开启该公益项目未来五年培训计划，大力推进该项目发展进程。

4. 持续关注供应链社会责任

跨国公司由于其在全球的业务布局，导致其有较为庞大和难以把控的供应链，同时这也是大部分在华外资企业在社会责任工作中比较重视的地方。共同供应链管理，可以有效地降低风险，并实现供应链的可持续发展。

苹果公司于 2016 年 8 月宣布其位于中国的所有 14 家组装工厂已全部实现零废弃物排放，即其废弃物全部被回收、再利用、堆肥或燃烧以产生能量。另外，作为去年宣布的供应链清洁能源项目的一部分，苹果主要供应商蓝思科技承诺，到 2018 年底使用 100% 的可再生能源为苹果进行玻璃生产供电。目前苹果全球运营可再生能源利用率达 93%。苹果还成立能源子公司 Apple Energy 向电网出售剩余太阳能电力。另外，惠普公司也承诺其全球业务运营将 100% 使用可再生能源电力，进一步加强可持续发展的承诺。作为这个目标的一部分，惠普宣布加入可再生能源 100（Renewable Energy100，简称 RE100）全球行动，这是一项由全球知名企业发起的联合行动，承诺 100% 使用可再生能源电力。

5. 与主营业务结合，探索社会和环境共赢发展

越来越多的外资企业将社会责任与主营业务相结合，通过关注当前社会面临的问题和利益相关方的需求，创新性地提出解决方案，既有利于社会和环境问题的解决，也有利于自身业务的发展。

伊顿公司作为一家动力管理企业，不仅将可持续发展作为自身的责任，更作为商业发展的动力、现在和未来成功的关键。伊顿一直致力于通过产品、解决方案、业务运营和员工来帮助创造更加可持续发展的世界。将“正当经营”植根于伊顿的企业理念之中，与客户、供应商一道，力求在不消耗更多世界资源的前提下，满足全球日益增长的能源需求。其认识到在中国大规模工业化、信息化和新型城镇化的进程中，利用创新技术提高能源效率，成为解决能源匮乏环境问题、推动城市可持续发展的有效解决方案。伊顿的绿色创新型动力解决方案，以少取多，用更少的能源产生更多动力，帮助客户及整个社会减少能源消耗、降低排放，提高能源效率。无论是为中国 C919 大飞机项目提供高效的航空管路系统，还是为城市公交大巴提供混合动力系统，伊顿的技术和服务都致力于推动中国城市的可持续发展。

诺维信将可持续发展要素纳入对研发产品的生命周期评估之中，以量化其技术和产品对环境的影响，帮助其确定项目和商业方案的可持续发展影响。对于那些在可持续发展目标相关领域有非常大潜力的项目，将会成为“Globe Star”项目，从而在决策流程中被予以更多的关注和重视。2016 年，诺维信新发布的洗涤剂用酶制剂产品 Progress® Uno 和 Amplify® Prime，能够更好地在家庭中实现常温洗涤、深层去污、节省洗涤时间以及更好的清洁和卫生效果，通过融入了 SDGs 的可持续发展评估，这两个洗涤剂用酶制剂产品在可持续发展目标相关的如健康、卫生、能源、水资源、化学品以及废弃物等方面具有非常好的可持续发展潜力，因而发布后顺利得到了客户的接受和认可。

2016 年 10 月，百事公司宣布了一个在世界各地减少其软饮含糖量的目标，称作 2025 可持续发展议程，以帮助解决从肥胖到气候变化的一系列问题。根据其规划，到 2025 年至少三分之二的饮料产品将减少糖分的添加。百事公司表示，这个全球新目标比先前降糖幅度更大一些，到 2020 年一些市场的饮料降糖幅度要达到 25%。

6. 与利益相关方合作，推动行业社会责任建设

由于企业社会责任是需要花费较大的成本，在不负责任企业不能受到有效惩罚、负责任企业不能得到有效激励的情况下，可能存在劣币驱逐良币的现象，也可能会发生向下竞争的情况。由于社会责任涉及面广，很多问题并非单家企业可以解决，因此，越来越多的外商投资企业开始和全球范围内的伙伴联合起来，共同推动社会责任和可持续发展。

还以诺维信为例，其一直致力于在企业、政府、学术机构和非政府组织（Non-Government Organization，简称 NGO）之间建立可持续发展伙伴关系，与联合国及下属组织发起并参与了 Sustainable Energy for All（SEFAll）项目，与企业伙伴如联合利华、宝洁、雀巢、立白、溢达等联合开展产品创新以实现高标准的环境要求和更全面的消费者需求；还与零售商如沃尔玛一起开展贯通供应链的可持续发展评估。

2016 年，伊顿中国联合南方电网综合能源公司、《WTO 经济导刊》举办“可持续发展城市建设中的能源挑战”论坛，并邀请了招商蛇口、苹果公司、北京燃气、新奥集团、北京约顿气膜等展开跨行业的对话；就绿色工厂项目与南网综合能源展开战略合作，将

在山东济宁的工厂园区建设新能源项目并在生产运营中使用新能源。

7. 跟进国家政策和法律，推动社会责任发展

一些高度服务类外商投资企业还特别关注国家法律法规和政策的出台和实施问题，积极利用自身优势，出台各类有助于自身业务发展的工具，推动社会责任发展，并为自己开创新的业务领域。

2016 年《慈善法》颁布，对慈善组织的注册和运营提出明确要求。2016 年 12 月，普华永道宣布推出中国首个免费慈善组织报告透明自测系统（www.toumingNGO.com）。该自测系统可对慈善组织的基本信息、治理信息、发展信息、业务信息、财务信息和公开策略等六方面的 57 个问题进行全面测试，帮助慈善组织了解自身在信息对外传播和报告中是否符合最基本的政策法规，是否能以用户友好的方式向捐赠者、受助群体和公众传递信息。让慈善组织通过自我测评，了解自身在透明报告和传播中的水平，找到薄弱的环节，通过学习最佳的案例，以进一步提高透明度。该系统不仅能实现测评，在慈善组织详细回答每个问题之后，最终生成的测评报告还可以成为公益组织撰写报告、对外沟通的参考。

12.3.3 2016 年外商投资企业社会责任存在的问题

2016 年外商投资企业总体表现良好，但仍存在一些问题，比如环境保护、供应链公平管理等仍是问题高发区，同时产品安全、行业造假等问题也不容忽视。

1. 产品安全

产品安全本应是企业运营的首要考虑因素，但商业驱使的技术竞赛，往往会产生冒险的产品革新，对利润的追逐也导致对用户利益的忽视。

2016 年 8 月，三星 Galaxy Note7 手机在发售不久后发生多起爆炸事故，被认为是电池存在缺陷，三星公司在全球紧急召回了该款手机又恢复销售，然而新发售的手机仍然出现了相似的问题。9 月 2 日，因电池爆炸事故影响进一步扩大，三星移动总裁高东真公开致歉，宣布全球召回 250 万台 Note7 手机，并承认了“电池芯存在缺陷”的爆炸原因，但拒绝召回中国产品。9 月 14 日，经中国国家质检总局约谈后，三星（中国）宣布自当天起，召回 2016 年 7 月 20 日至 2016 年 8 月 5 日期间制造的部分 Galaxy Note 7，中国受影响的数字移动电话机数量为 1 858 台。重重压力之下，10 月 11 日三星电子宣布永久停止生产和销售 Note7 手机，并建议用户停止使用该手机。三星电子预计 Note7 机体过热事件的损失约为 6.1 万亿韩元（53 亿美元）。三星在进行迭代产品设计时，对产品安全因素考量的缺失导致了严重的质量问题，事发后对问题的回避与狡辩也不是一个负责任的企业应有的表现，给品牌形象带来长远的负面影响。

2. 诚信问题

诚信是企业社会责任的根本要求，然而近年在多领域出现了外商投资企业诚信问题，包括财务造假、环保信息造假等。

2016 年，有 8 家外资寿险被监管罚款，共处罚 138.3 万元，包括信诚人寿、中英人寿、君龙人寿、恒大人寿、中宏人寿、中德安联、交银康联以及大都会人寿，其中，信诚人寿被监管部门罚款多达 87 万元，都是因为财务问题。

3. 透明度问题

从社会责任报告发布情况看，除了少数大型外资企业连续发布社会责任报告外，多数外商投资企业在社会责任透明度方面仍有待提高，与利益相关方的沟通有待进一步加强。很多外商投资企业会发布母公司的社会责任，但不能反映其在中国的社会责任情况。

4. 选择性承担社会责任

从外商投资企业社会责任的职位设定及其社会责任报告看，不少外商投资企业将社会责任聚焦在公益慈善领域，或其有优势的业务领域，选择性地开展信息披露，对于一些对其不利的方面则采取回避做法。在对 SDGs 贡献方面也是如此，除了少数企业会充分分析 17 项 SDGs 与自身业务的关系之外，多数外商投资企业会选择其已经开展业务的方面加以宣传，而对于与每个企业都相关的负责任生产等内容，则往往没有提及。

近几年车企造假频发，从尾气、油耗，到能效、能源补贴，不仅对企业本身造成巨额的直接经济损失，也极大地影响了企业的信誉与形象。

2015 年 9 月，美国环境保护总署披露大众多款柴油车在实际行驶时排放的氮氧化合物达到限值的 40 倍，违反了美国《空气清洁法》。2016 年 6 月底，美国司法部向法院提交了与大众汽车就尾气排放丑闻达成的和解方案，和解金总额达 147 亿美元。在美国曝光“排放门”丑闻之后，大众中国就发表声明称有 1 946 辆进口柴油版途观 SUN 有可能受到影响，虽然这一失信问题不是主要发生在中国，但也对大众在中国的形象造成了负面影响。

此外，三菱汽车和铃木汽车也发生油耗和能效不诚信问题。

12.4 在华外资企业社会责任建设建议

从外商投资企业的社会责任实践情况可以看出，一方面，一些领先的外企在积极推动社会责任实践，并引领行业社会责任发展；另一方面，外商投资企业的社会责任也存在局限性和透明度问题，一些长期存在的问题仍然没有很好的解决，如一些行业的环境污染问题、诚信问题、劳工实践问题等。我国相关部门可以采取措施，以更好地推动外商投资企业承担社会责任，服务我国经济、社会和环境的可持续发展。

1. 促进相关法律法规落实，积极引导外资企业社会责任实践

2016 年我国出台了大量与外商投资企业社会责任相关的法律法规和政策文件，从中央到各部委和地方，从行业协会到社会组织，都在积极推动企业承担社会责任。但从规则的落地角度看，还存在很大的差距，这也部分导致了一些跨国企业在中国的运营存在合规问题。未来，我国应积极落实已出台的相关法律法规，并积极借助行业组织和社会

力量来推动外商投资企业承担社会责任。

2. 鼓励外商投资企业建立信息披露机制，提高透明度

在国内社会责任信息透明度不断提升的情况下，外商投资企业的社会责任透明度相比较而言仍然有很大的空间。我国相关行业协会和组织应积极提高外商投资企业信息透明度，与当地社会社区等利益相关方加强合作交流，以更好地发挥各自优势，迈向可持续发展。

3. 鼓励外资企业聚焦核心业务，创新社会责任实践

不少外商投资企业的社会责任实践仍然聚焦在编制社会责任报告、开展慈善公益活动等方面，除了需要进一步加强对社会责任工作的理解与研究之外，聚焦核心业务、提升创新能力是外商投资企业未来社会责任发展的重要方向。与自身主营业务相结合，创新社会责任实践项目，找到既有经济性又有社会性的实践方法；与社会热点相结合，创新实践形式与方法，拓宽除了捐款、资助等简单而无后续跟踪的单一式的实践类型；与行业发展相结合，创新行业担当和责任领域，特别是新兴行业，找到社会价值所在，引领行业风气，承担社会责任。

4. 积极利用外商投资企业的优势，帮助解决中国实际问题

尽管公益慈善并非企业社会责任的最主要组成部分，但良好的项目对于解决社会和环境问题无疑是非常重要的。我国可积极利用外商投资企业的技术、产品和服务优势，借助其公益活动，帮助解决我国的相关社会和环境问题。

5. 加强外商投资企业的合规监管

从现实情况看，外商投资企业的不合规行为依然存在，因此，建议政府部门、行业组织、媒体和其他利益相关方应共同合作，监督外商投资企业的合规运营，使其在实现自身合规运营的同时推动可持续发展。

（执笔人：李　丽　张　策）

第 13 章　创新政策与我国外商直接投资

摘　要

受全球经济脆弱、总需求持续疲软、相关政策措施抑制、跨国公司利润下滑等因素影响，全球 FDI 持续低迷。美国等发达国家谋求制造业回流，各国在争夺 FDI 中纷纷推出创新措施，而我国传统的引资优势逐步削弱，吸引外资的竞争更激烈、形势更严峻，亟须培育吸收外资的新优势，继续发挥 FDI 在推动我国经济社会发展中的功能。本章总结出我国在吸引 FDI 的传统优势主要体现在：持续的高速经济增长、相对低廉的生产要素成本、自主实施的以所得税为核心的优惠政策、急速推进的工业化进程、渐进式改革带来的制度红利以及经济全球化快速发展为对外开放和吸收 FDI 提供了难得的外部机遇，并指出哪些传统优势在弱化，同时，潜在的引资新优势正在积聚，新的引资竞争优势正在形成，并提出培育吸收 FDI 新优势的政策主张。

作为吸收 FDI 大国，我国连续 25 年保持了发展中国家吸收 FDI 的首位，并多年居于世界各国吸收 FDI 的前三位。近年来，在全球 FDI 相对低迷并大幅波动的情况下，我国吸收 FDI 相对平稳，FDI 规模迭创新高。尽管如此，也应该看到，自 2012 年，我国制造业吸收 FDI 的总量、增速以及比重都呈现持续下降态势。2015 年全球国际直接投资复苏，流量增长 38%，总额约 1.78 万亿美元，创金融危机后新高，而我国 FDI 流入量仅增长 5.5%，大大低于全球增长速度；2016 年全球 FDI 下降 13%，我国虽然逆势增长 2.3%，达到 1 390 亿美元，但制造业 FDI 则继续呈下降态势，制造业 FDI 结构出现调整。这与我国吸引 FDI 的传统优势变迁、全球 FDI 格局调整密切相关。

13.1　中国吸收外商直接投资的现状与趋势

全球经济结构仍在持续调整中，2014 年，全球 FDI 中 64%来自服务业，服务业 FDI 在世界经济中发挥着越来越重要的影响。中国外资流入格局亦由以制造业为主转变为以服务业为主，制造业 FDI 占比持续下降。自 2011 年我国服务业利用外资金额比例首次超过当年实际利用外资总额的 50%后，这一占比逐年增加。2015 年我国实际使用外资中服务业实际使用外资金额达 904.48 亿美元，占比 66.71%。截至 2015 年，我国外商直接投资产业结构中服务业占比42.61%，相较于服务业FDI存量占全球FDI存量64%的情况，我国利用外资的产业结构仍需进一步调整。

2008年金融危机以来，受国内、国际经济环境和国际投资规则变迁共同影响，中国制造业吸收外商直接投资的总量、增速以及比重都呈现持续下降态势，制造业FDI占全社会固定资产投资比重下降严重，需引起重视（参见表13–1）。自2012年，我国制造业吸引FDI项目数和实际使用FDI金额开始呈现负增长，且下降趋势呈扩大态势。制造业直接体现一个国家的生产力水平，而制造业FDI在带动提升国内制造业生产能力、生产效率、竞争力等方面发挥重要作用。制造业FDI的严峻现状将冲击中国世界制造中心地位，导致失业和出口下滑。

表13–1　　2001—2015年中国制造业吸收FDI主要参考数据

单位：个，万美元，%

年份	项目数	同比	实际使用FDI金额	同比	占FDI总额比重	同比	占全社会固定资产投资比重	同比
2001	19 106	19.50	3 090 747	19.59	65.93	3.87	6.87	5.77
2002	24 930	30.48	3 679 998	19.07	69.77	5.83	7.00	1.86
2003	29 281	17.45	3 693 570	0.37	69.03	–1.06	5.50	–21.43
2004	30 386	3.77	4 301 724	16.47	70.95	2.78	5.05	–8.18
2005	28 928	–4.80	4 245 291	–1.31	70.37	–0.81	3.92	–22.46
2006	24 790	–14.30	4 007 671	–5.60	63.59	–9.64	2.90	–25.86
2007	19 193	–22.58	4 086 482	1.97	54.66	–14.05	2.26	–22.09
2008	11 568	–39.73	4 989 483	22.10	54.00	–1.20	2.01	–11.39
2009	9 767	–15.57	4 677 146	–6.26	51.95	–3.80	1.42	–29.05
2010	11 047	13.11	4 959 058	6.03	46.90	–9.72	1.33	–6.23
2011	11 114	0.61	5 210 054	5.06	44.91	–4.24	1.08	–19.01
2012	8 970	–19.29	4 886 649	–6.21	43.74	–2.60	0.82	–23.80
2013	6 504	–27.49	4 555 498	–6.78	38.74	–11.43	0.63	–23.21
2014	5 178	–20.39	3 993 872	–12.33	33.40	–13.78	0.48	–24.20
2015	4 507	–12.96	3 954 290	–0.99	31.32	–6.25	0.44	–8.54

数据来源：历年统计年鉴。

13.2　我国吸引外商直接投资传统优势变迁

基于影响FDI的宏观因素分析，我国在吸引FDI的传统优势主要体现在：持续的高速经济增长、相对低廉的生产要素成本、自主实施的以所得税为核心的优惠政策、急速推进的工业化进程、渐进式改革带来的制度红利以及经济全球化快速发展为对外开放和吸收 FDI 提供了难得的外部机遇。如今，我国吸引 FDI 的许多传统优势正在变迁。

1. 经济增速放缓替代了高速增长

改革开放 30 多年来，中国经济保持持续高速增长，1978—2008 年 GDP 年均增长率超过 9.8%，长期居世界各国经济增长率首位。经济高速增长为 FDI 提供了大量的投资机会，是吸引 FDI 的极其重要因素。而近年来，中国经济步入新常态，增速明显放缓。虽然 2016 年中国 6.7%的 GDP 增速超过印度重夺世界经济增长第一的宝座，但与金融危机之前近两位数的高增长相比，自身增速明显下降，而且固定资产投资放缓，出口低迷，经济下行压力仍然巨大。在经济增速降低后，外商投资企业感受到前所未有的竞争压力，高收益的外商投资机会已经不再遍布市场。

2. 高企的要素成本替代了廉价生产要素

我国相对低廉的劳工、土地、原材料和环境成本等，一度为 FDI 带来高收益的机会，对 FDI 产生了巨大吸引力。而今要素成本全面上涨。

在全球价值链分工体系下，过去几十年来外商投资企业聚集在零部件生产组装等劳动密集型生产环节，劳动力成本优势是吸引劳动密集型 FDI 的基础。但随着剩余劳动力减少和劳工保护制度逐步完善，劳动力成本快速上升。与之相对应，越来越多的劳动力成本导向型 FDI 选择转移到劳工成本更为低廉的越南、老挝、缅甸、印尼等东南亚国家。

丰富而低廉的原材料供给，也是吸引 FDI 流入的重要条件。随着我国工业化发展和投资需求增加，原材料、燃料、能源的需求也相应增加，供需缺口拉大，主要原材料成本不断上升或维持在高位，工业生产者购进价格指数同步上涨。从各类原材料购进价格指数看，能源矿产类、有色金属材料、农副产品类、黑色金属材料等涨幅最大。原材料、能源价格上涨，必然制约资源依赖型 FDI 的经济效益。

廉价甚至无偿使用的土地，有效降低了外商投资企业成本，也是各地吸引 FDI 的重要手段。近年来，随着房地产持续火热，我国土地资源的稀缺性日益突出，全国主要城市土地出让价格呈现加速上升态势。中央政府也统一出台了出让工业用地的调控政策，工业用地通过招标、拍卖和挂牌的方式出让，工业地价大幅上涨。土地成本上升，增加了包括 FDI 在内的所有企业的成本。

在各地狂热追求 GDP 增长过程中，依靠牺牲环境招商引资的行为屡禁不止。国际上一些高污染产业向我国转移，加剧了我国环境污染。随着大气污染、水污染、垃圾处理等诸多环境问题日趋严峻，我国也加强了环境保护，动态提高环境保护标准，谋求绿色发展，包括外商投资企业在内的环保成本上升。

3. 选择性引资取代“超国民待遇”

在对外开放初期，我国实行的是单边自主的开放政策，通过设立经济特区、沿海开放城市和经济技术开发区，实行沿海开放战略、沿边开放战略和沿江开放战略，在不同经济区实行不同的优惠政策，扩大对外贸易，吸收外商投资，从闭关锁国到区域开放再到全方位开放。不仅中央政府设置了以所得税为核心的优惠政策体系，对台港澳投资和外商投资企业实行所得税的“两免三减半”的优惠，直到2008年才统一内外资企业所得税待遇，而且地方政府为了创造良好的招商引资环境，也纷纷出台多种优惠政策，并把吸收FDI作为政府业绩考核重要指标，各地对外商投资几乎来者不拒，外商投资企业也获得了“超国民待遇”。

随着我国短缺经济结束，储蓄和外汇“双缺口”被“双过剩”取代，内外资企业之间竞争加剧，以及单边自主开放在“入世”后受到多边体制制约，我国开始逐步统一内外资企业待遇，外商投资企业的“超国民待遇”逐步成为历史，各地对外商投资有了更多选择性，那些缺乏先进技术、高污染高消耗、处于全球价值链低端、产能严重过剩领域的FDI不再受欢迎，对政策寻求型FDI吸引力明显下降。

4. 产业结构升级替代了工业化加速扩张

改革开放以来，我国通过吸收FDI，发展加工贸易，推动着工业化加速发展。在工业化快速发展过程中，外商投资企业也获得了巨大的发展机会。如今，我国总体上基本完成了工业化的起步阶段，进入工业化加速发展并向后工业化过渡阶段，工业领域扩张的黄金时期已经结束。2016年第二产业的比重已经从高位回落到不足40%，第三产业比重则上升到50%以上。在工业化快速发展的30多年里，我国制造业生产能力大幅提升，并成长为世界制造中心，制造业产能超过40%是为国际市场提供供给。与此同时，面对国际市场相对低迷的状况，也沉淀了大量过剩生产能力，钢铁、水泥、煤炭、石化、造船、汽车、大型锻件制造、铝业等行业产能过剩严重。我国制造业正面临产业结构转型升级的艰巨任务。

在产业转型升级替代工业化加速扩张的时期，制造业领域的FDI也面临结构性调整。只有技术先进、研发能力强、占据价值链高端的先进制造业领域的FDI才能获得更多市场机会，相反，那些技术落后、处于价值链低端、产能严重过剩领域的FDI越来越感受到生存压力，甚至不得不寻求退出中国市场。

5. 逆全球化暗流涌动替代了经济全球化加速发展

改革开放30多年里，恰逢和平与发展成为国际关系的基本趋势，信息技术迅猛发展，经济全球化以前所未有的速度向前推进。我国抓住了这一难得历史机遇，大胆对外开放，承接全球产业转移，吸收FDI面临黄金时期。如今，美欧等发达国家面对新兴市场崛起的竞争，经济增速放缓，就业压力增大，国内贸易和财富增长中利益分配不均衡，社会矛盾上升，民粹主义和逆全球化思潮暗流涌动，贸易保护主义势力抬头，在重振制造业中谋求制造业回流，纷纷加入争夺FDI行列，FDI区域分布重新定位，我国吸收FDI的国际环境发生了重大变化，新增FDI的扩大与存量FDI的撤离并存，外资的撤离主要集中在劳动密集型制造业领域。

由于我国吸引FDI的传统优势变化，亟须培育吸收FDI的新优势，在争夺FDI中保持竞争力，继续发挥 FDI 的积极作用。

13.3　吸收外商直接投资的潜在新优势

在我国吸收 FDI 传统优势弱化的同时，潜在的引资新优势正在积聚，新的引资竞争优势正在形成。

1. 新一轮改革开放的制度红利释放

渐进式改革和经济体制转轨任务没有最终完成，社会经济体制改革还在深化。持续的改革和制度变迁，是不断降低制度成本、扩大市场准入、形成内外资企业公平竞争机会的过程，会不断释放新的制度红利，对 FDI 产生吸引力。

2. 庞大的消费市场不断扩张

随着国民收入的增长和劳动者收入水平的提高、社会保障制度的改进，内需潜力逐步得到释放，消费结构快速升级。2016 年我国社会消费品零售总额超过 33.2 万亿元，成为仅次于美国的全球第二大消费市场，消费对社会经济增长的贡献率超过 2/3，成为经济增长的第一驱动力；绿色、健康、时尚、高品质的消费，服务性消费已经成为新的消费热点。在吸引 FDI 各因素中，市场规模因素正成为主要因素，尤其对市场寻求型 FDI 的吸引力已经凸显。

3. 产业配套能力明显增强

自改革开放以来，我国在承接国际产业转移中，成功嵌入全球产业链之中，全国 39 个大类行业都形成了规模较大的完整的产业体系，具备了完善的制造业产业配套能力，这在世界上也是屈指可数的。完整的产业配套能力和供应链体系，有利于降低投资者的采购成本，提高企业效率，对 FDI 具有强大吸引力，可以增强 FDI 在中国市场的黏性。

4. 基础设施趋于完善

我国拥有相对完善的交通运输体系、物流网络、通信和信息系统、能源供给设施、社会服务体系，同时，也是世界上最早建成全国高铁网络体系的国家。这有利于降低物流成本，提高营商效率，增强对 FDI 的吸引力。

5. 劳动力资源优势正在转化为人力资源优势

虽然劳工成本上升，但在 30 多年的工业化中，已经形成规模巨大的成熟的制造业工人队伍，企业和社会日趋重视员工技能培训、职业教育，通过提高劳动者技能和素质提升劳动效率，每年超过 700 万名大学毕业生，源源不断地增加着技术工人和管理者的供给，我国正从劳动力大国演变为人力资源大国。丰富的人力资源供给对于 FDI 扩张提供了保障。

6. 经济结构转型升级伴生新的投资机遇

国民经济步入新常态后，经济结构调整和转型升级成为重要课题。在产业结构、产品结构、要素结构、市场结构、消费结构、技术结构和价值链结构全面升级过程中，高新技术产业、高技术服务业具有领先优势。产品品质优良、技术创新能力强、占据价值链高端的 FDI，面临难得的历史发展机遇。我国的工业化发展不平衡，当东部地区基本完成工业化的同时，广大中西部地区工业化则处于起步阶段或是快速发展阶段。中西部工业化发展对 FDI 仍然存在较强吸引力。农村城镇化仍在发展之中，城镇化伴随着农业产业化和城镇建设、产业扩张的机遇，为 FDI 提供着大量发展机会。

13.4 主要国家和地区投资政策的发展变化

金融危机的爆发显示制造业对一国经济稳定和发展的重要性，发达国家在“再工业化”战略驱动下不断推出吸引制造业回流的政策刺激措施，2015 年制造业跨境并购飙升也很大程度上受其驱使。近年来，跨国公司加大对成本更为低廉的发展中国家和低收入国家的投资和转移力度，东南亚国家已开始形成产业集聚发展格局并形成了在欧美日市场对中国的替代效应。在全球化深入发展的今天，我国的投资环境不是我国独立决定的，其深受其他国家和地区投资政策的影响，因此了解相关国家（地区）和经济组织的投资政策的发展变化，对于我国的政策创新是非常必要的。

1. 美国投资政策的发展变化

美国通过了关于减少房地产行业外商投资税收的法律，外国养老金在房地产投资方面将享有和美国同行同等的税收待遇。美国还采取了一系列阻止公司税收倒置的行动，降低公司通过收购他国企业将合并后实体重新选址在享有税收优惠的国家的可能，防止投资者避税和资本外流。

2. 欧盟投资政策的发展变化

欧洲联盟和加拿大于 2016 年 10 月 30 日签署了“全面经济贸易协定”（the Comprehensive Economic and Trade Agreement，简称 CETA），是欧盟与另一个主要工业化经济体谈判的首份此类协议。该协定被很多欧盟官员视为未来与欧盟其他大型贸易伙伴达成经济协议的模板，并表明欧盟并没有走向封闭，而是比以往更加积极地与贸易伙伴展开合作。CETA 旨在废除涉及众多工业商品、农业及食品类别的约 9 000 项关税，还承诺开放包括银行业和保险在内的服务业领域的竞争。需要重视的是，CETA 还涉及对政府为公共利益进行监管、投资保护和争端解决的条款，可持续发展、劳工权利和环境保护等条款的影响。一旦欧洲议会同意，该协议将暂时适用，但投资保护规定在每个成员国批准 CETA 之前仍然不适用。此外，欧盟与日本自由贸易协定在进行了三年半的谈判后已接近尾声。

3. 日本投资政策的发展变化

日本与加拿大、中国、大韩民国、哥伦比亚、海湾合作委员会、欧盟、土耳其等开展多个自由贸易协定的谈判。2014 年 7 月 22 日与蒙古建立经济伙伴协定（Economic Partnership Agreement，简称 EPA），2015 年 6 月 19 日与阿曼签订双边投资条约（bilateral investment treaties，简称 BIT），2016 年 2 月 5 日与伊朗伊斯兰共和国签订双边投资条约。

4. 印度投资政策的发展变化

印度 2015 年 11 月引入一揽子 FDI 自由化计划，放松了包括农业、民用航空业、建筑业、国防、制造业和采矿业在内的 15 个部门的 FDI 规定。2016 年引入的全面的外国直接投资自由化战略，增加了不同行业的部门限额，在自动通道下允许带来更多的外资活动，并放宽了外国投资的条件。印度实施的一系列自由化措施，如（1）允许自动通道下在印度储备银行注册的资产重组公司 100%的外国直接投资，大幅超过之前政府批准自动路线下 49%的比例；（2）需要提前审批的 FDI 流入项目门槛从 200 亿卢布上调至 500 亿卢布；（3）取消 FDI、证券投资组合、非居民投资和风险投资等不同形式外资的上限差异等。

5. 东盟投资政策的发展变化

东盟进一步扩大开放，积极出台优惠政策，承接国际产业转移，加快融入全球价值链加工制造环节。正在谈判的越欧自由贸易协定，使企业更加看好东南亚国家的贸易发展前景，加大投资力度。柬埔寨、缅甸等作为最不发达国家，享受欧美等发达国家普惠制最惠国待遇，多数产品享受零关税待遇，又能有效避免发达国家的“反倾销、反补贴”等贸易保护，东盟国家还在投资自由化便利化方面制定了相关政策，都对外资形成了较大的吸引力。

印度尼西亚为投资规模不低于 1 000 亿卢比或雇员不少于 1 000 人的投资者引入了三小时快速许可程序。2016 年 5 月 12 日推出了新的投资负面清单，规定了对外国投资开放和关闭的部门及适用条件。新清单增加了许多部门的外国投资的允许上限，简化投资许可证，以促进投资项目和投资。

菲律宾 2016 年 8 月 16 日第 10881 号共和国法案“关于调整公司，贷款公司，融资公司和投资房屋的外国投资负债清单和其他用途的特定法律中的投资限制法”生效，允许在保险调整公司、贷款公司、融资公司和投资公司 100%的外资所有权。

越南对外资开放了机场运营和部分地面服务，允许外资最高持股可达 30%。还放松了房屋购买方面的外国所有权限制，废除了除国际协定管理行业和投资法等规定的外资限制行业外的上市公司外资持股 49%的上限。

缅甸 2015 年通过了新的采矿法，以创造更有利的投资环境，还允许外国投资者以合资机构的形式进口部分农产品、医药产品、建筑材料。缅甸国会 2016 年 1 月 5 日通过并生效了新的仲裁法，为该国和国际仲裁的实施提供了综合法律框架。缅甸上议院 2016 年 10 月 7 日批准了新的投资法，取代了 2012 年的外国投资法和 2013 年的国民投资法，简化了对外国和国内投资者的投资审批和授权程序，为快速投资审批创造条件。

6. G20 投资政策的发展变化

不具约束力的指导原则在 2016 年 7 月 9 日至 10 日中国上海举行的 20 国集团部长级会议上达成一致，并得到 20 国集团领导人在 2016 年 9 月 4 日杭州峰会上的赞同。指导原则旨在为投资决策提供一般指导以便为投资创造一个开放、透明和有利的全球政策环境，在没有全球治理制度的情况下促进国家和国际投资政策制定的一致性，促进投资实现包容性经济增长、可持续发展。《G20 全球投资指导原则》涵盖九个领域，即：（1）反保护主义，（2）不歧视，（3）投资保护，（4）透明度，（5）可持续发展，（6）投资管制，（7）投资促进和便利化，（8）负责任的商业行为，（9）国际合作。2016 年 5 月至 10 月期间，G20 成员国缔结了四项新的双边投资条约和一项新的国际投资协定（International Investment Agreement，简称 IIA），组织内合作可观。

以上主要国家地区和组织的投资政策变化均继续向投资自由化和投资促进方向发展，对外国投资者开放的行业和开放程度均有积极的表现。亚洲、北美洲在外资促进、自由化便利化方面表现最为积极，积极开展自由贸易区的相关谈判，欧洲也引入了大量的相关政策措施。中国虽然在 2015 年修订的《外资投资产业指导目录》中进一步减少了投资限制数量，但是相比于其他国家的外资政策而言，在自由化便利化方面还有欠缺。

13.5 创新吸收外商直接投资政策和体制

为争夺 FDI，世界各国在竞争中调整投资政策，实施了大量的投资便利化措施。联合国贸发会议调查显示，2016 年和 2017 年中国继续被列为最具前景的首个投资目的国。需引起适度重视的是，菲律宾、缅甸首度进入排行榜，日本、印度尼西亚、马来西亚、越南排名均有较大幅度上升（见表 13–2）。

表 13–2 2016—2018 年跨国公司选出的最具投资前景的东道国和经济体

排名	1	2	3	4	5	6	7	8	9	10	11	12	13	14	15
国家	美国	中国	印度	英国	德国	日本	巴西	墨西哥	印尼	马来西亚	菲律宾	法国	澳大利亚	缅甸	越南
2014 年排名	2	1	3	4	7	10	4	8	14	14	—	10	10	—	18

注：2014 年排名为“—”，表示该国 2014 年未进入榜单。

资料来源：UNCTAD 商业调查。

我国的投资环境仍然具有吸引力，并居于世界前列。但最佳投资目的地的位置正受到冲击。因此，只有不断创新我国 FDI 政策，完善 FDI 管理体制，坚持培育并发挥吸收 FDI 的新优势，使引资的潜在新优势变为现实的新优势，才能增强对 FDI 的吸引力，在争夺 FDI 的国际竞争中占据先机，巩固我国世界制造中心的地位，有效发挥 FDI 在我国社会经济发展中的积极作用。

1. 切实释放改革红利，营造内外资企业公平竞争的制度环境

我国 2008 年取消对外商投资企业“超国民待遇”后，名义上对外资企业实行了国民待遇，但外资企业却一直抱怨无法获得与内资企业同等的待遇，存在着内外资企业不公平竞争状况，外资企业在公平竞争审查、业务牌照和资质审核、国家科研项目和标准制定参与权、政府采购、知识产权保护、融资环境渠道和条件、注册资本制度等七个方面受到歧视。针对这些意见，2017 年初，国务院出台了《扩大对外开放积极利用外资若干措施》，强调对内外资一视同仁，保障内外资企业公平竞争。这是继续释放改革红利、吸引 FDI 的具体表现之一。今后需要抓紧落实相关措施规定，使外资企业真正成为中国平等竞争的市场主体。

2. 跟踪国际投资规则变迁趋势，率先创新 FDI 管理体制

2016 年 9 月 G20 杭州峰会上通过了《G20 全球投资指导原则》，其虽然不具有强制性的约束力，但却反映出国际投资规则的变动趋向。在培养我国吸收 FDI 新优势中，面对“逆全球化”暗流涌动的国际环境，必须引领国际投资规则变革，率先落实《G20 全球投资指导原则》，旗帜鲜明地反对投资保护主义。坚持对 FDI 的非歧视原则，给予 FDI 恰当合理的保护；提高 FDI 政策、制度和管理程序的透明度，提升 FDI 行政管理效率，增强 FDI 政策环境的可预测性；按照可持续发展原则规范外商投资企业行为；放宽 FDI 管制，促进 FDI 便利化；鼓励外商投资企业承担社会责任；加强外商投资活动的国际合作，为 FDI 创造一个开放、透明和有利的制度环境。

3. 瞄准产业结构升级重点，扩大 FDI 市场准入

为推进我国产业结构升级，保障 FDI 能够分享产业结构升级的机遇，在落实国务院《扩大对外开放积极利用外资若干措施》的基础上，应根据我国产业结构升级的重点，进一步调整 FDI 市场准入目录，扩大 FDI 市场准入。

一是强化先进制造业，鼓励外商投资高端装备制造、节能环保、新一代信息技术、生物制约、新能源、新材料和新能源汽车等高技术含量、高附加值的先进制造业，平等参与“中国制造 2025”战略，鼓励外商投资设立研发中心，支持内资企业、科研机构开展研发合作，支持海外高层次人才在华创业发展。

二是升级一般制造业，放宽一般制造业外商投资领域，积极促进外商投资工业设计和创意、工程咨询、现代物流、检验检测认证等生产性服务业，在金融、财税政策上鼓励 FDI 参与传统制造业设备更新升级、工艺流程改造、产品设计加工质量提升。

三是推进现代服务业发展，鼓励 FDI 从事服务外包业务，进一步放宽生产性服务行业 FDI 限制，扩大新材料、新产品、新工艺研发、设计服务，发展战略规划、营销策划、知识产权等咨询服务，会计、法律服务，保险、银行、金融等金融服务，放宽交通运输、仓储、物流服务，信息服务，广告、营销等商务服务诸多行业 FDI 市场准入。

4. 跟踪消费结构升级热点，拓宽 FDI 领域

根据我国消费水平提高、消费结构升级的趋势，为满足广大居民消费需要，不仅应

该扩大高端、时尚、健康类产品生产经营领域的FDI市场准入，而且在消费性服务业领域，如文化、体育、旅游、家政、养老、健康服务等行业，也应结合供给侧改革，进一步放宽FDI的市场准入，降低外资准入门槛，简化外商投资审批程序，完善财税、土地政策，拓宽融资渠道等，使外商投资企业获得更多发展机会，分享我国消费结构升级带来的历史机遇。

5. 找准区域经济重心，促进FDI在中西部集群

在区域经济结构调整中，为了缩小地区发展差距，推进内地工业化和农村城镇化，广大中西部地区和沿边地区开发开放提速，面临更多投资机会。为吸引FDI参与中西部和沿边地区开发，应对中西部和沿边地区的特殊经济区实行倾斜的优惠政策，通过土地、税收、金融等优惠措施，引导FDI在广西北部湾、成渝经济区、关中—天水经济区、中原经济区以及皖江城市带、武汉城市圈、长株潭城市群等中西部的区域经济中心和特殊经济区集群；鼓励FDI参加“一带一路”建设；吸引FDI参加边境重点口岸、边境城市、边境（跨境）经济合作区和重点开发开放试验区建设，开展贸易、加工、物流、旅游等各领域合作；大胆承接沿海产业转移和加工贸易内移，扩大服务贸易和利用外资。

（执笔人：李玉梅　王园园　胡可可）

第14章 人民币汇率变动与我国外商直接投资

摘 要

外商直接投资（FDI）将国外投资行为与本国实体经济联系在一起，是世界各国经济快速增长的重要动力。它与经济政策、宏观经济条件、生产成本、汇率水平等多种宏观经济变量密切相关。这其中，汇率水平是一个重要的经济影响因素，通过多种效应影响着FDI的流动。近年来，我国FDI快速发展，数量和质量不断提高，2005年汇改以来，人民币实际有效汇率呈现总体上升趋势，表面上看二者应该是正相关关系。那么人民币汇率变动与FDI之间的关系究竟如何呢？

本章从理论和实证两方面对汇率的波动与外商直接投资的关系进行分析。首先在理论上，汇率变动通过财富效应、成本效应、资本化率效应、汇率风险效应和期权效应等多种机制对FDI流入产生影响，本章分别论述了这几种效应对FDI流入的影响机制。

在实证上，首先从人民币汇率对我国FDI流入的整体影响进行检验。人民币汇率变动包括汇率水平变化和汇率波动幅度变化，本章探讨了这两种汇率变动对我国FDI流入的影响。采用GARCH模型测算人民币实际汇率的波动率，选取2001—2016年的季度数据，建立回归模型检验汇率变动与外商直接投资之间是否存在长期协整关系。结果表明，长期内外商直接投资、人民币实际有效汇率指数、工业增加值、人民币实际有效汇率波动率之间存在协整关系，对我国FDI流入产生影响；短期内人民币实际有效汇率指数的增加对FDI流入起促进作用，汇率波动率的增加会对当期FDI流入起抑制作用，工业增加值对 FDI流入的短期波动影响方向会发生变化。接下来，继续探讨人民币汇率变动对市场导向型、成本导向型这两种异质型FDI流入的影响。从Johansen协整检验发现，这两种FDI与人民币实际有效汇率指数、工业增加值、人民币实际有效汇率波动率之间存在长期的协整关系，且均与实际有效汇率、工业增加值、汇率政策变动呈正相关关系，而与汇率波动率之间呈现负相关关系，尽管各变量对两种异质性FDI影响程度不同。总之，人民币汇率的变动与 FDI 流动具有很强的联动性。

由实证结果可知，人民币升值不会减少我国FDI的流入，而是增加FDI流入。因此，在金融市场扩大开放的今天，要促进汇率政策与外商投资政策相协调，优化我国外资结构，应该从以下几方面着手：一是要不断完善人民币汇率形成机制，提高人民币汇率的灵活性；

二是注重我国外资引入的规模和结构，逐渐提升引进 FDI 的质量。通过对两种异质性 FDI 的分析，发现汇率变动、GDP 对市场导向型 FDI 影响相对较大，因此需要加大对第二产业中高新技术产业及第三产业投资的力度；三是可以从国内投资环境入手，创造公平、高效、透明的投资竞争环境，扩大外商直接投资领域，同时，提高外商投资政策、法律法规的相对稳定性、可操作性，简化行政审批程序，降低外资投入成本，使之与市场化开放进程相适应。

14.1 引言

外商直接投资（FDI）将国外投资行为与本国实体经济联系在一起，是世界各国经济快速增长的重要动力。它与经济政策、宏观经济条件、生产成本、汇率水平等多种宏观经济变量密切相关。这其中，汇率水平是一个重要的经济影响因素，通过多种效应影响着 FDI 的流动。近年来，我国 FDI 快速发展，数量和质量不断提高，据统计 2016 年 1 月份我国吸引的外商直接投资数额为 134.68 亿美元，12 月份 FDI 数额为 122.10 亿美元，虽然较年初有所下降，同比增长–0.19%，环比增长却达到 23.58%，截至 2016 年 12 月我国 FDI 达到 1 260.01 亿美元。[①]2005 年汇改以来，人民币实际有效汇率呈现总体上升趋势，2016 年 12 月人民币实际有效汇率指数为 122.82，而 2005 年 7 月人民币实际有效汇率为 85.03，相较之下人民币汇率明显提高。[②]这说明人民币的不断升值及我国货币的国际竞争力不断增强。人民币升值对吸引外商对我国投资有着重要的作用。那么人民币汇率变动与 FDI 之间的关系如何呢？

从图 14–1 可以看出，2016 年人民币实际有效汇率呈现小幅下滑趋势，我国的外商直接投资虽有波动，但整体也出现小幅度下降。与 2005 年数据相比，人民币实际有效汇率呈现整体增长趋势，我国 FDI 也表现出增长趋势，二者变化趋势趋于一致。在此基础

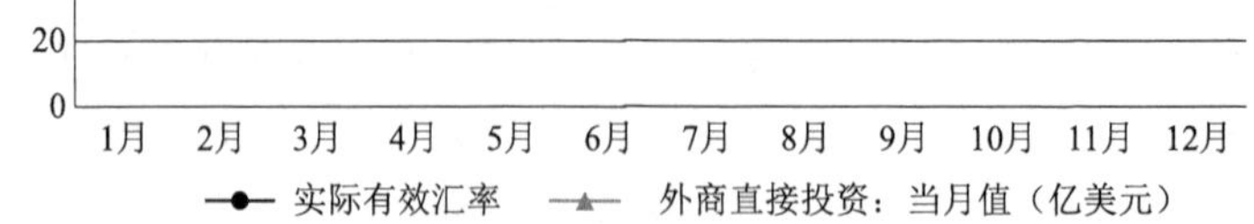

图 14–1　2016 年我国外商直接投资与人民币实际有效汇率

资料来源：BIS、东方财富网数据中心，经笔者加工得到。

① 数据来源：东方财富网　http://data.eastmoney.com/cjsj/foreigndirectinvestment.aspx?p=1。

② 数据来源：国际清算银行（BIS）数据库。

上，深入研究人民币实际有效汇率影响我国 FDI 流动的问题具有重要的现实意义，能为相应的汇率政策、引资政策的制定起到积极作用。

14.2　汇率变动对外商直接投资流入的影响机制

汇率变动包括汇率水平的变化（升值或贬值）和汇率波动幅度的变化，由此得到汇率变动影响 FDI 流量五种主要观点：货币贬值（或升值）能增加 FDI 流入；货币汇率波动会促进（或抑制）FDI 流入量的增加；货币汇率的变动对 FDI 流入的影响并不确定。汇率变动对 FDI 流量的影响机制可以归纳为相对财富效应、成本效应、风险效应、资本化率效应、期权理论等五种机制。

14.2.1　成本效应

企业进行跨国投资追求的目标是使其生产成本最小化，当东道国货币相对于母国贬值时，代表外商在东道国的财富增加，可以购买更多的生产要素，这就增大了流入东道国的外商直接投资数额。成本效应主要针对的是两种类型的 FDI 之间的差别，根据外商的投资动机，可以把 FDI 划分为四类：市场导向型 FDI、出口导向型 FDI、成本导向型 FDI、资源寻求型 FDI。其中市场导向是指产品与服务选择直接在东道国销售；出口导向是指产品与服务在母国或第三方市场销售。Cushman（1985，1987）提出了成本效应理论，认为东道国相对于母国汇率贬值，母国的跨国公司进行投资时，相应的投资成本会降低，从而使东道国能够更容易地吸引外资。此外，他还认为，汇率的这种相对成本效应与外商投资动机密切相关，在东道国货币贬值时，市场导向型 FDI 会带来更多的外资流入。Benassy–Quere（2001）认为若外商是为了占领东道国市场，东道国的货币升值会有利于东道国获得更多的投资。Kunming Chen（2006）提出外商对东道国的投资动机不同，东道国的汇率对东道国 FDI 流入产生的影响不同。外商投资是市场导向型的，货币升值会对东道国接受的 FDI 产生促进作用；若为成本导向型，货币升值会起到抑制作用。部分国内学者也持有类似观点：黄静波（2010）对人民币汇率对 FDI 流入的影响进行理论分析和实证检验，得到人民币升值抑制成本导向型 FDI 流入的同时，促进了市场导向型 FDI 流入。赵琼（2014）指出汇率通过投入成本、产出市场两个方面对 FDI 产生影响，人民币升值预期对两类 FDI 均存在显著的激励作用，但对偏成本导向与市场导向结合型 FDI 的激励相对较大。

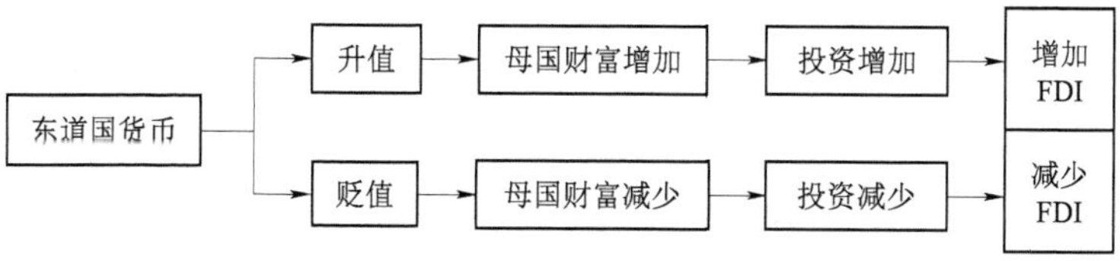

图 14–2　成本效应传导机制

14.2.2 相对财富效应

该理论由 Froot 和 Stein（1991）提出，将货币汇率运动与国际财富分配联系在一起，分析信息不完全条件下，汇率变动会对国际间财富分配产生一定的效应，从而外商直接投资也会产生相应变化，认为当东道国货币相对于母国贬值时，对母国投资者而言，相对地提高了其财富额，具有更大的优势并购东道国企业、购买东道国产品，最终使得东道国吸引更多的外资流入。相反，当东道国货币相对于母国升值时，东道国吸引的外资流入会减少。Klein 和 Rosengren（1994）认为东道国货币贬值可以使外国投资者用相同的财富购买到更多的资产，比较分析了 7 个主要国家对美国投资数据以验证汇率的财富效应和成本效应对外商直接投资的影响，发现财富效应能更大地影响东道国吸引外资的能力。

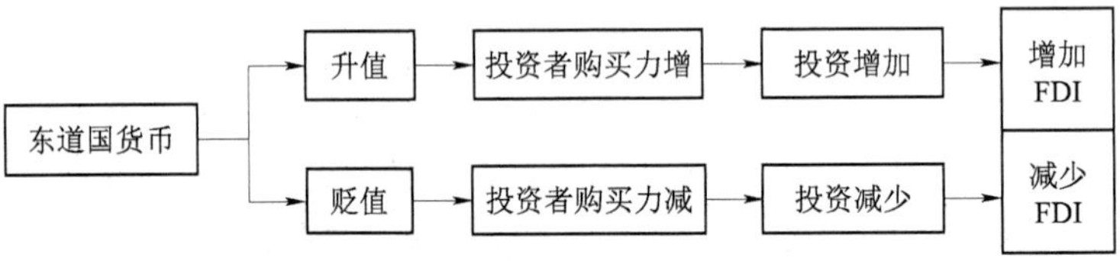

图 14-3 财富效应传导机制

14.2.3 风险效应

从风险偏好角度出发，可将 FDI 划分为风险偏好型 FDI、风险中性 FDI 和风险规避型 FDI。由此风险效应理论分为针对风险厌恶型或风险中性型投资者的风险规避理论和针对风险偏好型或风险中性型的风险效应理论。对于前者，汇率的波动幅度越大，投资者预期未来汇率的不确定也会变大，使得投资者承担汇率风险加大，投资者可能减少对外投资。对于后者，汇率的波动幅度加强，将会增加外商投资。我国学者毛日晟等（2011）基于风险规避理论分析了人民币实际有效汇率与外商直接投资之间的关系。吴金光（2013）研究了汇率波动对我国外商直接投资的影响，发现人民币汇率波动变大会增加我国的外商投资。部分国外学者得到相反的风险偏好效应结论：Dixit 和 Pindyck（1994）认为，在汇率波动幅度较大时，外商一般不会选择立即投资。Brzozowski（2003）认为，对发展中国家来说，汇率波动会减少外商直接投资量。Glauco 和 Andrew（2007）研究了英国的汇率变动是如何影响外商直接投资的，结果表明，汇率水平变化不影响外商投资流入，但汇率波动会对英国 FDI 流入产生负面效应。Raymond（2008）分析汇率波动是如何影响外商直接投资的，认为东道国的货币贬值、汇率的波动幅度提高都会抑制东道国的外商直接投资流入。Sebastian 和 Roberto（2009）研究了资本流入的限制与汇率变动的关系，得到结论资本流入限制越多，汇率将面临贬值，波动幅度会变大。同样，我国学者韩啸和赵晓（2014）分析了我国制造业的外商直接投资与汇率变动的关系，发现人民币汇率波动幅度越大，越会阻碍我国外商直接投资的流入。

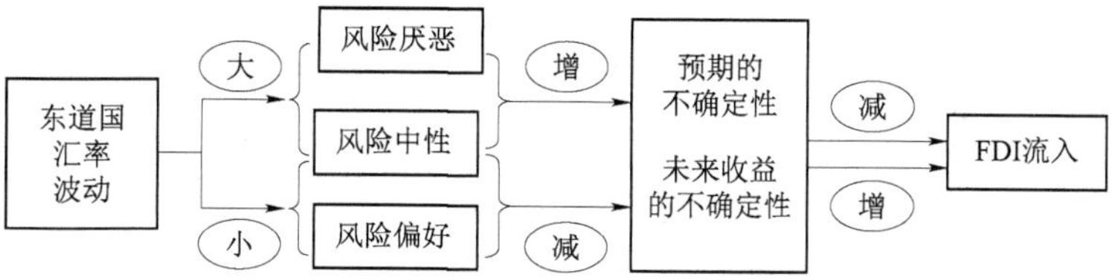

图 14-4　风险效应理论传导机制

14.2.4　资本化率效应

20 世纪 70 年代美国经济学家 Robert Z.Aliber 提出，将不完全自由流动的世界货币市场划分为几个通货区，外商投资可以在各个通货区之间进行货币流动，它可以理解为汇率预期对 FDI 流向的影响，资金将从货币坚挺国家流向货币较弱国家。在应用该理论时，Campa（1993）和 Benassy-Quere（2001）认为，外商直接投资数额取决于东道国未来收益的期望值，东道国货币越坚挺，企业进入其市场的未来收益期望值就会越高，吸引的 FDI 就会越多。Rajesh 和 Barry（2008）探讨了汇率波动的方式，认为经济学中不可避免地会出现汇率超调的现象。当东道国的汇率贬值时，由于汇率超调现象的存在，投资者会预期汇率将升值，会立即加大对东道国的投资。我国学者也得到相似的结论，叶欣和周华（2011）认为，人民币实际有效汇率指数变高会对 FDI 流入产生抑制作用，但人民币汇率升值的预期激励我国外商直接投资的流入。闫福（2014）基于净现值和资金循环理论，通过建模分析汇率水平和汇率预期对四类 FDI 的影响，结果表明在人民币升值预期情况下，外商对我国的投资会重点考虑市场导向与成本导向结合型。

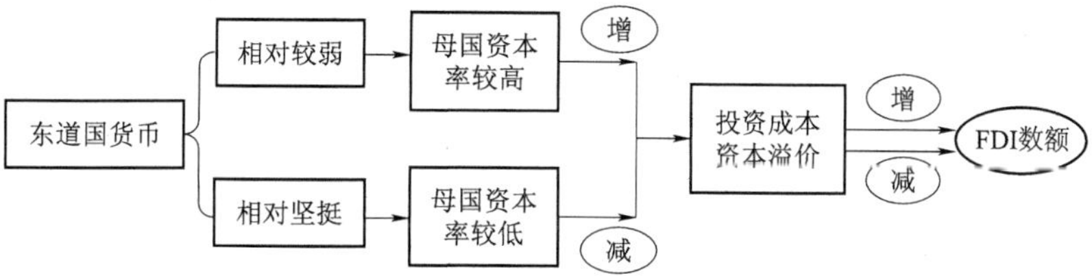

图 14-5　资本化率效应传导机制

14.2.5　期权理论

Sung 和 Lapan（2000）给出了期权理论的定义，通过分析货币汇率波动对 FDI 流入的影响，研究得到，外商直接投资可以作为一种实物期权来规避汇率风险，从而使风险中性的跨国公司实现期望收益最大化。我国学者彭红枫（2011）借助于外商直接投资的实物期权理论，分析人民币汇率变动与外商直接投资之间的关系，发现汇改前人民币实际有效汇率的预期是影响我国 FDI 流入的主要因素，汇改后人民币实际有效汇率的预期更加影响了我国 FDI 流入，汇率的变动对外商直接投资没有显著影响。

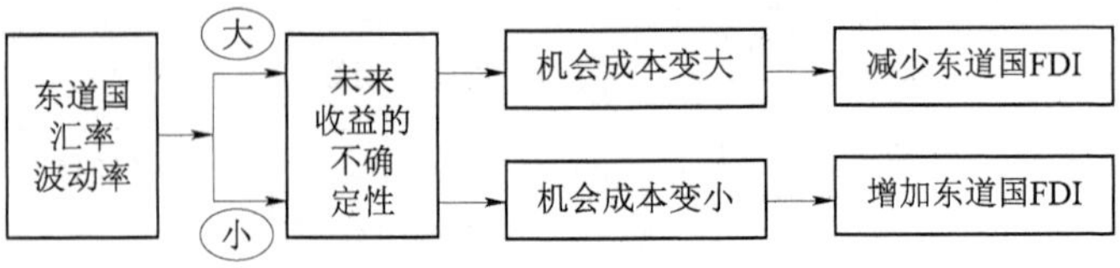

图 14–6　期权效应传导机制

14.2.6　小结

从以往文献来看，汇率变动与外商直接投资间没有一个确定的关系。主要是因为，在分析货币汇率对 FDI 的影响时，大部分学者从汇率水平变化或汇率波动的单一角度进行分析，将两种变动相结合的研究较少。在分析汇率水平变化时，也以货币贬值或货币升值促进 FDI 流入量增加的单边支持者居多。其次是研究方法的不同，由于国家经济情况的差异产生了不同的结论。基于上述文献，本章借助实证分析，研究了人民币汇率变动对我国 FDI 流入的影响，涉及两个层面：一是人民币的升值或贬值，即汇率水平变化；二是人民币汇率波动的幅度。同时考虑到我国 FDI 的不同动机，探讨人民币汇率变动与异质型 FDI 之间的实证关系。

14.3　人民币汇率变动对我国外商直接投资流入的整体影响

人民币汇率变动包括汇率水平变化和汇率波动幅度，本节探讨这两种汇率变动对我国 FDI 流入的影响。由于实际有效汇率能更为真实地反映出货币价值和相对购买力，更符合经济发展的内在规律，因此本节选取实际有效汇率作为衡量指标。引入我国季度的工业增加值（GDP）并将汇率制度改革作为虚拟变量，来实证分析人民币实际有效汇率（REER）对 FDI（流量）的影响。为了增加数据的平稳性及消除异方差的影响，对各个变量进行了对数化处理。选取数据样本区间为 2001—2016 年，首先测算人民币汇率波动率，然后研究人民币汇率变动对我国 FDI 流入的整体影响。

14.3.1　汇率波动率的计算

采用 GARCH 模型测算人民币实际汇率的波动率，选取国际清算银行（Bank for International Settlements，简称 BIS）公布的 2001 年至 2016 年的月度实际有效汇率数据，经过平均得到季度数据进行测算。首先采用 ADF 检验人民币实际有效汇率序列的平稳性，结果见表 14–1，表明 REER 序列是平稳的。

表 14–1　　ADF 单位根检验结果

检验类型	ADF 统计量	临界值			P 值
		1%	5%	10%	
（C，0，1）	−5.91	−3.54	−2.91	−2.59	0.00

注：（C，0，1）中 C 表示单位根检验方程包含常数项，0 表示不包含时间趋势和 1 表示滞后 1 阶。

表 14-2　　序列相关的 LM 检验

F-statistic	5.011 462	Prob. F（2，59）	0.009 8
Obs*R-squared	9.148 325	Prob. Chi-Square（2）	0.010 3

表 14-2 显示了该序列存在明显的自相关特征，接下来检验方程误差项是否存在条件异方差，表 14-3 显示了 P 值很小，残差序列存在 ARCH 效应。

表 14-3　　ARCH 效应检验

F-statistic	4.018 770	Prob. F（2，59）	0.049 7
Obs*R-squared	3.887 955	Prob. Chi-Square（2）	0.048 6

经过筛选，得到的模型如下：

$$\mathrm{REER}_t = 2.064\ 491 + 0.992\ 364\ \mathrm{REER}_{t-1} \tag{14-1}$$

$$\sigma_t^2 = 6.772\ 184 + 0.522\ 766\ \mu_{t-1}^2 - 0.353\ 717\ \sigma_{t-1}^2 \tag{14-2}$$

R^2=0.957 695　　对数似然值=–149.098 9　AIC=4.923 776

方差中各项系数都是显著的，拟合程度较好，AIC 的值比较小，再对此进行 LM 检验，看是否存在异方差性。结果如表 14-4 所示。

表 14-4　　条件异方差性检验

F-statistic	0.019 637	Prob. F（2，59）	0.889 0
Obs*R-squared	0.019 637	Prob. Chi-Square（2）	0.886 7

从表 4 可以看出，P 值较大，认为不存在 ARCH 效应，该模型消除了序列的条件异方差性。因此，可以用该方程测算人民币汇率波动率（记为 VOL）。

14.3.2　人民币汇率变动对我国外商直接投资流入的影响

1. 变量与数据处理

FDI 在工业中具有高度集中的特征，本文将工业增加值（GDP）纳入模型中，为增加结果的可靠性及数据的可得性，选取 2001—2016 年的季度数据，探讨汇率变动与外商直接投资之间是否存在长期协整关系。模型中包含的变量还有人民币实际有效汇率（REER）、GARCH 模型测算的汇率波动率（VOL）、虚拟变量（D），建立的模型如下：

$$\ln FDI_{it} = \beta_0 + \beta_1 \ln REER_{it} + \beta_2 \ln GDP_{it} + \beta_3 \ln VOL_{it} + \beta_4 \ln D_{it} + \mu_t \tag{14-3}$$

其中 i=1，2，3，4。FDI_{it} 表示 t 年第 i 季度实际利用的外商直接投资额，用国家统计局公布的实际利用外商直接投资额平均得到，单位为百万美元；GDP_{it}表示 t 年第 i 季度工业增加值，单位为亿元，来源于国家统计局；$REER_{it}$ 指 t 年第 i 季度人民币实际有效汇率，来源于 BIS，经月度数据平均得到；VOL_{it} 指 GARCH 模型测算的 t 年第 i 季度人民币实际有效汇率的波动率；D_{it} 体现我国汇率制度的变化，以 2005 年汇改为截点表示为：

$$D_t=\begin{cases}0,t<2005\\1,t\geqslant 2005\end{cases}$$

2. 单位根检验

首先采用 ADF 方法检验变量的平稳性，结果如表 14–5 所示。

表 14–5　　变量的单位根检验

数据序列	ADF统计量	临界值			P 值	平稳性
		1%	5%	10%		
LNFDI	−1.334 072	−3.548 208	−2.912 631	−2.594 027	0.607 9	不平稳
ΔLNFDI	−3.933 000	−3.548 208	−2.912 631	−2.594 027	0.003 3	平稳
LNREER	−0.503 889	−3.540 198	−2.909 206	−2.592 215	0.882 9	不平稳
ΔLNREER	−5.954 630	−3.542 097	−2.910 019	−2.592 645	0.000 0	平稳
LNVOL	−0.477 322	−3.540 198	−2.909 206	−2.592 215	0.888 1	不平稳
ΔLNVOL	−5.896 603	−3.542 097	−2.910 019	−2.592 645	0.000 0	平稳
LNGDP	−2.055 467	−3.548 208	−2.912 631	−2.594 027	0.590 9	不平稳
ΔLNGDP	−2.805 894	−3.548 208	−2.912 631	−2.594 027	0.063 6	平稳

由表 14–5 可以看出，经过一阶差分后，变量 FDI、NREER、NVOL、NGDP 由非平稳变成平稳序列，不存在单位根。

3. 协整关系检验

常见的协整检验方法有 Engle–Grange 两步法和 Johansen 方法。前者首先做向量的协整回归，然后再对其残差进行平稳性检验。但是样本有限时，往往存在估计偏差，因此为了克服这一局限性，此处采用 Johansen 估计法，验证变量间是否存在长期的均衡关系。检验结果如表 14–6 所示。

表 14–6　　Johansen 协整关系检验结果

原假设	特征根	Trace Statistic（P 值）	L–max 统计量（P 值）
None *	0.977 335	310.510 2 （0.000 1）**	227.215 1 （0.000 1）**
At most 1*	0.422 559	83.295 12 （0.000 0）**	32.948 90（0.009 3）**

续表

原假设	特征根	Trace Statistic（P 值）	L–max 统计量（P 值）
At most 2*	0.335 551	50.346 22（0.000 1）**	24.527 80　（0.016 0）**
At most 3*	0.252 394	25.818 43（0.001 0）**	17.452 72（0.015 1）**

注：“*”表示在 5%的显著性水平下拒绝原假设。

表 6 结果显示，极大似然法检验结果和最大特征值法检验结果一致，说明了外商直接投资、人民币实际有效汇率指数、工业增加值、人民币实际有效汇率波动率之间存在协整关系，即存在长期的稳定关系。

4. 格兰杰（Granger）因果检验

通过对外商直接投资（LNFDI）、人民币实际有效汇率（LNREER）、工业增加值（LNGDP）、汇率波动率（LNVOL）、虚拟变量（D）进行 Granger 因果检验，获得它们之间的因果关系。因篇幅限制，本文截取部分结果如下：

表 14–7　　　　Granger 因果检验结果

原假设	F–Statistic	P 值	结论
LNGDP 不是 LNFDI 的 Granger 原因	35.233 8	1.E–10*	拒绝原假设
LNREER 不是 LNFDI 的 Granger 原因	11.060 6	9.E–05*	拒绝原假设
LNVOL 不是 LNFDI 的 Granger 原因	11.135 6	8.E–05*	拒绝原假设
D 不是 LNFDI 的 Granger 原因	5.435 46	0.002 4*	拒绝原假设

注：“*”表示 5%的显著性水平。

由表 14–7 可知，LNREER、LNVOL、LNGDP 和 D 均是 LNFDI 的 Granger 原因，说明人民币实际有效汇率指数（REER）的水平变化、GDP（工业增加值）和汇率波动率（VOL）均对 FDI 流入产生影响。这从实证的角度证明了财富效应和生产成本效应理论的适用性。

5. 误差修正模型（ECM）

前文已经验证了变量间存在长期均衡关系及协整关系，却没有解释它们之间是否短期均衡。采用 ECM 模型不仅能揭示出变量间的长期均衡，还能反映出短期调整期间的关系。因此建立误差修正模型如下：

表 14–8　　　　ECM 模型结果

协整方程：			
$\ln FDI_{it} = 3.152\,464 \ln REER_{it} + 0.871\,773 \ln GDP_{it} - 3.176\,586 \ln VOL_{it} + 0.256\,935 D_{it} - \mu_t$			
D（LNFDI（–1））	2.105 088	D（LNGDP（–1））	–0.871 773

续表

协整方程：			
$\ln FDI_{it}=3.152\,464\ln REER_{it}+0.871\,773\ln GDP_{it}-3.176\,586\ln VOL_{it}+0.256\,935D_{it}-\mu_t$			
D（D01（−1））	0.742 209	D（LNREER（−1））	3.104 1
D（LNVOL（−1））	−3.165 6	误差修正系数	−0.578 6
其他信息	R−squared= 0.859 281	F−statistic= 27.201 05	

从上述结果可知，误差修正系数为−0.578 6，表明有较强的自我修正机制，调节速度相对较快，约有 57.86%，即 FDI 流入从短期偏离恢复到长期均衡所用的时间较短。从模型中还可以看出，影响外商对华投资的最主要因素人民币实际汇率系数达到 4.046 1，且前一期的人民币实际有效汇率增加会对当期外商直接投资流入起促进作用。前一期汇率波动率的增加会对当期外商直接投资流入起抑制作用。GDP（工业增加值）对外商直接投资的影响系数为 0.404 2，长期来看 GDP 会对外商直接投资流入起促进作用，前第一期的 GDP 的增加会对当期 FDI 流入起到抑制作用，前第二期的 GDP 的影响系数为 0.749 828，对当期 FDI 流入起促进作用。GDP 对 FDI 流入的短期波动影响方向会发生变化，这说明了外商在我国进行投资时，我国的财富是一个重要的衡量因素。滞后一期的汇率政策稳定性对 FDI 流入影响不太明显，其系数 0.421 7，这可能是由于政策效果的滞后性所致。这说明了我国人民币汇率的稳定性对我国 FDI 流入的整体影响较大，2005 年汇改后，我国的汇率机制更加灵活，人民币波动幅度更加富有弹性，这对我国 FDI 的流动性产生了重要的影响。下面分别分析人民币汇率变动对异质型 FDI 的影响。

14.4 人民币汇率波动对异质型外商直接投资的影响

根据我国 FDI 的投资动机及我国 FDI 的流入情况，对市场导向型、成本导向型这两种异质型 FDI 设定实证模型来分析。市场导向型 FDI（SFDI）看重的是我国巨大的市场需求，从投入角度讲，包括建筑业与第三产业。成本导向型的 FDI（CFDI）则看重的是我国丰富的劳动力要素和资源，从投入角度讲，涉及农、林、牧、渔业及采矿业、制造业等，主要涉及第一、二产业。

14.4.1 样本数据及模型设定

根据国家统计局数据统计，对于分行业的实际使用 FDI 数额只统计到 2015 年，因此本文选取了 2001—2015 年的年度数据进行实证分析。成本导向型 FDI（CFDI）以农林牧渔业及采矿业，电力、燃气及水的生产和供应业，制造业实际利用外商直接投资总额来衡量；市场导向型 FDI（SFDI）以建筑业，交通运输、仓储和邮政业，住宿和餐饮业，金融业，房地产业等第三产业实际利用外商直接投资总额来衡量。对于汇率波动率（VOL）由前文 GARCH 测算的季度汇率波动率平均得出年度汇率波动率，人民币实际有效汇率经季度数据平均得到。对外开放程度选用对外进出口差额与我国工业增加值的比值作为衡量标准，数据来源于国家统计局、BIS 数据库。模型中包含的变量还有分行业划分的 FDI、国内生产总值（GDP）、虚拟变量（D），建立的模型如下：

成本导向型：

$$\ln CFDI_t = \beta_0 + \beta_1 \ln REER_t + \beta_2 \ln GDP_t + \beta_3 \ln VOL_t + \beta_4 \ln D_t + \beta_5 \ln OPEN_t + \mu_t \tag{14–4}$$

市场导向型：

$$\ln SFDI_t = \beta_0 + \beta_1 \ln REER_t + \beta_2 \ln GDP_t + \beta_3 \ln VOL_t + \beta_4 \ln D_t + \beta_5 \ln OPEN_t \mu_t \tag{14–5}$$

其中 t 表示年份，如 $REER_t$ 表示第 t 年人民币实际有效汇率。

14.4.2 单位根检验

采用 ADF 单位根检验法对变量的单位根进行检验，结果如表 14–9 所示。

表 14–9　　变量单位根检验结果

数据序列	ADF 统计量	临界值			P 值	平稳性
		1%	5%	10%		
LNSFDI	−1.111 738	−4.004 425	−3.098 896	−2.690 439	0.679 5	不平稳
ΔLNSFDI	−1.643 665	−4.297 073	−3.212 696	−2.747 676	0.426 8	不平稳
ΔΔLNSFDI	−5.894 624	−4.200 056	−3.175 352	−2.728 985	0.000 9	平稳
LNCFDI	−2.198 067	−4.004 425	−3.098 896	−2.690 439	0.214 9	不平稳
ΔLNCFDI	−3.513 996	−4.057 910	−3.119 910	−2.701 103	0.025 6	平稳
ΔΔLNCFDI	−4.984 442	−4.200 056	−3.175 352	−2.728 985	0.003 1	平稳
LNREER	1.397 466	−4.004 425	−3.098 896	−2.690 439	0.997 6	不平稳
ΔLNREER	−1.359 394	−4.057 910	−3.119 910	−2.701 103	0.568 4	不平稳
ΔΔLNREER	−3.333 983	−4.200 056	−3.175 352	−2.728 985	0.039 0	平稳
LNVOL	1.434 151	−4.004 425	−3.098 896	−2.690 439	0.997 8	不平稳
ΔLNVOL	−1.366 548	−4.057 910	−3.119 910	−2.701 103	0.565 0	不平稳
ΔΔLNVOL	−3.319 183	−4.200 056	−3.175 352	−2.728 985	0.039 9	平稳
LNGDP	−2.265 097	−4.004 425	−3.098 896	−2.690 439	0.194 8	不平稳

续表

数据序列	ADF统计量	临界值			P 值	平稳性
		1%	5%	10%		
ΔLNGDP	−1.583 552	−4.057 910	−3.119 910	−2.701 103	0.462 3	不平稳
ΔΔLNGDP	−4.227 116	−4.200 056	−3.175 352	−2.728 985	0.009 6	平稳
LNOPEN	−8.258 446	−4.200 056	−3.175 352	−2.728 985	0.000 0	平稳
ΔLNOPEN	−3.772 120	−4.297 073	−3.212 696	−2.747 676	0.021 7	平稳
ΔΔLNOPEN	−4.177 292	−4.121 990	−3.144 920	−2.713 751	0.009 1	平稳

检验结果显示，在原始序列水平上，LNSFDI、LNCFDI、LNREER、LNVOL 均为非平稳向量，经过一阶差分仍存在不平稳现象，而经过二阶差分各序列的 ADF 值均在5%的显著性水平下平稳，可以认定，在给定的显著性水平上，以上序列都是二阶单整的。

14.4.3 协整关系检验与格兰杰因果检验

为了确定两类 FDI 与各解释变量之间存在是否构成因果关系，对变量取二阶差分，利用格兰杰（Granger）因果关系检验法进行检验，结果如下：

表 14–10　　Granger 因果关系检验结果

成本导向型：因果关系			市场导向型：因果关系		
原假设	F 值	P 值	原假设	F 值	P 值
LNGDP 不是原因	0.319 90	0.735 1	LNGDP 不是原因	0.218 83	0.808 1
LNREER 不是原因	0.930 6	0.072 6***	LNREER 不是原因	3.760 84	0.070 6***
LNVOL 不是原因	3.313 95	0.089 5***	LNVOL 不是原因	9.656 89	0.007 4*
D 不是原因	3.717 93	0.072 2***	D 不是原因	0.304 14	0.745 9
LNOPEN 不是原因	3.068 85	0.102 5	LNOPEN 不是原因	0.471 70	0.640 2

从上表二阶差分后的检验结果可以预测出，成本导向型 FDI、市场导向型均与人民币汇率变动存在因果关系。而汇率的政策性影响并不对市场导向型 FDI 流入产生因果影响，对外开放度也不是这两类 FDI 流入重要的格兰杰原因。我们发现工业增加值、对外开放度对 FDI 的影响较弱甚至不存在，FDI 流入的新特征与人民币实际汇率的升贬值与波动有重要关系。对于实际变量之间的影响关系如何还需进一步验证。

采用 Johansen 协整检验估计两个模型中变量之间的长期均衡关系，结果如下显示：

表 14–11　　市场导向型 FDI 协整检验结果

原假设	特征根	Trace Statistic（P 值）	L–max 统计量（P 值）
None *	0.997 882	80.047 59（0.000 0）**	108.011 7（0.000 0）**
At most 1	0.737 799	17.402 37（0.019 4）	27.964 13（0.080 2）
At most 2	0.474 723	8.369 774（0.342 4）	10.561 76（0.240 0）
At most 3	0.155 165	2.191 982（0.138 7）	2.191 982（0.138 7）

表 14–12　　成本导向型 FDI 协整检验结果

原假设	特征根	Trace Statistic（P 值）	L–max 统计量（P 值）
None *	0.998 052	123.329 4（0.000 0）**	81.133 33（0.000 0）**
At most 1*	0.869 879	42.196 08（0.001 2）**	26.510 79（0.007 9）**
At most 2*	0.681 185	15.685 30（0.046 8）	14.264 60（0.040 2）
At most 3	0.061 447	0.824 406（0.363 9）	3.841 466（0.363 9）

以上两表显示，无论成本导向型 FDI 还是市场导向型 FDI，外商直接投资、人民币实际有效汇率指数、国内生产总值、人民币实际有效汇率波动率之间存在长期的协整关系，得到的协整方程如下：

$$\begin{aligned}\ln CFDI_t =& 1.459\,929\ln REER_t + 0.551\,320\ln GDP_t - \\ & 1.257\,026\ln VOL_t + 0.073\,021\ln OPEN_t + 0.119\,918 D_t + \mu_t\end{aligned} \tag{14–6}$$

$$\begin{aligned}\ln SFDI_t =& 5.833\,173\ln REER_t + 0.804\,809\ln GDP_t + \\ & 1.905\,302\ln VOL_t - 0.490\,185 OPEN_t - 0.327\,753 D_t + \mu_t\end{aligned} \tag{14–7}$$

方程（14–6）、（14–7）显示，市场导向型 FDI、成本导向型 FDI 均与实际有效汇率、国内生产总值、汇率政策变动之间呈正相关关系，而与汇率波动率之间呈现负相关关系。人民币实际有效汇率每升值 1%，市场导向型 FDI 将增加 5.83%，成本导向型 FDI 将增加 1.46%；汇率波动率每增大 1%，市场导向型 FDI 将减少 1.91%，成本导向型 FDI 将减少 1.26%；国内生产总值每增大 1%，成本导向型 FDI 增加 0.55%，市场导向型 FDI 将增加 0.80%。这一实证结果表明：实际有效汇率指数变动对市场导向型 FDI 影响相对较大，国内生产总值对市场导向型 FDI 影响相对较大，两种类型的 FDI 都受到汇率政策变动的显著影响，市场导向型 FDI 受到汇率的政策性影响的变动相对较大一些。

14.5　结论与政策建议

本章从理论和实证的角度对汇率的波动与外商直接投资的关系进行分析，理论上：

汇率变动对外商直接投资的影响分为：财富效应理论、成本效应理论、资本化率效应理论、汇率风险效应理论和期权效应理论这五种。实证上：首先从人民币汇率对我国 FDI 流入的整体影响角度来看，长期内外商直接投资、人民币实际有效汇率指数、工业增加值、人民币实际有效汇率波动率之间存在协整关系，对我国 FDI 流入产生影响；短期内人民币实际有效汇率指数的增加对外商直接投资流入起促进作用，汇率波动率的增加会对当期外商直接投资流入起抑制作用，工业增加值对 FDI 流入的短期波动影响方向会发生变化。其次选取市场导向型、成本导向型这两种异质型 FDI 来分析，从 Johansen 协整检验发现，这两种外商直接投资与人民币实际有效汇率指数、工业增加值、人民币实际有效汇率波动率之间存在长期的协整关系，且均与实际有效汇率、工业增加值、汇率政策变动之间是正相关关系，而与汇率波动率之间呈现负相关关系，虽然各变量对两种异质性 FDI 影响程度不同。总之，人民币汇率的变动与 FDI 流动具有很强的联动性。

为此，在金融市场扩大开放的今天，要促进汇率政策与外商投资政策相协调，优化我国外资结构，应该从以下几方面着手：一是要不断完善人民币汇率形成机制，提高人民币汇率的灵活性。由分析中可知，人民币升值不会减少我国 FDI 的流入，而是增加 FDI 流入额；二是注重我国外资引入的规模和结构，逐渐提升 FDI 流入的质量，通过对两种异质性 FDI 的分析，发现汇率变动、GDP 对市场导向型 FDI 影响相对较大，因此需要加大对第二产业中高新技术产业及第三产业投资的力度；三是可以从国内投资环境入手，创造公平、高效、透明的投资竞争环境，扩大外商直接投资领域，同时，提高外商投资政策、法律法规的相对稳定性、可操作性，简化行政审批程序，降低外资投入成本，使之与市场化开放进程相适应。

（执笔人：蔡彤娟　林润红）

第15章　在华日资企业与外商直接投资

摘　要

2016年，日资企业对华直接投资呈现出进一步减少趋势。据中国商务部统计，2016年日本实际投入外资额32.1亿美元，同比下降3.1%，与2012年日资企业对华直接投资的最高峰相比下降了57.9%。但另一方面，日资企业新设的在华营业基地正在增加。也就是说，从投资总额角度来看，日资企业对华直接投资呈现减少趋势，但从新设在华营业基地数量来看，日资企业正在加强对华直接投资力度。这是因为，在中国经济发展模式正在向消费、服务主导型方向转变的情况下，日资企业对华直接投资也正在发生结构性变化。其变化表现在如下三个方面：

第一，从制造业转向非制造业的投资主体的变化。过去，制造业企业是日本对华直接投资的主力，但越来越多的非制造企业增加对华直接投资，尤其是批发零售行业最为明显。虽然非制造业整体投资力度不如制造业，然而按投资主体排名的话，非制造业的批发零售排名第一，远大于制造业的一般机械、电器机械等。一般而言，制造业企业建设工厂、生产线等需要巨额投资，而非制造业的投资额度相对较少。初期投资较小的销售、服务业投资的增加就是投资总额减少、营业基地增加的原因之一。

第二，从加工贸易转向国内销售的投资目的的变化。无论是制造业企业还是非制造业企业均看好中国市场的未来发展，止在加强销售网点的投资。而且从中国国内研究开发的角度来看，日资制造业企业的重点也在于面向中国市场产品的研究开发。在中国拥有生产基地的企业当中，大部分企业均在中国生产为国内市场供给的产品，而不是为出口到第三国。

第三，从沿海地区转向内陆地区的投资地区的变化。部分日资制造业企业将生产基地转移到劳动力成本相对较低的中国国内的内陆地区。由于内陆地区不适合做加工贸易，这些企业的产品主要销售在中国国内。随着国内市场规模的不断增大，越来越多的日资制造业企业可能会把生产基地建立在国内内陆地区。

总之，日资企业的对华直接投资从过去的把中国视为加工贸易基地的“世界工厂型投资”正在转向为把中国视为消费基地的“世界市场型投资”。而且从《关于我国制造业企业海外事业的调查报告》与《关于日本企业开展海外事业的问卷调查》这两份问卷调查来看，日资企业对华直接投资的这种趋势将会持续未来一段时间。

15.1 引言

2016 年，日资企业对华直接投资呈现出进一步减少趋势。据中国商务部统计，2016 年日本实际投入外资额 32.1 亿美元，同比下降 3.1%，与 2012 年日资企业对华直接投资的最高峰相比下降了 57.9%。虽然从额度上来看日资企业对华直接投资确实出现减少趋势，然而这是中国经济结构调整所带来的经济“新陈代谢”的表现之一。随着国民收入的不断增加，具有购买力的中层阶级逐渐扩大，汽车、家电等耐用品的普及与服务消费快速增长，中国经济结构转型正在全面提速。第三产业增加值占国内生产总值的比重从 2000 年的 39.8%上涨到 2016 年的 51.6%，而同时期的第二产业占比从 45.5%下降到 39.8%（图 15–1 左图）。2007 年消费品零售额为 9.4 万亿元，而 2016 年上涨到 33.2 万亿元。消费占 GDP 的比率也从 2007 年的 34.4%上升到 2016 年的 44.7%（图 15–1 右图）。另外，据国家统计局统计，2016 年的实际 GDP 增长率为 6.7%，对其贡献最大的是消费，社会消费品零售总额同比增长 10.4%，大于固定资产投资的 8.1%与全国规模以上工业增加值的 6.8%。这些数据都表明中国经济发展模式正在向消费、服务主导型方向过渡。随着中国消费者购买力的逐渐壮大与消费结构的显著性变化，日资企业对华直接投资也正在发生结构性变化。

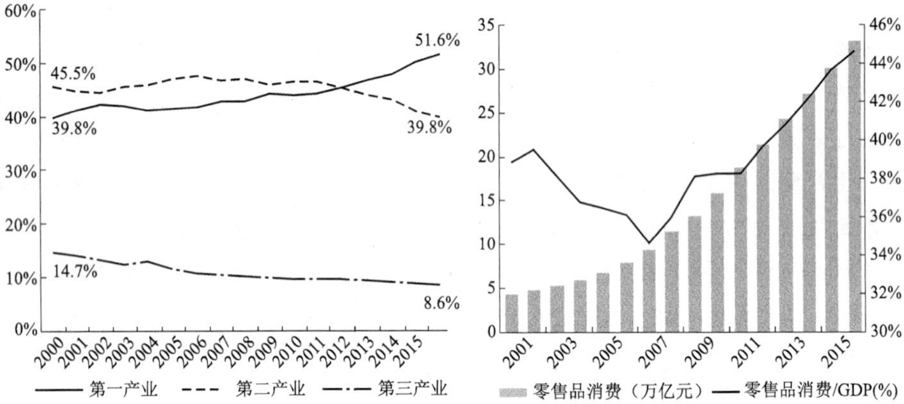

图 15–1　中国的产业 GDP 的份额与消费品零售情况

数据来源：CEIC。

15.2 日资企业对华直接投资的现状

表 15–1 显示日本对亚洲主要国家和地区的对外直接投资额（流量）与其占总投资额的比例。据日本国际收支统计①，2016 年日本对华直接投资为 86.33 亿美元，与 2015

① 日本财务省与日本银行（中央银行）发布的日本对华直接投资额与中国商务部发布的实际使用外资金额数据有所不同。最大不同点在于，中国的统计数据只计入新增投资与增资，但日本的统计数据还包括再投资收益（直接投资企业的内部储蓄）、集团内企业之间的资金借贷等。

年同比下降 14.3%。需要说明的是，日本对其他国家的直接投资并没有减少，2016 年日本直接投资总额为 1 695.82 亿美元，同比增长 24.3%。因此日本对华直接投资额占直接投资总额的比例从 2015 年的 7.4%下降到 2016 年的 5.1%。

最近几年日本对华直接投资出现大幅度下降的主要原因为工资上涨与人民币升值所带来的企业成本的上升。随着企业成本的不断上升，“世界工厂”的优势逐渐下降。从数年前开始，以劳动密集型为主的日资企业开始将工厂转移到东南亚等劳动力成本更加低廉的国家。但 2016 年日资企业对这些主要转移对象国（泰国、印度尼西亚、马来西亚、菲律宾、越南）的投资总额为 125.6 亿美元，同比下降 4.0%。这表明前几年出现的日资企业对东南亚国家的投资热有所降温。

表 15–1　　2014—2016 年日本对亚洲直接投资流量与份额　单位：亿美元，%

国家/地区	2014		2015		2016	
	流量	份额	流量	份额	流量	份额
中国	108.89	7.9	100.78	7.4	86.33	5.1
中国香港	30.45	2.2	26.62	2.0	19.45	1.1
泰国	55.68	4.0	39.26	2.9	40.62	2.4
印度尼西亚	48.35	3.5	33.06	2.4	29.24	1.7
马来西亚	12.91	0.9	28.95	2.1	14.09	0.8
菲律宾	9.01	0.7	15.20	1.1	23.12	1.4
越南	16.52	1.2	14.38	1.1	18.53	1.1
总投资额	1 380.18	100.0	1 364.21	100.0	1 695.82	100.0

注：“份额”为日本对该国或地区直接投资额在总投资额所占的比例。

资料来源：日本贸易振兴机构（JETRO）。

图 15–2 显示日资企业在华营业基地总数。2012 年受到中日关系恶化的影响一度出现大幅度减少。然而，随后日资企业以年均 777 家的速度新设在华营业基地，2015 年 10 月份高达 33 390 家，基本恢复到 2011 年的历史最高水平。

综上所述，从投资额度角度来看，日资企业对华直接投资确实能观测到减少趋势，但从新设在华营业基地数量来看，日资企业正在加强对华直接投资力度。出现如此矛盾的主要原因在于日资企业对华直接投资的结构性变化。

15.3　日资企业对华直接投资的行业结构

20 世纪 80 年代以来，制造业是日本对华直接投资的主力军，但进入 21 世纪以后，

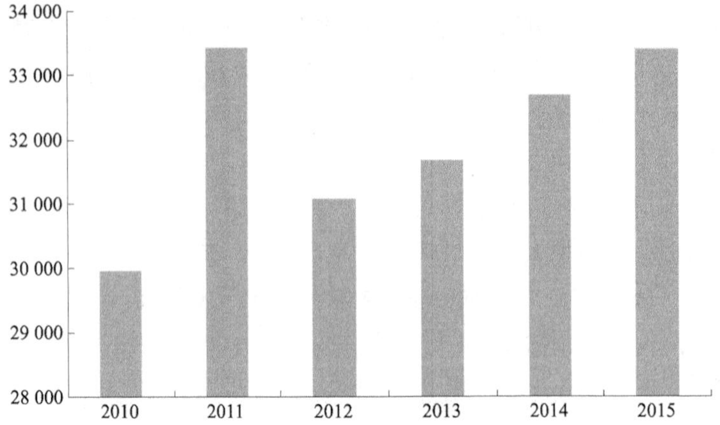

图 15-2　日资企业在华营业基地总数

注：每年 10 月份公布的数据。

资料来源：日本外务省。

非制造业投资不断增加逐渐成为日资企业对华投资的主体。据日本国际收支统计，日资企业对中国制造业投资额占日本对华直接投资总额比例的最高峰是 2001 年的 88.3%，但从此开始逐渐下滑，2016 年下降到 60.4%。由此可以看出，日资企业对华投资结构的明显变化。

图 15-3 显示 2001 年日本对华直接投资的行业结构。在制造业中，投资规模最大的是电气机械，占总投资额的 35.8%，远远大于运输设备的 14.2%与一般机械的 9.0%。在非制造业中，批发零售业投资占投资总额的比例为 6.4%，排名第一。在入世所带来的国内市场全面开放、放松管制以及经济快速增长等方面的期待下，日资企业开始关注中国国内的巨大市场。当时日资企业为了开拓中国国内市场，开始加强销售网点的建设①。

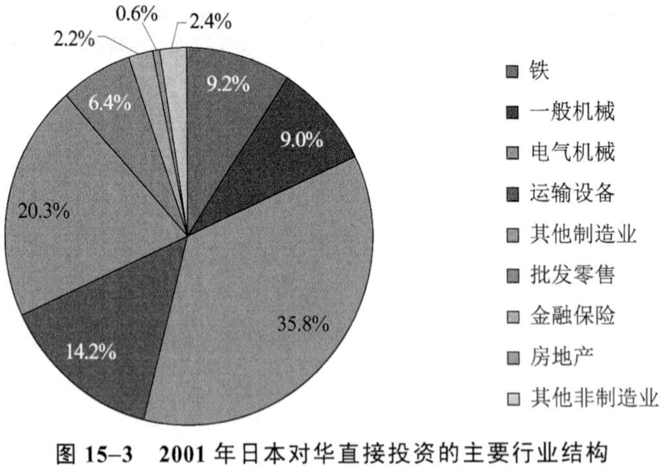

图 15-3　2001 年日本对华直接投资的主要行业结构

资料来源：日本财务省与日本银行《国际收支统计》。

① 在 1991 年批发零售业投资占投资总额的比例仅为 1.17%，投资总额为 2001 年的十四分之一左右。

尽管如此，批发零售公司的投资力度远远不如制造业的投资。这意味着当时把中国看作“世界工厂”的日资企业仍然占大多数。另外，由于 2001 年 12 月中国刚刚加入 WTO，金融业与房地行业的对外开放程度并不高，因此金融保险与房地产投资份额分别只有 2.2%与 0.6%。

图 15–4 表示 2016 年日本对华直接投资的行业结构。由此可以明确看出，日资企业对华投资对象的结构性变化。在制造业投资当中，对电气机械的投资力度大幅度削弱，在总投资额的占比从 2001 年的 35.8%下降到 12.9%。替代电气机械成为日资企业的第一大投资对象的行业是一般机械，占比高达 19.6%。

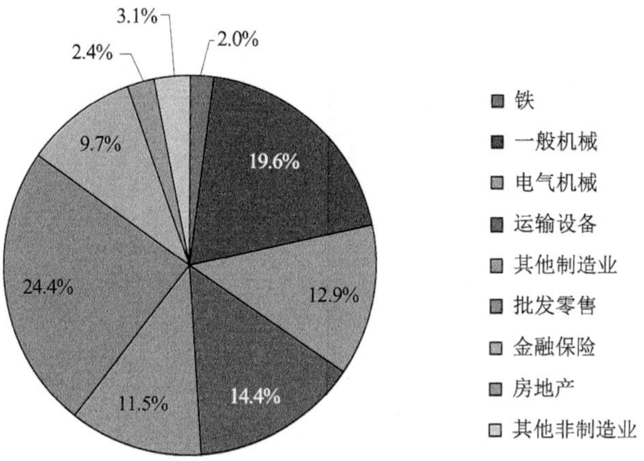

图 15–4　2016 年日本对华直接投资的主要行业结构

资料来源：日本财务省与日本银行《国际收支统计》。

2016 年日资非制造企业投资额占日本对华直接投资总额比例为 39.6%，其中以批发零售占 24.4%居首，次为金融保险投资占 9.7%，再次为房地产占 2.4%，所有行业跟 2001 年相比有显著增长，尤其是批发零售投资最为明显。虽然非制造业整体投资力度不如制造业（60.4%），然而按投资主体排名的话，非制造业的批发零售第一，比制造业的一般机械高出 4.8 个百分点。这可以充分说明日资企业为了应对不断壮大的中国国内消费需求正在加强非制造业投资，表明越来越多的日资企业认为“世界工厂”的中国正在蜕变成为“世界市场”。

图 15–5 显示近三年（2014—2016 年）的日本对华直接投资的行业结构。在制造业投资当中，日资企业对铁业投资的减少趋势较为明显，从 2014 年的 5.0%下降到 2016 年的 2.0%。随着钢铁价格的不断下降与国内产能过剩现象的日益加剧，日资铁业企业的对华投资力度也在逐渐弱化。另外，近几年日资企业加强了对一般机械的投资力度（从 2014 年的 12.8%增加到 2016 年的 19.6%），表明许多企业认为今后中国的劳动力成本还会继续上升，随着工厂生产自动化的进一步推进，对工厂内机床的需求

将会增长[①]。

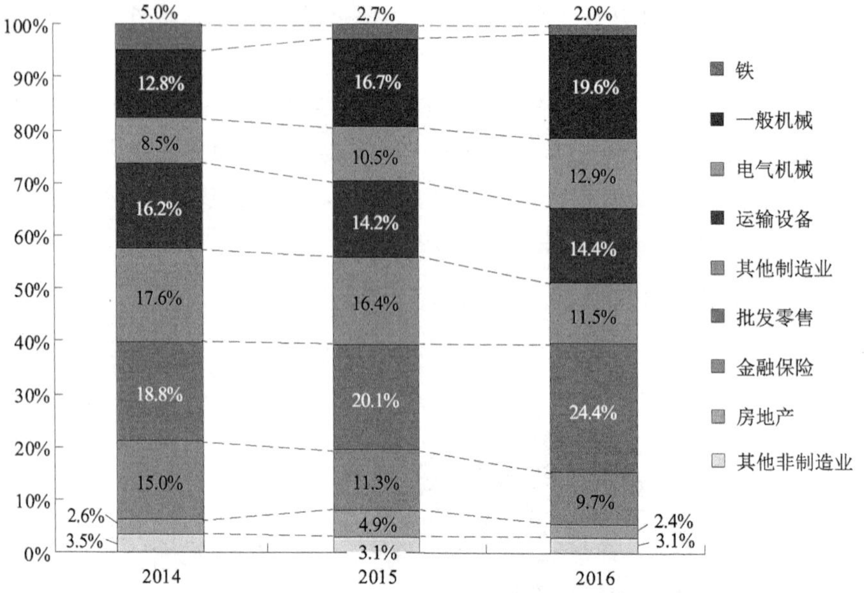

图 15–5　2014—2016 年的日本对华直接投资的主要行业结构

资料来源：日本财务省与日本银行《国际收支统计》。

从非制造业投资的份额来看，日资企业对批发零售投资的增长趋势极其明显，从 2014 年的 18.8%上涨到 2016 年的 24.4%。随着日本总人口与劳动人口的不断减少，日本国内市场规模随之缩小。相对于此，中国市场的潜在内需深不可测。越来越多的日资企业预期中国国内消费者购买力将会不断上升，开始加强对批发零售业的投资力度。

15.4　日资企业对华投资的意向调查

日本国际协力银行（Japan Bank for International Cooperation，简称 JBIC）和日本贸易振兴机构（Japan External Trade Organization，简称 JETRO）每年对开展国外业务的日资企业进行详细的问卷调查。本部分主要根据报告中的对华投资调查结果进行考察。

15.4.1　基于《关于我国制造业企业海外事业的调查报告》的分析

日本国际协力银行每年公布的《关于我国制造业企业海外事业的调查报告》（简称《JBIC 报告》）是主要针对在国外开展业务的日本制造业企业进行的调查报告。

图 15–6 表示日本制造业企业在国外的销售比例与生产比例。由此可以看出，进入 21 世纪以后，无论是国外销售比例还是国外生产比例基本上都呈现出稳步增长趋势。具

① 2017 年 2 月在华日资企业接受的机床订单额同比增长 55.5%。日本经济新闻（2017 年 4 月 19 日）

体而言，2015 年的国外销售比例与生产比例分别为 37.9%与 35.1%，均创历史新高，并且预计 2016 年还会提高。据 2016 年《JBIC 报告》，日资企业具有生产基地（法人）最多的国家是中国（81.2%），远大于排名第二的泰国（49.1%）与第三的北美（41.3%）。从销售网点（法人）来看，中国仍然是吸引日资企业最多的国家，比例高达 55.4%，其次是北美的 48.3%，第三是欧盟 15 国[①]的 39.0%。

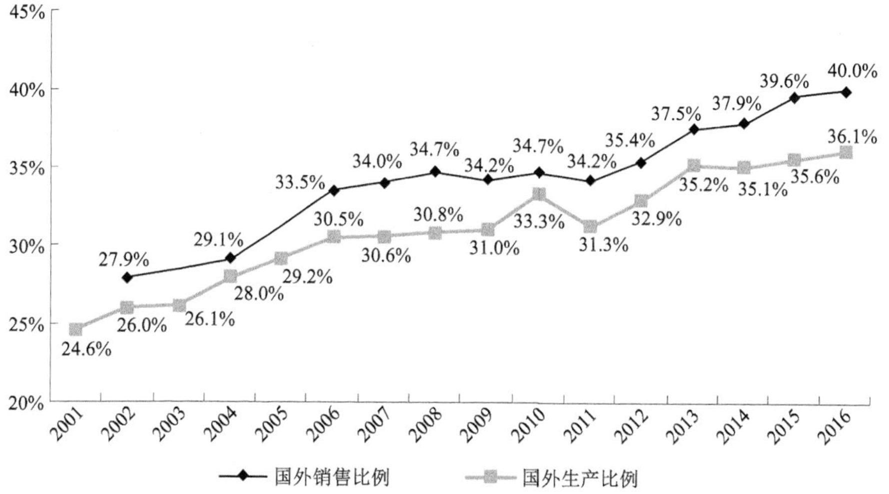

图 15–6　日本制造业企业国外业务情况

注：2016 年的数据是估计值。

资料来源：日本国际协力银行《关于我国制造业企业海外事业的调查报告（2016 年）》。

关于中期（今后 3 年左右）国外业务开展计划，76.6%的日资企业回答“将来扩大国外业务”，23.0%的企业回答“维持现状”，只有 0.6%的企业回答“将来缩小或撤退国外业务”。相对于此，只有 34.0%的企业回答“将来扩大国内业务”，表明未来一段时间日资制造业企业将会加大海外直接投资的力度。

图 15–7 表示 2005 年至 2016 年的中期（今后 3 年左右）国外业务开展意向（国别）变化情况[②]。调查开始以来，中国是最受日资制造业企业青睐的投资国，一直保持排名第一的位置。然而，2013 年受到中日关系恶化以及劳动力成本急剧上升的影响，中国首次让出排名第一的位置，跌至排名第四。但近年来趋势有所回升，2014 年回到排名第三、2015 年进一步回到排名第二的位置。从 2016 年总体排名来看，印度第一（47.6%），中国第二（42.0%）以及印度尼西亚第三（35.8%）。值得一提的是，据 2016 年《JBIC 报告》，在选择中国的日资企业当中，有 48.8%的企业已有具体的业务计划。然而在选择印度和印度尼西亚的企业当中，分别只有 40.0%与 43.9%的企业有具体业务计划。这意味着对华直接投资的成熟程度仍然高于其他新兴国家。

① 欧盟 15 国包括：英国、德国、法国、意大利、荷兰、比利时、希腊、卢森堡、丹麦、西班牙、葡萄牙、奥地利、芬兰、瑞典、爱尔兰。

② 企业选择 5 个将来 3 年内有意向开展业务的国家或地区。图中数据是该国得票数除以回答公司总数。

《JBIC 报告》还进一步针对选择这些国家的企业对看好该国的理由与在该国开展业务所面临的问题进行了详细的调查（见表 15–2）。在看好中国的理由方面，排名第一与第二分别为“当地市场的未来发展前景”（67.0%）与“当地市场的现在规模”（62.4%），得票率远大于排名第三的“组装企业的供应基地”（22.8%）。

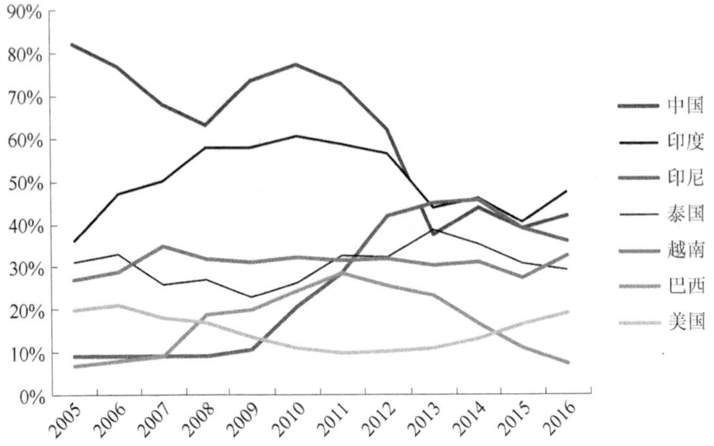

图 15–7　日资企业中期国外业务开展意向（国别）

注：图中数据为该国得票数除以回答公司总数。

资料来源：日本国际协力银行《关于我国制造业企业海外事业的调查报告（2006—2016 年）》。

在开展中国业务所面临的问题方面，《JBIC 报告》调查的 10 个国家[①]当中，回答“劳动力成本的上升”最多的国家就是中国，占比高达 66.3%（回答“劳动力成本的上升”的比例较高的国家为泰国的 46.3%与印度尼西亚的 34.9%）。这表明急剧上升的国内工资水平成为日资企业开展中国业务的主要瓶颈，影响着对华直接投资的稳定增长。另外，知识产权保护不完善与法制运用的不透明也是影响日资企业对华直接投资的重要问题。

表 15–2　　看好中国的理由与问题（2016 年）

	看好中国的理由		开展中国业务所面临的问题	
1	当地市场的未来发展前景	67.0%	劳动力成本的上升	66.3%
2	当地市场的现在规模	62.4%	与其他公司的激烈竞争	55.1%
3	组装企业的供应基地	22.8%	法制运用方面不透明	50.8%
4	产业集聚程度较高	18.3%	知识产权保护不完善	45.5%
5	廉价的劳动力	12.7%	外汇、汇款管制	31.0%
	向第三国的出口基地	12.7%		

资料来源：日本国际协力银行《关于我国制造业企业海外事业的调查报告（2016 年）》。

① 《JBIC 报告》调查的是日资企业中期国外业务开展意向排名前 10 位的国家，除了中国还包括：印度、印度尼西亚、越南、泰国、墨西哥、美国、菲律宾、缅甸、巴西。

图 15–8 表示 2003—2016 年的日资企业看好中国的理由的变化情况。2003 年，日资制造业企业对中国的市场规模并不满意（19.7%），但随着中国经济的不断发展，越来越多的企业看好市场规模，2016 年回答“当地市场的现在规模”的企业高达 62.4%。随着市场规模的不断扩大，其发展空间逐渐缩小，看好“当地市场的未来发展前景”的企业也随之减少。尽管如此，仍然有 67%的日资企业对中国市场的未来充满信心。另外，2003 年有 74.9%的日资企业看好中国的廉价劳动力，但随着中国国内工资水平的不断上升，中国劳动力的价格优势也直线下降，2016 年只有 12.7%的企业认为中国的劳动力仍然便宜。

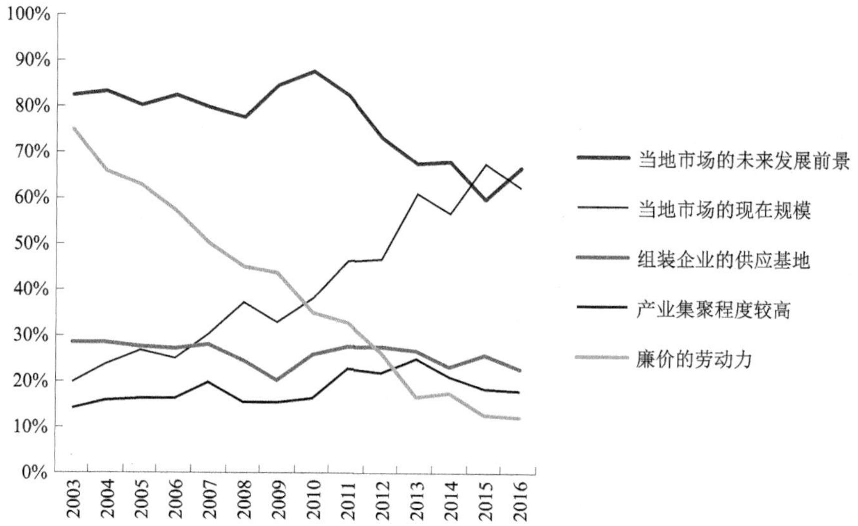

图 15–8　看好中国的理由（2003—2016 年）

资料来源：日本国际协力银行《关于我国制造业企业海外事业的调查报告（2003—2016 年）》。

图 15–9 为 2003—2016 年开展中国业务所面临的问题。与图 15–8 中的“廉价的劳动力”相对应，2003 年只有 19.9%的日资制造业企业认为“劳动力成本的上升”为开展中国业务的主要问题，但随着国内工资水平快速提高，其比例直线上升，2016 年达到了 66.3%。但近几年的工资上涨速度较为缓慢，回答“劳动力成本的上升”的企业也随之减少，跟高峰的 2013 年相比下降了 10.8 个百分点。另外，随着中国金融自由化的不断进展，中国的外汇、汇款管制也得到了一定的改善，从 2003 年的 41%下降到 2016 年的 31%。

图 15–10 显示 2015 年与 2016 年日资制造业企业中期（今后 3 年左右）开展中国业务的展望。整体来看，2016 年回答“将来扩大中国业务”的企业高达 47.6%，比较 2015 年减少 0.5 个百分点。“维持现状”的日资企业达到 49.0%，跟 2015 年基本没有变化。也就是说，扩大或维持现状的企业比例高达 96.6%。只有 3.4%的日资企业将来三年内可能会撤退或缩小中国的业务。跟 2015 年相比，撤退或缩小中国业务的日资企业有所增加，但其比例仍然是微乎其微的。

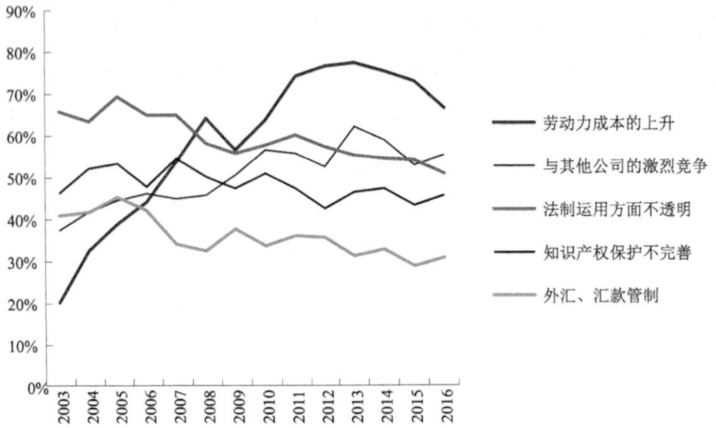

图 15–9　开展中国业务所面临的问题（2003—2016 年）

资料来源：日本国际协力银行《关于我国制造业企业海外事业的调查报告（2003—2016 年）》。

但每个地区的情况有所不同①。从 2015 年与 2016 年相比较可以看出，日资制造业企业在华北和内陆地区的业务有扩大趋势，但在东北、华东和华南地区的业务将来可能会有所缩小。其中扩大中国内陆地区业务的企业较多，52.8%的日资企业将会提高对内陆投资力度。这意味着日资制造业企业不仅仅将生产基地从中国转移到东南亚国家，也有部分企业转移到劳动力成本相对较低的中国国内的其他地区。由于内陆地区不适合做加工贸易，这些企业的产品主要销售在中国国内。随着国内市场规模的不断增大，越来越多的日资制造业企业可能会把生产基地建立在国内内陆地区。

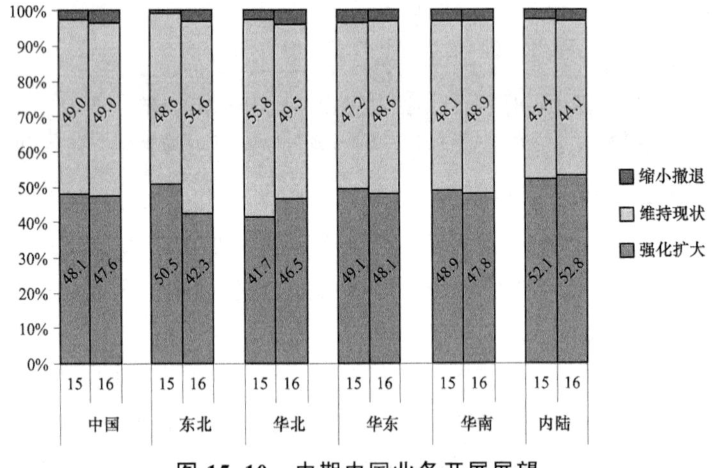

图 15–10　中期中国业务开展展望

注：地区划分如下：东北地区包含黑龙江省、吉林省、辽宁省；华北地区包含北京市、天津市、河北省、山东省；华东地区包含上海市、江苏省、安徽省、浙江省；内陆地区为上述以外的其他省市及自治区。图中数据为该得票数除以回答公司总数。

资料来源：日本国际协力银行《关于我国制造业企业海外事业的调查报告（2015—2016 年）》。

① JBIC 报告的中国地区划分如下：东北地区包含黑龙江省、吉林省、辽宁省；华北地区包含北京市、天津市、河北省、山东省；华东地区包含上海市、江苏省、安徽省、浙江省；内陆地区为上述以外的其他省、市及自治区。

值得一提的是，“强化、扩大”东北地区的日资企业从 2015 年的 50.5%大幅度下降到 2016 年的 42.3%。最近几年，高度依赖于重工业和资源产业的东北经济陷入困境，经济增长明显减速，日资企业的对东北地区的投资力度也随之减弱。

表 15–3 显示日资企业在国内外的生产基地的中期作用。日资企业对中国的生产基地期望最高的是“满足当地市场需求的产品的生产基地（72.5%）”，也就是说，在中国拥有生产基地的企业当中，大约有四分之三的企业在中国生产向国内供给的产品，其比例远大于在中国生产廉价产品向国外供给的企业（53.2%）。与此相反，很少有企业在中国国内生产创新产品，许多日资企业都在日本国内（56.1%）或欧美（30.4%）生产创新产品。

表 15–3　　　　　　　　生产基地的中期作用

	中国	日本	东盟 5 国	印度	欧美
创新产品的生产基地	6.7%	56.1%	3.7%	5.1%	30.4%
满足当地市场需求的产品的生产基地	72.5%	45.3%	58.0%	69.9%	70.3%
廉价产品的生产基地	53.2%	8.8%	68.3%	63.0%	10.1%
改善生产工程并将其扩大到其他基地	17.4%	60.4%	16.7%	4.6%	18.9%
人才培养及技术传承的基地	11.7%	60.4%	13.1%	3.7%	15.4%
其他	2.0%	3.2%	2.5%	3.7%	3.5%

注：东盟五国包括新加坡、泰国、印度尼西亚、马来西亚、菲律宾。

资料来源：日本国际协力银行《关于我国制造业企业海外事业的调查报告（2016 年）》。

表 15–4 表示日资企业要强化的研究开发项目。在中国国内拥有研发基地的日资企业当中，研究开发面向中国市场产品的企业最多（70.7%），而且 32.3%的企业也正在研究符合中国市场的生产过程。与此相反，只有十分之一的企业在中国国内研究开发创新性产品和创新性生产过程。东盟五国和印度等其他发展中国家的研发情况也是类似的。

日资企业研究开发创新性产品的基地仍然设立在日本国内。但也有 41%的企业在欧美国家研究开发创新型产品。

表 15–4　　　　　　　　要强化的研究开发项目

	中国	日本	东盟五国	印度	欧美
创新性产品的研发	10.3%	73.6%	7.3%	8.9%	41.0%
创新性生产过程的研发	12.1%	46.3%	8.3%	4.4%	15.3%
面向当地市场的产品研发	70.7%	52.5%	70.8%	63.3%	62.3%
符合当地市场的生产过程的研发	32.3%	24.6%	34.4%	34.4%	21.3%
其他	5.6%	0.4%	6.8%	15.6%	7.1%

注：东盟五国包括新加坡、泰国、印度尼西亚、马来西亚、菲律宾。

资料来源：日本国际协力银行《关于我国制造业企业海外事业的调查报告（2016 年）》。

15.4.2 基于《关于日本企业开展海外事业的问卷调查》的分析

上节《关于我国制造业企业海外事业的调查报告》的主要调查对象是在国外开展业务的日本制造业企业，而日本贸易振兴机构（JETRO）每年公布的《关于日本企业开展海外事业的问卷调查》（简称《JETRO 调查》）除了制造业企业之外，还针对非制造企业进行了详细的问卷调查。具体而言，根据 2016 年《JETRO 调查》，在有效回答 2 995 家企业当中，制造业企业占 55.4%（1 660 家），非制造企业占 44.6%（1 335 家）。另外，根据日本中小企业基本法划分的企业规模来看，大企业占 21.4%（640 家），中小企业占 78.6%（2 355 家）[①]。

表 15–5 表示日资企业国外基地最多的前十个国家和地区。日资企业具有国外基地最多的国家是中国（56.2%），其次是泰国（35.2%），第三是美国（30.0%）。该结果与《JBIC 报告》相吻合。具体而言，575 家日资企业（36.6%）具有在华销售网点，514 家（32.7%）具有在华生产基地。日资企业销售网点最多的国家是中国第一（36.6%）、泰国第二（24.3%）、美国第三（23.9%），而生产基地最多的国家是中国第一（32.7%）、泰国第二（16.2%）、美国第三（10.0%）。值得一提的是，84 家日资企业（5.3%）在中国具有研究开发基地，多于美国的 69 家（4.4%），即除了日本国内以外，研究开发基地最多的是中国。

表 15–5　2016 年日资企业国外基地所在地数

		总基地数	销售网点	生产基地	研发基地	其他
1	中国	56.2%	36.6%	32.7%	5.3%	6.9%
2	泰国	35.2%	24.3%	16.2%	2.2%	5.6%
3	美国	30.0%	23.9%	10.0%	4.4%	3.9%
4	越南	24.4%	12.7%	11.4%	1.1%	4.5%
5	中国台湾	22.2%	16.9%	6.2%	1.0%	3.0%
6	印度尼西亚	20.9%	13.6%	9.5%	0.7%	3.9%
7	西欧	20.2%	16.4%	5.5%	3.2%	2.8%
8	新加坡	20.2%	16.3%	2.9%	1.0%	3.4%
9	中国香港	19.2%	15.0%	1.3%	0.1%	3.5%
10	韩国	17.6%	14.3%	5.5%	0.8%	2.0%

注：“西欧”指的是，除了波兰、匈牙利、捷克、斯洛伐克、克罗地亚、罗马尼亚、爱沙尼亚、拉脱维亚、立陶宛以外的欧洲国家。

资料来源：日本贸易振兴机构《2016 年关于日本企业开展海外事业的问卷调查》。

① 中小企业的具体定义参见中小企业厅网站（日语）（http://www.chusho.meti.go.jp/soshiki/teigi.html）。

表 15-6 显示日资企业今后 3 年内计划扩大国外基地的主要国家或地区的情况。2016 年，52.3%的日资企业今后 3 年内筹备增加中国基地总数，排名第一，远大于排名第二的泰国（38.6%）与第三的越南（34.1%），中国仍然是日资企业的主要投资国。虽然按国家排名的结果是以中国居首，但东盟 6 国（新加坡、泰国、马来西亚、印度尼西亚、菲律宾、越南）的加总比例高达 70.5%，超过中国 18.2 个百分点。

从变化率来看，今后 3 年内计划扩大中国基地总数的日资企业从 2015 年的 53.7%下降到 2016 年的 52.3%，降幅高达 1.4 个百分点。东盟六国整体来看，2016 年比 2015 年下降了 2.7 个百分点，而且投资对象国也发生了较大变化，也就是说，日资企业计划减少对泰国（41.7%→38.6%）、印度尼西亚（31.8%→26.8%）、马来西亚（15.5%→14.7%）的投资的同时，计划增加对越南（32.4%→38.6%）、新加坡（16.1%→17.7%）、菲律宾（11.3%→13.4%）的投资。

表 15-6　　日资企业中期（今后 3 年）扩大基地的国家或地区

	2016 年			2015 年		
	排名	%	变化率	排名	%	变化率
中国	1	52.3	−1.4	1	53.7	−2.8
泰国	2	38.6	−3.1	2	41.7	−2.3
越南	3	34.1	1.7	3	32.4	3.7
美国	4	33.5	−0.2	4	33.7	2.4
印度尼西亚	5	26.8	−5.0	5	31.8	−2.6
中国台湾	6	20.6	−1.0	6	21.6	0.6
西欧	7	19.7	−0.9	7	20.6	2.5
印度	8	18.5	−1.6	8	20.1	4.0
新加坡	9	17.7	1.6	9	16.1	−3.2
韩国	10	15.0	−1.5	10	16.5	0.6
东盟六国		70.5	−2.7		73.2	−0.3

注：“西欧”指的是，除了波兰、匈牙利、捷克、斯洛伐克、克罗地亚、罗马尼亚、爱沙尼亚、拉脱维亚、立陶宛以外的欧洲国家。“东盟六国”包括新加坡、泰国、马来西亚、印度尼西亚、菲律宾、越南。

资料来源：日本贸易振兴机构《2016 年关于日本企业开展海外事业的问卷调查》。

表 15-7 显示日资企业今后 3 年内计划扩大国外基地的国家或地区。总体来看，日资企业今后 3 年内计划扩大的主要机能为销售。其中，中国为重中之重，44.1%的日资企业筹备增加中国的销售网点，排名第一，远远大于排名第二的泰国（29.1%）与第三

的美国（28.5%）。但东盟六国的加总比例高达56.1%，超过中国12个百分点。

表15-7　　日资企业中期（今后3年）扩大基地的机能（2016年）

销售			生产					
			一般产品			高附加值产品		
1	中国	44.1%	1	中国	14.7%	1	中国	10.6%
2	泰国	29.1%	2	泰国	10.0%	2	泰国	6.6%
3	美国	28.5%	3	越南	9.8%	3	越南	5.0%
4	越南	25.1%	4	印度	5.2%	3	美国	5.0%
5	印度尼西亚	22.4%	5	印度尼西亚	4.6%	5	印度尼西亚	3.8%
6	中国台湾	17.3%	6	美国	4.0%	6	印度	3.0%
7	西欧	16.2%	7	缅甸	2.6%	6	中国台湾	3.0%
8	印度	15.0%	8	马来西亚	2.5%	8	西欧	2.6%
9	新加坡	13.9%	9	中国台湾	2.1%	9	韩国	2.0%
10	韩国	12.9%	9	菲律宾	2.1%	10	马来西亚	1.9%
	东南亚六国	56.1%		东南亚六国	19.1%		东南亚六国	13.3%
	发达国家	52.6%		发达国家	8.3%		发达国家	10.5%
	新兴国家	74.6%		新兴国家	29.5%		新兴国家	21.2%
物流			研究开发					
			新产品开发			变更规格		
1	中国	5.2%	1	中国	4.8%	1	中国	7.8%
2	泰国	3.5%	2	美国	3.9%	2	泰国	4.5%
3	越南	3.4%	3	西欧	2.6%	3	美国	4.2%
3	美国	3.4%	4	泰国	2.4%	4	越南	3.2%
5	西欧	2.5%	5	越南	1.9%	5	西欧	2.8%
6	新加坡	2.2%	6	中国台湾	1.7%	6	印度	2.7%
7	中国香港	2.0%	7	印度尼西亚	1.5%	7	中国台湾	2.2%
8	中国台湾	1.7%	8	印度	1.2%	8	新加坡	1.9%
8	印度	1.7%	9	新加坡	1.1%	8	印度尼西亚	1.9%
10	印度尼西亚	1.5%	10	韩国	0.9%	10	马来西亚	1.4%
	东南亚六国	7.9%		东南亚六国	5.7%		东南亚六国	8.0%

续表

物　流			研究开发					
			新产品开发			变更规格		
	发达国家	7.3%		发达国家	7.1%		发达国家	7.9%
	新兴国家	10.6%		新兴国家	9.0%		新兴国家	13.0%

注："西欧"指的是，除了波兰、匈牙利、捷克、斯洛伐克、克罗地亚、罗马尼亚、爱沙尼亚、拉脱维亚、立陶宛以外的欧洲国家。"东南亚六国"包括新加坡、泰国、马来西亚、印度尼西亚、菲律宾、越南。

资料来源：日本贸易振兴机构《2016 年关于日本企业开展海外事业的问卷调查》。

在生产基地方面，无论是一般产品还是高附加值产品，日资企业今后 3 年内计划扩大基地的国家还是中国。总体来看，日资企业扩大生产基地的国家基本上都是发展中国家，这种趋势在一般产品方面更加明显。另外，在一般产品生产基地与高附加值产品生产基地的投资计划中，东盟六国的加总比例分别为 19.1%与 13.3%，比对华投资力度要大。

在物流方面，中国仍然是吸引日资企业最多的国家，5.2%的日资企业在今后三年内计划扩大中国的物流基地，大于排名第二的泰国（3.5%）与排名第三的越南（3.4%）。

一般而言，研发目的主要有两种：一种是开发新产品的研发，另外一种是根据当地需求或规定变更产品规格的研发。如 15.3.1 部分所述（表 15–4），由于日资企业的大部分新产品研究开发基地仍然设立在日本国内，因此在国外对后者的投资力度要大。在研究开发基地方面，无论是新产品开发，还是变更规格开发，日资企业投资力度最大的均为中国。随着国内收入水平的逐渐上升，消费者对高附加值产品与服务的需求越来越大，日资企业正在加大国内研发力度，以应对消费者嗜好的不断变化。

表 15–8 显示 2016 年与 2015 年日资企业中期（今后 3 年左右）开展中国业务的展望。整体来看，2016 年回答"计划已有业务的扩大或新业务"的企业高达 48.7%，比 2015 年的 45.8%有所增加。"计划缩小已有业务或撤资"的企业比例从 2015 年的 6.3%减少到 2016 年的 5.0%。16.2%的日资企业回答"维持已有业务规模"，同比减少 5.1%。总而言之，日资企业今后 3 年的对华投资可能会有所增加。

表 15–8　　中期（今后 3 年）中国业务开展展望（2016 年）

	计划已有业务的扩大或新业务		维持已有业务规模		计划缩小已有业务或撤资		尚未确定	
	2016	2015	2016	2015	2016	2015	2016	2015
总计	48.7%	45.8%	16.2%	21.3%	5.0%	6.3%	30.1%	26.5%
大企业	60.5%	56.7%	19.6%	23.0%	4.4%	3.1%	15.5%	17.3%
中小企业	45.0%	42.4%	15.1%	20.8%	5.2%	7.3%	34.6%	29.4%

资料来源：日本贸易振兴机构《关于日本企业开展海外事业的问卷调查（2015—2016 年）》。

今后 3 年内“计划已有业务的扩大或新业务”的大企业高达 60.5%，远大于中小企业的 45.0%；“计划缩小已有业务或撤资”的大企业只有 4.4%，小于中小企业的 5.2%。由此可以看出，大企业仍然是日资企业对华投资的主力。

《JETRO 调查》还针对制造业与非制造业各个行业的企业中期（今后 3 年左右）开展中国业务的展望进行了更加详细的调查（见表 15–9）。

2016 年回答“计划已有业务的扩大或新业务”的制造业企业高达 50.8%，其中，医疗品/化妆品（68.6%）、信息通讯机械/电子零件（60.5%）、精密仪器（58.1%）的投资力度比较突出。只有 4.7%的制造业企业在今后 3 年内将会“缩小已有业务或撤资”，其中，最为明显的是纤维/衣料的 12.5%。在劳动成本快速上升的背景下，劳动密集型产业的撤资现象较为明显。

表 15–9　制造业与非制造业中期（今后 3 年）开展中国业务展望（2016 年）

	计划已有业务的扩大或新业务	维持已有业务规模	计划缩小已有业务或撤资	尚未确定
制造业	50.8%	17.2%	4.7%	27.3%
饮食品	42.1%	8.2%	2.3%	47.4%
纤维/衣料	46.6%	17.0%	12.5%	23.9%
木制品/建材/纸	45.8%	20.8%	4.2%	29.2%
化学	56.6%	24.1%	1.2%	18.1%
医疗品/化妆品	68.6%	7.8%	2.0%	21.6%
石油制品/塑料/橡胶	52.6%	22.4%	3.9%	21.1%
土石/窑业	45.5%	18.2%	9.1%	27.3%
钢铁/非铁金属/金属制品	46.2%	18.9%	9.1%	25.8%
一般机械	51.2%	26.4%	5.0%	17.4%
电器机械	54.4%	21.5%	6.3%	17.7%
信息通讯机械/电子零件	60.5%	18.6%	4.7%	16.3%
汽车/汽车配件/其他运输	54.8%	20.4%	5.4%	19.4%
精密仪器	58.1%	25.8%	3.2%	12.9%
其他制造业	56.1%	14.0%	3.0%	26.8%
非制造业	45.7%	14.7%	5.6%	34.1%
批发/商社	53.0%	14.3%	6.7%	26.0%
零售	44.8%	13.8%		41.4%
建设	27.7%	21.3%	12.8%	38.3%

续表

	计划已有业务的扩大或新业务	维持已有业务规模	计划缩小已有业务或撤资	尚未确定
运输	52.2%	15.2%	4.3%	28.3%
金融/保险	18.6%	37.2%		44.2%
通信/信息/软件	34.5%	7.3%	3.6%	54.5%
专业服务	38.5%	5.1%	5.1%	51.3%
其他非制造业	37.5%	12.5%	4.4%	45.6%

资料来源：日本贸易振兴机构《2016年关于日本企业开展海外事业的问卷调查》。

在非制造业企业当中，2016年回答“计划已有业务的扩大或新业务”与“缩小已有业务或撤资”的企业分别高达45.7%和4.7%。其中，从事批发/商社和运输业的企业比较看好中国的发展，分别有53.0%与52.2%的企业“计划已有业务的扩大或新业务”。

（执笔人：西村友作）

参 考 文 献

[1] 陈德铭. 经济危机与规则重构 [M]. 北京：商务印书馆，2014：78；81；81–82.

[2] 陈刚，李树. 中国式分权下的 FDI 竞争与环境规制 [J]. 财经论丛，2009（4）.

[3] 陈劲. 中国创新发展报告（2016）[M]. 北京：社会科学文献出版社，2017.

[4] 陈伟光，申丽娟. 全球治理和全球经济治理的边界：一个比较分析的框架 [J]. 战略决策研究，2014（1）：24–36.

[5] 陈越峰，胡斌. 我国利用外资政策 30 年发展及其启示 [J]. 中国外资，2009（2）.

[6] 丁世豪. 新疆与丝绸之路经济带沿线国家农业经贸合作战略研究 [D]. 乌鲁木齐：新疆农业大学，2016.

[7] 东艳，冯维江，邱薇. 深度一体化：中国自由贸易区战略的新趋势 [J]. 当代亚太，2009（4）：111–136.

[8] 东艳. 全球贸易规则的发展趋势与中国的机遇[J]. 国际经济评论，2014（1）：45–64.

[9] 董战峰，葛察忠. "一带一路" 绿色发展的战略实施框架 [J]. 中国环境管理，2016（2）.

[10] 杜文骄. 农业产业安全综述 [J]. 安徽农业科学，2013（23）：9791–9799；9828.

[11] 方光华，任保平. 丝绸之路经济带发展选择与陕西对策论文集 [M]. 北京：中国经济出版社，2014.

[12] 方燕，高静. 外商直接投资对产业结构的影响分析——基于向量误差修正模型的实证研究 [J]. 北京工商大学学报（社会科学版），2010（1）：49–52.

[13] 费平. FDI 对我国农产品国际贸易的影响研究 [D]. 无锡：江南大学，2009.

[14] 高倩. 农业 FDI 对我国农产品出口影响的实证分析 [D]. 沈阳：辽宁大学，2011.

[15] 宫静. 关于辽宁省外商投资软环境 [J]. 中国外资，2014（1）.

[16] 古冰，鲁黛迪，蒯文婧. 我国污染密集型产业区域转移的趋势、行业特征及区位选择 [J]. 统计与决策，2013（18）.

[17] 关春玉，许启发，蒋翠侠. 新结构经济学视角下 FDI 外溢的"门限特征"分析 [J]. 经济评论，2017（3）.

[18] 郭克莎. 外商直接投资对我国产业结构的影响研究[J]. 管理世界，2000（2）：34–45.

[19] 郭立宏，任保平，宋文月. 新丝绸之路经济带建设：国家意愿与策略选择 [J]. 西北大学学报（哲学社会科学版），2015（4）.

[20] 国家经济贸易委员会. 外商投资商业企业试点办法 [EB/OL]. [1999–06–25].

[21] 国家统计局. 国民经济与社会发展统计公报 [R]. 2016.

[22] 韩文龙，王莉，李梦凡. FDI 外溢效应的区域差异性与经济增长——基于门槛效应的实证研究［J］. 财经科学，2015（12）.
[23] 韩啸，赵晓. 人民币汇率波动对 FDI 流入行业分布影响研究[J]. 统计与决策，2014，397（1）：141–145.
[24] 何珉. 中马钦州产业园招商引资问题研究［D］. 南宁：广西大学，2015.
[25] 洪银兴. 创新发展［M］. 南京：江苏人民出版社，2016.
[26] 胡海. 我国农业利用外资的基本问题研究［D］. 合肥：安徽大学，2012.
[27] 胡玫，滕柳. 浅析中欧贸易结构与全球治理结构的重建［J］. 国际商务，2015（4）.
[28] 胡玫. 一带一路框架下中国参与全球治理的几点思考[J]. 北京工商大学学报，2016（9）.
[29] 胡雪梅，李玉增. 对我国农业产业化经营的思考[J]. 商业研究，2006（10）：191–193.
[30] 华树春. 中国农业利用外资的现状、趋势与对策研究［J］. 世界农业，2012（4）.
[31] 黄静波，曾昭志. 人民币汇率波动对我国 FDI 流入的影响[J]. 国际金融研究，2010（5）：24–29.
[32] 黄卫平. "一带一路"倡议下的中国对欧投资研究［J］. 中国流通经济，2016（1）.
[33] 解然，周国梅，陈刚. 推动绿色发展融入二十国集团（G20）架构的思考［J］. 环境保护，2016（11）.
[34] 金富聪. 农业 FDI 对我国农业发展的影响[J]. 黑龙江对外经贸，2011（11）：45–46.
[35] 金宏平，周晓博，张倩肖. 合资型 FDI、独资型 FDI 与中国经济增长——基于省级面板数据的实证分析［J］. 当代经济科学，2016（5）.
[36] 咖门. 2017 中国咖啡行业生存状况报告［EB/OL］.
[37] 拉詹. 断层线——全球经济潜在的危机[M]. 刘念等，译. 北京：中信出版社，2015：271–275.
[38] 蓝庆新，韩萌. 青海特色优势产业融入丝绸之路经济带建设的促进机制和政策建议［J］. 西北民族大学学报，2017（1）.
[39] 蓝庆新，刘昭洁. "一带一路"战略对我国吸引外资的影响与促进措施［J］. 青海社会科学，2017（2）.
[40] 蓝庆新. "一带一路"战略构想与 FDI［M］//张晓静，蔡彤娟，等. 中国外商投资发展报告（2015）. 北京：对外经济贸易大学出版社，2015.
[41] 李德刚，苑德宇. FDI 进入、技术溢出与城市基础设施绩效改进［J］. 国际贸易问题，2017（1）.
[42] 李果. 中国主要城市商业竞争力 PK 星巴克越多的地方活力越高？［N］. 21 世纪经济报道，2017–06–08（8）.
[43] 李佳欣. "外资撤离潮"不是事实 引资正在走向选资［J］. 中国外资，2017（7）.
[44] 李剑，王妤. 国外农业利用外资的经验借鉴［J］. 世界农业，2014（2）.

［45］李静静，曹利. 基于农业 FDI 的我国粮食安全保障体系［J］. 淮海工学院学报（人文社会科学版），2013（13）：63–65.

［46］李玲，陶锋. 污染密集型产业的绿色全要素生产率及影响因素——基于 SBM 方向性距离函数的实证分析［J］. 经济学家，2011（8）.

［47］李犀尧. 吉林省利用外商直接投资及其对经济发展的影响［D］. 长春：吉林大学东北亚研究院，2016.

［48］李玉梅，刘雪娇，杨立卓. 外商投资企业撤资：动因与影响机理——基于东部沿海 10 个城市问卷调查的实证分析［J］. 管理世界，2016（4）.

［49］李玉梅. 经济全球化视角下的 FDI 与自主创新［M］. 北京：中国财政经济出版社，2011.

［50］郦拓斌. 中国–东盟自由贸易区效应分析——基于产业视角［D］. 杭州：浙江工业大学，2014.

［51］廖林燕. 云南边疆地区国家认同研究［J］. 云南行政学院学报，2017（1）：57–65.

［52］刘爱虹. 学习新加坡：对华最大投资国是怎样炼成［DB/OL］.（2016–04–13）［2017–07–10］. http://finance. huanqiu.com/br/focus/2016–04/8808168.html.

［53］刘丹阳. "一带一路" 国内核心区的外商直接投资异质性的问题研究——基于东、中、西部的比较研究［D］. 大连：东北财经大学，2016.

［54］刘殿勋，王旭，张玉中，等. "一带一路"战略下的投资促进研究［R］. 北京：商务部投资促进事务局 中国服务外包研究中心，2017.

［55］刘丽靓. 新版外商投资产业指导目录发布［N］. 中国证券报，2017–06–29.

［56］刘兴国. 中国吸引外商投资优势仍然十分突出［N］. 上海证券报，2017–03–24.

［57］罗婧. 中国农业利用 FDI 研究［J］. 世界农业，2017（2）.

［58］罗军. FDI 前向关联与技术创新——东道国研发投入重要吗［J］. 国际贸易问题，2016（6）.

［59］罗松远. 农业利用外资的制约因素及解决措施［J］. 改革与战略，2010，26（8）.

［60］马宏泽. 吉林省利用外资现状分析与对策研究［D］. 长春：吉林大学，2016.

［61］马飒，黄建锋. 劳动力成本上升削弱了中国的引资优势吗——基于跨国面板数据的经验分析［J］. 国际贸易问题，2014（10）.

［62］毛日昇. 人民币实际汇率不确定性与外商直接投资择机进入［J］. 金融研究，2011，371（5）：42–57.

［63］南方日报. 广东率先发布《广东省参与建设"一带一路"的实施方案》［DB/OL］.（2015–06–08）［2017–07–12］. http://news.xinhuanet.com/gangao/2015–06/08/c_127890604. htm.

［64］倪洪兴. 开放条件下我国农业产业安全问题［J］. 农业经济问题，2010（8）：8–12.

［65］宁亮亮. 中国农业利用外资现状和发展对策研究［D］. 石家庄：河北师范大学，

2013.
［66］牛若峰. 农业产业化经营发展的观察和评论［J］. 农业经济问题，2006（3）：8-15.
［67］裴长洪. 全球经济治理、公共品与中国扩大开放［J］. 经济研究，2014（3）：4-19.
［68］彭红枫. 汇率对 FDI 的影响：基于实物期权的理论分析与中国的实证［J］. 中国管理科学，2011，19（4）：60-67.
［69］泉州网. 福建将支持泉州市建设 21 世纪海上丝绸之路先行区［DB/OL］.（2015-11-18）［2017-07-10］.http:// quanzhou.house.qq.com/a/20151118/011878_all.htm.
［70］桑百川，王园园. 中国与世界贸易规则体系的未来［J］. 人民论坛·学术前沿，2015（23）：30-37.
［71］桑百川，张乃丹，任苑荣. 中国制造业外商直接投资持续下降的原因，影响和对策［J］. 国际贸易，2015（4）.
［72］桑百川. "一带一路"建设助力克服世界市场失灵［N］. 人民日报，2016-09-07（7）.
［73］桑百川. 利用外资推动我国自主创新［J］. 国际经济合作，2006（10）.
［74］桑百川. 外资并购中存在的问题与解决途径［J］. 经济导刊，2005（3）.
［75］桑百川，等. 中国外商投资发展报告（2012）：世界经济结构调整中的外商投资［M］. 北京：对外经济贸易大学出版社，2013.
［76］商务部外资司负责人. 商务部外资司负责人谈 2016 年中国利用外资情况［J］. 中国外资，2017（2）.
［77］邵玲. FDI 对中国产业结构转型影响的实证分析——基于三大产业指标［J］. 重庆理工大学学报（社会科学），2011（3）：66-70；76.
［78］斯蒂格利茨，查尔顿. 国际间的权衡交易：贸易如何促进发展［M］. 沈小寅，译. 北京：中国人民大学出版社，2014：31-32.
［79］斯蒂格利茨. 让全球化造福全球［M］. 雷达等，译. 北京：中国人民大学出版社，2013：17.
［80］宋泓，柴瑜. 三资企业对我国工业结构效益影响的实证研究［J］. 经济研究，1998（1）：30-35.
［81］宋京. 外国直接投资对我国产业结构升级的影响——对外贸易视角的分析［J］. 国际贸易问题，2005，（4）：82-86.
［82］宋彦军."一带一路"背景下天水绿色发展路径探析［J］. 新丝路旬刊，2016（2）.
［83］孙伊然. 全球经济治理的观念变迁：重建内嵌的自由主义？［J］. 外交评论，2011（3）：16-32.
［84］太平. 自贸试验区深化外商投资管埋体制改革难点与思路［J］. 学术交流，2015（10）.
［85］汤文仙，韩福荣. 三缺口模型：对双缺口模型的修正［J］. 当代经济科学，2000，

（5）：36–40.
［86］田毕飞，陈紫若. FDI 对中国创业的空间外溢效应［J］. 中国工业经济，2016（8）.
［87］外交部. 二十国集团［EB/OL］. http://www.fmprc.gov.cn/web/gjhdq_676201/gjhdqzz_681964/ershiguojituan_682134/jbqk_682136/.2016–11–21.
［88］王景敏，朱芳阳. 广西在“海上丝绸之路”建设中的战略选择与对策［J］. 钦州学院学报，2014（11）：45–48.
［89］王然，燕波，邓伟根. FDI 对我国工业自主创新能力的影响及机制［J］. 中国工业经济，2010（11）.
［90］王新奎. 中国（上海）自贸试验区改革的重点：对外商投资准入实施“负面清单”管理［J］. 上海对外经贸大学学报，2014（1）.
［91］王永军，邱兆林. FDI 技术溢出、自主研发与内资企业技术创新——以中国高技术产业为例［J］. 河北经贸大学学报，2016（6）.
［92］魏子哲，丁文广. 外商直接投资对我国西部区域经济发展差异的影响研究［J］. 经济研究，2015（7）.
［93］吴金光，王群林. 人民币实际有效汇率水平及其波动性对 FDI 影响的实证分析［J］. 统计与决策，2013，393（21）：135–138.
［94］伍茨. 全球经济治理：强化多边制度［J］. 曲博，译. 外交评论，2008（6）：82–95.
［95］夏友富. 外商投资中国污染密集产业现状、后果及其对策研究［J］. 管理世界，1999（3）.
［96］徐洁香，邢孝兵. 当前我国农业产业安全度评估［J］. 新疆财经，2006（6）：40–46.
［97］徐洁香，邢孝兵. 当前我国农业产业安全问题探析［J］. 商业研究，2005（17）：201–203.
［98］徐绍史. 2016 年中国双向投资发展报告［M］. 北京：机械工业出版社，2017.
［99］徐伟呈，范跃进. 人民币汇率与 FDI 关系的实证研究［J］. 对外经济贸易大学学报：国际商务，2010（1）：40–48.
［100］徐玉波. 农业利用外商直接投资对中国农业的影响［D］. 北京：中国农业科学院，2012.
［101］许士春，何正霞. 中国经济增长与环境污染关系的实证分析——来自 1990—2005 年省级面板数据［J］. 经济体制改革，2007（7）.
［102］闫福. 人民币汇率对我国吸收外商直接投资（FDI）的影响—基于外商投资动机与“场区位选择的思考［J］. 河北经贸大学学报，2014，35（3）：66–73.
［103］杨安. FDI 与产业结构优化升级的相关性研究［D］. 济南：山东大学，2013.
［104］杨红丽，陈钊. 外商直接投资水平溢出的间接机制：基于上游供应商的研究［J］. 世界经济，2015（3）.
［105］杨虹. 7 月 28 日起实施全国范围外商投资准入负面清单［N］. 中国经济导报，

2017-06-30（1）.

［106］杨志文，陆立军.“一带一路”浙江大有可为［EB/OL］.（2015-10-29）［2017-07-13］. http://zjnews.zjol.com.cn/ system/2015/10/29/020891629.shtml.

［107］叶欣，周华. 人民币升值预期对我国 FDI 流入的影响分析［J］. 预测，2011，30（1）：45-49.

［108］叶玉. 全球经济治理体系的冲突与协调［J］. 国际观察，2013（3）：73-79.

［109］叶正根. 农业产业化经营组织创新的路径选择［J］. 农村经济，2006（2）：30-32.

［110］于津平. 汇率变化如何影响外商直接投资［J］. 世界经济，2007（4）：54-65.

［111］于依鸣. 星巴克（中国）的跨文化营销策略分析［D］. 济南：山东大学，2016：33.

［112］俞涔.“污染转移理论”与科学发展观指导下的绿色 FDI 构想［J］. 改革与战略，2011（6）.

［113］张彩霞. 中国农业外商直接投资贸易效应研究［D］. 武汉：华中农业大学，2010.

［114］张华.“绿色悖论”之谜：地方政府竞争视角的解读［J］. 财经研究，2014（12）.

［115］张瑾. G20 框架内的国际货币基金组织改革［J］. 国际观察，2013（3）：20-26.

［116］张晓静. 中国与一带一路 FDI［J］. 北京：对外经济贸易大学出版社，2015.

［117］张宇，蒋殿春. FDI、环境监管与工业大气污染——基于产业结构与技术进步分解指标的实证检验［J］. 国际贸易问题，2013（7）.

［118］张蕴岭. 在理想与现实之间：我对东亚合作的研究、参与和思考［M］. 北京：中国社会科学出版社，2015：140.

［119］赵慧娥. 国外农业利用外资政策及其对中国的启示［J］. 理论界，2005（2）.

［120］赵瑾. G20：新议题、新机制与中国的主张和行动［J］. 国际贸易问题，2010（5）.

［121］赵琼. 基于人民币汇率改革视角的我国 FDI 流入变化分析［J］. 经济问题，2012（2）.

［122］曾国军，陆汝瑞. 星巴克在中国大陆的空间扩散特征与影响因素研究［J］. 地理研究，2017（1）.

［123］郑宝华，李东. 国内农业产业安全问题研究综述［J］. 农业经济问题，2008（1）：22-25.

［124］中共中央 国务院. 关于构建开放型经济新体制的若干意见［EB］.［2015-05-05］.

［125］中国社会科学院世界经济与政治研究所国际贸易研究室.〈跨太平洋伙伴关系协定〉文本解读［M］. 北京：中国社会科学出版社，2016：2-28；271.

［126］中新（重庆）战略性互联互通示范项目“浮出水面”重庆开放发展再添强大引擎［J］. 重庆与世界，2015（12）：14-17.

［127］周宇. 全球经济治理与中国的参与战略［J］. 世界经济研究，2011（11）：26-32.

［128］朱丽萌. 中国农产品进出口与农业产业安全预警分析［J］. 财经科学，2007（6）：111-116.

[129] 朱平芳，张征宇，姜国麟.FDI 与环境规制基于地方分权视角的实证研究［J］. 经济研究，2011（6）.

[130] 邹赫，程健. 负面清单与上海自由贸易试验区外资管理模式探索［J］. 现代管理科学，2015（4）.

[131] 邹佳怡，莫小龙. 从世界银行政策变化看全球化的矛盾和发展援助的职能［J］. 世界经济与政治，2002（1）：36–41.

[132] 左媚. 我国农业 FDI 偏少的原因研究［D］. 海口：海南大学，2013.

[133] ALIBER R Z. A Theory of foreign direct investment［M］. MIT Press, 1970：125–179.

[134] BENASSY–QUERE A，FONTAGNE A L. Exchange rate strategies in the competition for attracting foreign direct investment［J］. Journal of the Japanese and International Economics, 2001，15：178–198.

[135] BRADFORD C I，LINNJ F. Reform of global governance：priorities for action［R］. The Brookings InstitutionPolicy Brief，2007（163）：1–7.

[136] CAMPA J M. Entry by foreign firms in the U.S. under exchange rate uncertainty［J］. Review of Economics and Statistics, 1993（75）：614–622.

[137] CHAKRABARTI R，SCHOLNOCK B. Exchange rate exchange rate expectations and FDI flows. Working Paper，University of Alberta, 2008，11：13–17.

[138] CHEN K M，RAU H H，LIN C C. The Impact of exchange rate movements on foreign direct investment. market–oriented versus cost–oriented［J］. The Developing Economies, 2006（9）：269–287.

[139] CUSHMAN D O. Real exchange rate risk，expectations and the level of direct［J］. Investment Review of Economics and Statistics, 1985，67（2）：297–308.

[140] CUSHMAN D O. The effects of real wage and labor productivity on foreign direct investment［J］. Southern Economics Journal, 1987，54（1）：174–185.

[141] DIXIT A K，PINDYCK R S. Investment under uncertainty princeton［M］. New Jersey：Princeton University Press，1994.

[142] EDWARDS S，RIGOBON R. Capital controls on inflows，exchange rate volatility and external vulnerability［J］. Journal of International Economics, 2009（4）：256–267.

[143] FROOT K，STEIN J C. Exchange rates and foreign direct investment：an imperfect capital market approach［J］. Quarterly Journal of Economics，1991，106（4）：1191–1217.

[144] GARDNER R N. The Bretton Woods–GATT System after sixty–five years：a balance sheet of success and failure［J］. Columbia Journal of Transnational Law，2008，47（1）：63–64.

[145] https：//mp.weixin.qq.com/s？__biz=MzAxNTY1MzAwNA%3D%3D&idx=3&mid=

2651987996&sn=9ebd69d01d093761f843a44c58139a17，2017.7.29

[146] KLEIN M W，PEEK J，ROSENGREN E. Troubled banks，impaired foreign direct investment：the role of relative access to credit [J]. NBER Working Paper, 1994：8366.

[147] Starbucks Corparation.FY1999–2016Annual Report on Form 10–K[EB/OL]. https: //investor.starbucks.com/financial–information/annual–reports/default.aspx.

[148] SUNG H M, LAPAN H E. Strategic foreign direct investment and exchange rate uncertainty [J]. International Economic Review，2000，41（2）：411–423.

[149] UNCTAD. World investment report 2016：investor nationality：policy challenges[M]. New York and Geneva：United Nations，2016：23–34.

[150] UNCTAD. World investment report. 2010–2016，UN Publications.

[151] United NationsSecretary General.Global economic governance and development [R]. United Nations Ducument A/66/506，2011：2.

[152] UNTCAD–OECD. Sixteenth report on G20 investment measures [M]. New York and Geneva：United Nations，2016，11：1–5.

[153] VITA G D，ABBOTT A. Do exchange rates have any impact upon UK inward foreign direct investment？ [J]. Applied Economics, 2007，39，2553–2564.

[154] WTO Secretariat. Regional trade agreements：facts and figures [EB/OL].（2016–12–02）. https：//www.wto.org/english/tratop_e/region_e/regfac_e.htm.

[155] WTO Secretariat. Report Urges WTO Members to Resist Protectionism and ‘Get Trade Moving gain’ [EB/OL].（2016–11–25）. https：//www.wto.org/english/news_e/news16_e/ trdev_ 22jul16_e.htm.